COLLECTION
FOLIO HISTOIRE

Véronique Grandpierre

Histoire de la Mésopotamie

Gallimard

Dans la même collection

SEXE ET AMOUR DE SUMER À BABYLONE, *n° 195*

Cet ouvrage inédit est publié sous la direction
de Martine Allaire.

Agrégée d'histoire, chercheur associé au laboratoire Identités-Cultures-Territoires de l'Université Paris Diderot, Véronique Grandpierre est l'auteur d'une thèse sur la ville de Šaduppum (actuel Tell Harmal situé dans la banlieue de Bagdad) au XVIIIe siècle av. J.-C. et a publié une série d'articles sur la vie quotidienne et la culture urbaine à travers les sources épigraphiques cunéiformes ainsi que sur le fait religieux dans le Proche-Orient ancien. Elle est l'auteur de *Sexe et amour de Sumer à Babylone* (Folio Histoire, inédit, n° 195).

À tous les 21 mars !

AVERTISSEMENT

L'écriture cunéiforme a été utilisée par de nombreux peuples aux langues différentes. Par convention, les assyriologues transcrivent ces signes en lettres majuscules avec un point entre chaque signe à l'intérieur d'un même mot quand il s'agit de la langue sumérienne, en italique quand il s'agit de l'akkadien et de ses évolutions (le babylonien, l'assyrien).

Par ailleurs :
— le u se prononce « ou », ainsi Ur se prononce « Our » ;
— le g se prononce toujours comme dans « gâteau » et jamais « j » ;
— le š se prononce « ch », ainsi ša se prononce « cha » ;
— le ṣ est un emphatique qui correspond à « ts » ;
— le ṭ est là encore un emphatique qui correspond à « tt ».

Une carte générale des Sites du Proche-Orient figure dans le cahier hors-texte, à la suite des cartes consacrées à la Mésopotamie au IIIe millénaire av. J.-C., au Proche-Orient aux XVIe-XVe siècles av. J.-C. et à l'Assyrie au Ier millénaire av. J.-C.

Tableau chronologique

<table>
<tr><th>Anatolie</th><th colspan="2">Levant</th><th colspan="2">Mésopotamie</th><th colspan="2">Iran</th></tr>
<tr><th></th><th>Sud</th><th>Nord</th><th>Nord</th><th>Sud</th><th>Suse</th><th>Reste de l'Iran</th></tr>
<tr><td colspan="7">Période d'Uruk</td></tr>
<tr><td></td><td></td><td>Influence sumérienne</td><td colspan="3">Dynasties archaïques (2900-2340)</td><td>Transélamite ancien</td></tr>
<tr><td></td><td></td><td colspan="4">Empire d'Akkad (2340-2200)</td><td>Dynastie d'Awan</td></tr>
<tr><td></td><td></td><td></td><td colspan="3">Renaissance sumérienne (2140-2004)</td><td>Dynastie des Simaški (2050-1950)</td></tr>
<tr><td></td><td colspan="4">Royaumes amorrites</td><td colspan="2" rowspan="3">Dynasties des Sukkalmah (transélamite récent) (1900-1750)</td></tr>
<tr><td>Comptoirs assyriens</td><td colspan="2">Hyksos</td><td>Paléo-assyriens Royaume de Haute-Mésopotamie</td><td>Paléo-babyloniens</td></tr>
<tr><td>Ancien Empire hittite (1650-1450)</td><td></td><td colspan="2">Empire du Mitanni (XVIe-fin XIVe siècles)</td><td rowspan="2">Babylonie kassite (1595-1155)</td></tr>
<tr><td>Nouvel Empire hittite (1370-1190)</td><td>Sous contrôle égyptien</td><td></td><td>Empire médio-assyrien (1365-fin IIe millénaire)</td><td colspan="2">Royautés médio-élamites (1500-1120)</td></tr>
<tr><td colspan="3">Peuples de la Mer</td><td colspan="3">Invasions araméennes</td><td></td></tr>
<tr><td colspan="6">Empire néo-assyrien (934-612)</td><td>Mèdes</td></tr>
<tr><td colspan="7">Empire néo-babylonien (609-539)</td></tr>
<tr><td colspan="7">Empire perse achéménide (539-331)</td></tr>
</table>

Introduction

Mésopotamie, Ur, Babylone, le Déluge, Gilgameš... Ces mots tintent aux oreilles d'une façon étrangement familière, et pourtant ce que chacun met derrière relève plutôt de l'imaginaire : un despotisme oriental mêlant absolutisme, cruauté et sexualité débridée bien à l'abri des regards dans une Babylone prostituée opposée à une Jérusalem céleste. Mais que sait-on réellement des débuts de l'Histoire ? Il est vrai que l'architecture de terre crue laisse les non-spécialistes assez perplexes. À cela s'ajoute le caractère obscur de cette écriture incisée dans de l'argile, ressemblant à de petits clous, moins esthétiques que les hiéroglyphes et au premier abord plus rebutants. Tout cela semble loin, étrange et étranger, sans rapport avec notre culture et notre civilisation. Pourtant, notre façon de découper le temps (en mois, semaine, jour), les symboles religieux (le croissant de lune, l'arbre de vie), l'étymologie de certains mots (« safran », « gypse »), jusqu'au fait de « s'orienter » (nous nous orientons par rapport au nord mais les premières cartes étaient établies vers l'est, l'Orient), mille petites choses de la vie de tous les jours trouvent leur origine en Mésopotamie, ce territoire « entre les deux fleuves » (le Tigre et l'Euphrate) comme l'ont appelé les Grecs, berceau de la civilisation urbaine et des premiers États.

Les brillantes civilisations qui s'y sont développées sont tombées dans l'oubli depuis longtemps, et ce, encore plus en France, pays des Lumières mais Fille aînée de l'Église, que dans les pays anglo-saxons protestants où la remise en cause de l'absolutisme ne s'est pas accompagnée d'un sentiment d'obscurantisme religieux. Pour sa part, la France s'est posée, dès la Renaissance, en héritière des Gréco-Romains et, à travers eux, des Égyptiens auxquels ils se réfèrent et dont le souvenir est relayé par la suite grâce à l'aura de l'expédition d'Égypte menée par Bonaparte. La Mésopotamie, pour des raisons ambivalentes, suscite un intérêt singulier et son souvenir n'est pas entretenu de manière neutre. Pour les opposants à l'Église catholique et au régime monarchique, elle est trop imprégnée de racines religieuses et symbolise le despotisme. Pour les autres, catholiques comme pour certains protestants dans un premier temps, c'est le lieu maudit à partir duquel le roi Nabuchodonosor a détruit Jérusalem, et dont de la principale ville, Babylone, va surgir l'Antéchrist chargé de répandre le mal sur la terre entière. On ne tient pas à y puiser ses racines. De là vient l'élaboration du schéma bien connu Égypte, Grèce/Rome, mondes médiévaux, Europe de la Renaissance dans lequel le Moyen Âge occidental est considéré comme « siècles obscurs », période de rupture dans la transmission des sciences et des arts, préservés par les seuls Orientaux.

Aux XVIIIe-XIXe siècles, l'Orient attire pourtant de plus en plus les Européens. L'Empire ottoman, qui s'étend de l'Europe centrale à l'Afrique du Nord, ne s'intéresse guère aux civilisations qui précèdent l'arrivée de l'Islam, et s'occidentalise de plus en plus. Finalement, ce sont des Européens qui, en poste sur place, prennent conscience de la richesse des multiples cultures qui se sont succédé sur ce territoire. Ils s'intéressent d'abord à la littérature, notamment médiévale, avant de se tourner vers l'archéologie et les beaux-arts. Des pans entiers d'un patrimoine oublié, même des populations locales, ressurgissent alors. Si, à ce moment-là, les Français sont les précurseurs, ils sont vite rejoints par les Anglo-Saxons, motivés par la recherche d'éléments pouvant confirmer les écrits bibliques.

Les premiers monuments étudiés sont ceux qui, à l'état de ruines, surgissent déjà du sol dans le nord de l'Irak actuel. Ils datent de la fin du Ier millénaire av. J.-C., époque des rois néo-assyriens, raison pour laquelle ce domaine de recherche s'appelle l'assyriologie. Les fouilles mènent à la découverte de civilisations différentes dont les systèmes d'écritures et les langues sont peu à peu compris : l'akkadien au milieu du XIXe siècle, le sumérien à l'extrême fin du XIXe siècle. Là encore ce sont des Français qui s'illustrent dans ce travail mais, si pour le déchiffrement des hiéroglyphes égyptiens le nom de Champollion vient tout de suite à l'esprit, qui se souvient de Jules Oppert pour l'akkadien et de François Thureau-Dangin pour le sumérien ?

Ces recherches s'inscrivent dans un contexte de concurrence voire de rivalité entre les États européens lancés dans une course à l'objet exotique, trophée pour leurs musées. Cependant, ponctuellement, des chercheurs de nationalités différentes allient leurs efforts et travaillent ensemble. Le déchiffrement de l'akkadien cunéiforme en 1857 est l'exemple d'une première collaboration simultanée, à distance, à l'échelle mondiale, entre savants aux multiples champs de compétences, dignes représentants de l'honnête homme humaniste des XVIIIe-XIXe siècles. Quatre personnes au parcours exceptionnel y participent : le Français Jules Oppert, professeur d'allemand dans un lycée de Reims, qui, maîtrisant l'allemand (sa langue maternelle) et le français, l'espagnol, le danois, le suédois, l'arabe, l'arménien, le persan, le turc, sans compter, il va de soi à l'époque, le latin et le grec, après avoir appris le droit, obtient un doctorat de philosophie[1] ; l'Irlandais Edward Hink, pasteur dans une petite paroisse rurale éloignée de tout, dans le nord de l'Irlande, qui, après avoir étudié avec son père la physique et la chimie, se tourne vers l'étude des langues ; côté anglais, William Henri Fox Talbot qui, après des études en philosophie, se spécialise en mathématiques, physique, astronomie, optique et se lance dans le défi de déchiffrer l'écriture cunéiforme après avoir photographié les bas-reliefs provenant du palais de Ninive exposés au British Museum, et enfin Henri Creswicke Rawlinson, militaire de carrière engagé dans la Compagnie des Indes à 17 ans. À partir de copies et de photographies d'une inscription trouvée à Assur, chacun travaille chez soi et envoie sa traduction dans une enveloppe scellée à la Royal Asiatic Society. Le 20 mai 1857 les enveloppes sont solennellement ouvertes devant témoins... Constat est fait : les versions coïncident. Pourtant de ces quatre individus extraordinaires, seul l'un d'entre eux, l'un des deux Britanniques, est connu pour ses travaux en assyriologie : H. C. Rawlinson, qui se lance dans la politique, disposant ainsi d'une tribune pour se faire connaître et reconnaître. Les autres sont demeurés dans l'anonymat, du moins en ce domaine : E. Hink est resté pasteur dans sa petite paroisse, H. W. Talbot est connu pour ses travaux en physique et en astronomie. Quant à J. Oppert, il finit par se tourner vers l'étude d'autres langues et obtient ainsi une chaire de sanskrit à l'École spéciale des Langues orientales (ancêtre de l'Institut national des langues et civilisations orientales), tant il n'est pas aisé, à la fin du XIXe siècle, d'affirmer qu'un peuple sémite, les Akkadiens, est à l'origine des débuts de l'Histoire. La découverte d'une civilisation encore plus ancienne, sumérienne, et dont l'origine reste inconnue, clôt quelques années plus tard les débats.

Aujourd'hui, l'assyriologie est une discipline à part entière qui nécessite un savoir spécifique. L'acquisition de connaissances en de nombreuses langues parlées par tels ou tels peuples, qui sur plusieurs millénaires se sont succédé sur une aire géographique étendue, implique un temps de formation beaucoup plus long que pour toute autre période historique. L'intérêt de cette matière est que l'on dispose pour l'étude de ces civilisations de types de documents que l'on ne trouve nulle part ailleurs, pour aucune autre culture : pas seulement des inscriptions officielles (inscriptions à la gloire de tel ou tel roi, recueils de lois), mais aussi des textes scolaires (recopiage de textes littéraires, exercices mathématiques), ainsi que des documents utilitaires, comme des comptes que l'on dresse à la fin de chaque mois, des actes de propriété, des lettres de simples particuliers dirigeant à distance leurs affaires... donnant ainsi accès à moult détails de la vie quotidienne qui font défaut pour les civilisations grecque, romaine, voire égyptienne.

Cette recherche, aujourd'hui comme hier, a la particularité d'être extrêmement dépendante de l'évolution des conditions géopolitiques du Proche-Orient. Le pillage du musée de Bagdad devant les caméras de télévision en 2003 a marqué les esprits, révélant soudain au monde les conséquences culturelles insoupçonnées de ces conflits. Les bases de données du musée ayant été détruites, l'Oriental Institut de Chicago répertorie sur son site internet les objets disparus avec leur photographie et indique grâce à un lien à qui signaler la réapparition ou l'apparition d'un objet sur un marché parallèle ou sur Internet. En effet, dans le sud de l'Irak, les fouilles clandestines se sont multipliées. Les pillards sont souvent de petits paysans qui auparavant vivaient de leurs cultures ou d'anciens ouvriers embauchés sur les chantiers de fouilles. Sans emploi, ou simplement pour obtenir rapidement de l'argent, ils campent parfois par centaines sur certains sites. Les lieux sont ainsi dévastés par des milliers et des milliers de trous de 4 mètres de profondeur, véritable désastre archéologique. Chaque jour, lorsque le soleil se couche, c'est un peu des trésors de la Mésopotamie qui disparaissent avec lui, un peu aussi du patrimoine de l'humanité.

Malgré tout la recherche continue, éclairant soudain tel ou tel siècle, tel ou tel millénaire en tel ou tel lieu. Les connaissances que l'on a de ces civilisations sont affinées ou... remises totalement en cause, car contrairement aux autres périodes historiques ou aux civilisations grecques et romaines, ici, même la chronologie reste en partie à établir. C'est un gigantesque puzzle en perpétuelle évolution.

Si la recherche française, précurseur en ce domaine, est toujours placée parmi les premières au monde, cette discipline reste assez ignorée du grand public. C'est une partie de l'histoire du Proche-Orient, mais aussi tout un pan de l'histoire de l'Europe et de celle de la France, de sa place et de son rayonnement à l'échelle mondiale qui sont ainsi méconnus. C'est pourquoi ce livre s'adresse à tous ceux qui de près ou de loin s'intéressent à la Mésopotamie et aux civilisations du passé *.

* Que les personnes présentes pendant l'écriture et la réalisation de cet ouvrage soient vivement remerciées. Que Brigitte Lion, dont les réflexions stimulantes me sont précieuses, reçoive le témoignage de mon amitié.

de feuilles, sans ennui ou simplement pour faire rapidement de l'argent, ils comptent peut-être pas certaines au [illegible] sur [illegible]. Les [illegible] sont [illegible] des [illegible] et [illegible] de [illegible] de [illegible], véritable [illegible] chronologique. L'Inde [illegible] la [illegible] c'est un [illegible] de la Mésopotamie [illegible] qui peut [illegible] de l'agronomie de la [illegible].

Malgré [illegible] tout [illegible] cette [illegible] commerce [illegible] en telle ou telle siècle, [illegible] du tel ou tel lieu. Les connaissances [illegible] civilisations [illegible] en [illegible] continuellement [illegible] autres [illegible] historiques [illegible] civilisations [illegible] et [illegible]. [illegible] C'est [illegible] que [illegible].

Selon [illegible] dans [illegible] domaine, [illegible] toujours placée parmi les [illegible] [illegible] public. [illegible] est [illegible] par [illegible] de [illegible] [illegible] [illegible] qui [illegible] de [illegible] [illegible]

Chapitre premier

ARCHÉOLOGIE ET POLITIQUE

L'Orient, chargé de mystère, fascine depuis longtemps. La Mésopotamie des Grecs, ce « pays entre les fleuves » que sont le Tigre et l'Euphrate, délimitée au nord par le Caucase et au sud par le golfe Arabo-persique correspond approximativement aujourd'hui à l'Irak, au nord-est de la Syrie, au sud et à l'est de la Turquie. La terre limoneuse et fertile des vallées est propice à la végétation au point que la Bible y situe le jardin d'Éden :

> Un fleuve sortait d'Éden pour arroser le jardin et de là il se divisait pour former quatre bras. Le premier s'appelle Pishôn : il contourne tout le pays de Havila où il y a de l'or ; l'or de ce pays est pur et là se trouvent le bdellium et la pierre de cornaline. Le deuxième fleuve le Gihôn : il contourne tout le pays de Kush. Le troisième fleuve s'appelle le Tigre : il coule à l'orient d'Assur. Le quatrième fleuve est l'Euphrate[1].

Les sources bibliques gardent la mémoire de certains événements du Ier millénaire av. J.-C., des rois néo-assyriens et néo-babyloniens ainsi que du rôle qu'ils ont joué dans la géopolitique du Proche-

Orient. Mais leur objectif étant de transmettre l'histoire d'un peuple qui s'est heurté à ces puissances néo-assyrienne et néo-babylonienne, elles ne sont pas neutres. L'orgueil, la démesure et la cruauté des dirigeants de ces royaumes y sont des thèmes récurrents. Les Grecs, quant à eux, admirent les réalisations des civilisations qui s'y sont succédé tout en jugeant leur culture inférieure à la leur. Quand Hérodote (Ve siècle av. J.-C.) voyage en Babylonie alors sous domination perse, la culture babylonienne est encore très vive, et Babylone, une grande ville. C'est même l'une des Sept Merveilles du monde décrite quelques siècles plus tard par Strabon[2]. Pourtant si les *Histoires* d'Hérodote apportent une multitude d'informations sur les Perses et sur leurs prédécesseurs, il s'agit plutôt de légendes mélangeant éléments assyriens et babyloniens. Ctésias de Cnide, le médecin du roi perse Cyrus, consulte, quant à lui, les archives de l'empire, mais son œuvre, *Persica*, n'est connue que par des fragments transmis par des auteurs plus récents, notamment Diodore de Sicile au Ier siècle av. J.-C. Là encore il s'agit plutôt de légendes. Ainsi en est-il pour beaucoup d'autres auteurs grecs. Il existe par ailleurs un écrivain babylonien, Bérose, prêtre de Marduk, dieu de Babylone. Il présente en grec, sur trois rouleaux de papyrus, les grands traits de la civilisation babylonienne. Il dédie son œuvre, les *Babyloniaca*, parfois désignée également sous le nom de *Chaldaica*, au roi hellénistique Antiochos Ier (280-261). Connaissant la langue et l'écriture, ayant de hautes fonctions, il a accès à toutes les sources disponibles, y compris celles qui sont refusées aux étrangers, aux Grecs par exemple. Il n'en reste qu'un résumé fait par Alexandre Polyhistor, milésien du Ier siècle av. J.-C., repris par Eusèbe de Césarée, et quelques citations transmises par Posidonios d'Apamée (fin du IIe siècle-début du Ier siècle av. J.-C.) et diffusées par des auteurs latins comme Vitruve (Ier siècle av. J.-C.) et Sénèque (Ier siècle apr. J.-C.)[3]. Ces récits écrits en grec ou en latin sont donc à manier avec précaution.

D'une manière générale, trois thèmes se fixent dans la mémoire collective : quelques personnages extraordinaires comme le roi Nabuchodonosor ou la belle et cruelle Sémiramis, les jardins suspendus dits de Babylone, luxuriants et fabuleux, et la tour de Babel imaginée ronde, symbole de l'orgueil humain. Pour le reste, le souvenir de ces civilisations s'estompe au point de sombrer dans l'oubli, en particulier en Occident. Sans doute est-ce parce que l'Empire romain ne s'y implante pas. Sa dimension orientale est plus à rechercher du côté de l'Égypte, laquelle fascine les empereurs au point qu'ils prennent l'habitude d'en faire venir des monuments et que leur exercice du pouvoir y puise quelques traits, notamment en ce qui concerne le culte de la personnalité. Avec le développement du christianisme, religion orientale, Babylone, ville de l'exil du peuple hébreu, symbolise la tyrannie imposée par l'empereur païen. Puis, quand au IVe siècle, ce dernier devient lui-même chrétien, l'image de Babylone et de l'Orient perd peu à peu son aspect politique pour acquérir les traits du vice, de la luxure et de la volupté, et incarner l'antre de toutes les tentations réputées diaboliques.

EN EUROPE, LA REDÉCOUVERTE DE L'ORIENT

Quand seuls d'intrépides voyageurs s'y risquent...

Après la séparation entre Orient byzantin et Occident latin, seuls quelques intrépides voyageurs osent s'aventurer dans ces contrées étranges et lointaines. Parmi eux, le rabbin Benjamin de Tolède, en visite vers 1160 auprès des communautés juives du Proche-Orient, affirme avoir vu l'ancienne Ninive en face de la ville de Mossoul et aperçoit à Babylone: «les ruines du palais de Nabuchodonosor qui sont inaccessibles à cause que c'est un repaire de dragons et de bêtes venimeuses...» Ces vestiges donnent à chacun l'occasion de méditer sur la chute des empires et la véracité des écrits bibliques qui avaient prédit l'anéantissement de l'orgueilleuse cité. Beaucoup croient aussi avoir trouvé la tour de Babel. En effet, de nombreuses tours à plusieurs étages, des ziggurats, s'élèvent vers le ciel[4]. Quant à celle de Babylone, c'est en creux qu'il aurait fallu la chercher car Alexandre le Grand (356-323 av. J.-C.), voulant la reconstruire entièrement, a commencé par faire enlever toutes les pierres, laissant des tranchées à la place des fondations. Sa mort ne lui a pas permis de mener l'opération jusqu'à son terme[5]... et les millions de briques ont été réemployées au cours des siècles suivants par les autochtones.

En Orient, dès les Xe-XIe siècles, des voyageurs arabes rapportent les traditions et les légendes, s'intéressent aux rois antiques, mélangeant parfois babyloniens (Nabuchodonosor) et assyriens (Sennachérib). Ils visitent Babylone qui, à leur époque, n'est plus qu'un village. Parmi eux, Al Ma'sûdi, Al Bakrî et Yaqut ar-Rumi s'accordent pour glorifier l'ancienneté de la ville et de ses pratiques magiques. La plupart en attribuent l'origine à un certain ad-Dahhak, présenté comme un roi cananéen — sans doute une confusion avec le mot « chaldéen » — ou au géant Biyurasib. Le nom de la ville, Babil, serait d'après eux le nom de Jupiter dans la langue babylonienne. La tour aurait été érigée par Nemrod et la ville détruite par Al-Iskandar (c'est-à-dire Alexandre le Grand). D'autres légendes circulent comme celle selon laquelle Bukht Nassar aurait détourné le cours de l'Euphrate craignant qu'il ne sape le mur d'enceinte de la ville. Certains géographes regroupent les données sur des villes disparues. Au début du XIIIe siècle, Al Yacuti relève quelques toponymes comme Saro'ûn qu'il situe près du village de Khurustabaz (Khorsabad) et dont il pense qu'il s'agit d'« une ville ancienne ruinée... on dit qu'il existe d'anciens trésors... qu'il y a une histoire au sujet de cette ville mentionnée dans les anciennes chroniques ». C'est en fait la ville du roi néo-assyrien Sargon II, Dûr-Šarrukîn. Au début du XIVe siècle, Abû 'I-Fida situe la ville d'Assur au confluent du petit Zâb et du Tigre, ce qui s'est également révélé exact. Même en partie déformé, le souvenir de ces brillantes civilisations s'est donc maintenu par bribes.

La confrontation de ces traditions, la curiosité des voyageurs orientaux et occidentaux sont à l'origine de la redécouverte de ces villes dans un Orient où les forces politiques se fixent pour quelques siècles. La dynastie des Abbassides, immortalisée par le calife Haroun al-Rachid, règne à partir de Bagdad ou de Samarra jusqu'au milieu du XIIIe siècle où elle doit faire face aux raids des cavaliers mongols. En 1409, Bagdad est mise à sac par Timur-lenk, dont le nom est plus connu sous la forme de Tamerlan. Parallèlement, beaucoup plus au nord, au début du XIIIe siècle, une petite peuplade turque dirigée par Uthman[6], venue d'Asie centrale poussée par les Mongols, crée une principauté au nord-ouest de l'Asie Mineure. Sous l'égide de chefs remarquables, ces Ottomans étendent leur territoire non seulement sur une grande partie de la région mais aussi sur le détroit des Dardanelles et s'établissent en Europe dès 1341. Ils conquièrent la Macédoine occidentale et l'Albanie puis marchent vers le Danube et l'Adriatique. Face à cet empire presque entièrement européen, l'Occident tente de réagir par une croisade coalisant Français, Allemands, Italiens et Hongrois, mais en 1396 la victoire turque de Nicopolis s'achève par l'écrasement complet des croisés. Cette défaite a un profond retentissement en Europe. Elle donne naissance à la réputation de force, voire d'invincibilité, des Turcs. En 1398, les Ottomans ont conquis presque toute l'Asie Mineure. En 1453, Mehmed II s'empare de Constantinople et y établit sa capitale[7]. Cette victoire pose les Ottomans en successeurs des Byzantins. L'expansion atteint son apogée au XIVe siècle grâce à trois grands conquérants : Beyazid II, Selim Ier et surtout Soliman le Magnifique, « Seigneur des deux mers et des trois continents ». De fait, il règne de 1520 à 1566 sur toute l'Europe balkanique, une partie de l'Europe centrale, le Proche-Orient arabe, l'Afrique du Nord à l'exception du Maroc. En Méditerranée, les Ottomans supplantent les Génois et les Vénitiens et contrôlent également le commerce qui passe par la mer Rouge et le golfe Arabo-persique. C'est l'une des puissances majeures de l'Europe et du Proche-Orient, un grand empire musulman sunnite dirigé par un émir qui a pris à partir de Murad Ier (1362-1389) le titre de sultan[8]. Les populations conservent leurs particularismes, notamment en Irak, berceau du chiisme[9]. Les capitales (Andrinople, Constantinople) sont des centres intellectuels et artistiques où se côtoient chrétiens et musulmans. L'administration centralisée est dirigée par le *dîvân* avec à sa tête un grand vizir, représentant du sultan. Les impôts (dîme sur les terres pour les musulmans, capitation sur les non-musulmans, droits de succession, douanes, tributs payés par certaines provinces comme l'Irak ou l'Égypte) garantissent à l'État des recettes florissantes, encore agrémentées par les revenus du commerce développé d'abord avec Gênes et Venise, puis avec la France.

Un empire ottoman en plein essor, accueillant Français et Britanniques

De fait, les premiers occidentaux à prendre pied en Mésopotamie dans un cadre officiel sont les Français[10]. En effet, dès le XVIe siècle, des liens se tissent entre le royaume de France et l'Empire ottoman contre les Habsbourg, et notamment Charles Quint. Celui-ci, à partir de l'Espagne et de l'Italie, a des visées sur le Maghreb et, grâce à sa flotte, menace les Turcs en Méditerranée orientale. Il a parallèlement des prétentions sur la Picardie, la Bourgogne, le Dauphiné et la Provence et s'oppose également à la convoitise des Valois sur Milan. L'alliance est ainsi signée entre d'une part François Ier, Roi de la France, Très chrétien après sa défaite à Pavie en 1525, et d'autre part Soliman le Magnifique, Padisha de l'Islam, dont l'empire depuis Istanbul s'étend sur trois continents, de la Hongrie à la Tunisie et du Yémen jusqu'à l'Arménie. Cette alliance franco-ottomane se renforce sous Henri II grâce à l'action de l'ambassadeur Gabriel d'Aramont accompagné du géographe Nicolas de Nicolaï qui étudie les contrées traversées[11]. Par la suite, au plus haut niveau de l'État, la France, Fille aînée de l'Église, s'intéresse aux éventuelles traces matérielles laissées par les événements décrits dans l'Ancien Testament. Richelieu lance, afin d'enrichir sa bibliothèque, des recherches d'objets antiques et de manuscrits dans le Levant. Colbert fait de même pour fournir la Bibliothèque du roi qu'il lui revient d'administrer en tant que Surintendant des Bâtiments : il ne faudrait pas qu'elle soit inférieure à celle de Mazarin ! Dans l'Empire ottoman, si Soliman est connu pour être un homme très cultivé, parlant plusieurs langues, un poète renommé et un mécène inlassable, ce sont les arts islamiques traditionnels qui retiennent son attention : orfèvrerie, reliure, enluminure, miniature, calligraphie, tissage, architecture, poésie de *dîvân*, qui atteignent un haut degré de perfection. Les périodes antéislamiques en revanche ne l'intéressent guère[12]. De fait, l'Empire ottoman se montre du XVIe siècle jusque dans la première partie du XIXe siècle peu préoccupé par la sauvegarde de son patrimoine antique. Un vide juridique existe donc en matière de fouilles et de statut des objets mis au jour. « La Sublime Porte »[13] réagit à des faits ponctuels qui lui sont révélés par les autorités locales poussées par bien d'autres raisons que la science historique.

Les Anglais arrivent en Mésopotamie dans un second temps. Leurs intérêts sont, au départ, strictement économiques. Avec la création de la Compagnie des Indes, le Proche-Orient devient un passage obligé pour les émissaires anglais se rendant en Inde. Pour réaliser le plus d'affaires possibles, ils apprennent les langues locales, l'arabe et le persan. Parallèlement, les voyageurs se font de plus en plus nombreux et de toutes nationalités[14]. Ils dessinent les monuments qu'ils visitent, recopient les inscriptions. C'est ainsi qu'un médecin allemand, Engelbert Kämpfer, observant la forme des signes présents sur les inscriptions de Persépolis, la capitale de l'Empire perse achéménide, les qualifie en 1712 de « cunéiformes », du latin *cuneus* qui signifie « coin, clou », auxquels ils font penser.

En Europe, un nouveau regard sur l'Orient

À la fin du XVIIe siècle et au début du XVIIIe, l'Europe, jusque-là plus attirée par l'Italie et la Grèce, porte un nouveau regard sur l'Orient. Le développement de l'esprit scientifique des Lumières qui participe à l'essor de certaines disciplines (philologie, ethnologie, géographie) contribue à la recherche de territoires nouveaux comme objets d'étude. Dans les pays anglo-saxons, l'intérêt pour l'histoire de l'Orient s'accroît au fur et à mesure de la maîtrise de la route des Indes. Il correspond également à un souci propre aux protestants de replacer le christianisme dans son contexte historique par une vérification matérielle et d'être au plus près des Écritures. L'Orient commence à devenir à la mode y compris en France dans la littérature (Molière, *Le Bourgeois gentilhomme* et les turqueries ; Montesquieu, *Les Lettres persanes ;* Voltaire, *Sémiramis*) et la musique (Jean-Philippe Rameau, *Les Indes galantes*). La diffusion de la traduction par Antoine Galland des *Mille et une nuits* n'y est pas étrangère.

Quant aux recherches sur place, elles prennent

une nouvelle dimension grâce à un roi, Frédéric V de Danemark. En 1761, celui-ci commandite une expédition scientifique en Orient avec pour mission de rapporter toutes les informations possibles sur les sujets les plus divers. Cette expédition… tourne au désastre. Seul son chef, Karsten Niebuhr, en revient vivant. Il parcourt ainsi plusieurs pays : l'Égypte, la Syrie, la Palestine, l'Arabie, la Perse. À Persépolis, il recopie inlassablement les inscriptions gravées dans la roche. Celle-ci, d'une blancheur éclatante, renvoie sous le soleil une lumière éblouissante au point que Niebuhr perd temporairement la vue. Animé par sa passion, il ira cependant jusqu'au bout de sa tâche[15]. À son retour, il publie ses notes de voyage dans lesquelles il analyse les inscriptions. Il différencie trois sortes d'écritures cunéiformes. Son livre est traduit en plusieurs langues. Dès lors un engouement saisit l'Occident et les voyageurs qui parcourent l'Orient prennent l'habitude de visiter les ruines, de rapporter des « antiques »[16], de copier les inscriptions et de décrire ce qu'ils voient. En 1786, un français, l'abbé Joseph de Beauchamp, vicaire général à Bagdad, astronome, parlant l'arabe et l'hébreu, féru de phénicien et d'araméen, entreprend de creuser pour voir si quelque chose se trouve en dessous de ce que l'on voit en surface. Il met ainsi au jour quelques briques émaillées du haut de la porte d'Ištar à Babylone. Il consigne ses découvertes dans un mémoire publié en 1790 dans le *Journal des savants*. Deux ans plus tard, son texte est traduit en anglais et publié par l'*European Magazine*. L'impact en Angleterre est immédiat.

La Compagnie des Indes demande à ses agents en place à Bassora et Bagdad d'acheter un maximum d'objets et de les expédier en Angleterre. La collecte des antiquités commence ! Dès lors, une forte rivalité s'installe entre Français et Anglais, ceux-ci étant d'autant plus soucieux de renforcer leur présence en Orient que la route la plus directe pour les Indes (Londres-Alexandrie-Suez-Bombay) leur a été coupée par l'expédition d'Égypte (1798-1801), l'une des rares fois où l'Empire ottoman s'affronte à la France. Si cette expédition, qui contribue à la naissance de l'égyptologie, détourne durablement le grand public français des découvertes proche-orientales, elle est cependant d'une grande importance pour la recherche française en général. L'approche est pluridisciplinaire : cent soixante savants accompagnent l'expédition du conquérant (naturalistes, cartographes, architectes, ingénieurs, hommes de lettres). Les liens entre État et archéologie sont noués. L'État devient mécène, protecteur des fouilles, et on le lui rappelle dans les demandes de subventions. *A contrario*, les préoccupations scientifiques ne sont plus les seules motivations pour développer ou non la recherche à tel ou tel endroit. Le contexte politique de la France devient un facteur déterminant pour les campagnes menées en Grèce et en Égypte. Au Proche-Orient, l'initiative individuelle continue à primer. Cependant l'engouement persiste. Le courant orientaliste trouve en partie son origine dans les commandes passées par Bonaparte pour célébrer ses campagnes militaires en Égypte et en Syrie. Inspiré par Byron et

Chateaubriand, Delacroix dans *La Mort de Sardanapale* montre en 1827 une conception de l'Orient tout droit sortie de son imagination. Victor Hugo dans la préface des *Orientales* constate dès 1829 : « On s'occupe aujourd'hui beaucoup plus de l'Orient qu'on ne l'a jamais fait. Les études orientales n'ont jamais été poussées si avant. Au siècle de Louis XIV on était helléniste, maintenant on est orientaliste. Jamais tant d'intelligences n'ont fouillé à la fois ce grand abîme de l'Asie...[17] » Mais cet attrait reste cantonné en France aux milieux littéraires et artistiques, contrairement à la Grande-Bretagne où les découvertes parviennent jusqu'au grand public, permettant aux fouilleurs anglo-saxons de bénéficier de financements privés.

CHASSE AUX ANTIQUES ET BALBUTIEMENT DE L'ARCHÉOLOGIE

L'ouverture des premiers chantiers de fouilles dans l'Empire ottoman

Plusieurs résidents anglais de la Compagnie des Indes, en poste dans l'Empire ottoman, se passionnent pour le passé. Le premier à tenter une fouille archéologique est Claudius James Rich, consul général de Grande-Bretagne et résident de la Compagnie des Indes à Bagdad à partir de 1808. Il explore de nombreux sites dont il donne des descriptions précises : Arbèles, Nimrud, Ninive, Babylone où il pratique de nombreux sondages. Il établit la première carte topographique de Babylone. Mais il meurt en 1820 du choléra. Les objets trouvés à Ninive et Babylone sont vendus par sa veuve au British Museum. Ils y forment pendant longtemps la plus importante collection d'objets de Mésopotamie en Europe. Toujours à la recherche d'une route plus directe vers les Indes, le gouvernement britannique décide alors de monter une expédition conciliant géographie et histoire. En 1835-1836, afin d'étudier le réseau hydrographique, deux bateaux à vapeur sont transportés en pièces détachées jusqu'à l'Euphrate où ils sont remontés. Mais une tempête violente les anéantit. Parmi les rares rescapés, le chef de l'expédition, le colonel Francis Rawdon Chesney, parvient à sauver une carte du bassin hydrographique et des sites avoisinants[18].

Devant l'obstination anglaise à trouver cette nouvelle route des Indes, la France décide, elle aussi, d'intervenir. Fin 1842, le ministère français de l'Instruction publique crée le Service des voyages et des missions scientifiques et littéraires. L'Académie des inscriptions et belles-lettres, en tant qu'expert, juge de l'opportunité des missions et de l'attribution ou du refus de subventions. En effet, si certaines expéditions se voient allouer un budget sans avoir besoin d'en rendre compte[19], d'autres bénéficient seulement de lettres d'accréditation auprès des représentants locaux de la France (ambassadeurs, consuls), aide déjà non négligeable en ces contrées peu sûres. L'archéologie n'est en effet pas le seul objectif de ces missions qui comportent des volets philologique, géographique, ethnologique, botanique, zoologique, etc., le tout sur des aires géographiques extrêmement vastes. Nombre de ces missions ressemblent plus à des voyages plus ou moins agrémentés de fouilles. Plus leur nombre augmente, moins il y a de crédits pour chacune. D'autres subsides peuvent être obtenus auprès des Beaux-Arts qui dépendent du ministère de l'Intérieur. En revanche ce dernier exige des comptes d'exercice et des pièces justificatives en moult exemplaires. C'est ainsi que, par la suite, Victor Place, s'étant par ailleurs endetté pour avancer les fonds nécessaires à la fouille de Khorsabad et ne pouvant justifier que de 89 999,75 francs sur les 90 000 francs alloués en 1853, se voit réclamer quelque six ans plus tard les 25 centimes restants[20] ! Participent également à ces expéditions le Service cartographique de l'armée pour établir des cartes, la Marine pour transporter les objets... Quant au ministère des Affaires étrangères, il n'intervient que de façon exceptionnelle. Certes, il continue à solliciter sur place ses agents pour collecter des objets comme le faisaient leurs prédécesseurs sous l'Ancien Régime, mais c'est davantage à titre privé et individuel que les membres des Affaires étrangères, notamment les consuls, jouent un rôle important. En France, il n'y a pas de mécènes comme en Angleterre. L'insuffisance des crédits est chronique.

En 1842, Louis-Philippe crée un consulat de France à Mossoul. Il y place un homme d'une quarantaine d'années, Paul-Émile Botta, fils d'un historien italien, médecin et botaniste, qui connaît bien les pays arabes et a, avant de devenir diplomate, beaucoup voyagé, d'abord pour le compte du pacha d'Égypte, puis pour celui du Museum d'histoire naturelle de Paris. Il entreprend à ses frais la fouille de Tell Quyundjik (que l'on sait aujourd'hui être l'ancienne Ninive, mais pas à l'époque). Il n'y trouve rien. Découragé, il déplace le 20 mars 1843 ses travaux dans le petit village de Khorsabad à 16 kilomètres au nord-ouest de Mossoul. Le succès est immédiat. C'est toute une ville de 300 hectares qui apparaît: bas-reliefs, inscriptions, statues gigantesques de taureaux ailés... Botta est persuadé cette fois d'avoir trouvé Ninive[21]. Il obtient alors du roi une subvention et le concours du dessinateur Eugène Flandin qui vient de parcourir la Perse comme membre d'une expédition menée par Édouard de Sercey[22]. En six mois, Flandin dessine 1,2 kilomètre de bas-reliefs! C'est le point de départ de l'archéologie en Orient. Mais l'autorité ottomane provinciale, le pacha de Mossoul, n'apprécie pas du tout. Il accuse Botta de vouloir réveiller les démons de l'enfer en faisant sortir leurs statues de terre et de bâtir une forteresse pour s'opposer à l'autorité du sultan. En réalité, c'est la première fois qu'une véritable fouille a lieu. Il ne s'agit plus d'un simple voyageur ponctuel ramassant quelques objets. Le chantier nécessite des travaux de terrassement, des expropriations, l'embauche de nombreux ouvriers. Ceux-ci sont choisis parmi les chrétiens. Tout ceci semble une menace pour le pacha qui craint de voir se renforcer sur place la puissance de Botta. Ce dernier fait appel à l'ambassadeur de France, le baron de Bourqueney, pour entamer des négociations. L'issue en est la première convention entre la France et l'Empire ottoman signée en décembre 1843 qui donne l'autorisation de fouiller pendant un an à Khorsabad et seulement en ce lieu, prévoit une large indemnisation des habitants, l'obligation de niveler le site à la fin de la fouille[23] ainsi qu'une autorisation à demander pour emporter les objets, laquelle est accordée dès l'année suivante. En octobre 1844, Botta est cependant obligé de fermer le site, faute d'argent, tout en sachant qu'il recèle encore de fabuleux trésors[24]. Il s'empresse de faire diffuser le résultat de ses recherches de peur de voir les Anglais s'en emparer. « Publiez, publiez, publiez, à quelque prix que ce soit et remboursez-vous chez M. Hérard[25], puis trouvez-moi de l'argent car je me ruine. Je ne veux pas m'arrêter là car il y a ici des hérétiques prêts à me succéder et je ne veux pas leur donner ce plaisir-là »[26], écrit-il. De fait ses craintes ne sont pas exagérées. Il y a une réelle concurrence entre Français et Anglais. Il s'agit d'une rivalité courtoise, les Français ayant de grandes ambitions mais de petits moyens, les Anglais bénéficiant quant à eux de la puissance économique de la Compagnie des Indes. De personne à personne les relations peuvent être excellentes. Botta, appréciant les qualités d'un jeune Anglais, Henry Layard dont les aïeux sont des huguenots français réfugiés en Angleterre après la révocation de l'édit de Nantes, l'engage à venir de Constantinople :

> Quant à vous, mon cher Monsieur, vous n'êtes pas un véritable amant de Sémiramis si vous ne venez pas ici pour conduire mes travaux. Je ne puis rester ici et d'innombrables curiosités seront perdues, faute d'une présence constante. Je fais tout ce que je peux, mais c'est encore bien peu en regard de ce qu'il faut faire... Venez, je vous en prie, et donnons-nous un peu de plaisir archéologique à Khorsabad[27].

Layard le rejoint et dit de lui : « Nous sommes grands amis en dépit de ses diatribes contre l'Angleterre dont la violence dépend entièrement de la quantité d'opium qu'il a prise[28]. » De fait, dans des conditions parfois très difficiles, il est primordial de pouvoir compter sur des amis fiables. Sous une température qui atteint souvent plus de 45 °C à l'ombre, les lieux ne sont pas sûrs. Layard, au cours de ses déplacements, est plusieurs fois capturé, battu et dépouillé. Il écrit dans ses *Mémoires* :

> J'étais aux prises avec une telle anxiété, remué par tant de pensées que je ne pouvais pas trouver le sommeil. Être ainsi assassiné de sang-froid et en toute impunité par un barbare, loin de toute assistance ou sympathie, en un lieu et pour une raison qui demeurerait probablement ignorée pour toujours : c'était là un sort qui ne pouvait être envisagé en toute indifférence[29].

À quoi s'ajoutent moustiques porteurs de la malaria, scorpions et autres reptiles. En novembre 1845, Layard fouille Nimrud, à 32 kilomètres au sud de Mossoul, qu'il identifie lui aussi à Ninive. C'est un succès ! Aidé par Hormuzd Rassam, il découvre un palais avec de nombreux bas-reliefs et des taureaux androcéphales ailés. Il se rend finalement compte qu'il s'agit de Kalhu, la Kalah de la Bible, capitale du roi néo-assyrien Assurnaşirpal. Il se tourne ensuite vers Qalaat-Šergat, l'ancienne Assur, et finit par ouvrir un troisième chantier à Tell Quyundjik : Ninive est enfin découverte.

La chasse à l'objet pour enrichir les musées européens est l'objectif premier. En 1846, des sculptures sont envoyées au British Museum. Elles y parviendront en mai 1847. Le poids des pièces est si important que certaines ont dû être sciées dans le sens de l'épaisseur. L'engouement londonien est tel que, en 1848, le British Museum décide de lancer une nouvelle expédition. Cet intérêt pour le Proche-Orient est d'autant plus partagé qu'il est relayé régulièrement par la presse. Plus tard, en 1872, lorsque Georges Smith traduit un texte émanant du site de Ninive, dans lequel il est question d'un bateau échoué sur une montagne et dont les occupants lâchent une colombe qui, ne trouvant pas à se poser, revient au navire, cette découverte fait la une du *Daily Telegraph* qui propose de financer la reprise des recherches. Côté français, la fouille de Khorsabad a également un grand retentissement. Louis-Philippe inaugure en 1847 la première collection assyrienne, au musée du Louvre, exposant des sculptures et les reliefs du palais de Khorsabad. Trente-sept sculptures sont en effet parvenues au Havre par bateau (*Le Cormoran*) en décembre 1846. L'Académie des inscriptions publie les dessins de

Flandin. Gustave Doré s'inspire notamment des taureaux ailés pour illustrer la Bible. Le voyage en Orient dont l'itinéraire a été « codifié » par Chateaubriand au début du siècle (Égypte, Palestine, Liban, Asie Mineure, Constantinople, Athènes) devient pour un artiste un passage presque obligé. Mais, en France, les journaux relatent peu les découvertes archéologiques réalisées dans ces lointaines contrées, les changements de régimes politiques durant ce XIXe siècle passionnant davantage l'opinion[30].

Pendant ce temps en Orient est créé en 1850, à l'initiative du grand maître de l'artillerie Ahmed Fethi Pacha, le premier musée de l'Empire ottoman dans la cour de l'église Sainte-Irène de Constantinople. Il n'y a pas de réelle organisation, seulement quelques objets gardés par des soldats. De nouvelles négociations aboutissent à la possibilité de fouiller dans tout l'Empire ottoman pendant les six mois suivant les premiers travaux — ce qui pose le problème du renouvellement des demandes —, la France gardant les pièces uniques, le gouverneur de province étant chargé de récupérer les autres. Il n'existe pas encore de textes normatifs comme dans les territoires de l'Empire ottoman qui ont gagné leur indépendance telles la Grèce et l'Égypte, où le sentiment nationaliste s'est aussi manifesté de cette façon[31]. D'une manière générale, le recul de l'Empire ottoman en Europe au cours du XIXe siècle renforce peu à peu son caractère à la fois asiatique et musulman.

En 1851, Léon Faucher, ministre français de l'Intérieur, décide de relancer les recherches françaises, notamment à Khorsabad. Il envoie auprès de Victor Place, nouveau consul français à Mossoul, le cousin de Prosper Mérimée, l'ancien ambassadeur Fulgence Fresnel, en « Mésopotamie et Babylonie pour explorer ces contrées sous le rapport de l'art et de la science ; pour y faire exécuter des fouilles sur l'emplacement des villes antiques et pour y recueillir des fragments de sculpture et d'architecture, des inscriptions et en général tous les objets d'antiquités qui lui paraîtraient dignes d'être rapportés en France[32] ». Cette expédition est un échec et Fresnel meurt quatre ans plus tard, abandonné de tous.

Le déchiffrement du cunéiforme en dépit de rivalités franco-britanniques

Sur place, même si Henry Layard quitte l'archéologie pour se lancer dans la politique et la diplomatie, les relations entre Français et Anglais sont toujours bonnes, notamment avec H. C. Rawlinson, officier de renseignement de la Compagnie des Indes orientales et excellent linguiste. Envoyé en poste en Perse, il est basé en 1835 à proximité du rocher de Behistun. Bloc de 500 mètres de haut, ce rocher est sculpté d'une scène de soumission à Darius. Le récit de cette révolte contre Darius et la façon dont elle a été jugulée sont relatés dans trois versions, d'environ quatre cents lignes chacune, comportant toutes la même inscription écrite en cunéiforme. Suspendu dans le vide à plus de 100 mètres du sol,

H. C. Rawlinson copie ces signes et cherche à les comprendre. En effet, dès 1803, un jeune Allemand, Georg Grotefend, a repéré des répétitions dans les inscriptions persépolitaines les plus courtes et compris qu'il s'agissait des titulatures royales. Les comparant aux textes grecs, il a ainsi pu dégager le nom des rois (Hystapes, Cyrus, Darius, Xerxès) ainsi que quelques mots comme « roi », « fils de ». Bien que l'université de Göttingen ait refusé de reconnaître le travail de cet obscur professeur de latin de lycée, d'autres savants reprennent et poursuivent ses recherches ; parmi eux se trouve Rawlinson. Celui-ci identifie dans la première inscription de Behistun, au faible nombre de signes utilisés, un alphabet. À partir des cartouches de Darius, il transcrit un passage et constate qu'il s'agit d'une langue indo-européenne, le vieux perse, qu'il traduit, avant de s'intéresser aux deux autres inscriptions[33].

L'amical climat franco-anglais s'assombrit lorsque les Britanniques confient la responsabilité de leurs fouilles à Hormuzd Rassam, ancien assistant de Layard. Le site de Qalaat Šergat, l'ancienne Assur, doit être fouillé conjointement. Les Anglais y arrivent avec 180 ouvriers, les Français avec une petite quarantaine. Les Anglais s'emparent des points de fouilles ouverts par les Français qui à leur tour les chassent et reprennent leurs tranchées… de fouilles bien sûr ! C'est alors qu'éclate l'affaire de Quyundjik, l'ancienne Ninive. Rawlinson et Place s'étaient partagé le site à l'amiable : aux Anglais le sud, aux Français le nord. Fin 1853, Place est obligé d'arrêter ses fouilles par manque de moyens. Rassam embauche aussitôt les ouvriers formés par les Français et dans la nuit du 22 décembre, à la lumière des torches, fait une incursion côté français. Il met au jour dans le palais d'Assurbanipal, outre de magnifiques bas-reliefs, une bibliothèque de plusieurs milliers de tablettes qu'il s'empresse d'emporter. Victor Place confie son écœurement à son frère :

> Puisque les fouilles sont finies, je n'ai plus rien à faire ici et je désire partir. D'ailleurs on voudrait les reprendre qu'on a su m'en dégoûter et je suis tellement contrarié qu'on m'ait obligé à laisser les Anglais découvrir il y a deux mois ce qui a été exhumé de plus intéressant dans Ninive que j'ai perdu l'espoir que nous puissions les égaler et je ne voudrais plus tremper dans des travaux où nous sommes exposés à rester vis-à-vis d'eux dans une position d'infériorité[34].

Rawlinson rétablit les relations en proposant à Place d'offrir à la France une partie des sculptures. De fait, les Anglais n'ont pas de bateau pour les transporter en Europe et le British Museum manque de place pour accueillir toutes les pièces gigantesques. En retour, les Français acceptent de convoyer les trouvailles britanniques sur le navire *Le Manuel* dont l'arrivée est prévue en 1855. Parallèlement aux fouilles de Ninive, le chantier de Khorsabad a été rouvert. Victor Place y est aidé du dessinateur Thomas. Les quatre années de travaux sont tellement fructueuses que l'on ne peut tout expédier. Place sélectionne avec soin les objets à transporter. Les taureaux en raison de leur poids, plusieurs tonnes, posent un véritable problème. La route est spécialement aménagée jusqu'au Tigre. Là les attendent des radeaux portés par des centaines d'outres. En effet, les courants rapides, la taille et le poids des objets ne permettent pas d'utiliser des bateaux. Place, sommé de rejoindre son nouveau poste de consul en Roumanie, demande à repousser son départ, expliquant que sa présence en tant qu'officiel peut être importante pour la sécurité du convoi, en vain. C'est donc sans lui que s'effectue le transport. De fait, après avoir été rançonné à quatre reprises, le convoi est attaqué le 21 mai 1855 par des Bédouins non pas intéressés par les antiquités mais par le bois dont sont constitués les radeaux. Les outres sont percées, le contenu des radeaux jeté à l'eau, les passagers abandonnés nus sous la chaleur. Sur deux cent trente-cinq caisses, seules vingt-six sont sauvées. Les autres, ou ce qu'il en reste, gisent encore à l'heure actuelle quelque part au fond du Tigre.

Depuis de nombreuses années les savants s'attellent au déchiffrement de l'écriture cunéiforme. Celle-ci est utilisée par une pluralité de langues différentes et sur plusieurs millénaires. Après beaucoup de tâtonnements et une concurrence à la fois stimulante et intense, des traductions sont proposées, reprises, critiquées, adoptées… Pour établir une fois pour toutes la fiabilité de celles-ci, une expérience est effectuée à l'initiative de William Henry Fox Talbot en 1857. Celui-ci, plus connu pour ses travaux en optique sur les cristaux et en mathématiques sur les intégrales, est également l'inventeur du calotype qui a l'avantage, sur le daguerréotype, de pouvoir donner plusieurs tirages photographiques à partir d'une seule prise de vue. Il se passionne depuis sa visite au British Museum en 1850 pour le travail de ces déchiffreurs de cunéiformes. Il décide, grâce à la Royal Asiatic Society de Londres, de vérifier à la fois la fiabilité de son invention photographique et celle des procédés de traduction utilisés par chacun. Il adresse, sous pli cacheté, une épreuve d'une même inscription de huit cent neuf lignes récemment découverte à Assur, à Hincks en Irlande, à Rawlinson en Orient, à Oppert en France et garde un dernier exemplaire pour lui-même. Chacun travaille de son côté sans communiquer avec les autres. La traduction qu'ils proposent est quasi identique. L'akkadien est enfin considéré comme déchiffré[35] et le calotype, reconnu pour la fiabilité de ses tirages, utilisé sur les champs de fouilles.

Les Allemands entrent en jeu sur fond de nouvelle réglementation ottomane

Dans la seconde partie du XIXe siècle, l'Empire ottoman élabore une réglementation plus sévère car celle déjà en place n'est guère respectée. Pour exemple, en Asie Mineure, Heinrich Schliemann, après avoir fait fortune dans le commerce de l'indigo, fouille Hissarlik dans le but de retrouver la Troie de Priam. Il découvre en mai 1873 des objets en or qu'il fait sortir clandestinement de l'Empire ottoman où les autorités locales, intéressées par le métal, avaient projet de les fondre.

Un procès a lieu. L'avocat de Schliemann plaide ainsi : « Troie a été conquise par les Grecs, sous la conduite d'Agamemnon. M. Schliemann, aujourd'hui citoyen grec, a retrouvé le trésor de Priam : c'est donc à la Grèce que ce trésor appartient par droit de conquête. »... Schliemann gagne son procès ! Il peut garder le trésor contre une indemnité fixée à 10 000 drachmes que, dans sa largesse et pour calmer le jeu et apaiser les esprits, il porte de lui-même à 50 000 drachmes[36]. La grande réglementation ottomane date en fait du Dr Dethier, archéologue allemand, directeur du Musée impérial en 1874. Elle est complétée en 1884 et en 1904, parallèlement à la mise en place d'un Service des antiquités rattaché à la Direction générale des musées impériaux. Son application devient de plus en plus stricte et dépend surtout du bon vouloir du directeur de Musée impérial. Le successeur d'Anton Dethier, Osman Hamdi Bey, est lui-même un archéologue de renom. Il fouille au Nemrud Dag au sud-est de l'Anatolie ainsi qu'à Sidon où il découvre le « sarcophage d'Alexandre », travaillant à la publication de ses travaux en compagnie de l'archéologue français Théodore Reinach. Il est à l'origine du musée archéologique d'Istanbul ouvert en 1891, premier bâtiment turc édifié pour être un musée. Il est essentiel de bien s'entendre avec lui, ce qui ne fait que renforcer la compétition entre les pays européens pour obtenir les concessions.

Si la rivalité entre Français et Anglais est plus une concurrence d'homme à homme, les États intervenant peu, cela change dans le dernier quart du XIXe siècle avec l'arrivée des Allemands qui ont résolu leur problème d'unité nationale[37]. Le ministère des Affaires étrangères français prend alors conscience de la place de l'archéologie dans l'enjeu culturel, qui va bien au-delà du simple aspect scientifique, et soutient directement les missions même si la prise de décisions reste toujours du domaine du ministère de l'Instruction publique. Le français Ernest de Sarzec, vice-consul à Bassora à partir de 1875, se passionne lui aussi pour l'histoire. À Tello[38], dans le sud de la Mésopotamie, il découvre en 1877 une nouvelle civilisation encore plus ancienne : la civilisation sumérienne dont l'écriture et la langue seront comprises une vingtaine d'années plus tard, en 1896, par le Français François Thureau-Dangin. Déjà passionnés par les publications des découvertes assyriennes de Layard, les Américains décident eux aussi de tenter l'aventure orientale. Ils dépêchent à Nippur une mission composée d'architectes et d'épigraphistes avec d'importantes mises de fonds. L'objectif est de découvrir des tablettes et de les confronter aux textes bibliques. Les Allemands, quant à eux, se positionnent sur Tello et finissent par obtenir l'autorisation d'y fouiller en 1887. Aussitôt Sarzec fait intervenir Paris afin que la priorité accordée à la France soit respectée. Pour que la riposte soit rapide, de nouveaux moyens techniques sont mis à contribution. Le télégraphe est ainsi utilisé pour coordonner l'action entre ministère de l'Instruction publique, musée du Louvre, ambassadeur de France à Constantinople, Sarzec à Bagdad et le représentant français à Bassora. La fouille de Tello est rendue à la France[39], exceptée la zone de Zerghul, 3 kilomètres plus loin, où les Allemands se replient. La France est parvenue à faire valoir ses droits face à l'Allemagne ! Pour Paul Cambon, nouvel ambassadeur de France, cette lutte devient une priorité et l'archéologie en est l'une des composantes. Il réussit à faire participer la France au développement et à l'administration du Musée impérial. Il obtient même la concession pour fouiller Abu Habba, l'ancienne Sippar. Mais c'est un succès éphémère en raison de l'antipathie qui se développe entre le directeur du musée et le jeune Français nouvellement nommé grâce à Cambon. Du coup, l'ambassadeur de France essaie de créer un établissement sur le modèle des Écoles françaises à l'étranger. Jusqu'à présent l'Orient relève, en effet, pour l'Anatolie de l'École d'Athènes, créée en 1846, et pour la Phénicie, la Judée, l'Arabie, la Mésopotamie et la Perse de l'École du Caire, créée en 1880. En fait, aucune de ces deux Écoles n'y est vraiment engagée étant donné la spécificité des études orientales maintenant reconnue par tous, y compris sur le territoire français où en 1881 un Département des antiquités orientales est ouvert au Louvre. L'École d'Athènes s'oppose à la création d'une autre École mais l'ambassade parvient quand même à imposer une mission permanente à Constantinople. Elle relève du ministère des Affaires étrangères mais est financée par le ministère de l'Instruction publique. Finalement, celui-ci ne verse pas les fonds, raison pour laquelle elle ne fonctionne que de janvier 1896 à juin 1897. Côté allemand, en 1898, l'empereur Guillaume II se déplace en personne. Il se proclame à Damas « protecteur du monde musulman ». Ses buts ne sont pas uniquement culturels. Arrivé trop tard pour une expansion coloniale, il est partisan d'une *Weltpolitik* qui vise, sans occuper le territoire, à le dominer sur le plan économique : sont en jeu non seulement la concession du chemin de fer de Bagdad mais encore les mines et les marchés qui vont avec. L'Allemagne propose d'associer une gare et une école ainsi que de nombreuses missions archéologiques. Tout ceci va de pair avec une augmentation importante de la part des capitaux allemands à la fois dans les investissements étrangers, la dette publique ottomane et les échanges commerciaux, même si l'Allemagne reste loin derrière la Grande-Bretagne, elle-même largement devancée par la France[40]. Les Français, quant à eux, développent le réseau ferré syrien et se tournent vers la ligne Smyrne-Cabassa qui passe à proximité d'Aphrodisias et de Sardes. Ils obtiennent le droit de fouiller mais abandonnent, par manque de crédits, au profit des Américains.

De fait, à la fin du XIXe siècle, l'archéologie française recule au Proche-Orient. Seules quelques campagnes sont menées en Asie Mineure par l'École d'Athènes. En 1909, huit ans après la mort de Sarzec très affecté par la maladie à la fin de sa vie, les Français quittent Tello. Les fouilles de Sippar sont suspendues. L'Allemagne, pour sa part, progresse (Troie, Pergame, Magnésie du Méandre) et cherche à reprendre les fouilles des Français à Milet en achetant le terrain auprès des habitants. Fort bien organisés et abondamment financés, y compris par des fondations privées, peu à peu les Allemands dominent toutes les recherches en Asie Mineure et effectuent une percée remarquable en Mésopotamie, notamment sur trois grands sites. Le premier est Babylone où Robert Koldewey de 1899 à 1917 met au jour la capitale du roi néo-babylonien Nabuchodonosor II. Le deuxième est Assur, sis sur un éperon dominant la rive droite du Tigre, fouillé de 1903 à 1914 par Walter Andrae, ancien assistant de Koldewey. Le dernier est Uruk (l'actuelle Warka), site sumérien dont la concession est obtenue en 1912 : la mission de Julius Jordan, ancien assistant de Koldewey à Babylone et d'Andrae à Assur, y découvre les plus anciens textes écrits. À part la petite mission française de Kiš, les Allemands sont à présent les seuls à fouiller dans cette partie de la Mésopotamie. Ils font l'objet de l'attention des autres puissances européennes, d'autant que les doutes augmentent sur la réelle nature des activités de ces missions.

L'ARCHÉOLOGIE, ÉLÉMENT CULTUREL DES RELATIONS INTERNATIONALES

Les bouleversements liés à la Première Guerre mondiale

À la veille de la Première Guerre mondiale, la place de la France dans l'Empire ottoman est toujours prépondérante dans le domaine financier. Procurant plus de la moitié des investissements étrangers, elle est à l'origine, avec la Grande-Bretagne, de la banque impériale ottomane, émettrice de la monnaie de l'empire, mais aussi de nombreuses entreprises comme la Compagnie des eaux. Elle occupe également la première place au niveau culturel, notamment grâce au développement considérable des écoles françaises pour l'enseignement primaire et secondaire, mais aussi grâce au prestige de l'université Saint-Joseph de Beyrouth tenue par les jésuites et de l'École biblique de Jérusalem destinée aux chercheurs. Cependant, avec l'arrivée des autres pays occidentaux dans le champ de l'archéologie orientale, son rôle diminue même dans les domaines où elle s'est montrée pionnière. Les Français restent plus tournés vers les antiquités classiques. Les Anglo-Saxons se sont davantage ouverts aux autres périodes historiques, y compris à l'art islamique, ce qui leur donne un atout non négligeable dans leurs négociations. Les Français en prennent conscience. Gustave Mendel dresse un état de la situation particulièrement précis : les Anglais sont restés, les Américains (notamment l'université de Princeton) ont fait une percée, et les grands gagnants sont les Allemands présents partout ; les raisons pointées sont un manque de moyens financiers et un manque de continuité dans l'action. Ce rapport alerte le ministère de l'Instruction publique car l'intérêt national est en jeu, à la fois d'un point de vue scientifique et, plus encore, en terme de présence française face à l'Allemagne. L'archéologie n'est plus pensée seulement comme une discipline, elle devient un élément à part entière de l'action culturelle et politique. Des fonds sont débloqués et un programme de recherches est mis sur pied, mais la déclaration de guerre met fin à cette réaction[41].

Dans cette guerre, l'Empire ottoman se range aux côtés de l'Allemagne. Toute activité archéologique dans la région est stoppée quelle que soit la nationalité des missions. Le sud de la Mésopotamie devient le théâtre d'affrontement avec les Anglais qui, voulant garder les gisements pétroliers, occupent Bassora. En Syrie et en Palestine éclate la révolte arabe soutenue par l'Angleterre grâce au capitaine Lawrence mais aussi à l'une des rares femmes archéologues de l'époque, Gertrude Bell. C'est elle qui dresse les cartes qui permettent à l'armée britannique d'atteindre Bagdad et de prendre la ville. En effet, si la France est engagée sur le front ouest, l'Angleterre se positionne sur le front est. En 1916, le Français François-Georges Picot et l'Anglais Mark Sykes signent des accords secrets et, parmi les futures dépouilles de l'Empire ottoman, les deux pays se partagent la Syrie, la Palestine et l'Irak. Parallèlement les Britanniques promettent à Hussein, chérif de La Mecque, tous les territoires arabes sous occupation ottomane, y compris la Syrie et la Palestine. Le 2 novembre 1917, Lord Balfour, ministre anglais des Affaires étrangères, publie une lettre adressée au baron de Rothschild dans laquelle il indique que son gouvernement est favorable à la création en Palestine d'un « foyer national juif », l'objectif étant d'inciter les Juifs américains à ne pas financer l'Allemagne et l'Autriche.

Au lendemain de la guerre, la France, considérant que depuis des siècles sa contribution archéologique dans cette région légitime sa position dans toute l'Asie occidentale, se pose en leader en ce domaine. Elle espère au moins récupérer sa place antérieure, si ce n'est davantage. Mais la situation créée sur le terrain par la victoire du général Allenby favorise les Anglais qui comptent bien eux aussi affirmer leur suprématie. La question se pose de savoir alors si « protectorat » signifie monopole archéologique pour la puissance européenne qui le détient. Les Français ne souhaitent pas que les études ouest-sémitiques (Palestine) et est-sémitiques (Mésopotamie) soient du ressort exclusif des Anglais. Ceux-ci bénéficient de la présence sur place, dans leur armée, de personnels très qualifiés en archéologie : le lieutenant-colonel T. E. Lawrence, le major Charles Leonard Woolley, le capitaine Reginald Campbell-Thomson qui ont tous fouillé à Karkémiš dont le chantier rouvre dès la fin des hostilités. Quant aux Italiens, ils ne comptent pas être en reste. Finalement, ce sont les Américains qui prennent l'initiative. Les modalités de protection des antiquités sont précisées dans l'article 421 du traité de Sèvres[42] ainsi que dans l'article 14 du texte instaurant le mandat français sur la Syrie et le Liban, territoires dans lesquels les Français ont depuis longtemps des intérêts financiers, culturels et où ils se posent en protecteurs des chrétiens. Il est garanti aux « ressortissants de tous les États membres de la Société des nations l'égalité de traitement en matière de fouille et de recherches archéologiques »[43]. La Grande-Bretagne obtient la Palestine, la Transjordanie et l'Irak où le 23 août 1921 l'émir Fayçal est intronisé grâce à Gertrude Bell[44]. Elle développe en plus son aire d'influence sur le pays voisin, la Perse. Implicitement, un « Kurdistan indépendant » est prévu. Mais, à la suite de la victoire de Mustafa Kemal, un nouvel État apparaît, la Turquie, remettant en cause le traité. Entre-temps, le pétrole découvert dans la région de Kirkouk dans le Kurdistan et convoité par les Britanniques explique les modalités du traité de Lausanne (24 juillet 1923) qui avalise la répartition des vallées kurdes entre la Turquie et l'Irak sous mandat britannique. Cela ne va pas sans révoltes[45].

L'entre-deux-guerres, essor de l'archéologie au Proche-Orient

L'entre-deux-guerres est une époque florissante pour l'archéologie proche-orientale. L'idée se répand de sauvegarder le patrimoine sur place et de former en Europe et aux États-Unis de jeunes Syriens et Irakiens afin qu'ils puissent travailler dans les Services des antiquités de leur pays où sont créés des musées : à Beyrouth, Bagdad, Damas et Alep. Les recherches ne sont plus motivées uniquement par la chasse à l'objet spectaculaire. Le contexte de la découverte (lieu et niveau de trouvaille, ce qu'il y a autour, etc.) prend de plus en plus d'importance. La moindre chose devient alors précieuse quelle que soit sa valeur intrinsèque. Le climat de sécurité établi par les protectorats, la rapidité des nouveaux moyens de communication (voiture, radio) facilitent grandement les séjours sur place des archéologues. Agatha Christie, l'épouse de l'un d'entre eux, Max Mallowan, relate dans ses *Mémoires* avec beaucoup de verve et d'humour sa vie quotidienne aux situations parfois très cocasses (de la construction des toilettes au débarquement des souris en passant par les heurts entre communautés musulmanes et chrétiennes, les problèmes de santé ou la découverte d'objets contrefaits) et s'inspire des collègues de son mari ou de leurs femmes pour camper certains personnages de ses romans policiers. Elle « aime ce pays fertile et paisible, le naturel de ses habitants qui savent rire et apprécier la vie, qui sont indolents et gais, dignes et bien élevés, dotés d'un grand sens de l'humour, et pour qui la mort n'a rien de bien terrible »[46]. La France a la volonté de se doter d'une politique culturelle cohérente. Le ministère des Affaires étrangères crée en 1920 le Service des œuvres françaises à l'étranger qui réunit à la fois les Écoles, les travaux scientifiques et l'archéologie. Il lance ainsi ses propres missions. Les musées nationaux français apportent également leur contribution financière. Contrairement à ce que l'on pourrait croire, l'arrivée de ces nouveaux venus ne facilite pas toujours les choses car il reste à tout coordonner avec le ministère de l'Instruction publique. Pour retrouver sa place en Orient, la France reprend le projet de Paul Cambon d'un établissement français d'archéologie à Istanbul. Ce sera un Institut et non une École afin de ne pas froisser celle d'Athènes[47].

La Palestine suscite les convoitises archéologiques, notamment de la part des Britanniques. Les Américains sont favorables à une entente internationale par le biais de conférences annuelles auxquelles tous les savants participeraient. Chacun crée son école archéologique à Jérusalem. Les Français disposent déjà de l'École biblique des dominicains fondée en 1890 par le père Lagrange et qui forme, entre autres en archéologie et langues orientales, des étudiants de toutes nationalités. Sa notoriété scientifique est déjà établie. Elle rayonne bien au-delà des orientalistes et exégètes. Elle publie la *Revue biblique* qui rend régulièrement compte des découvertes faites dans toute la zone syro-palestinienne. Les Anglais et les Américains subventionnés par J. D. Rockefeller Jr multiplient les chantiers en Palestine.

En Irak, avant guerre, deux grands sites, Tello et Kiš, étaient détenus par les Français, mais ceux-ci choisissent de travailler dans un premier temps en Syrie. L'université d'Oxford en profite pour les évincer de Kiš. Quant à Tello, les fouilles clandestines se multiplient à partir de 1924 apportant sur le marché parallèle de nombreuses statues des rois Gudéa et Ur-Ningirsu. Le chantier rouvre de 1929 à 1933, puis la France se tourne vers un autre site, Larsa. Plus généralement, les chantiers sont partagés conjointement entre Anglais, Allemands et surtout Américains. Les fouilles se poursuivent à Ninive, Nimrud, Khorsabad, Nuzi, un site hurrite (peuple encore assez mal connu de nos jours car sa langue n'est toujours pas totalement maîtrisée), et surtout à Ur, la ville d'Abraham, aujourd'hui située au milieu du désert[48]. De 1922 à 1934, le British Museum et l'University Museum of Pennsylvania de Philadelphie mettent au jour un quartier résidentiel, une ziggurat et surtout une nécropole royale de plus de mille tombes dont les objets d'or témoignent d'une ville portuaire, à l'époque dynamique et florissante. La réussite de cette entreprise est d'autant plus remarquable qu'à la même période en Égypte est découvert le tombeau de Toutankhamon. Ce dernier ne date que du XIVe siècle av. J.-C., les tombes royales d'Ur sont antérieures de plus d'un millénaire. Ajouter à cela que le 16 mars 1929, Leonard Woolley annonce dans le *Times* qu'il a trouvé les traces du Déluge ! Toute l'Angleterre se passionne. En 1932, la Grande-Bretagne décide de mettre fin à son mandat sur l'Irak, laissant la place à un État arabe et sunnite dirigé par la monarchie hachémite[49], pays dans lequel la population est en majorité chiite et où le sentiment national kurde se développe rapidement. Le partage du produit des fouilles soulève alors des difficultés sur de nombreux chantiers. Jusque-là, les pays qui finançaient les campagnes archéologiques recevaient une grande partie des objets découverts. Or le directeur du musée de Bagdad, l'Allemand Julius Jordan, en retient beaucoup plus pour le musée et le ministère de l'Éducation irakien dont dépend le Service des antiquités élabore une nouvelle réglementation. De ce fait, seuls les Américains et les Allemands maintiennent leurs activités en Irak.

Les Français et les Anglais décident de se concentrer sur la Syrie et le Liban, sous mandat français jusqu'en 1941. Le général Gouraud, qui s'intéresse beaucoup à l'archéologie, met en place le Service des antiquités en 1920 ainsi qu'un Institut d'archéologie et d'art musulmans qui seront réunis en 1938 sous le nom d'Institut de Damas. Le droit du partage y est moins dur qu'en Irak. Le directeur du musée prend les pièces uniques ; le reste est divisé en deux lots d'égale importance, l'un destiné aux musées syriens, l'autre au pays bailleur de fonds. La réglementation change en 1926 et 1933 : dorénavant les objets appartiennent dans leur totalité à l'État sur le territoire duquel la découverte a été faite. Ce dernier peut donner ou prêter ces objets sous réserve que ses collections ne soient pas dilapidées. Le fouilleur dispose, afin de garantir sa propriété intellectuelle, d'un monopole de trois ans pour publier le résultat de ses recherches. Un immense patrimoine, qui, jusqu'à présent, avait peu attiré l'attention, sort de l'ombre. L'activité de la France est prédominante. Ce rayonnement est dû en partie à la personnalité de René Dussaud, membre de l'Académie des sciences et belles-lettres et conservateur du Département des antiquités orientales du Louvre. C'est lui qui répartit les financements entre les différentes missions, dans un contexte de dépréciations successives du franc[50]. Il réorganise à partir de 1929 le Service des antiquités en Syrie pour inventorier et protéger les objets des musées syriens. La mission française dirigée par André Parrot ne se rend plus à Larsa (en Irak), mais sur un site qui vient d'être découvert sur les bords de l'Euphrate, Tell Hariri, l'ancienne Mari, au palais de plus de deux hectares. Parmi les autres grandes découvertes se trouve aussi celle d'Ugarit en 1928 sur la côte méditerranéenne. C'est une ville à l'architecture de pierre qui est révélée avec des archives diplomatiques permettant de reconstituer les relations politiques et économiques internationales du XIVe siècle av. J.-C. Parmi les tablettes cunéiformes retrouvées sur ce site, certaines utilisent un alphabet. Au Liban, l'attention se porte sur Sidon, Byblos et Tell Nebi Mend. Les territoires sous mandat français sont largement ouverts aux autres missions étrangères : tchèque à Tell Arfad, américaines à Tell Leilan et à Antioche, belge à Apamée sur l'Oronte, danoise à Hama, anglaises avec Max Mallowan à Chagar Bazar et

Tell Brak et Leonard Woolley à Tell Atchana. En revanche les Français se montrent réticents pour accueillir les Allemands, notamment l'un d'entre eux : le baron Max von Oppenheim qui souhaite reprendre les fouilles de Tell Halaf. Leurs réserves ne sont certes pas sans fondement. Après la Première Guerre mondiale, Maurice Barrès, envoyé au Proche-Orient, écrit à propos du site de Baalbek que « les Allemands avaient ici leur grand centre d'archéologie d'où, sous couleur d'exploration d'art, leurs espions rayonnaient de tous côtés. Le savant M. Oppenheim, tout en faisant des fouilles à Tell Halaf, levait des plans et travaillait en liaison avec les officiers allemands d'Alep et le grand état-major de Berlin »[51]. Ceci avait déjà été signalé à plusieurs reprises avant la guerre par l'ambassade de France et les différents postes consulaires. Ce sont les Allemands, anciens ennemis, qui focalisent l'attention, et non les Anglais, même si le colonel Lawrence fouillait avant guerre à Karkémiš. Le baron obtient pourtant la concession en octobre 1927. En 1939, à près de 84 ans, il retourne près d'Alep et en profite pour organiser un centre de propagande allemande auprès des chefs de tribu gagnés à sa cause.

Une série d'expositions a lieu à Paris en 1922, 1923 et 1930 pour présenter au public les découvertes qui couvrent toutes les périodes historiques. La France monte de grandes missions. Elle domine ainsi toute l'archéologie syrienne ; en revanche elle est peu présente en Turquie et absente en Irak.

L'archéologie dans le nouvel échiquier politique du Proche-Orient

La Seconde Guerre mondiale marque là encore un coup d'arrêt à toute l'activité culturelle européenne au Proche-Orient et donc à l'archéologie, même si les archéologues par leur présence et/ou leur engagement auprès du général de Gaulle maintiennent l'influence française dans cette région. Claude Schaeffer, qui fouille à Ugarit, est chargé d'accompagner les troupes alliées afin de protéger au maximum les œuvres d'art qui pourraient être détruites ou endommagées. L'archéologie fait partie des priorités de l'après-guerre et, en 1945, est créée au ministère des Affaires étrangères une Direction générale des affaires culturelles dont relèvent désormais les chantiers de fouilles à l'étranger[52]. Les Instituts français à l'étranger en dépendent en synergie avec le ministère de l'Éducation nationale puisque ce dernier en garde la tutelle scientifique[53]. Peu à peu, la France reconquiert ses positions. Elle crée à Amman une antenne de l'Institut de Damas[54]. En 1947 est ouvert l'Institut de Beyrouth.

Un nouveau visage politique se dessine au Proche-Orient avec le Liban, la Syrie, la Jordanie, Israël. Ces pays acquièrent la conscience de la valeur de leur patrimoine dont la protection s'inscrit désormais dans les constitutions nationales[55]. Les nouveaux régimes prennent en main les départements d'arts créés par les Européens. Les archéologues syriens, irakiens, etc., formés aux

États-Unis ou en France, dirigent les chantiers. Peu à peu, les grands sites rouvrent dans le cadre d'une collaboration internationale : un exemple parmi d'autres, la Bagdad School et l'University Museum de Pennsylvanie reprennent à partir de 1948 la fouille de Nippur.

Cependant le Proche-Orient se retrouve souvent sur le devant de la scène politique internationale : guerre civile au Liban et ses suites (1975-1990), Révolution islamique et ses conséquences (1979-1992) dont la guerre Irak-Iran (1980-1988), la guerre du Koweit en 1990, l'embargo sur l'Irak à partir de 1991, la seconde guerre du Golfe à partir de 2003, sans compter le conflit israélo-palestinien, la question kurde. Les raisons en sont soit politiques, soit économiques, notamment liées aux gisements d'hydrocarbures ou à l'approvisionnement en eau. En Irak, dès les années 1930, de nouvelles idéologies se développent favorisant l'apparition de partis politiques : le Parti communiste fondé en 1934 qui recrute massivement dans les milieux les plus défavorisés, surtout chiites, le parti démocratique du Kurdistan (PDK) créé en 1947, le parti Baas (parti de la renaissance arabe et socialiste) qui se forme d'abord en Syrie dans les années 1930 dans les milieux chrétiens francophiles et s'implante en Irak en 1952. Ce dernier allie nationalisme arabe, socialisme et laïcité. En 1958, la monarchie hachémite est renversée par un putsch de généraux ; l'un d'entre eux, Abd al-Karim Kassem, instaure un régime personnel. La République est proclamée. Le contrôle du pétrole devient un enjeu national. Le général Kassem met fin au monopole de l'Irak Petroleum Compagny à capitaux anglais, américains, hollandais et, dans une moindre part, français. Le 8 février 1963, un groupe d'officiers soutenu par le parti Baas et les États-Unis renverse le général Kassem. Une répression anticommuniste commence, séparant ainsi les chiites du parti Baas. L'influence des religieux s'accroît[56]. Un second coup d'État baassiste porte au pouvoir, en 1968, le général Ahmad Hassan al-Bakr et l'un de ses parents, Saddam Hussein[57]. La mort de Nasser permet à ce dernier, à l'heure où par les accords de Camp David (17 septembre 1978) l'Égypte et Israël signent la paix, de se poser peu à peu en leader du monde arabe, soutenu par la France et les États-Unis face à l'Iran chiite de l'ayatollah Khomeiny[58]. Les objectifs ne sont pas seulement politiques ou religieux mais aussi économiques : les Irakiens convoitent depuis longtemps les champs pétrolifères d'Abadan sur le Chatt el-Arab iranien. De fait, avec la nationalisation de l'Irak Petroleum Company en 1972 et le choc pétrolier de 1973, les revenus de l'Irak issus du pétrole sont multipliés par neuf en deux ans[59]. Cette manne financière permet au gouvernement de ne plus avoir besoin de ses anciens alliés : communistes et Kurdes. Elle lui donne aussi l'opportunité de développer l'industrie en multipliant les raffineries, l'agriculture en étendant l'irrigation dans les campagnes (le canal de Tharthar compense ainsi les pertes du barrage syrien de Tabqa situé en amont sur l'Euphrate) et les services publics (hôpitaux, écoles et universités sont ouverts mêmes aux jeunes filles, faisant apparaître l'Irak comme un rempart contre l'Iran aux yeux de l'Europe et des États-Unis), mais la guerre (1980-1988) entraîne l'endettement du pays dont le Koweït est l'un des principaux créanciers. En 1990, l'Irak, au bord de la banqueroute, envahit le Koweït et se retire six mois plus tard sous l'action des États-Unis qui maintiennent cependant Saddam Hussein au pouvoir[60]. L'embargo international provoque l'effondrement de l'économie, la paupérisation de la population et les soulèvements du nord kurde et du sud chiite violemment réprimés. Suite aux attentats du 11 septembre 2001, l'attitude des États-Unis envers l'ensemble des États de cette région change radicalement. La majorité des pirates de l'air responsables de ces attentats étaient originaires d'Arabie saoudite, principal fournisseur de pétrole des États-Unis. Saddam Hussein est quant à lui le seul dirigeant arabe à ne pas condamner l'attentat. En mars 2003, les États-Unis déclenchent une nouvelle guerre du Golfe contre l'Irak menant rapidement à la chute du régime, récupérant ainsi la mainmise sur le pétrole irakien. De nombreux pillages accompagnent ces opérations : écoles, hôpitaux, musées… L'arrestation de Saddam Hussein n'a pas stoppé les soulèvements qui, axés sur les communautarismes, ont très vite acquis une dynamique interne. Depuis 2005, les attentats visant les populations civiles sont quotidiens[61]. En ces périodes de guerres ou de troubles intenses, les missions archéologiques se replient alors vers d'autres zones plus calmes (notamment la Syrie, à l'exception des années 1939-1950 et

1955-1960) ou plus périphériques comme Bahrein (l'ancienne Dilmun) et Oman (l'ancienne Magan), éclairant ainsi de l'extérieur les relations internationales de l'Orient ancien. Les missions se concentrant sur les mêmes territoires, de nouveaux angles d'études se développent. Sans faire une liste exhaustive de tous les chantiers de fouilles, quelques grandes évolutions peuvent être dégagées.

Dans les années 1960 de nouveaux pays participent aux fouilles : l'URSS et le Japon. Les découvertes faites en Anatolie par l'Anglais James Mellaart à Hacilar et surtout à Tchatal Hüyük (VIIe millénaire av. J.-C.) éclairent la Préhistoire. En Syrie, de nouveaux sites sont mis au jour, en particulier Tell Mardikh (l'ancienne Ebla), à 70 kilomètres au sud-est d'Alep, par l'université de Rome (Paolo Matthiae en 1964). C'est tout le IIIe millénaire av. J.-C. en Syrie du Nord qui est ainsi documenté. En France, le grand public commence à s'intéresser à l'archéologie notamment à partir de novembre 1964 grâce à la publication de la revue *Archéologia* dans laquelle écrivent archéologues et épigraphistes.

En raison du boom économique que connaît cette région du globe, la décennie 1970 et le début des années 1980 sont marqués par de grands programmes internationaux de fouilles de sauvetage liés à la construction de barrages sur le Tigre, l'Euphrate et dans la vallée de la Diyala. La construction du barrage de Tabqa sur l'Euphrate est ainsi l'occasion pour vingt-cinq missions de neuf pays différents de travailler ensemble pendant sept ans. La France y prend part avec la fouille de Mureybet, la découverte d'Emar en 1972 et de Tell Faqus en 1978. La fouille d'Emar effectuée de 1973 à 1976, abandonnée en raison de la montée des eaux du lac El Assad, a ainsi permis d'étudier une grande ville hittite, plaque tournante entre Mésopotamie, Syrie et Anatolie, créée *ex nihilo* au XIVe siècle avant J.-C. et détruite en 1187 avant notre ère.

En raison de la conjoncture internationale, de nombreuses missions se sont repliées depuis les années 1980 sur la Syrie. Les grands sites (Mari, Ebla, Ugarit) continuent à retenir l'attention ainsi que de multiples sites relevés au cours de prospections. Parmi ces derniers, Tell Šioukh Faouqâni, près de la frontière turque. Cette ancienne ville araméenne de Burmarina, en cours de fouille depuis 1994, a livré, fait rarissime, des tablettes d'argile écrites en araméen (VIIIe-VIIe siècles av. J.-C.)[62]. Le site de Ras-Šamra/Ugarit, capitale d'un petit royaume sur la côte méditerranéenne dont l'apogée se situe aux XIVe-XIIIe siècles av. J.-C., n'a pas encore livré toutes ses richesses alors même que les fouilles, menées entre autres par Claude Schaeffer, ont débuté dans l'entre-deux-guerres. Les recherches sont étendues dans les environs à Ras el Bassit et à Ras Ibn Bani, respectivement à partir de 1971 et de 1979, éclairant ainsi les relations entre la Syrie et le monde égéen à l'âge du fer (Ier millénaire av. J.-C.). Les archéologues creusent de plus en plus profondément et remontent ainsi plus haut dans le temps. À Mari, sur les bords de l'Euphrate, après avoir étudié le niveau correspondant au IIe millénaire av. J.-C.,

Jean-Claude Margueron s'est attaqué à la ville du IIIe millénaire av. J.-C. L'organisation et l'évolution de cette cité sont représentatives des mutations qui affectent l'ensemble de la région sur plusieurs millénaires : prospère quand la région est florissante, disparaissant lorsqu'une crise surgit. D'autres sites font l'objet d'attention : Tell Beydar aux tablettes contemporaines d'Ebla, Mureybet (8500-6800 av. J.-C.) important pour les débuts de l'agriculture et qui révèle une architecture témoignant de l'existence d'une société déjà complexe. Les chercheurs se tournent également vers l'étude des contacts entre sédentaires et nomades en bordure de la steppe. Ainsi la prospection menée en 1996 a permis de découvrir, en Syrie du Nord, le site d'Al Rawda. Les travaux commencés en 2002 ont mis au jour une ville circulaire de 12 hectares et des travaux d'aménagement de grande ampleur permettant aux gens du dernier tiers du IIIe millénaire av. J.-C. de vivre dans ce milieu très contraignant.

Le développement économique de cette partie du monde s'appuie sur l'expansion du tourisme depuis les années 1990. La Syrie et les pays du Levant attirent Européens et Américains. L'Irak et l'Iran intéressent plutôt un tourisme issu des pays du Golfe. La mise en valeur du patrimoine devient alors un enjeu. En Syrie, la concurrence pour l'espace est âpre. La lumière des torches de la maison de fouilles de Palmyre a laissé depuis bien longtemps la place aux néons d'un hôtel haut de gamme. Celle d'Ugarit, en bordure de mer, prend en 2008 le même chemin. Reste à préserver ces sites de la pression immobilière et de ses conséquences sur les paysages qui les entourent. Faut-il préserver ? Reconstruire ? La décision ne revient pas à l'archéologue et n'est pas toujours exempte de visées politiques. Ainsi, en Irak, Saddam Hussein a-t-il reconstruit une partie de la ville de Babylone : la porte d'Ištar donnant accès à la majestueuse voie processionnelle, deux temples, les murs du palais sud de Nabuchodonosor qu'il a fait rehausser de créneaux anachroniques. Il a fait édifier l'un de ses palais sur l'une des quatre collines artificielles élevées sur le site, à l'origine d'un vaste projet touristique. Il s'agissait d'installer un funiculaire pour promener en hauteur les visiteurs autour du site. Il s'est fait représenter sur des affiches aux côtés du roi babylonien Hammurabi, célèbre législateur, et, à l'instar des rois mésopotamiens, a inscrit son nom sur l'une des briques, signalant ainsi à l'éternité qu'il a rebâti la ville ancestrale. Il s'apprêtait à reconstruire la ziggurat lorsque l'invasion du Koweït en 1990 a stoppé l'entreprise. Depuis 2003, le site est occupé par les troupes américaines puis polonaises.

Le saccage du musée Bagdad entre le 9 et le 12 avril 2003 a suscité beaucoup d'émoi. Les premiers rapports faisaient état d'une destruction totale des collections, soit environ 170 000 objets. De fait, les pièces trop lourdes ou trop grandes pour être déplacées ont été systématiquement détruites. Le lion en pierre d'un temple de l'ancienne ville de Šaduppum a été ainsi réduit en poussière devant les caméras de la télévision. Toutefois, de nombreux objets avaient été cachés par le personnel du musée dès le début de la guerre. Ceux trouvés dans les tombes royales d'Ur et les bijoux de la reine de Kalhu (Nimrud) avaient notamment été mis à l'abri dans des coffres souterrains de la banque centrale, volontairement immergés pour les préserver. Cependant 5 000 sceaux-cylindres[63] et autres objets apparaissent sur le marché parallèle trois jours après la mise à sac. Une liste rouge est aussitôt dressée par Interpol et le Conseil international des musées. Les imams lancent un appel à la restitution et certains objets sont rendus. En mai, la résolution 1843 du Conseil de sécurité de l'ONU demande aux États membres de prendre des mesures pour la restitution des biens et l'interdiction du commerce des objets volés. Certains sont saisis à la frontière dont la fameuse « Dame d'Uruk », mais le trafic continue. À titre d'exemple, en 2007, à l'occasion d'une saisie de 1 615 pièces sur son territoire, la Jordanie s'est engagée à en prendre soin et à les restituer le plus rapidement possible. 10 000 pièces du musée de Bagdad manquent encore. Parallèlement, des fouilles clandestines se sont multipliées. Bien des sites ressemblent maintenant à d'immenses termitières. Il ne s'agit plus de simples trous effectués à la pelle et à la pioche. Les moyens mis en œuvre sont d'une tout autre ampleur ! Et des objets considérés auparavant par des particuliers comme sans valeur sont à présent appréciés des collectionneurs. À Larsa, site qui recèle de nombreuses tablettes facilement monnayables, le pillage s'est intensifié depuis 1991. Jean-Louis Huot, le directeur du chantier, constate : « En 1998, lors d'une courte visite, je n'ai même pas reconnu l'emplacement exact de nos chantiers de 1989... L'aggravation à partir d'avril 2003 a entraîné — comme l'ont constaté nombre de visiteurs depuis cette date — l'accélération de ces destructions irrémédiables[64]. » La fabrication des faux se développe également. Le trafic d'œuvres d'art est lucratif au même titre que celui des armes ou de la drogue. Il prospère, notamment grâce à Internet. La dernière réunion du Comité de sauvegarde du patrimoine culturel en Irak, créé par l'UNESCO, s'est achevée le 14 novembre 2007 par un appel demandant à chaque pays de lancer une campagne de sensibilisation à destination des antiquaires, des collectionneurs, des agents des maisons de ventes aux enchères, des personnels des musées et des responsables de sites internet afin de leur rappeler les responsabilités engagées et les peines encourues en cas de trafic illicite d'œuvres d'art.

Les lieux stratégiques d'hier sont aussi ceux d'aujourd'hui. Profitant du vide laissé en Irak par le retrait des troupes américaines, en Syrie par le repli des forces de Bachar Al-Assad vers la côte méditerranéenne alaouite (soutien du pouvoir) et la route reliant la Turquie à la Jordanie passant par Alep et Damas (centres économiques et politiques), l'État islamique (Daesh) s'est emparé de la Haute-Mésopotamie et y a détruit le patrimoine antéislamique : le lion de Raqqa en Syrie est renversé au tractopelle, les musées tel celui de Mossoul sont dévastés, les sites archéologiques ravagés. À Ninive, en février 2015, le taureau ailé gardien de la porte de Nergal est détruit au marteau-piqueur.

Chapitre II

SOURCES ET HISTOIRE

Au « pays de l'entre deux fleuves », le hasard des découvertes archéologiques impose souvent les directions de recherche. Très logiquement, les fouilleurs en creusant commencent par dégager les niveaux qui affleurent à la surface, c'est-à-dire les périodes les plus récentes, et reculent de plus en plus loin dans le temps au fur et à mesure qu'ils déblaient les couches successives ; or l'historien, lui, agit chronologiquement de la façon inverse : il part de la période la plus ancienne pour atteindre la plus récente. C'est donc une gymnastique mentale permanente.

Cette dernière discipline a considérablement évolué. Pour les auteurs grecs et latins, il s'agit de transmettre une tradition, sans nécessairement indiquer les sources qui permettent de l'écrire. Les éléments rapportés sont des faits vérifiés mais aussi des légendes, sans que soit signalée la différence entre les deux. Depuis, l'écriture de l'histoire a beaucoup changé, s'intéressant dans un premier temps à la vérification des faits, puis aux domaines économiques, sociaux, et enfin culturels. Ces changements dans la conception de l'histoire sont liés aux préoccupations du temps. Jusqu'aux XVIIe-XVIIIe siècles, les auteurs sont très imprégnés par leur éducation religieuse et philosophique. Les progrès scientifiques des XIXe et XXe siècles bouleversent l'image que l'homme a de sa place dans l'univers (héliocentrisme, darwinisme) et modifient le regard qu'il porte sur son passé. Celui-ci s'élargit dans la durée et l'espace. Les sciences se tournent alors vers l'étude des origines, remettant ainsi en question une présence humaine établie à partir des textes bibliques comme issue de la création du monde par Dieu il y a quelques milliers d'années. On remonte de plus en plus loin dans le temps : les débuts de l'histoire avec l'apparition de l'écriture à la fin du IVe millénaire av. J.-C., mais aussi la Préhistoire plaçant l'Homme dans une autre échelle. L'aventure humaine est ainsi pensée comme celle d'une espèce parmi d'autres, qui modifie le milieu dans lequel elle se développe à la fois par ses activités et... par sa prolifération. Un questionnement s'élabore dans des domaines nouveaux qui tiennent compte des préoccupations contemporaines, comme l'histoire de la démographie, du climat, des techniques, des femmes, etc. Si certains événements peuvent encore nous échapper, les grandes périodes et les ruptures sont repérées.

L'archéologie, quant à elle, est une science récente qui s'est élaborée peu à peu en fonction des découvertes. Ses méthodes, ses buts et même ses objets d'étude ne sont plus les mêmes au XXIe siècle qu'au XVIIIe et au XIXe. Elle fait à présent appel à une large palette de disciplines afin de comprendre le matériel mis au jour. Elle aussi se tourne vers les questions d'aujourd'hui.

C'est à partir des sources dont il dispose que l'historien reconstitue pas à pas le passé comme un puzzle. Encore faut-il disposer des éléments, que ces derniers soient intelligibles, situés dans leur contexte... Au Proche-Orient, les documents dont on dispose ne sont pas rapportés par la tradition. Ce sont des sources brutes et elles continuent d'affluer. C'est pourquoi, plus que pour toutes autres périodes historiques et aires géographiques, les aléas de la recherche et de la conservation jouent un rôle si important.

LES SOURCES ET LEUR TRAITEMENT

Les différentes sources

En Orient, la pierre et le bois sont rares. Seuls les bâtiments de prestige sont construits ou décorés ainsi. Plus résistants, ce sont eux les mieux conservés. Le matériau de construction le plus couramment employé est l'argile mélangée à de la paille et moulée sous forme de briques séchées au soleil. Il est délicat de fouiller de telles structures car rien ne ressemble plus à l'argile crue d'une brique que l'argile crue. Pour repérer les bâtiments, mieux vaut en être averti et ouvrir l'œil! C'est ainsi que les premiers fouilleurs, cherchant des structures en pierre, ne se sont pas toujours rendu compte qu'ils rencontraient des murs et sont parfois passés à travers. La toiture des maisons, elle, est composée en roseaux tressés revêtus de paille et de terre. Les sols et les murs sont recouverts d'un enduit. Fraîches en été, chaudes en hiver, les habitations sont confortables, mais exigent un entretien constant[1]. Chaque année la couche de terre doit être renouvelée, sinon la détérioration est rapide et tout redevient poussière. En raison du climat — chaud et humide en bordure du Croissant fertile —, tout ce qui est organique (os, tissu, bois) se dégrade plus rapidement qu'ailleurs. Enfin la volonté de conserver ou non ces objets au cours des siècles ou de les utiliser sous d'autres formes joue aussi un rôle non négligeable. Le métal est fondu, les pierres réutilisées pour d'autres bâtiments... ou emportées en signe de victoire : ainsi deux statues de rois de Mari du XXIe siècle av. J.-C. ont été retrouvées dans la Babylone de Nabuchodonosor II (Ier millénaire av. J.-C.). Elles ont été non seulement transportées géographiquement, mais aussi préservées dans le temps. Ainsi la stèle de Narâm-Sîn, roi akkadien du IIIe millénaire av. J.-C., commémorant, comme l'indique l'inscription qui y est portée en haut à gauche, sa victoire sur les Lullubi, un peuple du Zagros, a été exposée à Sippar. Elle a pourtant été retrouvée à Suse, en Élam, par la mission Morgan le 6 avril 1898. Une inscription ajoutée en haut à droite précise que le roi élamite Šutruk-Nahhunté (XIIe siècle av. J.-C.) l'a emportée et placée en cette ville. La stèle du code de Hammurabi de Babylone

(XVIIIe siècle av. J.-C.), exposée actuellement au Louvre, a également été trouvée à Suse. Mais aucun roi élamite n'a pillé Babylone. Où Hammurabi l'avait-il élevée à l'origine ? Sans doute a-t-il placé un exemplaire de son code dans chacune des grandes villes de son royaume. Cette stèle était-elle à Sippar ? A-t-elle été emportée avec celle de Narâm-Sîn par Šutruk-Nahhunté ? Il est donc nécessaire d'identifier l'objet, son contexte de découverte, mais aussi de fabrication, avec des éléments qui parfois font défaut. Par exemple, lorsque l'on trouve la statue d'un roi : est-ce celle du roi victorieux ou celle d'un roi vaincu ? Rien n'est simple. Si les archéologues spécialisés dans l'Europe antique, médiévale ou moderne, disposent d'une trame événementielle dans laquelle ils peuvent placer directement leur découverte, ici la trame est à constituer et en constante évolution.

La documentation écrite vient parfois aider l'historien. L'écriture apparaît au IVe millénaire av. J.-C. Les signes sont obtenus par incision. En trois dimensions, ils ressemblent à des clous ou des coins ; c'est pourquoi l'écriture est qualifiée de « cunéiforme ». Elle évolue dans le temps : aux pictogrammes du IVe millénaire av. J.-C., présentant sous forme de dessins ce à quoi ils font référence, fait place, très vite, une représentation de plus en plus abstraite. Elle peut alors utiliser un système idéogrammatique (un signe = une idée), syllabique (un signe = une syllabe) ou, à partir du XIVe siècle av. J.-C., alphabétique (un signe = une lettre), voire, la plupart du temps, combiner plusieurs systèmes. Elle est utilisée par plusieurs langues de types différents : agglutinant comme le sumérien, sémitique comme l'akkadien et ses dialectes — le babylonien et l'assyrien —, indo-européen comme le hittite. Certaines, tel le hurrite, sont encore à ce jour mal maîtrisées, faute de documentation suffisante. Le tout a en commun d'être gravé sur différents supports, d'où le nom d'épigraphiste (du grec *graphein*, « inscrire », et *epi*, « sur ») donné à ses spécialistes. Le déchiffrement de ces types d'écriture s'est fait progressivement à partir des textes dont on disposait au XIXe siècle, c'est-à-dire ceux trouvés au plus près de la surface, les plus récents et donc les plus abstraits. La pierre et le métal sont réservés aux inscriptions officielles, souvent accompagnées d'iconographie, comme sur la stèle de Narâm-Sîn (grès rose), ou celle du code de loi de Hammurabi (diorite), pour reprendre les exemples précédents. La majeure partie de la documentation est composée de tablettes d'argile crue, gravées à l'aide d'un roseau taillé et séchées au soleil[2], moins fragiles que le papyrus dont l'utilisation apparaît à partir du Ier millénaire av. J.-C. lorsque certains scribes commencent à utiliser une langue venue de l'ouest : l'araméen, à l'écriture aux pleins et déliés, plus difficile et moins rapide à réaliser sur de l'argile. L'argile se conserve bien, ne pourrit pas et ne craint pas le feu. C'est pourquoi, à la différence des mondes classiques, au Proche-Orient les écrits dont disposent les historiens ne sont pas uniquement des copies. Pour être mieux conservées, les tablettes sont parfois recouvertes, une fois sèches, d'une enveloppe d'argile sur laquelle le contenu est en partie reproduit. Une tablette n'est toutefois pas indestructible. Lors de la découverte, un malencontreux coup de pioche peut détruire une partie du texte, des remontées de sel peuvent le rendre illisible. De nombreuses tablettes sont trouvées en morceaux. Il faut alors les reconstituer. Même complètes, avec les avancées de la recherche, de nouveaux sens ou de nouveaux sons apparaissent pour certains signes, changeant la signification des phrases. C'est ainsi que les plus anciennes traductions sont remises en question et que de nouvelles publications s'imposent parfois.

Qui écrit ? Dans une civilisation essentiellement orale, il faut souvent avoir recours à une tierce personne, un scribe, pour noter les éléments les plus importants. Pour autant, les fouilles menées dans les villes d'Ur et d'Assur, ainsi que la correspondance des marchands d'Assur au nord et de Larsa au sud, montrent qu'à la fin du IIIe millénaire av. J.-C. et au début du suivant la maîtrise de l'écriture, y compris chez les femmes, est plus étendue qu'on pouvait le penser jusque dans les années 1970, même si elle reste le fait d'une élite sociale et économique[3]. Les écrits sont, c'est une évidence, infiniment moins nombreux que de nos jours, et n'est retrouvé que ce qui, à un moment, a eu vocation à être conservé.

Les textes officiels, rédigés à l'initiative des palais, reflètent l'image que la royauté souhaite donner d'elle-même. Les inscriptions royales sont présentes sur les stèles, comme celle des Vautours, de Narâm-Sîn ou encore du code de lois de Hammurabi, ainsi que sur les cylindres destinés à la postérité. À partir du IIe millénaire av. J.-C. apparaissent d'abord chez les Hittites des *Annales* royales qui relatent les campagnes du souverain. Les rois médio-assyriens reprennent ce genre d'écrit à la première personne à partir du XIIIe siècle av. J.-C. et les tiennent année par année (avec mention de l'éponyme) à partir du roi Tiglath-Phalazar Ier (1114-1076). Les Néo-Assyriens prolongent ce type de récit ; en revanche les Babyloniens n'adoptent jamais ce style. Chez eux se développent, à partir du début du IIe millénaire av. J.-C., des *Chroniques* qui rapportent pour chaque année, certes de façon succincte, les événements politiques et militaires : victoires mais aussi défaites (absentes des *Annales royales assyriennes*). Les textes littéraires, scientifiques et techniques sont souvent des exercices effectués par de jeunes scribes ; il en va de même pour les textes religieux (rituels, hymnes). Ces textes sont usuellement copiés et recopiés. La majorité des *Chroniques babyloniennes* sont ainsi parvenues jusqu'à nous par des copies des époques achéménide et séleucide. Les plus anciennes tablettes de l'épopée *Ša nagba îmuru* (« Celui qui a vu l'abîme »), plus connue du public sous le nom d'*Épopée de Gilgameš*, datent du début du IIe millénaire av. J.-C., les plus récentes du IIIe siècle av. J.-C. Des traductions du babylonien ont été réalisées notamment par les Hittites et les Hurrites.

Au Proche-Orient existent aussi en grand nombre, ce qui n'est pas le cas pour la Grèce et pour Rome, des textes issus de la pratique économique et de la gestion administrative (comptes divers, reçus, justificatifs de dépenses, listes de personnels, inventaires), des textes juridiques (comptes rendus de procès, contrats de vente ou prêt, adoption ou héritage), des lettres, bref tous les écrits qui font foi en cas de contestation, d'autant plus importants qu'il s'agit là d'originaux non recopiés postérieurement et que certains sont datés. On les trouve dans les archives des grandes structures économiques, politiques et religieuses comme les palais et les temples, mais pas seulement. Des archives privées composées de documents qui ont été conservés de génération en génération, comme les actes de propriété, les récapitulatifs de comptes sur plusieurs années, ont également été découvertes. Un lot d'archives peut ainsi permettre de suivre sur plusieurs générations l'évolution financière d'une famille grâce aux prêts que ses membres contractent en tant que créanciers ou débiteurs (prêt de grains, d'argent, de poutres et même de briques) et aux acquisitions ou ventes immobilières : ascension financière et sociale et décadence parfois, évolution de la vie familiale (mariage, adoption, adultère, divorce). La famille d'Ur-Utu à Sippar est ainsi connue sur plusieurs siècles (XVIIIe-XVIIe siècles)[4]. Cependant la plupart de ces documents semblent souvent laconiques. De fait, ils servent seulement à aider la mémoire ou à faire foi pour celui qui les possède. Quand un prêt est contracté, le document en mentionne le montant, les modalités de remboursement, mais ne signale pas ce que le débiteur compte faire de l'objet du prêt. Quand il s'agit de grains, de briques ou de poutres, l'usage qui en sera fait peut être déduit mais ce n'est pas toujours le cas. De même lorsque des comptes de grains sont retrouvés : est-ce une vente ? des rations distribuées ? une récolte rentrée ? Nul ne peut le déterminer. Les lettres posent d'autres problèmes. Elles sont découvertes chez le destinataire. Mais où réside l'auteur ? Qui est-il ? Quelle est sa fonction ? Quand ont-elles été écrites ? Toutes ces interrogations restent souvent sans réponse. Les lettres sont rarement datées. Et quand elles le sont, elles portent le jour et le mois mais pas l'année, l'expéditeur tout comme le destinataire sachant pertinemment ce qu'il en est ! Le contenu peut être bref, le porteur de la tablette complétant le message par oral. Parfois, seul le destinataire est à même de comprendre, telle cette lettre envoyée au XVIIIe siècle av. J.-C. par le roi Samsî-Addu au roi de Šašarra : « Dis à Kuwari : ainsi parle ton seigneur. J'ai écouté les tablettes que tu m'as envoyées. Je ferais tout ce que tu m'écris[5] ». Heureusement, toutes ne sont pas aussi laconiques.

Certains documents jugés importants (textes littéraires, lettres, actes de propriété) sont soigneusement archivés dès leur rédaction par leur propriétaire. Les tablettes sont alors placées dans des jarres ou dans des paniers parfois scellés et pourvus d'une étiquette indiquant leur contenu de manière à retrouver plus facilement les documents. À Ebla (dans l'actuelle Syrie) au XXIVe siècle av. J.-C., elles sont rangées sur des étagères en bois, debout sur leur tranche. Au Ier millénaire av. J.-C., les rouleaux de papyrus sont placés dans des placards à petits casiers. Cependant, la plupart des documents, les petits comptes quotidiens, les contrats de prêt, sont, dès leur rédaction, voués à la destruction et donc au tri régulier. Les tablettes d'argile ressemblant à de petites briques, elles peuvent être réutilisées pour construire un sol, un mur... et sont ainsi retrouvées hors du contexte de leur rédaction : on les appelle des « archives mortes ». L'argile crue peut également être plongée dans l'eau et malaxée afin de fabriquer une nouvelle tablette. La transmission du contenu de la tablette est alors irrémédiablement rompue.

Pour l'archéologue, le site idéal est celui qui est abandonné brutalement juste après la fin de sa construction, laissant des vestiges n'ayant subi aucune modification ultérieure, telle la ville néo-assyrienne de Dûr-Šarrukîn, l'actuelle Khorsabad en Irak. Une destruction violente et soudaine de la ville par incendie préserve aussi d'une certaine façon une partie du matériel. En effet, le feu cuit l'argile et préserve les tablettes[6]. C'est le cas de la ville de Mari dans l'actuelle Syrie, brûlée par les soldats de Hammurabi de Babylone. Bref, l'abandon en urgence d'un site permet de garder les documents dans leur état d'origine.

Évolution dans la conception des fouilles

Le traitement de ces sources a évolué en fonction des découvertes, des orientations historiques et des objectifs recherchés. Les premiers fouilleurs ont commencé par ce qui était le plus visible :

quelques ruines s'élevant sur de grandes collines, dispersées dans le nord de l'actuel Irak. Ils ont mis au jour les grandes capitales assyriennes, d'où le nom d'assyriologues donné aux spécialistes de la Mésopotamie quelles que soient la période ou la zone géographique précise qu'ils étudient. Le spécialiste des textes de Mari, ou de Babylone au XVIIIe siècle av. J.-C., est un assyriologue au même titre que celui qui s'intéresse aux inscriptions royales du palais d'Assurbanipal à Ninive au Ier millénaire av. J.-C., ou aux réformes du roi néo-sumérien Šulgi à Ur au IIIe millénaire av. J.-C.

Les premières fouilles sont urbaines et concernent les niveaux les plus récents, donc le Ier millénaire av. J.-C. Elles sont concentrées sur les bâtiments les mieux conservés, c'est-à-dire les mieux construits, tels les édifices de prestige (palais, temples) pour lesquels la pierre ou la brique cuite émaillée aux couleurs chatoyantes ont été employées, comme à Babylone. L'iconographie utilisée met en évidence l'image que le roi veut donner de lui-même : vêtements, coiffures, attributs royaux, scènes de chasse et de banquet, en lien avec les fonctions royales. À ces premières fouilles correspond une période où l'archéologie ressemble plus à une chasse à l'objet qu'à une science. Le but est de rapporter le plus de sculptures, de vases, etc., sans les replacer dans leur contexte et en délaissant dans un premier temps les inscriptions. Certes ce n'est pas la valeur artistique attribuée à ces objets qui motive cette concurrence entre les musées occidentaux, c'est plutôt le souci de manifester ainsi l'aire d'influence, de puissance et d'honneur national pour chacun des États européens impliqués. H. Layard est très clair :

> Les objets à découvrir ne sauraient avoir la moindre valeur intrinsèque par leur seule beauté car, bien que les sculptures assyriennes démontrent une belle connaissance relative des arts, dès lors qu'on prend en considération l'époque et le lieu de leur exécution elles restent sans aucun doute inférieures aux plus médiocres des œuvres produites par la Grèce ou par Rome[7].

Même s'il n'y a pas eu de rupture totale entre l'héritage antique et le haut Moyen Âge, c'est à partir de la Renaissance et de l'humanisme que l'Occident se pose en héritier des civilisations grecques et romaines et ce jusqu'au XIXe siècle. C'est d'ailleurs dans l'Angleterre du XVIIIe siècle que le mot *classical*, qui signifiait « de première classe », « de meilleure qualité », en vient à désigner de façon spécifique tout ce qui émane de la Grèce ou de la Rome antiques. Les objets classiques deviennent alors un critère de beauté valable pour tout le continent. Tout ce qui s'en écarte est considéré comme de moindre importance, voire de qualité inférieure. L'intérêt pour l'Orient est beaucoup plus tardif. Celui-ci est moins connu, plus éloigné, plus étrange et étranger. Peu à peu, cependant, on commence à se préoccuper de la façon dont étaient agencés les objets les uns par rapport aux autres. Ils acquièrent intérêt et valeur par ce qu'ils apprennent sur ces civilisations du passé. H. C. Rawlinson écrit quelques mois plus tard :

> Et je continue à penser que les marbres de Ninive n'ont pas de valeur comme œuvres d'art (...) ils se rangent de la sorte dans la même catégorie que les peintures et les sculptures de l'Égypte et de l'Inde (...). Leur valeur réside dans le fait qu'ils contribuent à dévoiler tout ensemble l'histoire, la théologie, la langue, les arts, les coutumes, la science militaire et les relations politiques de l'une des plus illustres nations de l'Antiquité, comblant ainsi une énorme lacune dans notre connaissance de l'histoire primitive du monde. (...) À quoi bon chercher querelle aux Assyriens sous prétexte qu'ils n'étaient pas aussi avancés dans les arts plastiques et dans l'exécution que les Grecs du temps de Périclès ? (...) J'espère que vous comprendrez la nuance et que vous admettrez que, si j'en critique la forme et l'exécution, c'est simplement parce que votre dieu ailé n'est pas l'Apollon du Belvédère. Loin de moi l'idée de faire quoi que ce soit pour mettre obstacle aux fouilles. J'y attache plus de prix encore qu'à Pompéi ou à Herculanum, et je considère que chaque nouvelle inscription équivaut à retrouver l'une des décades perdues de Tite-Live[8].

La façon d'effectuer des fouilles évolue aussi. La plus simple est, avec une pioche et une pelle, de faire un trou et de mettre en place le ballet des porteurs de paniers pour évacuer les déblais sans gêner les recherches. C'est un peu la méthode utilisée par les premiers fouilleurs. Victor Place à propos du chantier de Quyunjik déclarait :

> Si, après avoir creusé une tranchée à une profondeur et sur une distance raisonnable, aucun reste de sculptures ou d'inscriptions n'apparaissait, j'abandonnais la fouille et renouvelais l'expérience ailleurs. En opérant selon cette méthode, j'ai du moins pu m'assurer

qu'il ne restait aucun édifice d'importance encore debout dans une quelconque partie de la colline... Je me résolus donc (...) à scier les bas-reliefs et à en réduire l'épaisseur au maximum. Les inscriptions consistant en une simple répétition de la même formule, je ne jugeai pas nécessaire de les conserver car elles ajoutaient du poids[9].

Le contexte, le lieu où étaient placées ces inscriptions, la mise en scène royale échappent ainsi à l'historien d'aujourd'hui. Les campagnes de fouilles dues exclusivement à la passion pour le passé de quelques consuls sont menées de façon discontinue sur leur temps libre. Ils n'en sont d'ailleurs guère récompensés. Toutefois, en hommes cultivés et réfléchis, ils pensent à s'entourer d'architectes, de dessinateurs puis de photographes mais tous les chantiers n'en bénéficient pas, y compris à la fin du XIXe siècle. Lorsqu'Ernest de Sarzec fouille dans l'actuel Irak, Tello, l'ancienne Girsu, entre 1877 et 1878, il découvre des monuments, des statues en diorite et un abondant matériel épigraphique cependant, aucun relevé n'est effectué, aucun rapport de fouilles n'est publié. Où sur le site furent trouvées les magnifiques statues en diorite du roi Gudéa qui remplissent actuellement une salle entière du musée du Louvre ? Nul ne le sait plus. Les premiers rapports de mission rendaient surtout compte des difficultés rencontrées au long du chemin ou avec les autorités locales. Le premier chantier à avoir été ouvert de façon continue avec des relevés effectués de façon systématique est celui de Babylone sous la direction de l'Allemand Robert Koldewey de

1899 à 1917. C'est toute la capitale du roi néo-babylonien Nabuchodonosor qui est ainsi révélée. L'un de ses assistants, Andrae, améliore encore la technique à Assur, en creusant des tranchées tous les 100 mètres. Il quadrille ainsi le site et repère le système défensif, les temples et les palais. Les principaux textes sont déchiffrés au fur et à mesure de leur découverte.

Dans l'entre-deux-guerres, l'archéologie se développe. Les revues spécialisées se multiplient, permettant aux assyriologues de mutualiser leurs connaissances[10]. Les relevés stratigraphiques, croisant le vertical et l'horizontal, deviennent peu à peu la règle. Les objets peuvent ainsi être replacés dans le temps et dans l'espace. Leur contexte peut donc être étudié. Quelle que soit leur valeur intrinsèque, ils n'en prennent que plus d'importance. Les bâtiments sont fouillés, dessinés, relevés. On creuse pour voir ce qu'il y a en dessous jusqu'au sol vierge selon la méthode expérimentée à Assur. Chaque niveau recèle un matériel (céramique, tablette, statue) différent de celui du dessus et de celui du dessous. L'évolution d'un site se précise. L'idéal serait de dégager l'ensemble d'un tell[11] niveau par niveau, mais, étant donné leur taille, cela n'est pas envisageable. Il faut se contenter d'en étudier une partie. Pour chaque niveau, on relève, on dessine, on photographie, on classe, on inventorie en repérant les équivalences d'un site à l'autre : ainsi le niveau XVII d'Uruk correspond chronologiquement au niveau VIII d'Eridu. Les grandes périodes historiques sont classées. Les archéologues remontent jusqu'à la Préhistoire à laquelle les savants commencent à s'intéresser.

Mais ceci n'est pas appliqué partout. À Ur, des tombes sont découvertes en 1922 par Leonard Woolley. Fouillées en 1926-1929, elles recèlent des objets d'aspect très archaïque mais on ne sait trop à quelle chronologie précise les rattacher. Le rapport de fouilles, publié en 1934, présente beaucoup d'illustrations et de photographies, mais peu d'analyse. De nombreuses questions restent donc sans réponse à propos de ces tombes royales. Ce chantier est cependant à l'avant-garde de la recherche archéologique par certaines techniques utilisées. De la cire et du plâtre sont coulés entre les objets fragiles qui étaient maintenus à l'origine par des matériaux organiques, comme le bois et le cuir, disparus par la suite. Il est ainsi possible de déplacer, sans les abîmer, le fameux « étendard » d'Ur[12], les harpes, les diadèmes et autres bijoux. Ces méthodes ont, de nos jours, été perfectionnées afin de pouvoir déplacer des objets fragiles de plus en plus volumineux. Les énormes lions qui, prêts à bondir, surveillaient aux XIXe-XVIIIe siècles av. J.-C. l'accès de l'un des temples de Mari, réalisés en plaqué cuivre sur une armature en bois disparue, ont ainsi été placés en 1937 dans une gangue faite de paraffine, de filasse et de plâtre[13]. L'un est visible au musée du Louvre, l'autre au musée d'Alep. Les consolidations sont intérieures. Il s'agit uniquement de la partie avant des lions. Placées près d'un mur, elles donnaient l'impression d'un animal sortant de la paroi. La restauration est légèrement différente pour les deux lions : celui d'Alep reçoit, à la place de l'armature en bois, une coque de plâtre renforcée par des tiges de laiton, celui du Louvre de la filasse et de la toile. Les deux remises en état sont effectuées au même endroit, à Paris, dans le même atelier, la même année. Pourtant moins d'un demi-siècle après leur découverte et cette première restauration, une seconde s'avère nécessaire. Ce qui est fait par le laboratoire archéologique des métaux de Jarville-Nancy pour celui du Louvre en 1985-1986 et pour celui d'Alep en 1993[14]. Il faut notamment changer le support interne qui avait été placé, le plâtre étant néfaste à la conservation du métal. Il est éliminé par micro-sablage de poudre de verre. Actuellement la fixation intérieure est en résine sur tissu de verre. Une consolidation extérieure, composée d'un fin tissu de verre recouvert d'un vernis acrylique, protège la surface de l'humidité. Un procédé de dépose des peintures murales a également été mis au point. Sous l'action de l'air, les couleurs chatoyantes s'estompent très rapidement. Les premières peintures mises au jour, après avoir été préservées par l'oubli pendant des millénaires, ont rapidement à jamais disparu. Aujourd'hui, les peintures sont traitées pour conserver leurs couleurs.

L'évolution de ces dernières années concerne le repérage des sites et l'appel à d'autres disciplines afin de restituer le cadre de vie. Les hasards de la découverte, comme la statue retrouvée par un Bédouin à Tell Hariri (Mari) au début du siècle dernier, ou la tombe découverte en 1929 par un paysan dans la baie de Minet el-Beida près de

Ras-Šamra (Ugarit), jouent encore un grand rôle. L'édification de barrages depuis les années 1970 a permis également, par le biais des fouilles de sauvetage, d'étudier ponctuellement un certain nombre de sites, aujourd'hui à jamais perdus puisque recouvertes par les eaux. Cependant, l'idée d'un repérage et d'un recensement de tous les sites est envisagée dès le début du xxe siècle. Elle est liée au développement de la photographie aérienne. Couvrant de vastes secteurs, celle-ci est utilisée pour la première fois en 1913. Les meilleurs clichés sont obtenus le matin et le soir en lumière rasante, le soleil au zénith renvoyant trop de luminosité. En 1925, le père Poidebard à bord d'un Potez 25 sillonne le territoire syrien entre 40 et 2 500 mètres d'altitude dans l'objectif premier de repérer le limes romain. Il en profite pour dresser la liste des autres sites potentiels. Les photographies effectuées dans l'entre-deux-guerres ou par les pilotes de la RAF, notamment celles de la ville d'Ur, sont également très utiles, d'autant que les aléas politiques ne facilitent pas actuellement la prise de clichés. Elles viennent compléter d'autres types de repérage mis au point plus récemment. Prenons l'exemple d'Uruk, à 270 kilomètres au sud de Bagdad, occupé dès le IVe millénaire av. J.-C. Les photographies aériennes datent de 1937. Elles montrent que les traces d'occupation débordent largement le mur d'enceinte, mais certaines parties restent encore à préciser. Les campagnes qui se sont succédé, interrompues lors de la Seconde Guerre mondiale ainsi qu'en 1976, ont permis une prospection de surface, notamment dans les années 1982-1984. Cependant, depuis la guerre Iran-Irak, il n'est pas aisé de se déplacer dans le territoire aérien de cette zone. Il a donc été fait appel en 2001, lors de la 40ᵉ campagne de fouilles, à d'autres méthodes, notamment la prospection géophysique. Celle-ci est basée sur la différence magnétique entre les matériaux. On peut ainsi détecter des structures conservées dans le sous-sol sans creuser. La prospection a porté sur la partie sud de la ville qui n'avait pas encore fait l'objet de fouilles. Elle a permis de compléter les photographies aériennes de 1937 et de confirmer que la ville était parcourue par de nombreux canaux. À la suite de ces résultats, d'autres zones ont été couvertes, mettant en évidence le parcellaire agraire, les restes d'un temple... Au fond du lit du fleuve, a été détectée une structure pouvant éventuellement être interprétée comme une tombe. Quant à y voir, comme l'ont annoncé certains journalistes, la sépulture de Gilgameš, le légendaire roi sumérien, rien ne permet pour l'instant de l'affirmer[15].

D'autres sites font l'objet de ce type de prospection. En Syrie où les photographies aériennes peuvent être réalisées par avion et surtout par cerf-volant, les confrontations entre les deux types de relevés se multiplient. Elles permettent de repérer et de choisir les sites en fonction des nouvelles questions qui intéressent les chercheurs. L'exemple du site d'Al Rawda en bordure de la steppe, découvert en 1996, est significatif. Il a fait, en 2002, l'objet de ce type de prospection par unc mission archéologique franco-syrienne[16]. Cette ville circulaire de 12 hectares, remontant à la fin du IIIe millénaire av. J.-C., n'est plus étudiée uniquement pour elle-même mais parce qu'elle éclaire les relations entre nomades et sédentaires. Les travaux effectués sur les pollens, les sols, la botanique, etc., ont établi que les conditions actuelles du milieu sont à peu près identiques à celles du IIIe millénaire av. J.-C. Les archéologues ne se sont pas seulement intéressés à l'architecture (murs d'enceinte, habitat) mais aussi à la manière dont les habitants ont aménagé leur ville de façon à pouvoir vivre dans ce milieu contraignant. De grands ouvrages ont été mis au jour : digues, terrasses, et peut-être même un barrage. Une irrigation a ainsi permis de cultiver, en bordure de steppe, de l'orge, du blé et aussi des oliviers, des amandiers et de la vigne. Le mode de vie est étudié sous toutes ses facettes. Les différentes espèces d'arbres sont reconstituées grâce aux matériaux carbonisés comme les charbons de bois. Le régime alimentaire est établi à partir des déchets laissés par les hommes (graines, insectes, coquillages, fragments d'os d'animaux). Les différentes espèces animales, leur âge d'abattage permettent d'en discerner l'usage : une vache abattue avant 2 ans l'est pour sa viande ; si elle est plus âgée, elle servait de vache laitière.

L'attention se porte également sur les marges du Croissant fertile à une autre échelle, et pas uniquement en se concentrant sur l'étude d'un site. Les équipes là encore sont multidisciplinaires et internationales afin d'étudier rapidement tous les aspects. Pour exemple, la mission de prospection géo-archéologique de Syrie du Nord. Celle-ci regroupe plusieurs pays (la France, la Suisse, la Syrie) et plusieurs types de spécialités s'y déclinent : archéologues mais aussi géographes, préhistoriens, architectes, dessinateurs, chimistes, biologistes, spécialistes du paléo-environnement et des datations travaillent ensemble. Cette prospection est menée de 1995 à 2002. Elle couvre 10 000 kilomètres carrés au sud-est d'Alep. Le but est d'étudier les relations entre l'homme et son milieu jusqu'à nos jours, et de mettre en évidence l'impact des changements climatiques sur les modes d'occupation du sol[17].

Depuis les années 1990, le développement de l'informatique favorise une mise en réseau d'informations, la visualisation en trois dimensions grâce au numérique, la reconstitution de sites ou de monuments par image de synthèse qui peuvent être très facilement mises à jour. On est bien loin des notes et des dessins des premiers fouilleurs ! Reste le problème des fouilles clandestines car aucune attention n'est alors portée au contexte archéologique. Or savoir qu'un document vient de telle région est une chose, mais, pour un chercheur, savoir qu'il vient de telle pièce dans telle maison située dans tel quartier et telle ville à tel niveau, à proximité de tel autre document est essentiel. Même si les objets sont retrouvés, rien ne pourra permettre d'en restituer le contexte de découverte comme seul le travail systématique de l'archéologue et des équipes pluridisciplinaires, suivant une démarche scientifique, peut le faire.

LA DATATION

Les premières datations sont relatives. L'archéologue part de la surface (époque actuelle) pour remonter dans le passé au fur et à mesure qu'il creuse et découvre des traces d'occupation du sol. Il définit ainsi plusieurs niveaux les uns en dessous des autres, c'est-à-dire les uns antérieurs aux autres. Cependant tout n'est pas si simple car les précisions surgissent au fil de l'avancée des recherches et des progrès techniques, l'occupation d'un site n'étant pas forcément homogène et identique dans son intégralité. Reprenons l'exemple de la ville d'Uruk. Les archéologues allemands, dirigés par Heinrich Jakob Lenzen, après avoir effectué un premier sondage en 1931, relèvent en 1954 dix-huit niveaux répartis chronologiquement du milieu du IIIe millénaire av. J.-C. (niveau I) au cours du IVe millénaire av. J.-C. (niveau XVIII). Les fouilles se concentrent alors dans le secteur de l'E-anna, temple de la déesse Ištar. Elles permettent de diviser, en 1966, le niveau IV en trois sous-niveaux (IVa, IVb, IVc). Depuis, le sous-niveau IVa est découpé en cinq sous-sous-niveaux. C'est une vision ainsi de plus en plus fine qui se dessine, mais aussi de plus en plus complexe à manier, d'autant qu'il est nécessaire de les croiser avec les niveaux déterminés sur les sites voisins.

Il faut également se méfier des réemplois postérieurs. La date de fabrication d'un objet n'est pas forcément celle du niveau où il a été retrouvé : on l'a vu pour les statues des rois de Mari, c'est vrai aussi pour des objets plus usuels comme des tablettes, qui peuvent être utilisées comme matériaux de construction. À l'inverse, des glissements de terrain peuvent également perturber les niveaux. Bref, tout élément d'une couche archéologique n'est pas forcément contemporain de celle-ci. Il est donc important de pouvoir les dater par eux-mêmes.

Dans les années 1950, l'utilisation de l'isotope 14 du carbone révolutionne les méthodes de datation[18]. Le principe est que toute matière vivante fixe du carbone. Celui-ci contient une petite proportion d'isotope 14, élément radioactif naturel produit dans l'atmosphère de façon continue. À la mort de l'organisme, ce carbone 14 n'est plus fixé et sa concentration diminue avec le temps du fait de sa radioactivité. En mesurant le taux résiduel de carbone 14 d'une matière carbonée, il est donc possible de déterminer le temps écoulé depuis la mort de cet organisme. La fiabilité de cette méthode est prouvée en procédant à la datation d'objets dont l'âge est déjà connu[19]. Rapidement les archéologues en comprennent l'intérêt, notamment les préhistoriens comme André Leroi-Gourhan, car c'est un outil essentiel pour les périodes où il n'existe pas de texte écrit pour établir la chronologie. Cependant si le principe est simple, sa mise en œuvre est loin d'être aisée. L'échantillon doit être brûlé après avoir été nettoyé, il faut donc le choisir avec soin pour ne pas le regretter par la suite. En outre, il ne suffit pas que la matière soit carbonée (bois, graines, ossements, coquilles, résidus alimentaires) pour que sa datation soit réalisable. Il faut aussi que le matériau à expertiser n'ait pas subi de transformation. Reste à isoler le carbone de la matière en quantité suffisante. Plusieurs grammes de carbone étaient nécessaires jusque dans les années 1980 ; depuis, la spectrométrie de masse couplée à un accélérateur de particules (datation SMA) ne nécessite que quelques milligrammes de carbone (un éclat d'os suffit !) et permet de reculer beaucoup plus loin dans le temps, éclairant ainsi toute la Préhistoire. La mesure de la teneur résiduelle en carbone 14 est donnée par convention par rapport à une année de référence fixée à 1950. Elle est exprimée en « BP » (*Before Present*). Cependant une marge d'erreur est ajoutée. Une date en carbone 14 est donc toujours un intervalle de temps et non pas une date ponctuelle. Dans les années 1950 on pensait que la production de carbone 14 dans l'atmosphère était constante, or dès les années 1960 on s'est rendu compte que la concentration en isotope 14 varie en fonction de l'intensité du champ magnétique terrestre et de l'attractivité solaire. Une courbe de calibration est alors établie en comparant, sur les mêmes échantillons, des résultats obtenus à partir du carbone 14 et à partir d'autres nouvelles méthodes comme la dendrochronologie (méthode de datation d'un arbre à partir des cernes de croissance formés chaque année par les arbres). Cette courbe de calibration est remise à jour régulièrement. Elle permet de convertir une date exprimée en BP 1950 en un intervalle de dates avant ou après Jésus-Christ dans lequel l'échantillon a 95 % de probabilités de se trouver. S'y ajoute le fait que, pour certaines périodes, la courbe présente des paliers correspondant à un grand nombre d'années réelles, parfois quelques centaines. Beaucoup de progrès ont été réalisés permettant de réduire les intervalles. Reprenons le cas du niveau IV d'Uruk. En 1962, il était placé fin du IVe-début du IIIe millénaire av. J.-C. Une nouvelle étude effectuée dans les années 1990 par l'Institut de physique de l'université d'Heidelberg a donné 2815 ± 85 av. J.-C. À présent le niveau IV est daté uniquement du début du IIIe millénaire av. J.-C.

Toutefois, dans cette région proche du Croissant fertile, le matériel organique a fréquemment disparu en raison de l'humidité. Il est donc souvent impossible d'utiliser la datation au carbone 14 ou la dendrochronologie. Il est fait appel à d'autres méthodes comme la thermoluminescence pour la céramique. En effet, les cristaux comme le quartz, présents dans l'argile, retiennent l'énergie issue de la radioactivité naturelle. Celle-ci est proportionnelle au nombre d'années écoulées depuis la dernière cuisson de l'objet. Il suffit de le recuire et de diviser l'énergie dégagée par la dose annuelle d'irradiation. Lors de la nouvelle cuisson des photons lumineux sont émis, c'est ce qui donne son nom à cette méthode. Un autre procédé existe aussi pour le verre dont on arrive à déterminer la date de solidification.

L'historien utilise également les données de l'épigraphie. Encore faut-il pouvoir replacer les tablettes dans un contexte général. En Assyrie, les années sont désignées par des éponymes. En Babylonie, comme précédemment dans le pays de Sumer, le roi choisit le nom de l'an nouveau en fonction d'un événement jugé digne d'être retenu parmi ceux survenus durant les douze derniers mois. Souvent il s'agit d'une victoire, de l'édification d'un temple, de la restauration d'une ziggurat ou du creusement d'un canal. Ainsi la 32e année du règne de Hammurabi s'appelle « Le héros qui proclame les triomphes du dieu Marduk, défit en combat avec son arme puissante l'armée d'Ešnunna, du Šubartum et du Gutium, et rivalisa avec Mankisum et le pays le long des rives du Tigre jusqu'au Šubartum »[20]. Une fois la série des noms d'années dressée et ordonnée, et le roi identifié, elle permet à la fois de dater les documents de l'année en cours et certains événements de l'année précédente. Ainsi la victoire remportée par Hammurabi de Babylone sur Ešnunna a eu lieu la 31e année de son règne. Encore faut-il replacer ces années de règne dans notre calendrier grégorien. Les tablettes les plus récentes, celles des époques néo-assyrienne et néo-babylonienne (soit le Ier millénaire av. J.-C.) sont souvent très bien datées. Beaucoup mentionnent des événements astronomiques. Elles peuvent être confrontées avec les événements cités dans les *Annales assyriennes*, les *Chroniques babyloniennes* ou le *Canon de Ptolémée*. Celui-ci, établi à l'époque hellénistique, dresse une correspondance entre phénomènes astronomiques et années de règne des rois babyloniens. Pour les époques antérieures, il faut établir les listes de noms d'années que l'on découvre : quarante-trois noms d'années pour le règne de Hammurabi. Il existe aussi des listes dressées dès l'Antiquité. Les plus célèbres sont la *Liste royale sumérienne* et la *Liste royale assyrienne,* mais bien d'autres existent, notamment des chroniques d'éponymes et des chroniques synchroniques qui permettent de connaître les concomitances entre souverains contemporains[21]. Il faut toutefois manier ces documents avec précaution. La *Liste royale sumérienne* est une œuvre littéraire écrite entre 2000 et 1700 av. J.-C. Elle dresse pour plusieurs villes, la liste des souverains avec leur nombre d'années de règne. Cependant elle a été élaborée plus pour justifier les prétentions de la ville d'Isin sur Sumer que dans un souci historique. Les premiers noms sont ceux des rois antédiluviens. Ils sont présentés comme vivant plusieurs milliers d'années. Sans doute la mémoire collective n'a-t-elle retenu que quelques noms[22]. L'un d'entre eux est Enmebaragesi, roi de Kiš, dont le fils Agga affronte Gilgameš, le célèbre roi d'Uruk. Réalité ou fiction ? La *Liste royale assyrienne* est beaucoup plus complète dans le temps mais restreinte aux seuls rois d'Assur. Elle débute par les dix-sept « rois (qui) vivaient sous la tente » à la fin du IIIe millénaire av. J.-C. et se termine sous le règne de Salmanazar V au VIIIe siècle av. J.-C. Là encore les dernières périodes sont les mieux connues. Une fois les listes établies, elles permettent d'établir une chronologie relative à transformer en chronologie absolue (la 31e année du règne de Hammurabi correspond à 1762 av. J.-C.). Pour effectuer cette conversion, un événement astronomique — une occultation de la planète Vénus survenue au cours du règne du roi Ammi-ṣaduqa, le quatrième successeur de Hammurabi — sert de point d'ancrage. Trois hypothèses sont possibles pour placer ce phénomène dans notre calendrier, déterminant ainsi une chronologie haute, une chronologie basse et une chronologie moyenne qui est la plus couramment adoptée et utilisée ici. Cependant à la fin des années 1990, les travaux de H. Gasche sur la chute de la Ire dynastie de Babylone sous les coups des Hittites la remettent en cause. En chronologie moyenne le dernier successeur de Hammurabi est remplacé par les Kassites en 1595 av. J.-C. À l'issue de ces travaux, il semble convaincant de situer cette arrivée au pouvoir en 1500 av. J.-C. C'est toute la chronologie du IIe millénaire av. J.-C. qu'il conviendrait alors de revoir. Néanmoins, cette hypothèse, en raison du nombre trop restreint de tablettes du début de l'époque kassite, n'est pas corroborée pour d'autres événements[23]. Le débat reste ouvert dans l'attente de la découverte de nouveaux documents.

Il faut également se méfier des faux. Cette activité n'est malheureusement pas uniquement une pratique contemporaine. Il existe quelques cas, certes rares, de faux rédigés dans l'Antiquité. Pour exemple cette donation royale au grand temple de la ville de Sippar, mise au jour à la fin des années 1960, présentant tous les traits d'une inscription du XXIIIe siècle av. J.-C., connue sous le nom de « monument cruciforme de Maništušu ». Ce n'est que grâce à la découverte de nouvelles tablettes à la fin des années 1980 et leur déchiffrement au début des années 1990 qu'il a pu être établi qu'il s'agissait d'un faux rédigé vraisemblablement sur ordre du clergé de Sippar, au VIe siècle av. J.-C., au début du règne du roi Nabonide. L'objectif était vraisemblablement, en s'appuyant sur un précédent, d'obtenir du roi une nouvelle donation[24].

L'histoire du Proche-Orient est un immense puzzle dont on sait à l'avance qu'il manque des pièces. Le corpus, contrairement à l'histoire des civilisations grecque et romaine, n'est pas clos. Tous les sites n'ont pas été encore répertoriés, encore moins explorés. Agadé, la capitale de Sargon d'Akkad (IIIe millénaire av. J.-C.) n'a pas encore été retrouvée. Quant à Babylone, le niveau correspondant au règne de Nabuchodonosor (Ier millénaire av. J.-C.) est bien connu mais pas celui de la capitale de Hammurabi (IIe millénaire av. J.-C.). En effet, actuellement, ce dernier, plus profond, se trouve en très grande partie dans la nappe phréatique[25]. Au début du XXe siècle de petits sondages de 12 mètres de profondeur furent réalisés en un point élevé du tell. Ils ont révélé un quartier de la ville de Hammurabi, le « Merkes » avec rues et maisons, mais le palais n'a pas été localisé[26]. Pour dresser l'image de la Babylonie au XVIIIe siècle av. J.-C., c'est donc ailleurs qu'à Babylone qu'il faut chercher des renseignements, à Nippur, Mari ou Ešnunna. Encore ne s'agit-il que d'éclairages ponctuels. Les lettres envoyées par Hammurabi au roi Zimrî-Lîm de Mari ont été retrouvées dans les archives de ce dernier mais, les relations entre les deux hommes s'étant dégradées, Mari est mise à sac par Hammurabi qui détruit la ville après avoir fait vider le palais de son contenu. Ses propres lettres ne l'intéressant pas, il les a laissées sur place. Sur la fin du règne de Hammurabi, c'est encore ailleurs qu'il faut chercher des éléments. Les sources écrites sont très nombreuses mais pas uniformément réparties dans le temps et dans l'espace : Ebla fournit des renseignements sur le XXVe siècle av. J.-C., Mari sur le XVIIIe siècle av. J.-C.

Certaines périodes, notamment celles de troubles, présentent un vide documentaire : à la fin du IIe millénaire av. J.-C. à l'arrivée des Amorrites, aux XVIIe-XVIe siècles av. J.-C. lors des migrations des Hyksos, aux XIIe-XIe siècles av. J.-C. lors des invasions des Peuples de la Mer. Que faire ? D'abord établir les limites à la fois chronologiques et géographiques de ce néant. Ainsi les Peuples de la Mer aux XIIe-XIe siècles av. J.-C. détruisent les sites de la côte levantine, comme Ugarit, et provoquent également la chute de l'empire hittite en Asie Mineure et du monde mycénien en Grèce. Ce sont « les siècles obscurs » marqués par la disparition de l'écriture chez les Grecs (de 1180 à 750 av. J.-C.). Il faut ensuite établir ce qui a changé : situation géopolitique, composition ethnique de la population, culture…

Faire partager nos lacunes et nos incertitudes est plus aisé dans une monographie concernant une courte période que sur un vaste espace couvrant plusieurs millénaires, où l'on ne peut en rester qu'aux généralités et à la trame historique. Que retenir ? Selon quels critères ? Ce que l'on avance dépend de ce que l'on sait aujourd'hui. Ce n'est pas immuable ; c'est aussi ce qui fait le bonheur de l'assyriologue.

LES GRANDES PÉRIODES

Les recherches géologiques ont confirmé que la mise en valeur agricole de la Basse-Mésopotamie n'a pu être possible que grâce à la maîtrise et au développement de l'irrigation. L'agriculture a ainsi été importée du Croissant fertile, c'est-à-dire des plateaux et de la côte méditerranéenne, là où les pluies permettent une agriculture sèche. La plaine du Sud a vite comblé son retard au point de prendre le pas sur le Nord, bien avant l'apparition de l'écriture.

Lorsque les premières traces écrites apparaissent vers 3200 av. J.-C., elles révèlent la présence de deux groupes ethniques dont l'influence réciproque est perceptible notamment dans les emprunts de vocabulaires : au sud les Sumériens dont l'origine reste inconnue, au nord un peuple sémite, les Akkadiens. Ils vivent dans des villes entourées de murailles où se mêlent petites habitations et vastes édifices, tel que cela a été mis en évidence à Uruk dans le secteur du temple de l'E.anna. Les pierres semi-précieuses et les objets en or trouvés dans les tombes, y compris celles d'enfants, reflètent une hiérarchie sociale. Certaines activités, autrefois réservées aux femmes, relèvent désormais du domaine des hommes : c'est le cas avec la création du tour de potier, de la fabrication de la céramique. Le bronze, alliage de cuivre et d'étain ou d'arsenic, rend les outils, notamment les outils agricoles, plus efficaces. Avec la domestication de l'âne et l'invention de la roue, le commerce terrestre à longue distance se développe jusqu'en Égypte et en Afghanistan. Ces changements radicaux sont liés à la mise en place d'un monde dirigé, administré et centralisé dans lequel naît l'État.

Au cours du IIIe millénaire av. J.-C., le pays de Sumer est ainsi entièrement urbanisé. À côté de la ville d'Uruk, d'autres petites cités-États apparaissent : Lagaš, Ur, Eridu, Larsa, Umma, Šuruppak, Nippur, Kiš… dirigées par un roi. C'est l'époque des « dynasties archaïques ». Vers 2500 av. J.-C. la ville de Kiš semble être reconnue par les localités voisines. En effet, le roi Mesalim de Kiš sert d'arbitre dans un conflit entre les villes de Lagaš et d'Umma à propos du droit d'accès à l'eau, élément vital dans cette région. L'objet du conflit est récurrent, comme le montre la stèle des Vautours visible au Louvre, et prend fin lorsque le dernier roi de Lagaš, Urukagina, tombe devant son rival d'Umma, Lugalzagezi. Le développement urbain est aussi dû à la prospérité commerciale. Uruk est située à l'embouchure de l'Euphrate à l'endroit où la route terrestre rejoint le fleuve. À partir de là des points de base commerciaux se multiplient sans être liés à un développement interne de la région. Quelques siècles plus tard, dans la vallée du Khabur, sur le flanc du Taurus, région productrice de bois et de métaux, apparaissent d'autres sites : Tell Halaf, Tell Brak, Tell Leilan et Tell Mozan dont la fouille a débuté en 1985. À mi-distance, à Mari sur l'Euphrate, les habitants creusent un canal de 120 kilomètres joignant le Khabur à l'Euphrate. La ville, point de contrôle et de péage, prospère. Pendant longtemps les historiens ont cru à un essor uniquement centré sur la Mésopotamie. Les résultats des fouilles menées en Syrie par l'italien Paolo Matthiae depuis 1965 ont permis de réviser cette vision du IIIe millénaire av. J.-C. en mettant au jour Ebla, la capitale d'un important royaume. Même si peu d'éléments sont encore connus pour les niveaux les plus anciens (IVe millénaire av. J.-C.), c'est la preuve que l'ouest de la Syrie est urbanisé dès cette époque. De même, la Palestine se couvre de villes, telles Arad ou Yarmouth, mais toutes de plus petites dimensions que celles de Mésopotamie ou de Syrie. La première partie du IIIe millénaire av. J.-C. est également la période où se mettent en place des panthéons composés de dieux anthropomorphes aux personnalités bien différenciées, y compris dans l'iconographie. Il s'agit là d'une rupture avec les millénaires précédents dominés par les figurines de déesses-mères aux formes plantureuses (élément féminin), accompagnées de taureaux (élément masculin). Avec la mise en place de la royauté et d'un pouvoir guerrier, l'homme transpose ainsi sa hiérarchie politique à la sphère religieuse, reléguant peu à peu le côté féminin au second plan.

Ce foisonnement de cités-États n'est pas restreint au Proche-Orient et à la côte levantine. Un peu plus à l'est, se développe également une brillante civilisation dans la vallée de l'Indus avec les sites de Harappa et Mohenjo Daro[27]. La ville de Suse est située à la charnière de ces deux mondes. De 3600 à 3100 av. J.-C. elle fait partie de l'aire d'influence de la culture mésopotamienne d'Uruk, puis elle entre dans celle du royaume d'Anšan qui s'étend sur la montagne iranienne, avant de se tourner à nouveau vers le monde mésopotamien de 2850 à 2500 av. J.-C. alors qu'elle est coupée de son arrière-pays montagnard.

En Mésopotamie, la seconde partie du IIIe millénaire av. J.-C. voit le déplacement du pouvoir vers le nord (voir ill. n° 1, cahier hors-texte). Un Sémite accède au pouvoir en Akkad vers 2335 av. J.-C. Il prend le nom de Šarru-kîn (« Roi légitime »), ou de Sargon selon la forme biblique donnée à son homonyme néo-assyrien ayant vécu environ 1600 ans plus tard. Après de nombreuses guerres, il unifie pour la première fois les pays de Sumer et d'Akkad et agrandit son territoire à l'est jusqu'aux alentours de Suse. Ses successeurs, parmi lesquels son petit-fils Narâm-Sîn, poursuivent son œuvre, notamment en étendant le territoire de la Syrie à l'Iran et au golfe Arabo-persique. La cité-État devient ainsi, par ses dimensions, un empire. Le pouvoir central est installé dans la capitale, Akkad, transcrit également Agadé, dont la localisation, certes à proximité de la ville de Kiš, n'a pu encore être déterminée avec précision. Les anciennes cités deviennent le siège de gouvernements provinciaux. Le roi prend les titres de « Roi de Kiš » (avec un jeu de mot sur la ville de Kiš et le terme akkadien *kiššatu* qui signifie « la totalité »), « Roi des quatre régions », c'est-à-dire du monde. Il commence à porter dans l'iconographie une tiare, jusqu'à présent apanage des dieux, et s'éloigne ainsi se plus en plus du reste de la population. L'akkadien[28], langue sémitique, supplante alors le sumérien qui devient la prérogative des lettrés. Pour consolider les liens entre Sumer et Akkad, Sargon place l'une de ses filles comme Grande Prêtresse du dieu Enlil à Nippur et une autre comme Grande Prêtresse du dieu Nanna à Ur. Cette dernière porte un nom sumérien, Enheduanna. Elle est très connue pour ses hymnes sumériens à Inanna, la déesse de l'amour. Le royaume est prospère. La documentation écrite rapporte même la présence dans le port d'Agadé de navires gorgés de produits exotiques en provenance de Dilmun (l'actuelle Bahrein), Magan (l'actuelle Oman) et Meluhha (l'Indus), preuves de relations commerciales entretenues avec l'ensemble du golfe Arabo-persique. Cependant le déclin est perceptible sous Šar-kali-šarri, dont le titre se restreint à « roi d'Akkad ». Il ne peut faire face aux invasions des Gutis, montagnards du Zagros à l'est, que *La Malédiction d'Agadé* élaborée plus tard, décrit en ces termes : « Des hommes sans inhibition, à l'instinct humain mais à l'intelligence canine et aux traits de singe. » C'est dire si le choc a laissé des traces. L'empire, déjà fragilisé, s'effondre[29].

Au sud, plusieurs États dynamiques apparaissent dans le pays de Sumer au point que cette période est qualifiée de « renaissance sumérienne ».

Parmi ces États se trouve celui de Lagaš, où le roi Gudéa (2120-2100) prend grand soin de son image de « pasteur des hommes ». C'est un règne de paix. Ses inscriptions relatent moins ses victoires, même s'il en remporte sur l'Élam, son voisin à l'est, que ses constructions, notamment l'hymne relatant l'édification du temple de Ningirsu. Il se fait volontiers représenter en architecte : l'une de ses statues en diorite, visible au Louvre, le montre ainsi avec le plan d'un bâtiment sur les genoux[30]. C'est l'époque où sont écrits de nombreux poèmes à la louange des dieux. À Ur, le roi Ur-Nammu (2112-2095), fondateur de la IIIe dynastie, réunifie peu à peu le pays de Sumer, y compris en réduisant Lagaš, ce qui lui permet de détourner à son profit l'ensemble du commerce maritime du Golfe. Cet empire florissant laisse une documentation abondante. Plusieurs dizaines de milliers de tablettes — accusés de réception, dépenses, inspections, bilans comptables journaliers, mensuels, annuels, avec excédents et bénéfices reportés sur l'exercice comptable suivant — sont déjà publiées, portant des données très précisément chiffrées et datées. Elles attestent l'existence d'un État centralisé contrôlant très strictement l'économie et l'administration. Routes et canaux sont restaurés. L'usage du sumérien revient en force. Roi bâtisseur lui aussi, Ur-Nammu fait élever les premières ziggurats, tours à étages à vocation religieuse qui inspireront bien plus tard aux rédacteurs des textes bibliques la tour de Babel. Son fils, Šulgi, règne pendant quarante-huit ans, ce qui lui laisse le temps de consolider cet édifice. Il étend son empire à l'Élam. Il met en place une ligne de fortifications le long des frontières nord de l'empire et crée une armée régulière. Il noue des contacts diplomatiques et des alliances inter-États en épousant plusieurs femmes, puis en mariant ses filles. Il effectue une série de réformes politiques, administratives et économiques. Chaque province est dirigée par un gouverneur civil secondé d'un gouverneur militaire, chacun relevant directement de l'autorité royale. Les taxes sont généralisées et levées de façon périodique. Des voies de communication quadrillent le royaume afin de développer le commerce. Un service de renseignements très bien organisé est établi. Il semble que Šulgi ait pu également imposer à l'ensemble de l'empire un calendrier unique, celui de Nippur. Sous son règne a lieu la rédaction du plus ancien code de lois actuellement connu, habituellement désigné sous le nom de « code d'Ur-Nammu ». En effet, le nom du père de Šulgi, étant cité dans le préambule, les épigraphistes, ne disposant pendant longtemps que de tablettes abîmées, ont attribué ce code à ce roi. Depuis, d'autres tablettes ont permis de reconstituer en totalité le préambule : le nom d'Ur-Nammu intervient dans une dédicace de Šulgi à son père. C'est donc sous Šulgi que le code a été rédigé. C'est également l'époque où sont mis par écrit de grands cycles épiques et textes lyriques : histoires d'Enmerkar, de Lugalbanda et de Gilgameš, hymnes à Šulgi…

À la fin du IIIe millénaire av. J.-C., de nouvelles invasions surviennent. Des nomades sémites venus de l'ouest, les Amorrites, s'établissent dans toute la Mésopotamie. Le choc est brutal et ressenti comme tel. C'est la fin de Sumer dont le territoire reste cependant l'objet de convoitise en raison de la présence de ses anciens sanctuaires. C'est l'époque des royaumes amorrites d'Isin, Larsa, Uruk dans le Sud, d'Ešnunna dans la vallée de la Diyala, de Babylone dans le centre de la Mésopotamie, de Mari où le roi Zimrî-Lîm (1776-1761) construit un vaste palais, d'Assur sur le Tigre où la puissance bien qu'éphémère du royaume de Haute-Mésopotamie est telle qu'on le désigne parfois sous le nom d'Ancien Empire assyrien. Celui-ci ne survit cependant pas à la mort de son fondateur, Samsî-Addu d'abord roi d'Ekallatum puis d'Assur[31]. Depuis sa capitale, Šubat-Enlil, il dirige énergiquement son royaume. Assur reste la capitale religieuse et une place commerciale de grande ampleur, notamment grâce au développement du commerce à grande distance avec l'Anatolie, en particulier la ville de Kaneš, aujourd'hui Kültepe, près de l'actuelle Kaïyseri. Les caravanes composées d'ânes y transportent de l'étain (nécessaire pour élaborer le bronze) et des tissus. Elles reviennent avec de l'argent. La langue paléo-assyrienne est ainsi couramment utilisée en Anatolie. Mais, à la mort de Samsî-Addu, ses fils ne parviennent pas à maintenir son royaume. Le commerce avec l'Anatolie s'effondre et avec lui l'usage que l'on a là-bas de l'assyrien disparaît.

En 1792 av. J.-C., à Babylone, Hammurabi, de souche amorrite monte sur le trône. Il reconquiert d'abord le Sud, puis, jouant de la rivalité de ses ennemis, unifie toute la Mésopotamie qui prend alors le nom de Babylonie. Ce royaume existe jusqu'au Ier millénaire av. J.-C. avec un espace territorial dont l'étendue et la puissance varient. L'activité de Hammurabi n'est pas seulement militaire. C'est un habile diplomate et un remarquable administrateur. Afin d'assurer sa mainmise sur la totalité de son royaume, il dispose des stèles portant son code de lois dans toutes les grandes villes. De même, il réussit à imposer un calendrier unique à tout le territoire. Après sa mort, ses successeurs doivent affronter d'une part les Élamites, et d'autre part une grave crise économique provoquée, entre autres, par la disparition de la civilisation de l'Indus pour des raisons qui ne sont pas encore élucidées à l'heure actuelle. Les échanges commerciaux dans la partie est du golfe Arabo-persique sont stoppés. Les répercussions sont perceptibles dans toute la Mésopotamie, en premier lieu dans le Sud. Parallèlement, en Méditerranée orientale, c'est l'époque des royaumes minoens qui développent d'intenses relations commerciales avec les sites de la côte levantine. Le déplacement du pouvoir vers le nord s'en trouve renforcé. Un autre groupe de montagnards du Zagros, les Kassites, peu connus faute de documents explicites, profitent alors des difficultés babyloniennes pour s'implanter et peu à peu assimiler la culture suméro-akkadienne[32].

À partir du Bronze récent (XVIe-XIIe siècles), une hiérarchie se met en place différenciant les souverains reconnus internationalement, qui portent le titre de « Grand Roi », des autres, simples roitelets (voir ill. no 2, cahier hors-texte). Un relatif équilibre s'instaure entre ces États éminents, propice au développement économique et culturel. Trois grandes puissances se partagent alors la Mésopotamie. En Babylonie, qui porte alors le nom de Karduniaš[33], les Kassites (XVIe-XIIe siècles) et leur capitale Dûr-Kurigalzu finissent par tomber sous les coups des Élamites et sont remplacés par la IIe dynastie d'Isin dont le souverain le plus connu est Nabuchodonosor Ier. Le nord de la Syrie est tenu par les Hurrites qui installent le royaume du Mitanni (XVIe-XIVe siècle) dont l'Assyrie s'émancipe en 1300 av. J.-C. pour devenir un royaume indépendant (royaume médio-assyrien). Enfin, au nord, l'empire indo-européen des Hittites (XVe-XIIIe siècle) se développe à partir de l'Anatolie. La situation internationale est bien connue grâce aux archives découvertes à El Amarna en Moyenne-Égypte. Il s'agit de la correspondance échangée par Pharaon d'une part et les rois hurrites, babyloniens, hittites, assyriens d'autre part, écrite en akkadien, langue internationale de l'époque. À titre d'exemple sous Aménophis III, un accord est conclu avec les Hurrites du Mitanni, intéressés par l'or égyptien. Pour le sceller, une princesse mitannienne rejoint le harem de Pharaon. Par ailleurs, quelques années plus tard, la veuve d'un pharaon supplie le roi hittite, Suppiluliuma, de lui accorder la main de son fils afin qu'il monte sur le trône d'Égypte... et surtout qu'elle-même reste au pouvoir. Le prince hittite est assassiné sur le chemin. Quant à savoir de quel pharaon elle était veuve, le mystère demeure. Les relations ne sont cependant pas toujours au beau fixe. Que l'on se rappelle la bataille de Qadeš ! Les pharaons du Nouvel Empire étendent leur territoire au nord-est jusqu'aux rives de l'Euphrate où ils se heurtent aux Hittites. Vers 1285 av. J.-C. a lieu cette fameuse bataille entre le roi hittite Muwartali et le pharaon Ramsès II. Ce dernier fait représenter la scène sur les parois de cinq temples : Abou Simbel, Abydos, Karnak, Louxor et le Ramsesseum. C'est pourquoi pendant longtemps les historiens ont cru à une campagne victorieuse de l'Égypte et à sa mainmise sur la région. Des textes administratifs hittites prouvent aujourd'hui que l'avancée égyptienne a été stoppée et que le pays d'Amurru, enjeu du conflit, revient en fait de nouveau au Hatti. Le Levant est ainsi convoité tour à tour par les Hittites, les Assyriens et les Égyptiens. Cet intérêt est d'autant plus grand que s'y développent de petits royaumes dont l'un est particulièrement prospère, celui d'Ugarit sur l'actuelle côte syrienne. C'est là qu'apparaît dès le XIVe siècle av. J.-C. un alphabet utilisant des signes cunéiformes, bien avant les alphabets phénicien et grec.

Vers 1200-1000 av. J.-C. de nouvelles invasions affectent tout le Proche-Orient. Les Peuples de la Mer comme les désignent les sources égyptiennes ravagent les côtes : « Aucun pays n'a tenu devant eux, depuis le pays de Hatti : Kode, Karkémiš, Arzawa, Alasia furent anéantis. Ils dressèrent leur camp en Amurru. Ils en supprimèrent les habitants comme s'ils n'avaient existé. Précédés d'un feu, ils parvinrent en Égypte. Parmi eux se trouvaient comme alliés les Peleset[34], les Trekker, les Šakaleš, les Denen, les Uauaš[35]. » La période est mal connue. On attribue à ces peuples la destruction de toutes les cités de la côte méditerranéenne au début du XIIe siècle av. J.-C. Ils sont suivis par les Araméens déjà présents dès le XIVe siècle av. J.-C. à El Amarna et à Ugarit, auteurs d'une véritable invasion aux XIe-Xe siècles, étant eux-mêmes poussés vers l'est par les Peuples de la Mer. Leur langue se diffuse rapidement au point que, à partir du VIIe siècle av. J.-C., elle supplantera l'akkadien comme langue internationale. Ils sont suivis par d'autres nomades sémites là encore occidentaux, les Chaldéens, qui s'installent dans le sud de la Basse-Mésopotamie[36]. Dans cette période de troubles intenses, la documentation disparaît, mais peut-être est-ce là une fausse impression due aux aléas des fouilles. Un jour, sur un site, de nombreuses de tablettes de cette époque peuvent surgir. Quand la documentation reprend, au début du Ier millénaire av. J.-C., elle est très abondante et d'une grande finesse de datation.

Le Ier millénaire av. J.-C. correspond dans cette région à l'âge du fer. La maîtrise de cette technique permet aux hommes de fabriquer des outils et des armes beaucoup plus solides, ce qui élargit leurs possibilités. Une autre technique, mise au point durant le IIe millénaire av. J.-C., celle de la glaçure, qui permet la fabrication de briques émaillées, se répand. Ces briques sont utilisées en très grand nombre dans les décors architecturaux du Ier millénaire av. J.-C. où elles jouent un rôle non négligeable dans la diffusion de l'idéologie royale alors en plein essor[37]. C'est l'époque de vastes empires : néo-assyrien puis néo-babylonien. Le brassage de populations, issu des déplacements de peuples vaincus et du développement économique, est fructueux et créatif sur le plan artistique.

Le début du Ier millénaire av. J.-C. est dominé par l'Assyrie (voir ill. n° 3, cahier hors-texte). Le centre de décision se déplace ainsi encore plus au nord. Ceci est lié à l'accroissement du commerce avec la Méditerranée selon un axe qui passe par le piémont du Taurus. À partir de 934 av. J.-C., d'un tout petit territoire autour de la ville d'Assur, l'Assyrie, dotée d'une armée équipée de cavaliers et d'archers, reconquiert peu à peu les territoires qui lui avaient appartenu au IIe millénaire av. J.-C. Elle devient, grâce à des campagnes militaires annuelles et aux tributs qu'elles rapportent, la grande puissance du Proche-Orient. Les conquêtes s'accompagnent de déplacements de populations de façon à éviter des révoltes potentielles. L'un des souverains, Salmanazar III, transfère la capitale à Kalhu. La ville d'Assur reste l'objet de ses attentions en raison de la présence du temple du dieu Assur. La langue araméenne se diffuse dans les milieux lettrés. À la mort de son successeur, de nombreuses rivalités éclatent au sein de sa famille en raison de la minorité d'Adad-Ninari III (810-783). La mère de celui-ci Šammuramat (la Sémiramis des Grecs) reprend la situation en main et jouit d'un considérable pouvoir. Quelques années plus tard, Tiglath-Phalazar III (744-727), brillant stratège, fonde l'empire néo-assyrien. Celui-ci, entre le VIIIe et le VIIe siècle av. J.-C., s'étend du golfe Arabo-persique à la Méditerranée, du Levant à l'Iran, englobant même un temps l'Égypte au sud. Après une nouvelle période de troubles, une personne aux origines obscures, peut-être un des fils de Tiglath-Phalazar III, s'empare du trône et prend le nom de Sargon II (721-705) en référence au souverain d'Akkad du IIIe millénaire av. J.-C. Le Chaldéen Mérodach-baladan profite des difficultés des premières années pour s'installer sur le trône de Babylonie, avec l'appui de l'Élam. Sargon, quant à lui, mène des campagnes sans relâche au sud-ouest contre l'Égypte, au nord-ouest contre la Phrygie du roi Midas, l'Urartu et la Babylonie qu'il reconquiert. Il quadrille son territoire de routes et de relais. Il décide d'ériger *ex nihilo* une nouvelle capitale qui porte son nom, Dûr-Šarrû-kîn, la « forteresse de Sargon », actuelle Khorsabad. L'utilisation d'orthostates, ces bas-reliefs en pierres gigantesques que l'on peut voir dans les salles du Louvre, montre, dans un pays où la pierre est rare, l'importance que le roi attache à cette ville. Les taureaux ailés, gardiens, génies protecteurs des portes, pèsent chacun plusieurs tonnes ! Mais l'édification de la ville est à peine terminée que Sargon meurt sur un champ de bataille. Son corps, laissé à l'ennemi, ne peut recevoir de sépulture. Son fils Sennachérib décide alors de réintégrer l'ancienne capitale, Ninive, vieille cité située à proximité d'un gué du Tigre, au cœur d'une vaste plaine très fertile. La politique de conquêtes est stoppée mais les frontières de l'empire sont préservées. Des révoltes éclatent en Égypte, dans le Levant, en Palestine et en Babylonie. Elles sont matées. Babylone est détruite en 689 av. J.-C. Des canaux sont construits afin d'amener l'eau pour noyer le site. Peu après, Sennachérib désigne son plus jeune fils Assarhaddon, âgé d'une quinzaine d'années, comme héritier et l'associe au trône de manière à assurer sa succession. Cela déplaît profondément à ses autres enfants, en particulier à Arda-mulissu, l'Arda-melech de la Bible, qui avait été précédemment choisi comme héritier. Un complot est fomenté. Sennachérib meurt assassiné en 681 av. J.-C. alors qu'il prie dans le temple de Nergal à Kalhu. Après une courte guerre civile, Assarhaddon établi son pouvoir. L'Empire assyrien est à son apogée. Pour éviter à ses successeurs les difficultés qu'il a connues, Assarhaddon associe de son vivant ses deux fils au gouvernement de son royaume, en installant le plus jeune, Assurbanipal, à Assur et l'aîné, Šamaš-šum-ukin, à Babylone. À sa mort, fin novembre 669 av. J.-C., sa mère, Zakûtu, fait en sorte que chacun des membres de la famille royale, chaque dignitaire et même chaque assyrien prête serment de fidélité à son petit-fils, Assurbanipal. En effet celui-ci, encore trop jeune pour régner seul, termine son éducation de roi : il apprend à conduire un char, à tirer à l'arc, mais aussi à écrire et à lire en akkadien et en sumérien, à maîtriser les mathématiques. Quelques années plus tard, il crée à Ninive, la ville aux jardins suspendus, une immense bibliothèque dans laquelle sont réunis œuvres littéraires, textes médicaux, listes bilingues de vocabulaire (sumérien-akkadien). Il mène des campagnes contre l'Égypte où il pille Thèbes, mate la révolte de son frère à Babylone et étend son influence jusqu'à Dilmun, l'actuel Barhein. On est bien loin de la vision que les Grecs donnent d'Assurbanipal, un Sardanapale couard, efféminé et vautré dans le luxe, image qui serait plus proche de celle de son frère, Šamaš-šum-ukin, ou de celle de l'avant-dernier roi assyrien, Sîn-šarra-ʻiškun, avec lesquels il y a sans doute eu confusion.

À la mort d'Assurbanipal, vers 627 av. J.-C., une crise de succession a lieu. Un Chaldéen, Nabopolassar, s'empare du trône de Babylonie. Il s'allie aux Mèdes et prend Ninive en 612 av. J.-C. : c'est la chute définitive de l'Assyrie. L'Empire néo-babylonien (609-539) est cependant, faute d'annales royales et d'archives palatiales retrouvées, moins bien connu que l'Empire néo-assyrien. Il domine la Mésopotamie tout entière pendant presque un siècle avec comme voisins à l'ouest l'Égypte, au nord la Lydie et à l'est la Médie. À la mort de Nabopolassar, le 16 août 605 av. J.-C., son fils aîné, Nabuchodonosor II, lui succède. Son but est de rendre à Babylone sa gloire d'antan. Il y multiplie les constructions architecturales qui ont beaucoup impressionné les voyageurs grecs, notamment Hérodote[38]. L'emploi systématique de la brique émaillée portant des motifs en relief (lion, dragon), notamment sur la porte d'Ištar et le long des murs bordant la voie processionnelle, est un moyen rapide de construction et un splendide vecteur de l'idéologie royale. Nabuchodonosor mate lui aussi des révoltes dont certaines sont bien connues grâce à la Bible. Ainsi, à la suite des deux sièges de Jérusalem (597 et 587 av. J.-C), le Temple est détruit, son mobilier emporté, le royaume de Juda rayé de la carte, sa population en partie emmenée à Babylone. À la mort de Nabuchodonosor, une nouvelle crise de succession porte au pouvoir en 555 av. J.-C. un haut fonctionnaire à l'âge avancé, Nabonide. Le début de son règne est conforme à celui d'un roi babylonien : rénovation des grands sanctuaires de Babylonie, achèvement des grands travaux à Babylone, campagnes militaires rapportant tributs et prisonniers. Il rétablit la tradition de placer l'une de ses filles comme Grande Prêtresse du dieu Sîn à Ur et de lui donner un nom sumérien. Cependant, cinq ans après le début de son règne, il quitte Babylone en y laissant son fils, s'installe à Harran, ville du dieu Sîn, puis passe une dizaine d'années dans l'oasis de Têma au nord du désert d'Arabie, là encore lieu dévolu au dieu Sîn[39]. Est-ce pour garder le contrôle des oasis de la route du désert qui serait menacée ? Est-ce en raison d'une maladie qui l'aurait rendu impropre à exercer certains actes religieux rattachés à la fonction royale[40] ? Nul ne le sait. De retour à Babylone, sa politique change radicalement. Il révoque la plupart des hauts fonctionnaires mis en place par son fils et tente de substituer le dieu Sîn au panthéon babylonien. En 539 av. J.-C., le clergé de Marduk favorise alors l'ouverture des portes de la capitale au Perse Cyrus, acclamé par les habitants. Cyrus se pose en continuateur des rois néo-babyloniens, notamment en adorant Marduk et en reprenant le titre de « Roi de Babylone et des pays ». Il figure ainsi parmi les souverains cités en modèle par les *Chroniques babyloniennes*. *A contrario*, le dernier roi babylonien, Nabonide, adepte du dieu Sîn, est présenté comme l'archétype du mauvais roi. De fait les seules sources dont on dispose servent à justifier le changement de dynastie. Quoi qu'il en soit, le centre du pouvoir quitte pour la première fois la Mésopotamie pour l'actuel Iran, nouvelle base d'une expansion qui s'étend de l'Inde à l'Europe. L'organisation et les pouvoirs locaux ne sont pas modifiés. Ainsi la Babylonie forme une grande province de l'Empire perse jusqu'en 331 av. J.-C. La paix et la stabilité permettent une grande prospérité économique. Sciences, astrologie, médecine se diffusent dans toute la Perse, puis après l'arrivée d'Alexandre dans toute la Méditerranée. Si les traditions culturelles de chacun des peuples sont respectées, la langue et la culture grecques commencent à se répandre par l'intermédiaire de Chypre. Alexandre maintient l'organisation territoriale précédente et collabore avec les élites, tout en confiant les postes clefs à ses hommes les plus sûrs. Babylone est la capitale du nouvel empire. Les pratiques religieuses ne sont pas modifiées. Les projets d'embellissement de la ville, notamment l'amélioration des canaux et la restauration du principal temple, l'Esagil, plaisent à la population. La culture babylonienne se maintient encore jusqu'aux Ier-IIe siècles apr. J. C.[41]

Chapitre III

DES ROYAUMES DIRIGÉS PAR DES ROIS

D'après la tradition officielle telle qu'elle nous est parvenue par la *Liste royale sumérienne* ou les grands textes mythologiques, la royauté serait descendue du ciel et aurait été donnée aux hommes par les dieux. Dans les faits, les choses sont plus matérielles et terre à terre. S'il n'y a certes pas une seule conception de la royauté pendant trois mille ans dans des espaces géographiques de plusieurs dizaines de milliers de kilomètres carrés, quelques constantes peuvent néanmoins être esquissées.

Aux VIe-V^e^ millénaires av. J.-C. différents groupes familiaux se répartissent le territoire sur lequel apparaissent des villages. Cette structure évolue, au IVe millénaire av. J.-C., vers un État urbain, parallèlement à l'apparition de la division du travail et des richesses ainsi qu'à la nécessité de mettre en place un système de redistribution. Cette nouvelle organisation se substitue au système de la parenté et des clans, sans toutefois le faire disparaître totalement. Il y a sans doute, à un moment donné, une délégation du pouvoir vers un individu, puis ce pouvoir se structure de manière indépendante, coupant les liens d'hommes à hommes pour en tisser un autre, cette fois entre un chef et sa ville. Ainsi ce dernier acquiert toute autorité pour diriger des populations d'origines différentes et plus uniquement les membres de son propre clan. Quand il est victorieux, il peut régner sur plusieurs villes. C'est pourquoi, aux époques où une multitude de petits États se partagent le territoire, succèdent des périodes de grandes puissances et de centralisation. Mais les cités-États d'Umma ou d'Ur au IIIe millénaire av. J.-C. sont des royaumes au même titre que celui de Hammurabi au IIe millénaire av. J.-C. ou que l'Empire assyrien d'Assurbanipal au Ier millénaire av. J.-C. C'est en fonction de la taille de leur territoire que les historiens les désignent sous le nom de « cité-État », « royaume » ou « empire ». Il faut se garder d'y plaquer les concepts qui se sont développés au XXe siècle pour qualifier des structures politiques contemporaines.

UN MODE DE GOUVERNEMENT UNIQUE : LA ROYAUTÉ

Une royauté mise en place par les dieux

Quand les sources écrites apparaissent à la fin du IVe et au début du IIIe millénaires av. J.-C., elles montrent une organisation politique de cités-

États rivales organisées de façon hiérarchique autour d'une ville principale, centre d'une unité territoriale aux dimensions réduites parfois à quelques villages, dont les dirigeants portent différents titres : EN à Uruk, ENSI à Lagaš, LUGAL ailleurs. Ce dernier titre sumérien, qui signifie « homme grand » (LÚ pour « homme » et GAL pour « grand ») et correspond à l'akkadien *šarrum*, finit par s'imposer[1]. Comme son titre l'indique, le roi est un homme. Et pourtant un texte écrit au début du IIe millénaire av. J.-C., la *Liste royale sumérienne* qui répertorie les différents souverains depuis les origines, mentionne pour la ville de Kiš une reine, Ku-baba, par ailleurs cabaretière de son état. À Ebla, la femme du roi semble avoir été associée par son époux à l'exercice du pouvoir[2]. Pour le reste, même si certaines mères de roi ou épouses jouent un rôle très important, aucune ne porte le titre ni n'exerce la fonction de roi.

Dans les textes de la pratique, notamment les lettres, une autre façon de désigner le roi est également utilisée : LÚ + le nom de la ville principale. « L'Homme de Babylone » est ainsi le roi de la Babylonie. Ces États sont en effet désignés par le nom de leur capitale : Ur, Babylone, Assur… Même si quelques pays portent durant certaines périodes un autre nom. Au IIIe millénaire av. J.-C., Kenger est le pays de la ville d'Uruk et Kalam celui de la ville d'Ur. Ces deux territoires sont désignés en un tout par Rimuš, le fils de Sargon d'Akkad, sous le nom de Sumer, passé depuis à la postérité. La Babylonie, quant à elle, porte sous la dynastie kassite (XVIe-XIIe siècles) le nom de Karduniaš.

Dans les années 1940-1950, Thorkild Jacobsen émet l'idée que les cités-États des IVe-IIIe millénaires av. J.-C. auraient connu une « démocratie primitive », avec des assemblées désignant un souverain. Il prend appui sur la mention d'assemblées d'anciens, de guerriers, de dieux dans des textes littéraires mis par écrit au IIe millénaire av. J.-C. mais rapportant une tradition orale plus ancienne (l'*Épopée de Gilgameš* et *Enûma eliš).* Certes des textes de la pratique datés de la fin du IVe millénaire av. J.-C. mentionnent aussi l'existence d'une assemblée villageoise, mais sa composition, son fonctionnement et son rôle restent très difficiles à cerner. De fait, si on ignore pour le début du IIIe millénaire av. J.-C. les modalités de désignation du chef, en revanche, au milieu de ce même millénaire, le principe dynastique semble établi. La royauté est la forme normale de gouvernement. La *Liste royale sumérienne* la présente comme seul modèle possible et don des dieux. Le texte commence en effet en ces termes : « Lorsque la royauté est descendue du Ciel. » Celle-ci est créée à l'initiative du dieu Enlil qui l'attribue à tour de rôle à la dynastie d'une ville : Eridu, Bad-Tipira, Sippar, Šurrupak, puis vient le déluge, après quoi se succèdent Kiš, Uruk, Ur... jusqu'à Akkad, l'invasion des Gutis, Ur et Isin. Cette énumération pose cependant quelques problèmes. Les rois les plus anciens ne sont pas identifiables par ailleurs sauf s'ils apparaissent dans quelques épopées, tel Gilgameš, souverain d'Uruk. Le nombre d'années de règne de ces rois, notamment ceux d'avant le déluge, est démesurément élevé, traduisant ainsi l'oubli dans lequel sont tombés un certain nombre d'entre eux[3]. Certaines dynasties présentées comme se succédant sont en fait contemporaines les unes des autres. Par ailleurs, si cette liste mentionne les Gutis et la IIIe dynastie d'Ur, elle oublie les rois de Lagaš (Ur-Nanše, Gudéa...).

D'autres textes littéraires évoquent également cette attribution de la royauté par les dieux de manière plus détaillée. C'est le thème du *Mythe du roi Etana* mis par écrit à l'époque paléo-babylonienne (IIe millénaire av. J.-C.). Etana serait le treizième souverain de la Ire dynastie de la ville de Kiš. Il aurait d'après la liste sumérienne vécu 635 000 ans ! Il y est qualifié de « berger descendu du ciel ». Le mythe présente les hommes en train de se regrouper dans des centres urbains. Les institutions politiques n'existent pas encore. À l'initiative de la déesse Ištar, le dieu Enlil crée la ville de Kiš et fait descendre du ciel la royauté et ses attributs. Il les confie à Etana qui devient ainsi le roi de Kiš. Cette description est en accord avec la tradition sumérienne qui fait de Kiš la première ville dans laquelle apparaît la royauté après le passage du déluge. Par ailleurs, la plus ancienne inscription connue mentionnant un roi a été trouvée sur un vase d'albâtre découvert à Kiš. Datée d'environ 2700 av. J.-C., elle signifie « Me-bara-si, roi de Kiš »[4]. Dans le mythe, Etana est un bon roi, néanmoins qu'adviendra-t-il quand il ne sera plus là ? Une transmission de père en fils est présentée comme la meilleure, mais... la femme d'Etana ne peut avoir d'enfant. Il part alors à la recherche de la plante d'enfantement et finit par avoir un fils, Balikh, qui lui succède. Tout est bien qui finit bien.

Un roi plus ou moins fort

Le roi est d'autant plus légitime qu'il est monté « sur le trône de son père » et ce avec l'accord des dieux. Ces deux éléments sont clairement explicités sur la stèle du code de Hammurabi, roi de Babylone (1792-1750)[5]. Sur la scène d'investiture gravée sur la partie supérieure, le dieu, reconnaissable à la tiare à cornes qu'il porte et à sa taille plus grande que celle des mortels, est assis sur un trône, les pieds reposant sur une estrade. Les rayons qui sortent de ses épaules permettent de l'identifier à Šamaš, dieu du soleil et de la justice. Le roi se tient devant lui, debout en marque de respect, la main droite levée vers la bouche en attitude de prière. Le dieu lui remet les insignes de la royauté : une corde et un bâton. Le début du prologue du code rappelle :

> Lorsque le sublime dieu An, le roi des dieux supérieurs, et le dieu Enlil, le seigneur du Ciel et de la Terre, qui détermine le destin du pays, attribuèrent le pouvoir suprême sur tous les peuples au dieu Marduk, le fils aîné du dieu Ea, l'exaltèrent parmi les divinités de deuxième rang ; [lorsqu'ils] prononcèrent le nom sublime de Babylone, le rendant prééminent sur les quatre régions du monde, et y établirent pour lui une royauté éternelle dont les fondations sont aussi solides

> que le Ciel et la Terre, c'est alors que les dieux An et Enlil, pour améliorer le bien-être des gens, prononcèrent mon nom à moi, Hammurabi, prince pieux, qui révère les dieux, afin de faire surgir la justice dans le pays, d'éliminer le mauvais et le pervers, d'empêcher le puissant d'opprimer le faible, de paraître comme le dieu Šamaš sur tous les hommes et d'illuminer le pays.

L'ascendance royale de Hammurabi se retrouve, quant à elle, à la fin du même prologue : « Je suis le pieux, le fervent suppliant des Grands dieux, le descendant de Sumu-la-El, le puissant héritier de Sîn-muballiţ, semence éternelle de royauté... »

Une succession au sein d'une même famille est toujours privilégiée. Pour en renforcer le caractère, dans certaines dynasties, le sceau de l'ancêtre se transmet de roi en roi : c'est le cas à Ugarit, à Alalah et dans le royaume du Mitanni. Les époques médio- et néo-assyriennes montrent également de beaux exemples de continuité : d'après la *Liste royale assyrienne*, la même famille reste sur le trône du début du XIIe à la fin du VIIe siècle, soit près de six siècles. La succession ne s'effectue pas forcément de père en fils, un frère pouvant tout aussi bien faire l'affaire ; et quand il s'agit du fils, ce n'est pas obligatoirement l'aîné. Le sens du nom que porte le roi permet aux historiens de s'en rendre compte. Ainsi, par exemple, au Ier millénaire av. J.-C., le nom du roi Sennachérib signifie « Sîn a donné des frères en remplacement »[6], celui d'Assarhaddon « Assur a donné un frère »[7]. Dans le cas d'Assarhaddon, il s'agit de l'un des plus jeunes fils de Sennachérib. Associé par son père au trône, il a pour lui d'être le fils de Zakûtu que Sennachérib a épousée lorsqu'il n'était encore que prince héritier et qui conserve une très grande influence durant le règne de son mari et même après[8]. Ce choix déplaît profondément aux autres enfants de Sennachérib au point qu'Assarhaddon est obligé de quitter temporairement l'Assyrie et de trouver refuge du côté de Karkémiš. Pendant ce temps, deux de ses frères tuent leur père Sennachérib. C'est par les armes qu'Assarhaddon finit par s'imposer.

Bien sûr un individu extraordinaire peut occuper le trône sans être fils de roi et, dans ce cas, ses qualités, notamment militaires, ainsi que le choix divin d'autant plus volontiers invoqué que la légitimité dynastique fait défaut, jouent un rôle particulièrement important. Là encore les assyriologues s'appuient sur la signification des noms. Parmi les exemples représentatifs se trouve au IIIe millénaire av. J.-C. celui de Sargon d'Akkad. Le nom qu'il prend quand il devient roi, *Šarru-kîn,* signifie « le roi est légitime ». On ne sait rien de lui avant. Une légende autour de ses origines se développe quelques siècles plus tard : il serait le fils d'un jardinier, puis, devenu échanson du roi de Kiš, se serait rebellé contre son souverain. Une autre, encore postérieure, *La légende de Sargon,* raconte qu'il serait le fils d'un inconnu et d'une jeune prêtresse séduite qui l'abandonne dans un panier d'osier sur l'Euphrate. Le panier dérive jusqu'à Kiš où le bébé est recueilli par un puisatier qui fait de lui un jardinier. Remarqué par la déesse Ištar, il s'empare grâce à elle du trône de Kiš, puis conquiert de multiples territoires avant de fixer sa capitale à Agadé[9]. Au Ier millénaire av. J.-C., un roi néo-assyrien reprend ce nom : Sargon II (721-705), fondateur de la dynastie des Sargonides. Certes, dans l'une de ses inscriptions, il se déclare fils de Tiglath-Phalazar III, toutefois les circonstances de son arrivée au pouvoir à la suite de la déposition de Salmanazar V restent très obscures. Autre exemple, toujours au Ier millénaire av. J.-C. mais pour la dynastie néo-babylonienne, Nabonide qui n'appartient pas à une famille royale rapporte qu'il a pris le trône à la suite d'une entrevue que lui aurait accordée en rêve le dieu Marduk. En fait, la Babylonie vit une période de troubles depuis la mort de Nabuchodonosor II. Le fils de celui-ci, Amel-Marduk, a été tué par son beau-frère Neriglissar qui transmet le trône à son fils Lâbaši-Marduk. Quatre mois plus tard, le fils de Nabonide, Bêl-šar-uṣur, participe à un coup d'État, et, sans doute pour ne pas risquer d'être déposé à son tour, place sur le trône son père. Ce dernier a fait toute sa carrière au service de Nabuchodonosor. Déjà bien âgé, il semble aisément manipulable, mais une fois au pouvoir il déjoue tous les calculs de son fils.

Comment savoir qui les dieux ont choisi ou, quand un individu a pris le pouvoir par la force, s'il est agréé par les dieux ? On recourt à la pratique de la divination. Ainsi au IIe millénaire av. J.-C. on utilise l'hépatoscopie[10] : tout en récitant une prière et posant une question, le devin fait sacrifier un mouton dont il extrait les organes, notamment le foie, qu'il observe selon un ordre précis. Pour être totalement sûr de la réponse, plusieurs devins sont sollicités pour déchiffrer le message divin sur des foies différents. Cette pratique se perpétue jusqu'au Ier millénaire av. J.-C. où elle est supplantée par une autre, l'astrologie, fondée sur l'idée que le mouvement des astres traduit les décisions divines. Les devins sont donc des personnages très importants.

Le monde céleste est imaginé par les hommes comme une reproduction du monde terrestre. Plusieurs traditions coexistent simultanément. Selon l'une des plus anciennes, parmi les dieux, le fondateur est An (le Ciel). Son fils le dieu Enlil (le Vent) exerce le pouvoir. Ce sont eux qui désignent le roi. Cette tradition est encore très présente au IIe millénaire av. J.-C. An et Enlil établissent Hammurabi roi de Babylone ainsi que le rappelle le prologue de son code de lois. Parallèlement, dès le IIIe millénaire av. J.-C., à une époque de multiples cités-États, un lien préférentiel entre le roi et la divinité de sa cité existe déjà. Dans le royaume de Lagaš, aux environs de 2100 av. J.-C., le roi Gudéa se présente comme choisi par le dieu Ningirsu, le roi Lipit-Ištar d'Isin par la déesse Nin-isina, etc. Au fil des millénaires, pour ce qui est de la Babylonie et de l'Assyrie, les traditions se mêlent parfois. Ainsi, dans l'*Épopée de la Création*, les dieux confient le pouvoir à l'un d'entre eux, Marduk, dieu de la ville de Babylone. En miroir de l'organisation divine, la royauté est donc un système politique qui a pour objectif de garantir l'ordre du monde terrestre.

Comment se déroule l'avènement d'un nouveau

roi ? En cas de succession légitime, dès l'annonce du décès du précédent souverain, tout le pays est plongé dans un chagrin plus ou moins visible et organisé. Les pleureuses sont très sollicitées. Si le roi est très vite enterré — souvent au lendemain de sa mort —, la période de deuil s'étend sur plusieurs jours : quinze jours lors de la mort du roi Zakuran-abum de Zalluhân. Le futur roi montre son affliction en se laissant pousser la barbe sans en prendre soin et en ne se lavant pas. Le deuil est clos par un repas funéraire arrosé d'alcool[11]. Une fois les cérémonies en l'honneur du défunt roi terminées, son successeur quitte le deuil, c'est-à-dire concrètement se lave, coupe ses cheveux et rase sa barbe. Il se prépare alors à la cérémonie d'investiture. Au IIIe millénaire av. J.-C., à Nippur, elle se déroule dans le temple d'Enlil, plus tard en Assyrie dans le temple d'Assur, et chez les Néo-Babyloniens, c'est dans le temple du dieu Nabû, fils du dieu tutélaire de la ville Marduk, nommé « le temple dans lequel le sceptre légitime est donné au pays ». Rares sont les textes dont on dispose sur ce type de cérémonies. Si les actes à accomplir sont énumérés, bien souvent leur signification nous échappe. Au IIe millénaire av. J.-C., à l'époque paléo-babylonienne, à Mari, un texte signale une onction royale et la présence d'armes divines envoyées depuis Alep lors des cérémonies d'intronisation. Un rituel de couronnement d'époque médio-assyrienne mentionne lui aussi la présence d'une écuelle d'huile qui sert probablement à une onction, mais la tablette est cassée : son utilisation reste donc un mystère, d'autant qu'en Assyrie la tradition royale est particulière et ne vaut pas pour l'ensemble du Proche-Orient. En effet, sphères politique et religieuse n'y sont pas séparées : le vrai roi du pays est le dieu Assur, le roi humain n'est que son représentant sur terre. Jusqu'au XIVe siècle av. J.-C., celui-ci n'ose d'ailleurs pas se donner le titre de roi, *šarrum*, qui est réservé au dieu Assur.

La stèle d'Ur-Nammu (2112-2004) montre la remise des insignes de la royauté par le dieu Nanna : un cercle clairement sculpté comme une corde et un bâton ressemblant à celui des arpenteurs. Ces insignes se retrouvent sur la stèle du code de Hammurabi (1792-1750). De même sur la fresque dite de l'investiture[12] retrouvée dans le palais de Mari (vers 1780 av. J.-C.), le roi suivi d'une divinité reconnaissable à sa tiare à cornes reçoit de la déesse Ištar, identifiable au lion qui se tient à ses pieds, un cercle rouge et un bâton bleu, reprenant ainsi les couleurs des attributs de Tammuz dans la version akkadienne du *Mythe de la descente d'Ištar aux Enfers*. Le séjour que la déesse y effectue provoque la disparition de toute activité sexuelle et par là même de toute naissance animale et humaine, mettant en péril les honneurs à rendre aux dieux. La reine des Enfers, Ereškigal est alors sommée de rendre vie à Ištar et de la laisser partir. Ce qu'elle accepte contre un remplaçant qu'elle choisit elle-même : ce sera Tammuz, le premier amour d'Ištar. Celui-ci pourra cependant se rendre sur la Terre à intervalle régulier et « Lorsque remontera Tammuz, baguette bleue et cercle rouge remonteront avec lui ! ». Ces insignes mettent en avant le rôle du roi dans la gestion de l'espace et des ressources. À l'époque néo-assyrienne, leur nombre et leur composition évoluent. Le roi reçoit alors le sceptre, la tiare mais aussi le manteau qui peut le représenter en son absence.

L'avènement d'un nouveau roi est également le moment où les rapports de force sont redéfinis ou réaffirmés. Dès l'époque sumérienne, il existe une hiérarchie entre les rois. Ceux de Kiš apparaissent comme supérieurs aux rois d'Umma et de Lagaš. Ainsi le roi Mešalim de Kiš impose-t-il un règlement dans le conflit qui oppose ces deux villes à propos d'un accès à l'eau. Des hiérarchies de pouvoir s'installent. Une inscription bilingue (araméen-assyrien) trouvée à Tell Fekhriyé, à la frontière syro turque, sur une statue votive offerte au dieu Adad en donne un aperçu pour le Ier millénaire av. J.-C. Dans la version araméenne, le personnage se présente comme Hadad-yis'i, fils du roi de Guzana ; dans la version assyrienne, il est fils d'un gouverneur de Guzana, lui-même fils du gouverneur précédent. Ce même homme est donc roi pour à son peuple, tout en assumant à l'égard des Assyriens les fonctions de gouverneur. Son royaume est en fait une province de l'Empire assyrien. Mais ce type de documentation mettant en évidence les pyramides de pouvoirs à plusieurs échelles est rare.

Les traités internationaux fournissent davantage de renseignements sur les rapports de force en présence. Les plus anciens datent du IIIe millénaire av. J.-C. Les plus connus, grâce à la documentation trouvée à Mari, sont ceux établis par les Amorrites au IIe millénaire av. J.-C. Les rois se rencontrent et une fois d'accord sur les termes du traité, prononcent les paroles du serment et sacrifient un petit âne. En cas de traités conclus à distance, les deux parties s'entendent par messagers interposés, puis une tablette est établie. Une délégation est envoyée avec les statues des divinités de la ville devant lesquelles le roi partenaire prête serment en se frappant la gorge pour montrer que c'est sur sa vie qu'il s'engage. Une cérémonie identique se déroule dans l'autre capitale de façon réciproque. Les alliances sont conclues de personne à personne. Elles doivent être renouvelées à l'avènement d'un nouveau roi, occasion là aussi d'échanges de cadeaux. Plus tard, au Bronze récent (XVIe-XIVe siècles) quatre grandes puissances se partagent le Proche-Orient : Hittites, Kassites, Assyriens et Égyptiens. Un équilibre relatif s'instaure entre ces États dont les dirigeants portent le titre de « Grands rois », se distinguant ainsi des simples « rois » qui sont leurs subordonnés ou clients. La correspondance datée du XIVe siècle av. J.-C., trouvée à El Amarna en Égypte, révèle que ces « Grands rois » utilisent entre eux le terme « frère » pour s'adresser les uns aux autres. Des traités, connus surtout pour les Hittites, les unissent parfois. Ils présentent alors des clauses réciproques. Chacun conserve un exemplaire de l'acte. Ces liens sont renforcés par des mariages. C'est en grande partie à cela que servent les filles. Un exemple parmi tant d'autres est donné par la lettre de Kadašman-Enlil, roi kassite de Babylone (1374-1360), à son homologue égyptien :

> Dis à Nibmu'wareya [un des cinq noms d'Aménophis III], roi d'Égypte, mon frère : ainsi parle Kadašman-Enlil, roi de Karduniaš [Babylone], ton frère. Pour moi, certes, tout va bien. Pour toi, ta maison, tes femmes et pour tes fils, ton pays, tes chars, tes chevaux, tes Grands, que tout aille bien ! En ce qui concerne ma fille au sujet de laquelle tu m'as écrit en vue d'un mariage, elle est devenue une femme ; elle est nubile. Envoie simplement une délégation pour la chercher (...). Je t'envoie 25 hommes et 25 femmes, en tout 50 à mon service, à cause de l'inauguration de ma maison (...). Pour 10 chars en bois et 10 attelages de chevaux, je te les envoie en cadeau.

Il y a également échanges de cadeaux. Les Égyptiens offrent de l'or, de l'ivoire et de l'ébène ; les Babyloniens, des chevaux, des chars et du lapis-lazuli. Parfois ces princesses mariées loin de leur famille se plaignent de leurs conditions de vie quotidienne.

D'autres traités peuvent être passés entre de « Grands rois » et des rois de rang inférieur. Dans ce cas, les clauses ne sont pas réciproques. Il est beaucoup demandé au simple roi par le grand roi qui, lui, s'engage surtout à protéger ce dernier en cas de conflit. Ce type de contrat existe dès le IIe millénaire av. J.-C. et se multiplie au Ier millénaire av. J.-C. notamment avec les Assyriens. La longueur des traités augmente au fil des siècles : plusieurs centaines de lignes, des dizaines de clauses à respecter. Ils se terminent par une liste de malédictions dûment choisies et prolixes à l'encontre du petit roi s'il rompt le traité et par quelques bénédictions s'il le respecte.

Le palais et l'entourage royal

Le roi et son entourage vivent dans le palais, É.GAL en sumérien — littéralement « grande maison » —, *ekallum* en akkadien. Le palais est là où se trouve le roi ; lorsque celui-ci se déplace, l'endroit où il loge devient le palais. L'architecture évolue du bâtiment tripartite du IIIe millénaire av. J.-C. au palais assyrien du Ier millénaire av. J.-C. Ce dernier se divise en deux parties : le *bâbânu*, la « zone de la porte », c'est-à-dire la partie à laquelle peuvent accéder les gens de l'extérieur, et le *bîtânu*, la « zone d'habitation ». Les fouilles ont permis de dégager un certain nombre de palais, parmi lesquels ceux d'Uruk, Kiš, Jemdet Nasr, Eridu, Mari et Ebla pour les périodes les plus anciennes. Pour le IIe millénaire av. J.-C., une dizaine de palais ont été mis au jour. Le plus connu est celui de Mari à la veille de sa destruction par Hammurabi de Babylone en 1760 av. J.-C. Certes le Ier millénaire av. J.-C. a laissé également de superbes palais (Kalhu, Dûr-Šarrukîn, Ninive, Babylone), mais, découverts au XIXe siècle, ils n'ont pas bénéficié des mêmes études et analyses lors de leur dégagement que celui de Mari révélé en 1935 par André Parrot et dont l'étude a été reprise par Jean-Claude Margueron puis Pascal Butterlin (archéologues) et Jean-Marie Durand puis Antoine Cavigneaux (épigraphistes). Qualité des vestiges (hauteur des murs, linteaux de portes, cheminées, citernes, sanitaires — latrines et salles de bain —, évacuation des eaux) et diversité des textes (tablettes administratives, économiques, épistolaires) se complètent. Les historiens peuvent ainsi retracer de façon très vivante la vie à l'intérieur de ce bâtiment de 3,5 hectares d'emprise au sol, auquel il faut ajouter un étage. Deux portes, fermées la nuit et pendant la sieste, y donnent accès. La plus petite, celle de Nergal, fait office d'entrée de service. La porte principale est celle des visiteurs, ambassadeurs, courtisans et de tous ceux qui ont besoin de se rendre auprès d'un bureau administratif ou économique. Point stratégique particulièrement sensible, un poste de contrôle y est implanté. Les solliciteurs attendent dans une première cour l'autorisation d'accéder plus loin. La zone réservée à la fonction royale, lieu de cérémonie et de réception des hauts personnages, permet, par sa répartition et sa décoration, de mettre en scène cette fonction. L'hôte pénètre dans une grande cour dite « cour du palmier ». Les fouilles n'ont pas retrouvé de trace matérielle de cet arbre, sans doute cultivé en bac comme le suggèrent certaines tablettes. Le palmier symbolise la richesse, l'abondance et la prospérité tant ses usages sont multiples (poutre, canalisation, vannerie, huile, fruit). Cette cour est décorée de fresques, notamment celle de l'investiture[13] qui est accompagnée sur le panneau suivant d'un palmier. Le visiteur entre ensuite dans une salle barlongue. Il passe devant la statue de la « déesse au vase jaillissant » (rappelant les bienfaits de l'eau, source de vie) avant d'accéder à une pièce au fond de laquelle se tient le roi sous un dais, assis sur une estrade.

Toute une partie privée est prévue à l'étage. En effet, les rois vivent avec leurs nombreuses épouses, le reste de la population étant en général monogame. On connaît ainsi une douzaine d'épouses pour le roi Zimrî-Lîm de Mari au IIe millénaire av. J.-C., mais une seule assume la responsabilité du palais quand le roi est absent. Ces femmes vivent à l'intérieur du palais dans un espace qui leur est réservé, gardé à la fois par des femmes à l'intérieur et par des hommes à l'extérieur. L'existence des « harems », bien que cette terminologie soit contestée, est attestée à Ebla dès le IIIe millénaire av. J.-C. Au IIe millénaire av. J.-C., à l'époque paléo-babylonienne, lorsque Zimrî-Lîm arrive sur le trône de Mari, 350 femmes composent son « harem ». Cinq ans plus tard elles sont 650 : des épouses de premier et de second rangs, des concubines souvent musiciennes, des enseignantes, des apprenties et également les servantes de ces femmes (des scribes, des chambrières, des cuisinières, des nourrices, des gardiennes). Ce « harem » est dirigé par la reine-mère, puis après sa mort par la principale épouse[14]. À l'époque médio-assyrienne, des édits promulgués par les rois révèlent l'étiquette à laquelle doivent se conformer les femmes du « harem » : chaque épouse dispose d'au moins une servante. Des eunuques sont chargés de transporter les messages du roi aux femmes mais sans approcher ces dernières à moins de sept pas et jamais seuls[15]. Les naissances sont connues grâce à l'enregistrement des présents qui affluent à cette occasion. À l'époque paléo-babylonienne, les enfants sont donnés en nourrice à l'extérieur du palais, avant d'y revenir une fois sevrés. Les garçons y restent jusqu'à leur puberté, puis les jeunes princes vont parfaire leur éducation à l'occasion de séjours dans des cours étrangères. C'est le cas des deux fils de Hammurabi envoyés à Mari. Quant aux filles, elles sont soit consacrées à un dieu (l'une des filles du roi Hammurabi rejoint sa tante dans le cloître de Sippar), soit données en mariage à d'autres fils de roi (une autre fille de ce roi épouse Ṣilli-Sîn d'Ešnunna). Certaines reines ont une grande influence et laissent un souvenir dans l'histoire. C'est le cas, à l'époque néo-assyrienne, de Naqiya, une Araméenne, femme du roi Sennachérib, aussi connue sous la traduction assyrienne de son nom, Zakûtu, et dans laquelle il faudrait peut-être voir la Nitocris décrite par Hérodote[16]. D'une grande influence sur son mari, elle ne s'entend guère avec son beau-père, le roi Sargon II. C'est pourquoi elle et son époux quittent le palais. Une fois Sennachérib monté sur le trône, elle garde son influence. C'est ainsi qu'elle favorise l'un de ses fils, Assarhaddon, et assure l'accession au pouvoir de son petit-fils Assurbanipal (668-627). C'est elle qui fait prêter serment de fidélité au jeune roi, d'abord par tous les Grands du royaume, puis par tous les sujets. Son action mélée à celle (presque deux siècles plus tôt) de Šammuramat, la femme de Šamši-Adad V et la mère d'Adad-Ninari III, aurait donné naissance à la légendaire Sémiramis, « la plus célèbre des femmes » selon Diodore de Sicile. Une stèle dédiée par Adad-Ninari III au dieu Adad commence en ces termes : « Dans la cinquième année de mon règne, lorsque je m'assis sur le trône royal dans ma grandeur, je mobilisai mon pays... » Ainsi le jeune Adad-Ninari succède à son père en 810 av. J.-C. mais n'exerce le pouvoir que cinq ans plus tard, le rôle et l'influence de Šammuramat étant dans ce laps de temps particulièrement cruciaux. La campagne contre les Mèdes, extrêmement bien documentée, explique le souvenir d'une guerrière fixé dans la mémoire collective.

Outre les femmes, un grand nombre d'individus demeure au palais (gardes du corps, fils des rois étrangers, serviteurs) ou le fréquente (courtisans, ambassadeurs, messagers, fournisseurs). Sous la IIIe dynastie d'Ur, un SUKKAL.MAH, sorte de Premier ministre, coordonne les services administratifs[17]. L'entourage royal est plus ou moins bien documenté selon les époques et les lieux, les plus riches détails correspondant aux règnes des rois néo-assyriens Assarhaddon et Assurbanipal. Chaque fonctionnaire a la responsabilité d'un domaine précis. La domesticité est nombreuse : barbier, cuisinier... Certains titres, qui peuvent paraître ordinaires, cachent en réalité de hautes fonctions. Ainsi à l'époque néo-assyrienne l'échanson a en parallèle la charge d'une grande province.

Si de nombreux reliefs montrent les activités officielles du roi (sacrifices, guerre, chasse au lion), les éléments de sa vie quotidienne nous échappent en grande partie. Peu de palais ont été retrouvés et, quand ils le sont, il y reste rarement du mobilier soit parce que le bâtiment a été vidé par le souverain vainqueur (palais de Mari pillé et brûlé par les troupes de Hammurabi), soit parce qu'il n'a jamais été meublé, étant abandonné avant même l'emménagement du roi (Dûr-Šarrukîn, ville de Sargon II), soit parce que les matières organiques (bois, cuir) se sont désagrégées. C'est donc à partir des peintures, des sculptures et du mobilier retrouvé ailleurs qu'il faut reconstituer les mille et une choses de la vie quotidienne. Les tombes d'Ur au début du IIIe millénaire av. J.-C. recélaient des bols en cuivre, des vases en or et en argent, des harpes ou des flûtes, des bijoux ; les sépultures des princesses de Kalhu au IXe siècle av. J.-C., de nombreux bijoux en or et pierres précieuses. Mais ces objets étaient-ils vraiment utilisés dans la vie de tous les jours ? Le palais de Mari a révélé pour le IIe millénaire av. J.-C. tout le service de cuisine nécessaire au quotidien du roi et aux banquets qu'il pouvait donner, notamment une série de moules et tourtières en tous genres, non pas en métal mais en argile. L'iconographie est importante également. Elle complète les écrits qui réglementent l'étiquette mise en place à la Cour. Le roi est représenté sur une estrade ; au pied de celle-ci, les membres de la Cour sont assis sur des sièges à dossier ou sur de simples tabourets. Il existe des tables et plateaux pliants, des lits, des coffres souvent décorés d'incrustations d'ivoire (dont certaines ont été retrouvées).

Le roi possède une garde-robe abondante qui va du *kaunakès*, jupe en peau de mouton telle qu'on peut la voir sur l'étendard d'Ur ou sur la plaque d'Ur-Nanše pour le IIIe millénaire av. J.-C., aux riches robes et manteaux brochés d'or et d'argent (Gudéa pour le IIIe millénaire av. J.-C., Hammurabi pour le IIe millénaire av. J.-C. et toutes les représentations du Ier millénaire av. J.-C., notamment les broderies des vêtements du roi Assurnaşirpal à Kalhu dont les motifs sont de plus en plus complexes).

Dès les dynasties archaïques (début du IIIe millénaire av. J.-C.), les banquets tiennent un rôle suffisamment important pour figurer dans l'iconographie (sur les sceaux-cylindres et les plaques comme celle d'Ur-Nanše ou sur les instruments de musique comme l'étendard d'Ur). Moins nombreux dans les représentations au IIe millénaire av. J.-C., la vogue reprend au Ier millénaire av. J.-C. où ce thème est fréquemment utilisé sur les bas-reliefs des palais néo-assyriens. L'un des plus célèbres est le « banquet à la treille » découvert dans le palais nord de Ninive[18]. Au milieu d'un jardin luxuriant, le roi Assurbanipal est allongé sur un lit, sa femme Assur-šarrat lui faisant face assise dans un fauteuil. À l'ombre des arbres et éventés par des serviteurs, ils boivent au son des flûtes et de la harpe. En haut à gauche du relief pend, à la branche d'un pin, la tête du roi élamite Teuman décapité lors d'une bataille sur les bords de la rivière Ulaï en 653 av. J.-C[19]. Au IIe millénaire av. J.-C., les archives du palais de Mari apportent des renseignements sur la composition des menus : viandes et poissons, légumes, avec parfois des mets recherchés comme les œufs d'autruche ou les champignons. Les bas-reliefs du palais de Sennachérib à Ninive représentent des criquets, des oiseaux, des lièvres... Un grand nombre de personnes peuvent participer à ces repas. Ainsi, lors de l'inauguration de la ville de Kalhu par Assurnaşirpal II, le banquet regroupe 69 574 invités qui festoient pendant dix jours ! Pour accueillir tout ce monde, de vastes espaces sont nécessaires, souvent les jardins et les cours du palais sont mis à contribution. On y mange à table, assis sur des tabourets ou par terre.

Une étiquette se met en place peu à peu. Le roi est le premier à entrer ou à sortir d'une pièce et nul ne passe devant lui. Une fois introduit en sa présence, pas question de prendre directement la parole, c'est à lui de parler en premier. Les lettres du Ier millénaire av. J.-C. montrent surtout les rivalités entre les courtisans, les médisances, le dénigrement systématique et la peur de la disgrâce. Ces thèmes se retrouvent aussi dans les textes littéraires, tels le *Poème du Juste souffrant* et le *Poème d'Ahiqar* où il est recommandé d'être prudent à la Cour du roi. Au Ier millénaire av. J.-C., un Babylonien voulant prévenir le roi Sennachérib d'un complot visant à le tuer en informe le prince Arda-Mulissu afin qu'il avertisse son père, mais le prince est le chef des conjurés : le Babylonien est tué sur-le-champ.

LES RAPPORTS ENTRE LE ROI ET LES DIEUX

Les rapports entre le roi et les divinités sont complexes. Le roi est certes choisi par les dieux mais pas pour être leur égal. Dans le *Mythe du roi Etana*, lorsque celui-ci, chevauchant un aigle, s'élève vers le ciel pour s'aventurer dans le domaine des dieux, il retombe rapidement et brutalement sur le sol. Cependant, selon les lieux et les époques, la proximité entre rois et dieux est plus ou moins grande. La naissance mythique de certains rois est figurée sur les stèles. Ainsi l'inscription présente sur la stèle des Vautours[20] trouvée à Tello, l'ancienne Girsu, capitale du royaume de Lagaš, datée de 2460 av. J.-C., relate la naissance du roi Eannatum de Lagaš, entouré de plusieurs divinités : « Ningirsu implanta la semence d'Eannatum dans le sein de Ninhursag. Ninhursag l'enfanta. En Eannatum, Ninurta se réjouit. Inanna lui prit le bras. Elle le nomma de ce nom : "digne de résider dans l'Eanna d'Inanna de l'Ebgal". Elle l'assit sur les genoux sacrés de Ninhursag. Ninhursag l'allaita de ses mamelles sacrées... ». La stèle présente Eannatum brandissant une masse d'arme dans la main droite et le symbole du dieu Ningirsu dans sa main gauche : un aigle tenant entre ses pattes un filet dans lequel se trouvent les ennemis pris au piège. Le roi est ainsi le bras armé de Ningirsu dans sa lutte contre Šara, dieu de la ville d'Umma. De même dans la littérature, ce thème revient fréquemment. Dans le *Cycle d'Enmerkar*, ce dernier, roi d'Uruk, petit-fils du dieu sumérien Utu (le Soleil), serait à la fois le cousin et l'époux de la dame d'Uruk, la déesse Inanna. Il est par ailleurs connu par la *Liste royale sumérienne* et surtout par un texte très célèbre de l'époque de la IIIe dynastie d'Ur, dans lequel il essaie de soumettre le roi d'Aratta. Quelques autres exemples sont donnés par la *Liste royale sumérienne* dans laquelle le mythique Dumuzi est présenté comme un roi et Gilgameš comme le fils d'un démon[21]. Ce dernier, s'il a existé, aurait régné vers 2700 av. J.-C. sur la cité d'Uruk. Son nom apparaît parmi une liste de divinités dans un texte daté aux environs de 2600 av. J.-C. trouvé à Fara. Dans la version ninivite de son épopée écrite au Ier millénaire av. J.-C., son nom est précédé du déterminatif divin, cependant il est présenté comme le fils d'un humain, le roi Lugalbanda ; sa mère en revanche serait la déesse Ninsun. Un long parcours initiatique lui fait prend conscience de sa condition d'humain et non de dieu, ce qu'il finit par accepter. Il est placé au rang de roi, au-dessus des autres hommes, mais pas à celui de divinité.

Les titres portés par les chefs au cours des périodes les plus anciennes ne sont pas exempts d'ambiguïté. La signification de LUGAL a été expliquée plus haut, mais il est plus difficile de saisir celles de EN et de ENSI(K). EN évoquerait dans un premier temps une relation maritale entre le roi d'Uruk et la déesse Inanna, puis, à l'époque d'Akkad, entre une femme et un dieu ; ENSI(K) serait plutôt une sorte de représentant de la divinité : à Lagaš, Eannatum est ENSI(K) du dieu Ningirsu qui lui-même est LUGAL (« roi ») de la cité. Partant du fait qu'au IIIe millénaire av. J.-C. de nombreux États ont deux capitales — l'une religieuse, la plus ancienne, vouée à une déesse ; l'autre politique, plus récente —, on suppose qu'au départ le roi est considéré comme l'époux (EN) de la déesse de la cité la plus ancienne, puis, avec le renforcement du caractère masculin du pouvoir et l'ancrage de celui-ci lors des campagnes militaires, le rôle tenu par les déesses aurait été peu à peu repris par des dieux. D'autres villes, véritables capitales politiques aux dieux poliades masculins, se seraient développées en miroir des capitales religieuses dominées par les déesses. Le roi ne pouvant être l'époux d'un dieu masculin, il serait alors son représentant (ENSI(K)). Il est de toute façon, en tant que LUGAL, au-dessus des autres humains (LÚ)[22]. Cette masculinisation du pouvoir explique aussi pourquoi les divinités qui confèrent la royauté sont souvent des dieux, sauf Inanna (en sumérien), Ištar (en akkadien), qui a la particularité d'être double (féminine et masculine) et d'avoir des attributions (l'amour charnel et la guerre, la maîtrise des animaux et des forces sauvages, l'association des contraires) sans doute dues à des syncrétismes lointains ; tout cela lui confère un rôle primordial dans la légitimation du souverain.

Le roi n'est donc pas un dieu. Ce n'est pas non plus un prêtre. Les découvertes archéologiques ont clairement montré que les palais du IIIe millénaire av. J.-C. ne succèdent pas à des temples, mais que les deux types de construction et de pouvoir, temporel et spirituel, coexistent bien avant. C'est dans la maison tripartite du chef du village néolithique qu'il faut donc chercher l'ancêtre du palais. À une exception près, le cas de la ville II de Mari (2500-2250 av. J.-C.), ces deux entités se développent parallèlement[23]. En règle générale, il n'y a donc pas de confusion des pouvoirs.

Pour autant, le roi est le vecteur entre monde terrestre et monde céleste, entre les dieux et les hommes. C'est par lui que transitent les messages divins et ce qui lui arrive affecte l'ensemble du pays qu'il représente. Le roi doit être protégé contre toutes les influences néfastes. Sa présence est obligatoire pour effectuer certains rituels auxquels sont associés bains, processions, repas… Chaque année au moment du Nouvel An (l'Akîtu) a lieu une cérémonie de purification qui dure plusieurs jours et qui correspond à l'arrivée du printemps. Organisée dès le IIIe millénaire av. J.-C. dans la ville d'Ur, elle est peu à peu introduite dans d'autres villes du pays de Sumer, puis s'étend à la Babylonie et à la Syrie à partir du IIe millénaire av. J.-C. Le déroulement de la cérémonie varie selon les lieux et les époques, avec toujours une sortie hors les murs des statues divines — exil rituel des dieux pendant que l'on purifie la ville — et un retour triomphal de celles-ci. C'est, au Ier millénaire av. J.-C., l'événement le plus important du calendrier, notamment à Babylone, cité du dieu Marduk, où cette fête dure douze jours. Des cérémonies se déroulent en l'honneur du dieu Marduk et de son fils Nabû, dieu de la ville voisine Borsippa. L'*Enûma eliš*, plus connu sous le nom de *Poème de la Création*, est déclamé à cette occasion, reliant ainsi le temps présent à celui des mythes. On célèbre une nouvelle naissance liée à la destruction du cycle précédent et dans la perspective du retour à la perfection de la création initiale qui se serait atténuée tout au long de l'écoulement du temps. Rappeler les étapes de la création, c'est puiser à la source de la puissance des dieux sans pour autant les remplacer. C'est aussi garantir le pouvoir établi ainsi que réaffirmer le rôle et la place de chaque individu. Maîtriser l'origine et l'histoire des éléments cosmiques et terrestres, c'est acquérir un pouvoir sur eux et donc permettre à l'homme, arrivé le dernier, de les dominer. La lecture annuelle réactualise le temps mythique et permet à la régénération de s'effectuer. Plus tard, à l'époque néo-assyrienne, Sennachérib, en 689 av. J.-C., après avoir détruit Babylone, y prélève de la terre et la rapporte à Assur : la capitale assyrienne reprend ainsi symboliquement les prérogatives de la capitale babylonienne déchue ; l'*Épopée de la Création* est légèrement modifiée, le dieu Assur y tenant le rôle du dieu Marduk.

Le cinquième jour de la cérémonie, le roi abandonne les insignes de son pouvoir, confesse ses fautes de l'année et demande pardon au dieu pour celles-ci. Il reçoit une gifle, donnée par le grand prêtre. Celle-ci doit être suffisamment forte pour le faire pleurer, signe d'un regret sincère nécessaire pour que le rituel soit efficace. Le roi reprend alors les insignes du pouvoir jusqu'à l'année suivante. Le rituel de Babylone est très précis :

> On apportera l'eau pour laver les mains du roi, puis on introduira le roi dans l'Esagil, lorsque le roi arrivera devant Bêl (Marduk)[24], le grand prêtre sortira (du sanctuaire), puis il prendra le sceptre, le cercle, la masse d'arme, il prendra sa tiare royale. Devant Bêl il introduira ces objets et il les placera devant Bêl sur une estrade. Il sortira puis il frappera la joue du roi... Il lui tirera les oreilles, il le fera s'agenouiller par terre. Le roi dira une fois : « Je n'ai pas péché, ô Seigneur des pays. Je n'ai pas été négligent envers ta divinité. Je n'ai pas ruiné Babylone... Je n'ai pas ébranlé l'Esagil. Je n'ai pas oublié ses rites... [j'ai pris soin] de Babylone. Je n'ai pas abattu ses murailles. » Lorsque le grand prêtre aura parlé, le roi (reprendra) sa dignité habituelle. Le grand prêtre fera sortir le sceptre, le cercle, la masse d'arme et la tiare et les remettra au roi. Il frappera la joue du roi. Lorsqu'il lui aura frappé la joue, si les larmes viennent, Bêl est bien disposé ; si les larmes ne viennent pas, Bêl est en colère, l'ennemi surgira et causera sa chute.

La participation du roi est indispensable à la tenue de la cérémonie. Lorsque le roi néo-babylonien Nabonide (555-539) séjourne pendant une dizaine d'années dans l'oasis de Têma, la fête de l'Akîtu ne peut avoir lieu. C'est l'une des choses que lui reproche le clergé de Marduk et qui peut expliquer le ralliement de celui-ci au Perse Cyrus.

L'Akîtu se termine par le renouvellement du mariage du dieu avec sa parèdre[25]. La cérémonie du mariage sacré apparaît à la fin du IIIe millénaire av. J.-C. à Uruk dont Inanna est la déesse poliade. Elle est associée à un rythme de fertilité (reproduction animale et végétale), ainsi que le relate le mythe d'Inanna et Dumuzi. La jeune déesse est amenée à choisir un fiancé parmi un laboureur, un pêcheur, un chasseur et un berger. C'est Dumuzi, le berger, qu'elle autorise à lui faire la cour. Elle chante son amour et son désir physique. La cérémonie de leur mariage a lieu dans le temple de la déesse, l'Eanna. Il semble qu'à l'origine le rituel s'exerce en présence des statues d'Inanna et de Dumuzi. Au cours du IIIe millénaire av. J.-C., la métaphore assimilant troupeau et communauté humaine est reprise par les rois, le berger dirigeant les troupeaux devient le « Pasteur des peuples », titre royal. Dumuzi est même inclus dans la *Liste royale sumérienne* parmi les souverains antédiluviens. Au fur et à mesure que le pouvoir royal augmente et que la centralisation s'établit, le roi humain prend la place de Dumuzi. La cérémonie de mariage entre le roi représentant le dieu et la déesse a-t-elle lieu uniquement lors de l'intronisation du roi ou est-elle renouvelée chaque année ? La documentation ne permet pas de le dire. Celle-ci est surtout concentrée sur l'époque de la IIIe dynastie d'Ur (fin du IIIe millénaire av. J.-C.) La littérature de cour, notamment sous Šulgi, l'atteste. Elle est composée de longues descriptions du roi en habits d'apparat, de louanges qui permettent d'établir et de célébrer toutes les qualités de celui-ci, qui chantent le désir charnel de la déesse pour son futur époux :

> Lorsque le seigneur, le pasteur Dumuzi, couché auprès de (moi), la divine Inanna, aura pétri mon sein

> laiteux et succulent, lorsqu'il aura porté la main sur ma divine vulve, (...) lorsqu'il m'aura caressée sur le lit : alors je le caresserai (à mon tour), et lui décréterai une destinée heureuse ! Oui, je caresserai Šulgi, le bon Pasteur, et lui décréterai une destinée heureuse ! Et tout en flattant ses lombes, je lui décréterai pour destin le Pastorat universel[26] !

Au cours du IIe millénaire av. J.-C., le rôle tenu par la déesse s'efface. Les divinités masculines, outre leur parèdre, se voient dotées de concubines sur le modèle des rois. Chaque centre religieux important est alors dirigé par une Grande Prêtresse, épouse humaine du dieu masculin local. Le mariage sacré redevient alors une hiérogamie entre le dieu et sa parèdre : Nabû et Tašmetum à Borsippa, Šamaš et Aya à Sippar. Il donne lieu également à des rebondissements : à Babylone, le dieu Marduk parti à la conquête de la déesse Ištar est poursuivi à travers les rues de la ville par sa parèdre Şarpanitum en pleine crise de jalousie. Le sens de la cérémonie évolue aussi. Il ne s'agit plus vraiment d'un rite de fertilité mais de l'intercession de la déesse auprès de son époux divin en faveur du roi.

Identifié à son pays et intermédiaire avec les dieux, le roi focalise les espoirs lorsqu'un danger menace le pays. Les présages sont analysés et consignés. Naissances anormales et entrailles de mouton malformées peuvent être autant de signes annonciateurs de catastrophes pour l'ensemble du royaume. Au Ier millénaire av. J.-C. s'y ajoutent les signes envoyés par les astres. L'éclipse, en particulier celle de la lune ou du soleil, ou encore l'occultation de l'une des planètes Mars, Jupiter, Vénus, Mercure ou Saturne annonce un danger mortel pour le roi. Or la santé du roi reflète celle de son pays, c'est donc à mille et un malheurs que celui-ci est condamné ! C'est une décision des dieux, elle est donc irrévocable... mais transférable d'un individu à un autre. Il s'agit là du même principe que l'exorcisme. Quand un sort a été jeté sur quelqu'un, il peut être transféré sur quelque chose de proche : soit sur une figurine, soit sur un animal. Ce n'est pas un moyen de tromper les dieux, mais une façon de leur permettre de réaliser leur décision. C'est le rôle que tient Dumuzi/Tammuz dans le *Mythe de la descente d'Inanna/Ištar aux Enfers* quand il remplace la déesse condamnée à rester dans le monde des morts et lui permet ainsi de rejoindre à nouveau celui des vivants.

Lorsque les présages sont catastrophiques et annoncent la mort du roi, une personne est alors choisie pour prendre sa place pendant les jours néfastes, c'est « le roi substitut » (*šar pûhi*)[27]. Bien sûr, tous les rois du Proche-Orient ne sont pas concernés simultanément par les mêmes éclipses. C'est la direction de l'ombre qui permet aux astrologues de déterminer de quel roi il s'agit. Astrologues, exorcistes et lamentateurs sont également là pour conseiller le roi sur la personne à désigner comme substitut. En général il s'agit d'un prisonnier de guerre, d'un condamné à mort ou d'un simple d'esprit... mais pas toujours. Le roi et le substitut échangent leur rôle. Le substitut est couronné sans pour autant exercer le pouvoir. Le vrai souverain prend le titre de « Cultivateur » à la fois pour montrer qu'il n'est plus qu'un simple homme libre et peut-être aussi en opposition avec le titre de « Pasteur ». Il vit en reclus car il ne doit pas se montrer en public. Il en profite pour effectuer une série de rites purificatoires. Le substitut emménage dans le palais, s'installe sur le trône, revêt les vêtements royaux. On lui donne parfois une femme de manière à reproduire au plus près la réalité. Cette dernière partage son sort jusqu'au bout : « aller à son destin » ! Un rituel permet de transférer sur le substitut les conséquences néfastes annoncées par l'éclipse, de lui faire assumer les fautes conscientes ou inconscientes commises par le vrai roi, causes de la sentence divine. Concrètement, tous les signes néfastes observés sont consignés sur une tablette, puis sont lus devant le dieu Šamaš qui intervient comme juge. La tablette est attachée aux vêtements du roi substitut. Ce dernier est voué à mourir providentiellement au terme d'un règne qui ne dépasse jamais cent jours et qui peut être moindre si la durée de nuisance de l'éclipse a été calculée comme étant plus courte. Le substitut et sa compagne sont alors exécutés, puis enterrés en grande pompe, remplaçant ainsi le roi jusque dans la mort. Le palais est nettoyé et fait l'objet de rites de purification accompagnés d'incantations : « Va-t'en, Mal ! Bien-être du palais, reviens ! » Le (vrai) roi reprend alors officiellement son titre. Si beaucoup d'auteurs postérieurs ont décrit la cruauté de ce rituel qui consiste à sacrifier un homme, il ne faut pas oublier que, pour les habitants de l'époque, en regard de ce à quoi a échappé le pays, le jeu en vaut bien la chandelle. Et force est de remarquer que ces mêmes auteurs restent bien muets quand il s'agit de commenter le sort de la femme qui parfois accompagne le roi substitut ; encore celui-ci a-t-il donné sa vie pour son pays.

C'est, pour le vrai roi, parfois prendre un réel risque. Ainsi, au XIXe siècle av. J.-C., Erra-imittî, roi d'Isin, aurait fait monter temporairement sur le trône un jardinier, Enlil-bâni, comme roi substitut. Mais Erra-imittî meurt d'avoir « avalé une soupe trop chaude », et Enlil-bâni reste sur le trône. Cette histoire a été écrite postérieurement et, certes, peut être réinterprétée. Toujours est-il qu'avec le développement de l'astrologie au Ier millénaire av. J.-C., le recours à ce rituel se multiplie : au moins dix rois substituts sont attestés entre 680 et 666 av. J.-C. ; rien que sous le règne d'Assarhaddon, douze éclipses totales ou partielles de lune et deux de soleil sont observées, le roi ayant recours au rituel de substitution au moins quatre fois.

UN BON ROI

Les qualités du roi

Le roi est choisi par les dieux aussi pour ses qualités. Celles-ci doivent être visibles dans sa manière de gouverner. Garant de la prospérité de son pays, il doit veiller au bien-être de la population. Il en est responsable devant les dieux. C'est pourquoi pour toutes les grandes décisions politiques il requiert leur avis par le biais de la divination. C'est le cas notamment lors des campagnes militaires. Ainsi quand Hammurabi attaque Maškan-šapir : « Maintenant, je me suis plaint à Šamaš et Marduk et ils m'ont sans cesse répondu "oui" : je n'ai pas effectué cette attaque sans (l'accord de) la divinité[28]. » Parfois la divinité se manifeste sans que le roi la sollicite. Elle procède alors de façon variée : éclipse, naissance difforme dans les troupeaux, coup de tonnerre…

La nature des liens qui existent entre les dieux et les rois investit le souverain d'une fonction religieuse de premier plan. L'entretien des dieux conditionne l'ordre général du monde. L'une des premières qualités mise en avant par le roi est donc sa piété qui se manifeste notamment par les constructions religieuses effectuées en l'honneur des dieux (temples, ziggurats). C'est également une occasion de communication directe entre les dieux et les rois, les divinités s'adressant aux souverains par l'intermédiaire de songes pour leur faire part de leurs souhaits en matière de construction. Ce rôle de bâtisseur est l'une des composantes de l'idéologie royale. Les inscriptions le rappellent[29]. Les titulatures en témoignent dès l'époque sumérienne (début du IIIe millénaire av. J.-C.). Ces mentions se multiplient à partir du Ier millénaire av. J.-C., notamment à l'époque néo-assyrienne. L'iconographie royale n'est pas en reste, jusque dans la statuaire : Gudéa, roi de Lagaš à la fin du IIIe millénaire av. J.-C., se fait volontiers représenter assis avec, sur les genoux, le plan que le dieu Ningirsu lui a suggéré en songe pour son temple (sa construction est l'un des événements majeurs de ce règne)[30] ; une autre manière, plus courante, est de se faire représenter avec une corbeille remplie de briques crues sur la tête, motif qui se retrouve aussi bien au IIIe millénaire av. J.-C. (plaque du roi Ur-Nanše) qu'au Ier millénaire av. J.-C. (bas-relief de Sennachérib à Kalhu, Assurbanipal à Ninive...). Aux IIIe et IIe millénaires av. J.-C., l'accent est mis sur les ziggurats ou les temples que les rois construisent ou entretiennent. Au Ier millénaire av. J.-C., leur rôle de bâtisseur n'est plus réservé strictement au service des dieux : ce sont des villes entières élevées *ex nihilo* (Khorsabad, par exemple), capitales politiques éloignant parfois le roi de la capitale religieuse plus ancienne.

Le roi se doit également d'être mesuré en tout. C'est le sens de la corde et du bâton d'arpenteur que la divinité lui remet. Par là même il assure le bon fonctionnement de la société. Depuis le IIIe millénaire av. J.-C., l'une des images liées à la notion de justice royale est celle du bon Pasteur : les rois, bergers de leur peuple, sont responsables de son bien-être, font régner le droit pour protéger les faibles, la veuve et l'orphelin. Šulgi, dans le code qu'il promulgue en l'honneur de son père Ur-Nammu, proclame : « Je ne livrai pas l'orphelin au riche ; je ne livrai pas la veuve au puissant ; je ne livrai pas celui qui n'a qu'un sicle à celui qui a une mine[31]... » Dans son code, Lipit-Ištar d'Isin se qualifie de « Pasteur obéissant, nommé par (le dieu) Nunamnir pour établir la justice dans le pays, pour faire disparaître la plainte de la bouche, pour détourner la méchanceté, la malveillance et la violence, pour procurer le bien-être à Sumer et Akkad »[32]. Celui de Hammurabi au XVIIIe siècle av. J.-C. va encore plus loin : le roi a été choisi « pour faire apparaître la justice dans le pays, pour anéantir le méchant et le mauvais, pour que le fort n'opprime pas le faible, pour sortir comme Šamaš au-dessus des têtes noires et éclairer le pays »[33]. D'autres lois existent pour d'autres royaumes. Les Assyriens sous Tiglath-Phalazar Ier (1114-1076) compilent divers textes législatifs dont certains remontent au XIVe siècle av. J.-C.

Le roi promulgue aussi des édits, notamment de *mîšarum* (un des termes que l'on traduit par « justice ») et d'*andurârum* (« retour au statut d'origine »), qui abolissent les dettes dues au palais mais aussi les dettes de nécessité contractées entre particuliers et leurs effets, comme par exemple l'aliénation des terres ou l'esclavage pour rembourser la dette. Ce sont des mesures ponctuelles et limitées dans le temps, liées aux circonstances : avènement d'un roi, victoire exceptionnelle et surtout crise économique dramatique. C'est une façon de rétablir un équilibre précaire dans une situation où même les intérêts d'emprunts sont devenus impossibles à verser. Le roi est également le juge suprême auprès duquel on porte en appel les procès déjà tranchés par les cours de justice locales. Il peut gracier les condamnés à mort mais peut aussi châtier durement : Nabuchodonosor II « considéra (le coupable) avec colère et prononça une sentence de mort contre lui, en vertu de quoi on lui trancha la gorge ! ». Dire le droit est donc l'une des fonctions essentielles du roi. Il est souvent associé en cela à Šamaš, dieu du Soleil, qui durant sa course diurne voit tout ce qui se passe et est donc aussi le dieu de la justice. Dans l'épilogue de son code, Hammurabi invite les rois qui lui succéderont à suivre ses sentences. Il s'agit de s'en inspirer, non de les appliquer à la lettre. Un bon roi est avant tout un roi juste.

D'autres qualités royales sont louées dans les hymnes : l'intelligence et la culture, grâce auxquelles les décisions seront mûrement réfléchies ; la force et le courage sont également mis en exergue, y compris dans l'iconographie se plaisant à montrer les scènes de combat et de chasse. Un texte littéraire du IIIe millénaire av. J.-C. présente ces différentes facettes de la fonction royale. Les deux protagonistes, *Enmerkar et le roi d'Aratta*, sont tous deux EN de la déesse Inanna. Cette dernière a cependant une petite préférence pour Enmerkar. Celui-ci convoite les richesses du pays d'Aratta, pays mythique situé dans l'est de l'Iran actuel qui regorge, d'après le texte, de pierres précieuses et de métaux. Il promet à la déesse de lui construire un magnifique temple si elle répand la famine sur le pays d'Aratta. Elle accepte et les cultures sont dévastées. Enmerkar envoie alors un émissaire demandant au roi d'Aratta de reconnaître la suzeraineté d'Uruk et pour cela de lui envoyer les produits convoités ainsi que de la main-d'œuvre pour construire le temple d'Inanna en échange de nourriture. Le roi d'Aratta gagne du temps en proposant une joute d'intelligence dont, au bout d'un certain temps, Enmerkar sort victorieux notamment en créant l'écriture, ses dernières paroles étant trop complexes pour être rapportées par un messager. Mais, pendant ce temps, le dieu de l'Orage, Iškur, a permis aux céréales sauvages de pousser dans le pays d'Aratta et de nourrir ainsi la population. Si le soutien divin est impératif (Inanna pour Enmerkar, Iškur pour le roi d'Aratta), les qualités royales sont mises en valeur : intellect pour Enmerkar, courage et ténacité pour le roi d'Aratta. Les inscriptions royales reprennent ces thématiques dès le IIIe millénaire av. J.-C. L'hymne rédigé en l'honneur du roi d'Ur, Šulgi, le présente ainsi :

> Quand j'étais petit, je suis allé à l'école où j'ai appris l'art du scribe sur des tablettes de Sumer et d'Akkad. Personne parmi les nobles ne pouvait écrire comme moi. Là où l'on va régulièrement pour apprendre l'art du scribe, j'ai maîtrisé soustractions, additions, calcul et comptabilité. Les belles déesses Naniggal et Nisaba m'ont pourvu en abondance d'entendement et de savoir. Je suis un scribe expérimenté qui ne néglige rien. Je bondissais, musclé comme un guépard, courant comme un onagre à plein galop (...). Moi, Šulgi, roi d'Ur, je me suis aussi consacré à la musique. Rien n'est trop complexe pour moi : je connais les [instruments] TIGI et ADAB en largeur et en profondeur, perfection de la musique. Quand je fixe les frettes du luth, qui transporte le cœur, je ne brise jamais son manche ; j'ai étudié les règles pour augmenter et diminuer les intervalles. Je connais l'accord mélodieux de la lyre (...). Même si l'on m'apporte, comme on le

> fait à un musicien expérimenté, un instrument que je n'ai jamais entendu jouer auparavant, quand je commence, je produis son véritable son : je suis capable d'en jouer comme si je l'avais déjà tenu auparavant. Accorder, mettre et défaire les cordes ou les fixer, rien de cela n'est impossible à mes mains. Je ne fais pas sonner la flûte double comme le pipeau, et de ma propre initiative je peux chanter un ŠUMUNŠA ou entonner une lamentation tout comme celui qui le fait régulièrement[34].

Au Ier millénaire av. J.-C., Assurbanipal reprend la même thématique :

> Le dieu Marduk, le sage entre les dieux, m'a donné en présent un vaste entendement et une immense intelligence. Le dieu Nabû, le scribe de l'univers, m'a offert en cadeau les préceptes de la sagesse. Les dieux Ninurta et Nergal ont doté mon corps d'une puissance extraordinaire et d'une force physique sans égale. (...) Je connais les signes omineux du ciel et de la terre. Je peux en discuter dans l'assemblée des savants[35].

Ce dernier se fait d'ailleurs représenter sur l'un des bas-reliefs du palais de Ninive dans une scène de chasse, en train de tirer à l'arc, un calame à la ceinture[36]. De fait, Assurbanipal a été associé au pouvoir très jeune par son père. Son éducation n'était pas terminée. Les lettres des serviteurs royaux, notamment la correspondance de l'astrologue Nabû-ahhê-erîba, donnent une idée des cours dispensés : écriture, lecture, exorcisme, astrologie, mathématiques, etc., c'est-à-dire une formation scribale classique de bon niveau. On sait par une lettre de Marduk-šakin-šumi que le père d'Assurbanipal, le roi Assarhaddon, maîtrise les disciplines littéraires et scientifiques. Pour ce qui est d'Assurbanipal, si ses capacités sont louées par certains courtisans, comme le chef des scribes, Ištar-šumu-ereš, d'autres lettres, en particulier celles de Nabû-nâdin-šumi, relativisent l'érudition du prince. Quoi qu'il en soit, rien ne permet de douter de son intérêt pour les études. D'autres inscriptions comme le *Prisme du Louvre* permettent de compléter notre connaissance de l'éducation qu'il reçoit: «J'ai appris à tirer à l'arc, à monter à cheval, à tenir les rênes d'un char. Aucun roi parmi les humains, aucun lion parmi les bêtes sauvages n'a pu grandir devant mon arc. Je connais la pratique du combat et de la bataille, j'ai été instruit (dans l'art) des formations de combats et de la mêlée[37].» D'autres encore poursuivent: «En même temps j'apprenais ce qu'il convient à un souverain, je me comportais en permanence comme il sied à un roi. Je me tenais devant le roi qui m'a engendré, je donnais régulièrement des instructions aux Grands[38]». Ainsi le prince est associé par son père à l'exercice du pouvoir[39]. Cette rhétorique qui dote le souverain de toutes les qualités intellectuelles et physiques n'est pas propre à l'Antiquité et encore moins au Proche-Orient.

Le bon roi est aussi le roi victorieux qui agrandit son territoire, lui apportant grâce aux butins et aux tributs les richesses dont il ne dispose pas. Suivant les époques, les aspects guerriers sont plus ou moins mis en exergue, l'ennemi foulé au pied remplacé suivant les circonstances par le lion tué d'un simple coup de lance. Le bon roi est surtout celui qui assure la prospérité de son royaume, certes le plus vaste possible, dans lequel le commun des mortels vit en paix.

Une idéologie royale de plus en plus développée

Un certain nombre de thèmes véhiculés par l'idéologie royale élaborée à la Cour sont donc communs. Cependant quelques évolutions sont décelables en fonction des circonstances de l'arrivée au pouvoir d'un roi, de sa proximité plus ou moins grande avec le pays, de son besoin de légitimation et de la réflexion qui s'élabore autour de la nature du pouvoir royal. En ce domaine, la référence à d'anciennes dynasties ainsi que le choix de ces dernières ne sont pas neutres.

Au IIIe millénaire av. J.-C., en cas de victoire, le roi cumule dans ses titres le nom des villes sur lesquelles il règne. Ainsi Lugalzagezi d'Umma après ses victoires porte les titres de roi d'Umma, roi d'Ur et roi d'Uruk mais quand Sargon d'Akkad est vainqueur de Lugalzagezi, il devient alors roi d'Akkad, roi de Kiš et roi de Kalam. C'est le début de la première unification de la Mésopotamie (2340-2200). Le pouvoir centralisé de cette entité donne à la royauté un caractère universel à partir de Narâm-Sîn, le petit-fils de Sargon d'Akkad[40]. Quand celui-ci arrive au pouvoir, des troubles éclatent dans tout le pays. Les villes se regroupent derrière deux rois : celui de Kiš au nord et celui d'Uruk au sud. Des rébellions surgissent également dans des territoires encore plus éloignés comme en Magan[41]. Narâm-Sîn fait face et remporte neuf victoires en une seule année. Ces événements sont présentés dans les inscriptions royales comme une lutte entre la légitimité d'un roi due à l'hérédité et celle obtenue par l'élection des hommes : l'un des chefs de la rébellion apparaît comme portant le nom d'Iphur-Kiš qui signifie « le rassembleur de Kiš » mais aussi « le rassembleur de la totalité ». Or les dieux donnent la victoire à Narâm-Sîn. Celui-ci cumule à la fois choix divin et hérédité. Il prend alors le titre de « roi des quatre points », sous-entendu cardinaux, c'est-à-dire de roi de la Terre. Ce n'est plus une accumulation de titres. Cette nouvelle titulature résulte d'une volonté d'unification de la nature du pouvoir royal, dont l'étendue devient infinie, avec la bénédiction des dieux. Le roi était déjà placé au-dessus du reste des hommes, proche des dieux sans pourtant en être un. La stèle de Narâm-Sîn commémorant sa victoire contre Satuni, le roi des Lullubi, renforce cette place du roi[42]. Il est représenté portant la tiare à cornes normalement réservée aux dieux, plus grand que les autres humains, gravissant du pied droit une montagne d'où il précipite ses ennemis, un arc dans sa main gauche, une flèche dans sa main droite. La victoire par les armes confère une légitimité qui le rapproche des dieux. Son nom est précédé du prédéterminatif divin (DINGIR). Ses yeux sont dirigés vers le sommet de la montagne, il regarde le monde des dieux. La composition iconographique ne privilégiait jusqu'alors que les lignes horizontales, l'oblique adoptée dans cette stèle montre la nouvelle dimension qu'a pris le roi. C'est également la période où, sans pour autant remettre en cause la place dans le panthéon d'Enlil, dieu de la ville sumérienne de Nippur, Narâm-Sîn renforce dans son royaume le culte d'Ištar, la déesse de sa propre capitale. Les liens entre politique et religion sont ainsi confortés. Ses inscriptions insistent sur le fait qu'il « est allé là où aucun roi n'était allé avant lui », lui donnant une autre forme de légitimité. D'après la *Liste royale sumérienne*, Narâm-Sîn est présenté comme ayant régné cinquante-six ans, c'est-à-dire le même nombre d'années que son grand père Sargon. Il semble cependant qu'il faille ramener ce nombre d'années, certes très symbolique, à trente-sept ans pour Narâm-Sîn. L'Empire akkadien est à son apogée.

Cette prétention à la divinisation est reprise par les rois néo-sumériens au début du XXIe siècle av. J.-C. : Gudéa de Lagaš se fait appeler « dieu de la ville », Šu-Sîn d'Ur « dieu aimé », tandis que l'Akkadien Lipit-Ištar d'Isin s'intitule « dieu de tous les pays ». Parallèlement, même s'ils remportent de nombreuses victoires, les souverains de cette renaissance sumérienne s'appuient sur leurs activités de bâtisseur : les temples et les ziggurats se multiplient[43]. À l'intérieur de son territoire le roi est maître et responsable de la gestion : d'où le développement de l'administration, l'importance donnée à la mesure (au droit mais aussi aux poids et mesures et à la fiscalité). Les inscriptions insistent également sur le thème d'un roi érudit et musicien. C'est l'image volontairement donnée d'un pays florissant où les gens chantent et dansent, où il fait bon vivre.

Au IIe millénaire av. J.-C., Hammurabi (1792-1750) est l'un des premiers rois à se référer à un grand ancêtre ayant vécu plusieurs générations auparavant et ayant laissé un souvenir impérissable. De même que le dieu An est le dieu fondateur et son fils Enlil celui qui exerce le pouvoir, de même le roi renforce sa légitimité par son appartenance à une dynastie mais aussi à l'ancienneté de son lignage. Chaque souverain se réclame du plus lointain ancêtre honorable possible… quitte à l'inventer : Nabuchodonosor Ier au XIIe siècle av. J.-C. se réfère à un ancêtre antédiluvien.

Au Ier millénaire av. J.-C. de grandes constructions se forment. Les Assyriens reconquièrent toute la Haute-Mésopotamie, puis s'étendent jusqu'au golfe Arabo-persique et à l'Égypte. Il leur faut tout unifier en évitant ou en matant les révoltes. Ils établissent une organisation économique à leur profit. Une administration précise est mise en place pour exploiter au maximum les ressources des vaincus et gérer les déplacements de populations afin d'éviter les révoltes. Pour autant, culturellement il n'y a pas d'unification ; la langue qui se développe est l'araméen et non l'assyrien ; chaque peuple garde ses spécificités culturelles. L'idéologie va puiser dans le prestige des rois d'Akkad toujours vivant au Ier millénaire av. J.-C. en Assyrie : celui d'un empire universel qui impose la paix à tous grâce aux armes. Mieux encore, contrairement à la Babylonie, en Assyrie ce prestige a été sans cesse alimenté par les légendes qui se sont développées. Magnifié par la tradition, Sargon a servi de modèle pendant deux millénaires. Des textes datés du XIVe siècle av. J.-C., trouvés à El Amarna en Égypte, vantent ses exploits. Il est également connu des Hittites. Les *Annales assyriennes* du Ier millénaire av. J.-C. relatent qu'il a atteint les limites du monde. Son accession au pouvoir ayant eu lieu par la force, son histoire prouve que la primauté n'est plus donnée à l'ascendance royale. Le choix final est effectué par les dieux. Le coup d'État les invite à se prononcer. Sa réussite est la preuve du soutien divin. Le nouveau roi, membre de la famille royale mais arrivé lui aussi au pouvoir par la force, prend le nom de Sargon II. Par ce nom, il ancre sa propre dynastie, celle des Sargonides, dans un lignage ancien, prestigieux, presque mythique. Les rois néo-assyriens construisent de nouvelles capitales politiques (Kalhu, Ninive, Khorsabad) loin de la ville d'Assur (capitale religieuse), c'est-à-dire loin de la proximité du dieu et de son clergé, même si ce n'est pas là leur principale motivation. À l'intérieur de ces villes nouvelles, c'est la sphère politique, notamment le palais, qui est mise en valeur par l'urbanisme. Parallèlement les souverains prennent soin de restaurer les temples sur tout le territoire, y compris à Babylone, réduite à néant par Sennachérib, reconstruite par Assarhaddon et Assurbanipal. L'exaltation de la personne royale culmine sous le règne d'Assurbanipal (668-627). La titulature reprend les thèmes courants en les amplifiant. Les *Annales assyriennes* relatent les campagnes d'Assurbanipal dans des contrées ignorées de ses prédécesseurs, les dépassant ainsi à la fois dans le temps et dans l'espace. Le roi y est pourvu de toutes les qualités physiques et morales. C'est aussi un grand savant qui sait écrire et lire en akkadien et en sumérien. Se développe également un cérémonial de cour tandis que la tendance à l'absolutisme se renforce par l'obligation faite à chacun de prêter un serment de loyauté au souverain. À la différence des Néo-Assyriens, les Néo-Babyloniens ne dissocient pas capitale politique et capitale religieuse. C'est donc vers Babylone, siège du pouvoir royal à la fin du Ier millénaire av. J.-C. et ville de Marduk (le dieu à qui d'après *l'Enûma eliš* les pleins pouvoirs ont été remis), que convergent par la porte d'Ištar, au moment du Nouvel An, toutes les statues des autres divinités.

L'idéologie officielle se doit d'expliquer pourquoi un roi pourvu de toutes les qualités possibles et imaginables, choisi par les dieux, est soudain battu : pourquoi passe-t-on d'une dynastie à l'autre ? de la suprématie d'un État à celle d'un autre ? Une raison existe-elle ? Ce qu'un dieu a donné, peut-il donc le reprendre ? et pourquoi ? Dans les documents les plus anciens, tout cela est présenté comme résultant d'une volonté divine qui n'a pas besoin d'être justifiée. La *Liste royale sumérienne* montre ainsi une royauté qui passe d'une ville à l'autre sans plus d'explication : « Lorsque la royauté descendit du ciel elle fut à Eridu [...]. Je laisse Eridu ; sa royauté fut transportée à Bad Tibira [...]. Le déluge se répandit. Après que le déluge se fut répandu, lorsque la royauté descendit du ciel, la royauté fut à Kiš [...]. Kiš fut soumise par les armes ; sa royauté fut transportée à E.anna... »

En revanche quand le pouvoir se personnifie, on cherche une cause à la réaction divine : une faute consciente ou inconsciente qui aurait été commise par le souverain délaissé. On assiste même parfois à une véritable réécriture de l'histoire. C'est toute une propagande mise en place *a posteriori* par des successeurs en mal de légitimation, par des lettrés prompts à offrir leurs services au nouveau vainqueur ou propageant les diverses opinions qui s'affrontent en coulisse dans l'entourage royal. Ainsi Narâm-Sîn, combattant vainqueur auréolé de gloire sous son règne, est aussi le personnage central d'un texte littéraire, *La Malédiction d'Akkad*, rédigée dans le pays de Sumer à la fin du IIIe millénaire av. J.-C. après la chute de son royaume, soit quelques générations après les faits. Cette fiction historique reflète les divergences d'opinions qui se développent à l'époque, tant sur la personnalité du roi que sur la conception de la royauté. L'argument est le suivant : Enlil a permis à Sargon de prendre le pouvoir à Kiš et de diriger un vaste empire à partir de sa nouvelle capitale Agadé, ville vouée à la déesse Inanna. Mais Narâm-Sîn, son successeur, victime de son orgueil, en vient à être désobligeant envers les dieux, mettant en avant la suprématie guerrière de son empire démesurément grand. Enlil ne lui ayant pas envoyé de présage favorable, Narâm-Sîn n'hésite plus à défier le dieu en faisant détruire son temple dans la ville de Nippur. Toutes les divinités se détournent alors du roi et par là même retirent leur soutien au pays. Enlil lance contre Akkad les hordes de Gutis qui détruisent tout sur leur passage. « Agadé est détruite. Louange à Inanna ! » : ainsi se termine *La Malédiction*. Au IIe millénaire av. J.-C. des textes présentent Narâm-Sîn combattant des armées d'ennemis non humains et vaincu par elles. Un autre évoque même sa mort. Ainsi dans le sud (en Babylonie), le souvenir des rois d'Akkad est loin d'être positif, contrairement au nord (en Assyrie), géographiquement plus éloigné des faits. Déjà au XVIIIe siècle av. J.-C., Samsî-Addu se pose en continuateur de Sargon d'Akkad et reprend le titre de « roi de Kiš ». Si l'on ne peut faire totalement abstraction du « péché » de Narâm-Sîn, une nouvelle fin lui est attribuée : après s'être détourné des dieux, Narâm-Sîn subit défaite sur défaite et finit par reconnaître sa faute. Les dieux le sauvent alors *in extremis*. Une stèle aurait été déposée par Narâm-Sîn dans le temple de Nergal à Kuta pour instruire ses successeurs de ce qu'il ne faut pas faire. De même, au Ier millénaire av. J.-C., le successeur de Salmanazar V s'appuie sur le côté flamboyant de Sargon d'Akkad et de Narâm-Sîn, prenant lui-même le nom de Sargon II, pièce maîtresse dans la légitimisation de son pouvoir. Et pour expliquer le meurtre de Salmanazar, il déclare que ce dernier a été déposé auparavant par les dieux pour avoir voulu imposer aux habitants de la ville d'Assur des corvées que lui-même ne demandera jamais.

Le bilan de son règne est le suivant : il a agrandi le territoire et jugulé les révoltes, notamment en

Babylonie, fondé une dynastie, construit une nouvelle capitale. Mais il meurt dans une embuscade en 705 av. J.-C. Son corps n'est pas retrouvé, il ne peut donc recevoir de sépulture. Les dieux ne peuvent avoir laissé faire sans raison. Quel péché a-t-il donc commis ? La raison évoquée — la construction de Dûr-Šarrukîn, sa nouvelle ville — pousse son successeur, Sennachérib, à retourner s'installer à Ninive, l'ancienne capitale.

Sennachérib est assassiné en 681 av. J.-C. par deux de ses fils alors qu'il est en train de prier dans le temple de Nergal à Kalhu. Certes le corps peut recevoir une sépulture, mais les circonstances de sa mort — un meurtre dans un temple, donc dans un lieu sous protection divine — poussent là encore à chercher une faute qu'il aurait commise envers les dieux. Pour les Babyloniens dont la puissance s'affirme, cette mort odieuse est due au fait que Sennachérib a détruit Babylone, qu'il a emmené la statue de Marduk en Assyrie où il l'a fait passer en jugement et condamner par un tribunal divin présidé par Assur. Les historiens ont établi les faits suivants : Sennachérib a détruit la ville de Babylone qui s'était révoltée ; il a essayé de placer Assur comme chef du panthéon mésopotamien, en remplaçant Marduk par ce dernier en Assyrie : c'est le sens, on l'a vu, de la motte de terre rapportée de Babylone et de la reprise du rôle de Marduk par le dieu Assur dans la version de l'*Enûma eliš* lue annuellement lors de la fête du Nouvel An. Expliquer ainsi que les dieux ont permis le meurtre est une manière pour les Babyloniens de justifier leur nouvelle suprématie.

Le dernier des rois babyloniens n'est pas non plus épargné. Un texte de propagande écrit sous les Perses pour glorifier l'action de Cyrus met en avant la dévotion de Nabonide pour Sîn, délaissant ainsi Marduk, sa conduite impie, et présente comme une faute le fait qu'il ait construit à Têma une réplique du palais de Nabuchodonosor. Le texte est très clair :

> Quant à Nabonide, sa divinité protectrice lui devint hostile. Et lui, l'ancien favori des dieux, est maintenant saisi par le malheur. Contre la volonté des dieux, il accomplit un acte impie : il avait fait l'image d'une divinité que personne n'avait vu dans ce pays, il l'introduit dans le temple, il la plaça sur un piédestal ; il l'appela du nom de Lune. Elle est parée d'un collier de lapis-lazuli et couronnée d'une tiare ; son apparence est celle d'une éclipse de lune... et en face de lui sont placés le Dragon Orage et le Taureau sauvage. Lorsqu'il arriva ..., il tua au combat le prince de Têma ; il égorgea les troupeaux des citadins et des habitants des campagnes et il établit sa résidence à Têma où (stationnèrent) aussi les forces d'Akkad. Il rendit la ville magnifique, y construisit (son palais) à l'image de Šuanna (Babylone)... Cyrus déclara l'état de paix, ... pour restaurer la ville de Babylone il conçut l'idée et lui-même prit la houe, la bêche et le panier et il commença à achever les murs de Babylone. Le plan originel de Nabuchodonosor, les habitants l'exécutèrent de bon cœur... Les images des dieux de Babylone, masculins et féminins, il rapporta dans leur cella... Il effaça l'image de Nabonide, dans tous les sanctuaires il effaça son nom...[44].

Ce qui a été établi, c'est que son absence a empêché la tenue de la fête du Nouvel An à Babylone, qu'il a changé de politique à son retour de Têma, qu'il a renvoyé les hauts fonctionnaires mis en place en son absence par son fils et les a remplacés par des hommes à lui (ce qui n'a pas été du goût de tout le monde), qu'il a reconstruit le temple de Sîn à Harran, consacré sa fille comme prêtresse de Sîn à Ur et surtout imposé la statue de culte de Sîn dans tous les temples y compris celui de Marduk à Babylone. Contrairement à ce qu'affirment les inscriptions à sa louange, les Perses le présentent comme ne sachant pas écrire le cunéiforme. C'est ainsi lui reprocher de ne pas se rattacher à la culture suméro-akkadienne.

Finalement le mauvais roi est le roi impie qui ne respecte pas la hiérarchie telle qu'elle a été établie dans le monde céleste, mettant ainsi en péril le monde terrestre. Le roi s'attribue alors un rôle qui ne sied pas à la place qui lui a été attribuée par les dieux. Sa démesure est proportionnelle à l'impiété de ses actes. La seule limite au pouvoir des rois du Ier millénaire av. J.-C. est de reconnaître la primauté des dieux. Cependant ils doivent respecter les normes.

Le roi est maître de son royaume. S'il n'y a pas de loi divine à laquelle le souverain doit se conformer, on est bien loin du despote oriental imaginé au XIXe siècle, tel le Sardanapale sanguinaire entouré de ses femmes et de ses chevaux représenté par Delacroix. Un texte babylonien du Ier millénaire av. J.-C. rappelle à un roi d'Assyrie, sous forme de présage, les malheurs qui l'attendent si jamais il ne respecte pas les populations babyloniennes qui lui sont soumises. Déjà, à Mari, dans les archives royales du XVIIIe siècle av. J.-C., une prophétie d'Addu, le grand dieu du royaume d'Alep, explique preuves à l'appui que les rois de Mari lui doivent leur pouvoir. Elle rappelle que les deux rois précédents ont été détrônés parce qu'ils avaient commis des fautes envers lui. Il s'adresse au roi pour réclamer une offrande, plaçant sur ce dernier, telle une future épée de Damoclès, la prédiction suivante : « S'il ne me les donne pas, le maître du trône, des territoires et de la ville, c'est moi, et, ce que j'ai donné, je le reprendrai ! »

Chapitre IV

UNE CIVILISATION URBAINE

Les premiers villages sont apparus au Proche-Orient entre 10000 et 7000 av. J.-C. Les hommes ont appris peu à peu à maîtriser l'eau, à la canaliser pour diversifier et accroître la production agricole. Dès le IVe millénaire av. J.-C., ils ont mis en place un réseau d'irrigation permettant de cultiver les sols fertiles de la Mésopotamie laissés jusque-là en friche en raison de l'insuffisance des pluies. Des surplus ont pu alors être dégagés. C'est au cours de ce même millénaire, en bordure du Croissant fertile, que le village se transforme progressivement en ville selon les critères économiques et sociologiques mis en avant par Vere Gordon Childe : une disposition des maisons par rapport à un réseau viaire, une apparition de bâtiments réservés à des activités collectives de nature économique, administrative ou cultuelle, une différenciation sociale de l'habitat[1]. Le Proche-Orient présente ainsi le premier exemple de civilisation urbaine, où la définition de la ville comprend à la fois l'habitat *intra muros* et la campagne environnante qui lui permet de s'approvisionner[2]. De fait, les villages n'ont pas disparu avec l'apparition de la ville. L'économie reste fondée sur l'agriculture, mais l'archéologie ne s'est que récemment intéressée aux villages.

Il n'a pas été possible de fouiller en son entier l'espace *intra muros* de l'une de ces villes. La plupart en effet ont été recouvertes par des constructions plus récentes et nombre d'entre elles sont encore actuellement habitées (Alep, Beyrouth). Les éléments naturels s'en mêlent aussi. Dans cette région les crues des fleuves sont dévastatrices et certaines cités anciennes ont ainsi été en partie emportées par les eaux. La ville basse de Mari sur les bords de l'Euphrate a été anéantie, de même que tout un quartier de Babylone. Sans un entretien constant, les maisons, faites de briques d'argile crue, disparaissent d'elles-mêmes assez rapidement : Xénophon (430-355) signale que les soldats grecs de l'expédition des Dix Mille, campant à proximité de Ninive, deux siècles seulement après la destruction de la capitale néo-assyrienne, n'en distinguent déjà plus que les remparts et la ziggurat[3]. La réutilisation des matériaux de construction par les habitants suivants peut aussi transformer profondément le paysage. Pour l'archéologue, rien ne vaut l'abandon rapide d'un site (cas de Dûr-Šarrukîn) ou sa destruction brutale par incendie (à Mari, au centre de la ville, les bâtiments de prestige, brûlés par les soldats de Hammurabi au XVIIIe siècle av. J.-C., ont ainsi été préservés car le feu a durci leurs murs d'argile ; les archéologues y disposent du tiers de la surface de la ville primitive). Par ailleurs, les fouilles menées à la fin du XIXe et au début du XXe siècle étaient motivées, on l'a vu, par la course à l'objet précieux. C'est pourquoi elles ont été concentrées sur l'architecture monumentale (palais et temples), délaissant les quartiers d'habitation, à quelques exceptions près comme le quartier dit « du Merkès » à Babylone. En effet, les tells ne sont pas fouillés en leur entier et encore moins pour toutes les époques. Les niveaux les plus profonds, c'est-à-dire les plus anciens, ne sont souvent approchés que par sondages. Les morphologies urbaines les mieux étudiées sont donc celles des villes les plus récentes, celles du Ier millénaire av. J.-C., et les bâtiments les mieux connus sont les palais et les temples aux bas-reliefs en pierre et aux orthostates monumentaux.

L'épigraphie vient parfois compléter et animer les données archéologiques. Là encore la documentation est ponctuelle et plus abondante pour les IIe et Ier millénaires av. J.-C. Ainsi la construction de la ville nouvelle de Dûr-Šarrukîn, dont on peut admirer nombre de hauts-reliefs au Louvre (les fameux taureaux ailés), a laissé des documents d'une variété exceptionnelle : non seulement la ville elle-même dont les édifices ont été préservés, mais aussi de très nombreuses inscriptions sur les monuments ou les sculptures, la correspondance de la plupart des personnes impliquées dans la construction, jusqu'aux documents juridiques relatifs aux expropriations et aux extraits comptables quotidiens et mensuels liés à l'avancement des travaux et à la fourniture de matériaux[4].

CONSTRUIRE UNE VILLE

Les raisons qui président à la création

Une ville est soit issue d'un village qui s'est agrandi, soit élevée *ex nihilo*. C'est alors une opération d'envergure qui ne peut être entreprise qu'à l'initiative du roi, lui seul disposant des moyens financiers et humains nécessaires[5]. C'est le cas, par exemple, des villes de Mari au XXXe siècle av. J.-C., de Kâr-Tukulti-Ninurta et Dûr-Untaš au XIIIe siècle av. J.-C., de Dûr-Šarrukîn au VIIIe siècle av. J.-C. Outre les inscriptions royales, l'onomastique même de ces villes y fait parfois explicitement référence. Pour reprendre trois des exemples précédents, Dûr-Untaš (« forteresse d'Untaš ») est fondée à 30 kilomètres de Suse par le roi d'Anšan et de Suse, Untaš-Napiriša ; Kâr-Tukulti-Ninurta (« quai de Tukulti-Ninurta ») à 3 kilomètres au nord d'Assur sur la rive est du Tigre par le roi assyrien Tukulti-Ninurta Ier ; et Dûr-Šarrukîn (« forteresse de Sargon ») par le néo-assyrien Sargon II.

Quelles raisons peuvent motiver une telle décision ? Le roi est de par sa fonction un bâtisseur : c'est une façon de plaire aux dieux, surtout quand il s'agit d'élever un temple. La décision de fonder ou de reconstruire une ville est d'ailleurs souvent présentée comme inspirée par une volonté divine qui se manifeste sous la forme d'un songe. C'est le cas pour les villes de Kâr-Tukulti-Ninurta et Dûr-Šarrukîn. Pour cette dernière, l'extipicine (examen des entrailles des moutons sacrifiés) indique le lieu et la date favorables à la construction de chaque bâtiment. L'avis des dieux est aussi sollicité par Nabuchodonosor II pour Babylone :

> Pour entreprendre cette œuvre, tout rempli de crainte et d'inquiétude, je me prosternai devant Šamaš, Adad et Marduk, le juge suprême des dieux. Vinrent alors, de la part des manipulations des devins, des oracles de toute confiance : pour (ordonner) la reconstruction de Babylone et la restauration de l'Esagil le dieu fit s'inscrire un oracle (sur le foie de la victime). Je mis ma confiance dans ce « oui » catégorique[6].

Mais d'autres motivations, plus concrètes, interviennent également, des raisons politiques en premier lieu. À la suite de nombreuses victoires, c'est un moyen pour le roi d'affirmer sa suprématie. Ainsi Yahdun-Lîm, roi de Mari à la fin du XIXe siècle av. J.-C., mène une expédition jusqu'à la Méditerranée, reproduisant l'exploit de Sargon d'Akkad. Comme le légendaire Gilgameš, il coupe les cèdres du Liban mais les utilise pour le temple de Šamaš qu'il érige à Mari[7]. Il entreprend une série de grands travaux d'irrigation avec le creusement d'un canal sur la rive droite de l'Euphrate en amont de Terqa. À proximité de celui-ci, il édifie une nouvelle ville qui porte son nom : Dûr-Yahdun-Lîm. Parfois une seule victoire chèrement acquise peut suffire. Au XIIIe siècle av. J.-C., Kâr-Tukulti-Ninurta est bâtie par le roi assyrien après son triomphe sur Babylone. Une ville nouvellement fondée devient souvent la capitale politique lors d'un changement de dynastie ou d'une arrivée au pouvoir dans le sang. Elle permet au nouveau roi à la fois de s'éloigner de l'ancienne capitale et des éventuels soutiens de ses prédécesseurs, et aussi d'ancrer sa propre dynastie. Ainsi, au Ier millénaire av. J.-C., Sargon, après avoir accédé au pouvoir à la suite d'un coup d'État, décide d'abandonner la capitale, Kalhu, pour une ville nouvelle, Dûr-Šarrukîn, qu'il entreprend de construire. L'une des inscriptions de la salle du trône proclame sa volonté d'y résider : « Les grands dieux qui habitent le ciel et la terre et les dieux qui résident dans cette ville m'ont concédé pour l'éternité le privilège d'avoir construit la ville et d'y vivre longtemps[8]. » Espérance bien vaine ! Juste après son inauguration officielle à l'automne de 706 av. J.-C. survient un tremblement de terre qui ne provoque aucun dégât dans la ville mais est considéré comme de mauvais augure[9]. Le roi meurt l'année suivante au cours d'une bataille et son corps, non retrouvé, ne peut être dignement enterré. Pourquoi les dieux ont-ils abandonné Sargon ? Un texte écrit plus tard, sous Assarhaddon, fait mention de la rupture d'un traité avec le roi chaldéen Mérodach-Baladan qui aurait entraîné cette colère divine[10]. Le fils de Sargon, Sennachérib, se « réinstalle » officiellement à Ninive, ville que, en fait, il n'avait pas encore eu concrètement le temps de quitter.

Des raisons économiques peuvent également intervenir. À Mari, grâce à des travaux d'aménagement de grande ampleur, un canal de navigation de 120 kilomètres de long double l'Euphrate, à 10 kilomètres en aval de la ville. Il permet de développer et de contrôler les relations commerciales entre le Taurus (accès au nord de la Syrie, région riche en bois, produit qui manque cruellement au sud) et la Mésopotamie (Sumer et Babylonie)[11]. Point de contrôle et lieu de péage sur les marchandises venant d'une part des montagnes où se trouvent bois, pierre et minerai, et d'autre part la plaine riche en produits agricoles, la ville prospère. Un artisanat de transformation de ces ressources est en plein essor. Des écoles d'art s'y développent. *A contrario,* au XVIIIe siècle av. J.-C. les grands courants commerciaux s'étant déplacés, la route entre la Méditerranée et la Babylonie longe désormais les montagnes du Taurus et n'emprunte plus la vallée de l'Euphrate. Aucune raison économique ne justifie donc de reconstruire la ville après sa destruction par Hammurabi de Babylone, d'autant qu'elle perd sa fonction de capitale politique.

Reste des facteurs défensifs : interviennent-ils dans le choix du site de ces villes ? Certaines d'entre elles font parfois partie d'un agencement d'ensemble conçu à plus petite échelle. Ainsi en Haute-Mésopotamie, dès la fin du IVe millénaire av. J.-C., des fondations en série sont réalisées : dans l'actuelle Syrie Habuba Kabira et Djebel Aruda près de l'Euphrate, El Kowm à une centaine de kilomètres de Palmyre ; dans l'actuelle Turquie Hassek Hüyük... Rempart rectiligne, habitat tripartite, système d'évacuation des eaux en corrélation avec la voirie témoignent d'une création *ex nihilo*[12]. Autre exemple, au XIVe siècle av. J.-C. dans la province d'Astata, sous contrôle des Hittites, Emar est protégée des Assyriens par une autre ville, Faq'ous, elle aussi située sur un socle accessible grâce à une rampe. Les signaux optiques émis du haut de cette forteresse peuvent être vus d'Emar située à 12 kilomètres plus loin au nord-ouest[13]. L'Assyrie, comme tout État mésopotamien, se conçoit comme un État composé de l'addition de villes et non d'un territoire homogène à défendre, c'est pourquoi elle fortifie ses principales villes et non ses frontières.

Plan et organisation spatiale

L'organisation interne des villes est révélée par les fouilles mais aussi par l'épigraphie. Dès le IIIe millénaire av. J.-C. des plans de maison avec les dimensions de chaque pièce et leur fonction sont parfois dressés[14]. À partir du IIe millénaire av. J.-C. le plan de certaines villes est relevé afin d'établir des cadastres. La ville est avant tout un lieu où habitent des paysans mais aussi des artisans, des scribes, des administrateurs, des prêtres, des médecins... La taille n'est pas la donnée essentielle — Al Rawda, par exemple, fait seulement 18 hectares —, mais certaines peuvent être très vastes. La plus grande ville connue pour le IIIe millénaire av. J.-C. est Tell Haya qui s'étend sur 155 hectares[15]. Et au Ier millénaire av. J.-C. de vraies mégalopoles apparaissent comme Ninive (775 hectares) et Babylone (975 hectares après son extension réalisée par Nabuchodonosor II). Le gigantisme de cette dernière est souligné par les auteurs anciens, tel Hérodote qui certes exagère peut-être un peu: «La ville est si grande que… les Perses étaient déjà maîtres de la périphérie que les gens du centre ne se rendaient nullement compte de leur situation.[16] » Ceci n'est sans doute pas étranger au fait que Babylone symbolise, pour certains auteurs notamment bibliques, la démesure associée au mal[17].

Lors d'une fondation, le roi peut choisir son site. Il s'agit en général d'un terrain vierge, où la fertilité des sols permet de nourrir la population. Au XIIIe siècle av. J.-C., Tukulti-Ninurta Ier signale qu'il a construit Kâr-Tukulti-Ninurta « vis-à-vis de (s)a ville d'Assur, près du Tigre, dans des pâturages et des champs en friche, là où n'existait ni maison ni demeure, où amas de décombres et déblais n'étaient pas amoncelés, où pas une brique n'avait été posée »[18]. Le site retenu par Sargon pour bâtir Dûr-Šarrukîn au VIIIe siècle av. J.-C. est situé au pied du mont Musri. C'est un lieu suffisamment riche en eau pour effectuer deux récoltes par an. Les quelques habitants du petit village de Maganuba sont expropriés contre dédommagement. Ils peuvent choisir entre un versement proportionnel à la valeur de leurs biens ou d'autres terres d'une superficie égale aux leurs[19].

Les plans s'adaptent au terrain ou, s'il n'y a aucune contrainte topographique, se développent selon la conception de leur créateur. Haradum[20] située sur le Moyen-Euphrate, dans l'actuel Irak, présente, à l'époque paléo-babylonienne (début du IIe millénaire av. J.-C.), un tracé d'une régularité exceptionnelle. À l'intérieur d'un rempart en forme de carré de 115 mètres de côté, les rues se coupent à angle droit, délimitant des îlots réguliers. Au centre, une petite place met en valeur les bâtiments administratifs et religieux. Pouvant accueillir de 400 à 500 habitants environ, cette ville ne s'est jamais étendue au-delà de la muraille. L'architecture et les textes trouvés sur place mettent en évidence une spatialisation économique et sociale de l'habitat[21]. Au centre de la ville, les personnalités vivent dans les grandes constructions donnant sur la place. À proximité se trouvent les habitations des négociants pratiquant le commerce à longue distance jusqu'à Assur et Emar. Plus on s'éloigne du centre, moins les activités sont génératrices de richesses et plus les structures sont petites. Au pied de l'enceinte, côté ouest, se trouvent les grands entrepôts de la ville. Cet urbanisme géométrique correspond, d'après les sondages effectués, à une troisième phase de construction de la ville entreprise à la suite d'un incendie. D'autres types de plan sont possibles. Mari, fondée au XXXe siècle av. J.-C. près de l'Euphrate, se développe à l'intérieur d'une enceinte circulaire de 1 300 mètres de diamètre rythmée de tours, elle-même entourée d'une digue de 1 900 mètres de diamètre destinée à protéger la ville de toute inondation. À l'intérieur, le réseau viaire s'étend en étoile[22]. Un autre exemple de ce type est celui de Dûr-Untaš construite au XIIIe siècle av. J.-C. dans l'actuel Iran[23]. Trois enceintes circulaires sont emboîtées l'une dans l'autre : dans le cercle intérieur s'élève la ziggurat ; entre le premier et le deuxième cercle sont édifiés les temples ; entre la deuxième et la troisième enceinte se trouvent les palais et un temple.

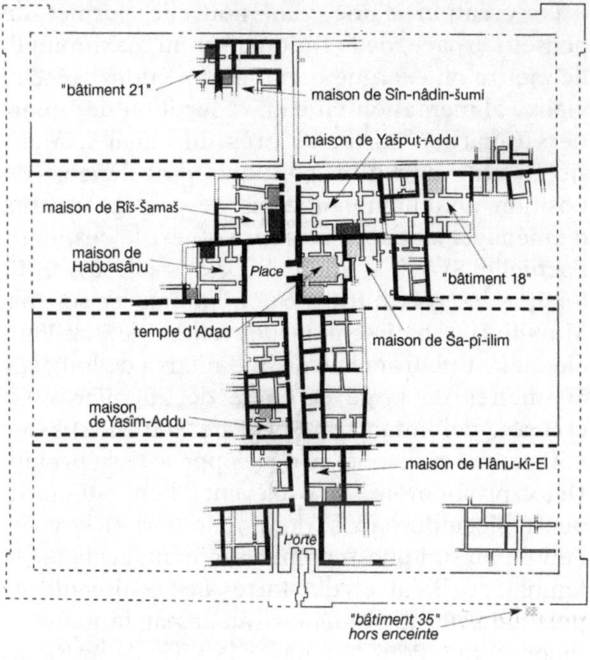

Haradum au IIe millénaire av. J.-C. Identification des bâtiments à partir des tablettes trouvées dans les pièces en grisé, d'après Martin Sauvage, *Revue d'assyriologie* 89, 1995, p. 42 ; plan issu de Francis Joannès (dir.), *Haradum*, t. 2 : *Les textes de la période paléo-babylonienne (Samsu-iluna-Ammi-ṣaduqa)*, Paris, Éditions Recherche sur les civilisations, 2006, p. 8.

La création d'une ville nouvelle permet de penser l'espace, de le rationaliser au maximum et de mettre en exergue certaines fonctions : réseau viaire, alimentation en eau, répartition des quartiers (quartier portuaire près du canal à Mari, sièges des pouvoirs politique et religieux en position dominante). Parfois de grands travaux d'aménagement sont entrepris. C'est le cas, dans l'actuelle Syrie, à Emar au XVIe siècle av. J.-C. lorsque les rois hittites Suppiluliuma et son fils Mursili II rebâtissent la nouvelle ville sur l'ancienne[24]. Une tranchée de 500 mètres de long sur 50 mètres de large et haute de 20 mètres est creusée, délimitant un socle de 900 mètres sur 650 mètres sur lequel se développe le tissu urbain. Deux promontoires s'y élèvent : l'un, au nord-ouest, siège du palais, domine le port et la ville ; l'autre, au sud-ouest, point culminant, accueille le temple de Ba'al et d'Astarté. Les bâtiments de prestige sont ainsi mis en valeur par la nouvelle topographie. Pour aménager la série de terrasses qui descendent vers le port, on utilise les matériaux dégagés par le creusement de la tranchée. Les rues sont agencées selon un quadrillage assez régulier qui tient également compte de ces terrasses. La place de certaines maisons a été préalablement fixée car leurs murs correspondent aux murs de terrassement. L'habitat suit un plan type. De la rue, l'entrée s'effectue directement sur une grande pièce dans laquelle se trouve un four. Elle ouvre sur deux autres petites salles contiguës servant de réserves. À l'étage, deux pièces et une terrasse constituent la partie privée. Cette organisation, relevée sur le terrain, correspond aux maquettes de maisons découvertes sur le site[25]. Ainsi toute l'organisation spatiale de la ville a été mûrement réfléchie avant de commencer les travaux. Dernier exemple, à Dûr-Šarrukîn (VIIIe siècle av. J.-C), une citadelle domine la ville de 5 mètres. À l'intérieur de cette forteresse, sur une haute terrasse entourée de sa propre enceinte, s'élève le complexe royal avec ses temples et sa ziggurat. L'ensemble de la ville a été conçu comme la représentation du cosmos[26]. Des rapports mathématiques ont été mis en évidence entre le palais royal d'un côté et le palais F élevé à l'autre bout de la ville[27]. Sargon signale, dans l'un des cylindres de fondation, que la longueur de la muraille qui entoure sa ville, 16 283 coudées (soit environ 8 140 mètres), est égale à la valeur numérique de son nom. Comment parvient-on à ce résultat ? Cela reste encore une énigme. Chaque divinité étant dotée d'un nombre qui la désigne (30 pour le dieu Sîn, 15 pour la déesse Ištar, etc.), c'est là une possibilité, lorsque le roi pénètre dans son palais, de le faire symboliquement entrer dans la sphère divine. De même les toponymes ne sont pas dénués d'idéologie. « Le dieu Šamaš est celui qui me fait triompher » est le nom de l'une des portes de Dûr-Šarrukîn. À Babylone, les expressions associées aux noms des huit portes de l'enceinte interne, tel que le signale la liste TIN.TIR, sont révélatrices : la porte d'Uraš est qualifiée de « L'ennemi lui est un objet d'horreur », celle de Zababa de « Elle hait l'attaquant », celle de Marduk de « Son seigneur est le berger », celle d'Ištar de

« Ištar renverse ses assaillants », celle d'Enlil de « Enlil la fait briller », la porte du roi de « Puisse son fondateur prospérer ! », la porte d'Adad de « Ô Adad, garde la vie des troupes ! », enfin la porte de Šamaš de « Ô Šamaš, rends ferme le fondement des troupes ! ». La pose hiératique, les thèmes iconographiques employés dans certaines salles accessibles aux visiteurs véhiculent cette idéologie dominante.

La ville, une protection contre l'ennemi

La ville est le lieu où l'on vient chercher refuge devant l'ennemi. Les plus anciennes fortifications connues sont celles d'Uruk et de Habuba-Kabira au IVe millénaire av. J.-C. La ville de Mari, quant à elle, donne de précieuses indications sur le système de défense au IIIe millénaire av. J.-C. et sur son évolution[28]. Il est composé de deux remparts. L'enceinte extérieure, peu élevée, s'appuie sur une digue circulaire qui protège les habitants d'une inondation. Cette digue subsistera jusqu'à la destruction de la ville sous Hammurabi (XVIIIe siècle av. J.-C.). Au XXXe siècle av. J.-C., le vrai moyen de défense contre l'ennemi est l'enceinte intérieure, aux solides fondations, pourvue de tours saillantes, dont on estime à partir de sa largeur (6 mètres) qu'elle s'élève jusqu'à 8 mètres. Les abords de la ville se présentent alors ainsi : un rempart avec une digue, un espace de 300 mètres occupé par des jardins, puis un second rempart, et enfin les habitations. La distance entre les deux

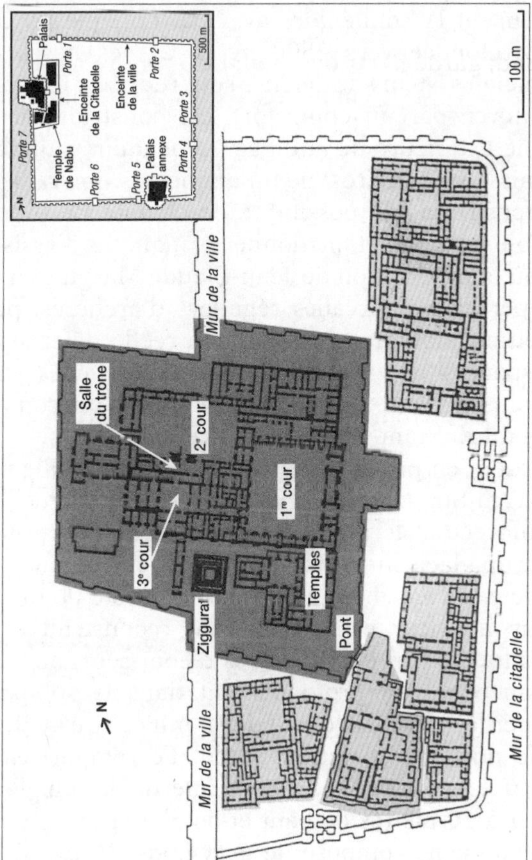

Khorsabad (Dûr-Šarrukîn), capitale du roi néo-assyrien Sargon ; plan d'après Gordon Loud et Charles B. Altman, *Khorsabad II : The Citadel and the Town*, Oriental Institut Publications n° 40, Chicago, 1938.

murs serait à mettre en relation avec la portée de l'arc composite dont l'usage se répand à partir de la fin du IVe millénaire av. J.-C. Lorsque la ville est refondée vers 2500 av. J.-C., les bases de l'ancien système de défense sont reprises. Un mur, renforcé par un contrefort, est construit sur la ligne extérieure de la digue. Cependant, sa faible épaisseur (2 mètres) ne lui donne pas un vrai rôle défensif (pas de possibilité de chemin de ronde, faible hauteur étant donné le manque d'assise), d'où la proposition de Jean-Claude Margueron de le percer à intervalles réguliers d'archères, permettant alors aux assiégés une réelle défense de l'espace situé entre les deux remparts. Les attaquants doivent ajuster leur tir en tenant compte du mur. Étant obligés de tirer vers le ciel, ils perdent en portée[29]. Après la prise de la ville par Narâm-Sîn (XXIIIe siècle av. J.-C), la digue est renforcée et le mur extérieur triplé et consolidé par un glacis lui permettant de devenir un mur de défense, avec chemin de ronde et poste de tir. Le mur intérieur est entièrement reconstruit avec des fondations de 10 mètres d'épaisseur, ancrées beaucoup plus profondément dans le sol pour éviter les sapes. Au début du IIe millénaire av. J.-C. une nouvelle évolution a lieu. Le rempart extérieur est renforcé sur sa face interne par un glacis de 7 à 10 mètres de haut et de plus de 55 mètres d'épaisseur, composé de gravillons. Même si les assaillants réussissent à saper la base de l'édifice et à creuser un tunnel sous la muraille, ils ne peuvent s'en sortir : arrivés dans le glacis, le tunnel s'écroule sur eux et les engloutit. C'est l'une des

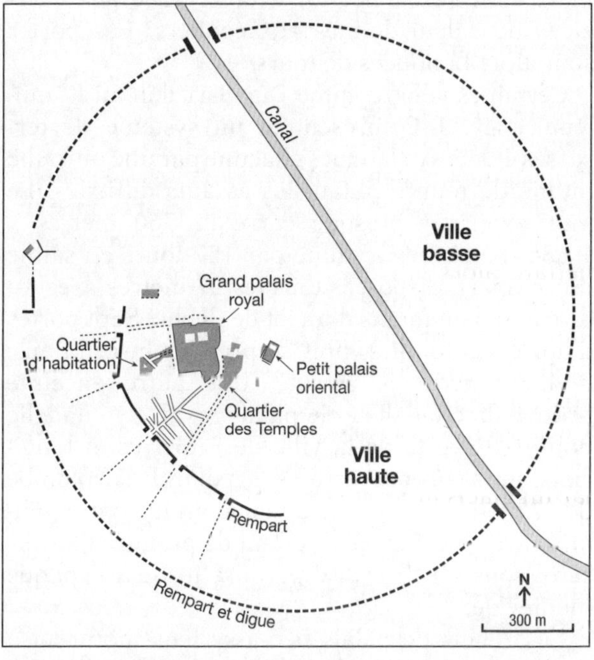

Mari du XXIIIe au XXe s. av. J.-C. (plan de la ville III), d'après Jean-Claude Margueron, *Mari. Métropole de l'Euphrate au IIIe et au début du IIe millénaire av. J.-C.*, Paris, Picard-Éditions Recherche sur les civilisations, 2004.

réponses trouvées aux engins de siège de plus en plus perfectionnés : béliers, rampes d'attaque dont les traces archéologiques n'ont pas été retrouvées mais dont l'existence est avérée grâce aux exercices de calcul donnés aux écoliers. Les portes sont alors flanquées de tours.

Certaines villes comme Dûr-Šarrukîn au Ier millénaire av. J.-C. présentent un système de terrasses étagées défendues chacune par une muraille munie de tours rendant les assauts difficiles. Le mur extérieur presque carré (1 760 mètres × 1 685 mètres) est rythmé par 157 tours en saillie du rempart, disposées tous les 27 mètres, c'est-à-dire à un peu moins d'un jet de flèche. Sept portes d'après les fouilles, huit d'après les inscriptions, donnent accès à la ville. Une autre enceinte protège la citadelle et le palais royal. La citadelle domine le reste de la ville de 5 mètres, à l'intérieur sur sa propre terrasse, le palais le surplombe de 12 mètres. Cette conception d'architecture militaire avec bastions permettant de prendre l'adversaire sous un tir croisé perdure jusqu'à l'époque médiévale.

Les reliefs de palais néo-assyriens montrent à l'envi les prises de villes, permettant d'étudier les tactiques utilisées par les assaillants et les assiégés. Afin de franchir les multiples enceintes et fossés dont s'entourent les villes, l'ennemi diversifie ses méthodes : outres remplies d'air pour traverser l'eau, échelles pour grimper sur les murailles, béliers perfectionnés en de véritables machines de siège. Faisant saillie, une énorme poutre est fixée à l'avant de véhicules reposant sur 6 roues et surmontés de deux tourelles. Ces engins permettent simultanément de faire tomber le mur de défense et de mettre les archers assaillants à la même hauteur que les assiégés. Avec le temps ces machines deviennent plus légères et surtout plus maniables. Recouvertes de cuir afin de les protéger des projections des assiégés, elles disposent à leur proue d'une énorme pointe. L'objectif est d'enfoncer cette pointe entre les briques ou les pierres pour déchausser la maçonnerie. D'autres machines encore, notamment celles sculptées sur les célèbres portes en bronze de Balawat, se terminent par une saillie en métal et sont destinées à enfoncer les portes. Les assaillants se défendent en jetant de l'eau bouillante, des flèches enflammées, en utilisant des chaînes pour relever les poutres des béliers comme cela est représenté sur les reliefs du palais d'Assurnaşirpal II à Nimrud.

Les portes sont des constructions complexes qui comportent des tours, des bastions divisés en différentes pièces. La plupart du temps l'entrée s'effectue en chicane à travers trois vastes salles en enfilade[30]. Fermées en temps de guerre, elles sont gardées, chacune par une dizaine d'hommes. Le recrutement de ces gardiens s'effectue souvent au sein des mêmes familles. C'est une charge très appréciée et jalousement gardée, quitte à la transmettre par les femmes comme le révèle l'étude des contrats de mariage et de divorce babyloniens du IIe millénaire av. J.-C.[31]

LES TRAVAUX URBAINS

Une ville à protéger des eaux

Lieu de concentration de la population, la ville doit être protégée des éléments naturels. Si les hommes ont pu, en Mésopotamie, se sédentariser près des fleuves dès le VIe millénaire av. J.-C. (c'est-à-dire beaucoup plus tôt qu'en Égypte où il faut attendre le IVe millénaire av. J.-C.), ce n'est qu'au prix d'immenses travaux d'endiguement. En effet les crues des fleuves et des rivières y sont dévastatrices, emportant parfois une partie des villes sur leur passage. Le Tigre et l'Euphrate ayant tendance à exhausser leurs alluvions, leurs lits dominent de quelques mètres le reste du bassin. Les crues sont irrégulières. Les habitants vivent dans l'insécurité par rapport au fleuve dont par ailleurs ils tirent leur richesse agricole grâce à l'irrigation. Vers le sud, à proximité du Golfe, le paysage se transforme en marécage, augmentant encore les dangers. N'est-ce pas dans cette région que la mémoire collective situe le Déluge ? De fait, lorsque le 16 mars 1929 Leonard Woolley annonce dans le *Times* qu'il en a découvert les traces à Ur dans le sondage appelé depuis *Flood Pit* (le « sondage du Déluge »), il a mis au jour une couche de sable sans matériel archéologique. Celle-ci sépare le niveau préhistorique de l'un des niveaux historiques. Quelques jours plus tard, S. Langdon déclare une autre découverte à Kiš, de même pour

E. Schmidt en 1931 à Šuruppak. Les niveaux auxquels ces découvertes ont eu lieu ne correspondent pas. Le débat s'engage alors pour dater le Déluge, en s'appuyant sur l'*Épopée de Gilgameš* et sur la *Liste royale sumérienne* qui répartit les rois ante- et postdiluviens. Sauf qu'aucune trace de ce même déluge n'a été relevée à Uruk et Eridu, villes voisines d'Ur. L'analyse de ces couches a finalement montré qu'il s'agissait de dépôts fluviaux et non marins. Le Déluge serait, entre autres, l'image d'inondations d'une telle ampleur qu'elles auraient frappé les esprits et seraient restées gravées dans la mémoire collective. Si Uruk y échappe, c'est qu'elle est construite sur une terrasse artificielle. De même, la ville de Mari est située à trois kilomètres du fleuve, sur une terrasse intermédiaire de l'Euphrate afin d'éviter les effets néfastes des crues[32]. Certaines de ces crues, exceptionnelles, peuvent être très violentes et avoir des conséquences catastrophiques. À l'époque de Hammurabi, la ville d'Ešnunna est ainsi détruite. L'expression sumérienne pour dire « c'est urgent ! » est d'ailleurs « c'est la crue ! ». La montée des eaux met en danger les récoltes et les habitations. Dans la bibliothèque d'Assurbanipal, la 61e tablette d'une série de présages intitulée *Si une ville se trouve sur une hauteur* a trait aux crues et à leurs effets fastes ou néfastes selon la date de leur venue. Certes, au printemps les hautes eaux peuvent apporter joie, abondance et prospérité, mais il n'en est pas ainsi à d'autres saisons. La crue s'accompagne alors de parasites, sang ou peste, et il y est fait explicitement référence à la menace qui pèse sur les constructions :

> Si la crue arrive au mois de Simanu (mai-juin) et si ses eaux érodent les rives du fleuve, l'année suivante Adad détruira les habitations... Si la crue arrive au mois d'Arahšamnu (octobre-novembre), il pleuvra et Adad détruira les fortifications... Si la crue arrive au mois d'Addar (février-mars), si les eaux sont comme d'habitude, mais si les éclairs étincellent sans cesse, une crue dévastatrice arrivera et emportera tout le pays.

D'où la mise en place de digues et de canaux dont le souvenir est si vivace qu'Hérodote y fait référence[33]. Un entretien régulier est donc nécessaire comme le révèle la correspondance des gouverneurs du royaume de Mari au IIe millénaire av. J.-C.

L'alimentation en eau

L'alimentation en eau est cruciale, les rois en ont conscience, les récits de fondation le prouvent. Les puits existent en Mésopotamie dès le Néolithique. Les *shadouf* à balancier sont courants mais les *qanat* reliant par des galeries les nappes d'eau souterraines à plusieurs puits n'apparaissent qu'à partir du Ier millénaire av. J.-C. en Syrie et dans le nord de la Mésopotamie. À Mari, dès le IIIe millénaire av. J.-C. les eaux de pluie sont récupérées par des canalisations en céramique et en pierre afin d'être utilisées[34]. Par ailleurs, plusieurs canaux sont aménagés à partir de l'Euphrate pour l'approvisionnement de la ville, la navigation et le développement des cultures (drainage et irrigation). Ils apportent l'eau nécessaire à la ville. En effet, la pluviométrie y atteint à peine 140 millimètres d'eau par an ; or, de façon générale, 250 millimètres au minimum sont nécessaires au développement agricole sans irrigation. Les rives du fleuve sont consacrées aux cultures maraîchères alimentées en eau par le biais de *shadouf*. Sur la terrasse irriguée s'effectue la culture céréalière. Le rebord du plateau est consacré à l'élevage de moutons. Au XIIIe siècle av. J.-C., à Dûr-Untaš, un canal de 50 kilomètres apporte de l'eau jusqu'à un bassin de décantation situé à l'extérieur de la ville. À partir de ce bassin, neuf canalisations distribuent l'eau à l'intérieur des remparts[35]. À Kar-Tukulti-Ninurta, le roi décrit la façon dont il a fait creuser le canal Patti-mêšari (« canal de justice ») pour alimenter sa ville[36] ; de même Assurnaşirpal II fait creuser le canal Patti-Hegalli (« canal d'Abondance ») pour alimenter les habitants de Kalhu[37] et irriguer ses jardins. Sennachérib, quant à lui, construit tout un réseau pour alimenter en eau les villes d'Arbèles, Kilizu, Kalhu et Ninive. L'ensemble se compose de barrages, de bassins de décantation, d'un pont pour traverser la vallée de Girmua, une partie souterraine pour arriver à Arbèles :

> J'ai vu des points d'eau, j'ai élargi leurs sources étroites et les ai transformés en réservoirs ; pour que ces eaux puissent passer à travers des montagnes

> escarpées, j'ai fait tailler au pic les endroits difficiles et diriger ainsi leurs flots vers la plaine qui entoure Ninive. J'ai renforcé leurs tranchées (...). Sur une longue distance, depuis le fleuve Huşur, j'ai creusé un canal vers les prairies de Ninive ; par-dessus des *wadi* profonds, je suis passé, j'ai bâti un pont de pierres blanches et j'ai fait couler ces eaux dessus.

Les restes de cet aqueduc (275 mètres de long, 22 mètres de large sur cinq arches) ont été retrouvés dans les années 1930 par des fouilleurs américains.

Ces villes sont conçues avec des jardins royaux aux espèces (flore et faune) exotiques et des vergers à proximité pour ravitailler les habitants. Le plan de la ville de Nippur datant des environs de 1300 av. J.-C. montre que tout le sud-ouest de la ville est composé de jardins. À Dûr-Šarrukîn, des milliers de pommiers, plusieurs centaines de néfliers et d'amandiers viennent ainsi de la province de Nermed-Ištar, au sud de la chaîne du Sinjar[38]. Qui ne connaît les célèbres jardins de Mésopotamie alimentés en eau par un système de « vis d'Archimède » et que les reliefs assyriens attestent à Ninive ? Et qui ne se souvient des célèbres jardins suspendus de Babylone même si leur existence reste encore l'objet de débats entre archéologues ? Attribués à la reine légendaire Sémiramis, ils sont mentionnés par cinq auteurs antiques bien postérieurs à leur existence : Flavius Josèphe[39], Diodore de Sicile[40], Strabon[41], Quinte-Curce[42] et Philon[43]. Certains d'entre eux disent s'appuyer sur le témoignage du Grec Ctésias capturé par les Perses lors de la guerre du Péloponnèse et devenu médecin d'Artaxerxès II et de son frère Cyrus, ainsi que sur celui de Bérose, prêtre babylonien du début du IIIe siècle av. J.-C. De nombreux archéologues ont cherché à les localiser à l'intérieur de la ville. R. Koldewey en 1918 les voyait au-dessus d'un bâtiment voûté près de la porte d'Ištar. Cette proposition est aujourd'hui abandonnée. Trois autres hypothèses sont envisagées : ces jardins auraient été le prolongement de ceux du palais de Nabuchodonosor et seraient actuellement recouverts par l'Euphrate[44] ; les auteurs grecs auraient confondu les capitales assyrienne (Ninive) et babylonienne (Babylone)[45], ou encore ils auraient volontairement attribué les jardins de la Babylone des rois achéménides à leurs prédécesseurs babyloniens afin de ne pas glorifier les Perses, adversaires de longue date, ce qui expliquerait également le silence d'Hérodote à ce sujet[46]. Ces jardins légendaires gardent leur mystère.

Les étapes de la construction d'une ville

Les bâtiments sont construits le plus souvent en briques crues fabriquées à partir d'argile et de paille. Il faut également du bois pour les poutres de charpente, du bitume pour imperméabiliser. Quand il s'agit d'une ville créée *ex nihilo*, les quantités nécessaires sont importantes, bien plus que ce qu'une région peut fournir dans un laps de temps très court. Vingt-six millions de briques sont utilisées pour construire au IIIe millénaire av. J.-C. les temples de Šara et de Ninurta à Umma[47], trente-six millions pour la seule ziggurat de Babylone au Ier millénaire av. J.-C.[48]! Tout le territoire est alors sollicité. Pour élever la ville de Sargon (Dûr-Šarrukîn), des milliers de troncs d'arbres sont acheminés par flottage sur l'Oronte, l'Euphrate et le Tigre, des pierres de taille pour les bas-reliefs sont transportées sur des traîneaux. À titre d'indication, chacun des taureaux ailés visibles au Louvre pèse plus d'une tonne. Le transport n'est pas moins périlleux au Ier millénaire av. J.-C. qu'à l'époque des premiers archéologues : les embarcations coulent, le feu détruit le stock de bois... Tout est consigné. De nombreux dignitaires surveillent, à divers échelons, les travaux : conseillers du roi, gouverneurs des provinces sollicitées pour l'approvisionnement, responsable du chantier, etc. Il est fait appel à la fois aux meilleurs spécialistes et aux simples manœuvres chargés de mouler et poser les briques. Parmi cette main-d'œuvre, qualifiée ou non, se trouvent nombre de déportés. Les déplacements de population dus aux conquêtes sont en effet courants à l'époque et une construction en masse nécessite une main-d'œuvre abondante. 8 580 personnes sont ainsi mobilisées pour construire à l'époque néo-assyrienne la ziggurat de Sippar[49]. Chaque bâtiment, chaque muraille, est divisé en secteurs, chacun sous la responsabilité d'un contremaître. Ce dernier répond de la gestion et de l'encadrement de la main-d'œuvre, de l'approvisionnement en paille nécessaire à la fabrication des briques. Le rythme moyen de pose est d'une centaine de briques par jour et par personne. Des scribes relèvent chaque jour le nombre de briques posées dans chaque secteur[50]. L'élévation de chaque mur est ainsi suivie pas à pas. La brique crue ou cuite, moulée et fabriquée en série, permet une construction rapide. Dûr-Šarrukîn, la ville de Sargon, débutée en 717 av. J.-C. est achevée en 707 av. J.-C., soit à peine dix ans pour bâtir une ville tout entière.

La construction d'un bâtiment de prestige donne lieu à une cérémonie où l'acte fondateur du roi est mis en exergue. Le début des travaux commence, après les récoltes, avec le moulage des briques en mai-juin pour une pose en juillet-août lorsque le sol est sec. Le dieu Kulla préside à la fabrication des briques, le dieu Mušdammu à leur pose et aux rites de purification. La fabrication et la pose de la première brique sont accompagnées comme aujourd'hui d'une cérémonie particulière. Pour ne citer que deux exemples : au IIIe millénaire av. J.-C. une statue de Gudéa de Lagaš, dite de « l'architecte au plan », ainsi que deux cylindres relatent comment le roi moule la première brique du temple de Ningirsu[51] ; beaucoup plus tard, au Ier millénaire av. J.-C. Salmanazar III signale : « je mélangeai son argile avec du miel, de l'huile fine, de la résine de cèdre, du vin (et) de la bière, je modelai ses briques avec des pelles et des moules de cèdre[52]. »

À cette occasion de nombreux dépôts de fondation sont mis en place. À Mari, quatre maquettes ont été trouvées dans le sous-sol de la zone d'habitation du niveau correspondant à 2500-2250 av. J.-C. Leur forme circulaire, incompatible avec celle des maisons de l'époque, rappellerait celle de la ville, leur agencement intérieur celle de l'habitat[53]. Plus souvent, d'énormes clous en bronze ancrent symboliquement chaque bâtiment dans le sol. Des cylindres, des prismes ou de grandes tablettes en argile, des pierres comme le lapis-lazuli ou la cornaline peuvent également être déposés. Ainsi sous le temple d'Ištar à Mari sont enterrées trois tiges avec anneaux traversés chacun d'un grand clou. Elles sont accompagnées de tablettes anépigraphes en lapis-lazuli et argent. Sous le temple de Šamaš, neuf briques d'argile sont posées par Yahdun-Lîm, roi de Mari à la fin du XIXe siècle av. J.-C. Ces documents de fondation sont précieux car ils indiquent parfois, lorsqu'ils portent une inscription, la fonction du bâtiment, son histoire, s'il s'agit d'une restauration ou d'une création, rappellent les hauts faits d'armes du fondateur. Yahdun-Lîm, par exemple, évoque son expédition militaire jusqu'aux rives de la Méditerranée. Ces tablettes se terminent par la liste des malédictions qui s'abattront sur quiconque dégraderait ou ne veillerait pas à la bonne conservation du monument : catastrophes économiques, militaires, politiques, jusqu'à l'extinction de toute sa descendance. Comme le rappelle Yahdun-Lîm, une fin identique attend celui qui s'approprierait l'œuvre d'autrui :

> Celui qui déplacera mes documents de fondation et qui mettra (à leur place) ses documents, cet homme, soit-il roi ou gouverneur, qu'Anum et Enlil le mau-

> dissent d'une malédiction funeste! Que Šamaš brise ses armes et les armes de ses troupes! Qu'Ašnan et Sumuqan laissent son pays dans la disette! Que les hostilités serrent la porte de son pays! Que le combat se poursuive dans son pays! Qu'à sa royauté le malheur ne cesse de se présenter chaque jour aussi longtemps qu'il vivra! Qu'Anum et Enlil soient pour lui de mauvais démons à jamais[54]!

Ces bâtiments de prestige font l'objet d'une attention particulière. Les différents matériaux et leur traitement sont choisis avec soin. La diversification des briques (crues, cuites, émaillées, en relief) et l'emploi de pierres taillées ou de métaux précieux permettent d'affiner les décors. Les proportions sont gigantesques, l'objectif étant pour le roi de surpasser ses prédécesseurs, de faire la preuve de sa supériorité. Au Ier millénaire av. J.-C., c'est l'ensemble de la ville elle-même qui devient ainsi le support de l'idéologie — comme la Dûr-Šarrukîn (Khorsabad) de Sargon ou la Babylone de Nabuchodonosor II —, instrument politique, moyen de propagande destiné à impressionner et susciter l'admiration par l'étalage de la puissance du souverain et de ses exploits, y compris par le luxe et la perfection artistique. À Babylone sous Nabuchodonosor II (604-562), c'est la célèbre porte d'Ištar ouvrant la ville au nord qui remplit cette fonction. Le visiteur y pénètre par une voie processionnelle pavée de briques. Il est accueilli par 120 lions, animaux associés à la déesse Ištar. La porte elle-même, haute de plus de 15 mètres et encadrée par deux tours, est décorée de briques émaillées où alternent dragons (associés au dieu

Marduk) et taureaux (associés au dieu Adad). Sur un fond bleu, les 575 animaux ressortent en bistre. La voie se poursuit à l'intérieur de la ville qu'elle traverse de part en part, reliant les palais aux temples.

DES LIEUX DE SOCIABILITÉ

Rues et quartiers d'habitation

Des quartiers d'habitations ont été dégagés à Assur, Babylone, Ur, Nuzi… Chacun d'entre eux porte un nom. À Babylone, une tablette d'époque tardive donne la liste des dix quartiers de la ville (six sur la rive est, quatre sur la rive ouest) en précisant leur nom et leur délimitation : par exemple, le quartier nommé Eridu s'étend de la Porte du Marché à la Grande Porte. Les rues aussi portent des noms. Vingt-quatre d'entre eux sont connus pour Babylone au Ier millénaire av. J.-C. : ainsi la voie processionnelle de Marduk à Babylone s'appelle « Que l'Arrogant ne passe pas ! ».

Les grands axes font l'objet de beaucoup d'attention. À la fois éléments de prestige et moyens de circulation, quelques grandes artères, entièrement pavées et drainées, desservent les centres cultuels et politiques. Il en est ainsi de la voie processionnelle de Babylone et de la voie royale à Ninive. Les dimensions de ces rues sont elles-mêmes hors du commun. Lorsque le roi Sennachérib

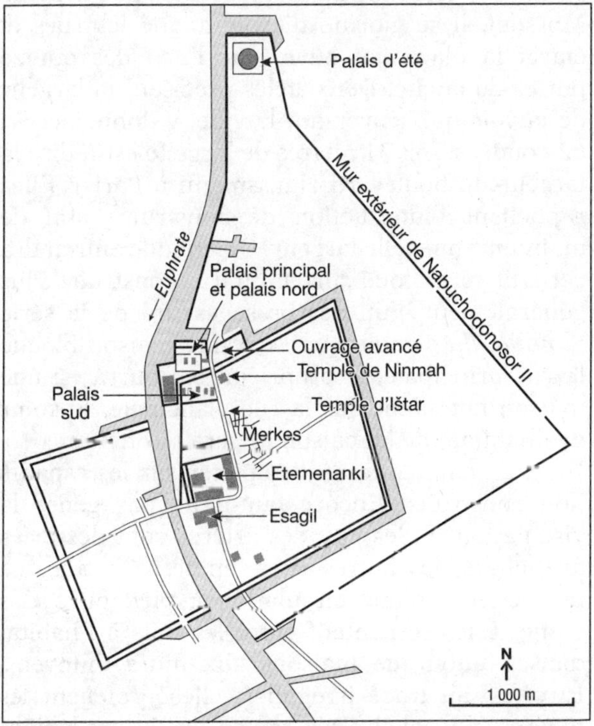

Babylone à l'époque néo-babylonienne d'après Joachim Marzahn, *La Porte d'Ishtar à Babylone*, Mayence, Staatliche Museen zu Berlin, 1993.

(704-681), fils de Sargon II, s'installe à Ninive, sur la rive orientale du Tigre, en face de l'actuelle Mossoul, il se glorifie d'avoir aligné les rues et élargi la place qui ouvre sur l'une des quinze portes de la cité. Deux stèles précisent la largeur de la voie qui, traversant la ville, y donne accès : 62 coudées, soit 31 mètres de large (c'est-à-dire la largeur du boulevard Haussmann à Paris). Elles rappellent l'interdiction de construire afin de maintenir une telle largeur. Quiconque enfreindra cet édit sera cloué sur ce qu'il a construit ! Plus généralement, l'un des présages tiré de la série *Šumma alu* signale que : « Si une maison bloque la rue principale, le propriétaire mourra ; si une maison fait saillie sur la rue principale, le cœur de l'habitant de la maison ne sera pas heureux[55]. » Il est en effet courant d'empiéter sur les espaces non construits. Encore faut-il ne pas gêner la circulation. Si les grandes artères sont destinées aux chars, les autres rues, en terre battue, ne permettent qu'une circulation à pied ou à dos d'âne. Elles serpentent entre les îlots à l'habitat dense, autour de maisons aux murs mitoyens. Étroites, au tracé irrégulier, elles protègent les piétons du soleil. Des textes du Ier millénaire av. J.-C. révèlent l'existence d'îlots d'habitation regroupant plusieurs maisons dont les habitants appartiennent à une même lignée familiale. Peut-être ces maisons sont-elles issues de divisions progressives d'une même parcelle à l'issue de successions. L'accès s'effectue par une impasse dont l'usage est commun.

Les maisons sont en général bâties dans la ville

basse sauf en ce qui concerne les résidences des hauts fonctionnaires. Les fondations sont souvent en briques cuites, les sols en terre battue, les murs en briques crues recouverts de chaux. La charpente et la toiture sont faites en bois. Comment s'agencent ces habitations ? Des maquettes de maisons ont été découvertes dans certains sites, notamment à Mari, mais leur forme, on l'a vu, ne correspond pas aux demeures de l'époque. À Emar, des maquettes ont aussi été trouvées. Des petites statuettes féminines nues accompagnées d'oiseaux, de plantes et de serpents étaient placées à l'intérieur. Quelle signification doit-on y voir ? Là encore, les traits architecturaux reflètent-ils la réalité ? Mieux vaut partir des structures mises au jour. Dès la seconde partie du IIIe millénaire av. J.-C., à Mari, les maisons ont en moyenne 150 mètres carrés d'emprise au sol. Elles sont composées d'un espace central autour duquel s'agencent des pièces de différentes tailles dont les plus vastes se trouvent près de l'entrée. L'étude de la structure architecturale de la « maison rouge » à Mari ainsi que la comparaison entre l'emprise au sol, la surface bâtie et la surface utile permettent d'affirmer qu'il existe au moins un étage[56]. Au rez-de-chaussée sont aménagés la cuisine et les sanitaires afin de faciliter l'évacuation des eaux usées ; c'est également le lieu où sont stockées les réserves, à l'abri de la lumière. L'habitation elle-même est installée à l'étage. On suppose des toits en terrasse et des balcons bien qu'aucun reste archéologique de ces structures n'ait été retrouvé. À partir du IIe millénaire av. J.-C., un caveau familial est creusé sous certaines maisons afin de pouvoir pratiquer le culte des ancêtres. La construction de la maison est du ressort d'un maître d'œuvre qui prend en charge l'intégralité du projet, de l'élaboration du plan à la livraison. Construire une maison neuve revient plus cher qu'acheter une maison en ruines et la restaurer, sauf en cas d'extrême tension sur le marché immobilier, comme c'est le cas à Babylone au Ier millénaire av. J.-C.

Comment se présente le mobilier de ces demeures ? Difficile à déterminer, à moins de décrire les magnifiques fauteuils et tables représentés sur les bas-reliefs des palais royaux, qui sont réservés à l'élite. Les coffres, les armoires, les chaises, les tables, les étoffes, les tapis n'ont pas été préservés dans ce climat chaud et relativement humide. Seuls quelques éléments épars (et anecdotiques) sont parvenus jusqu'à nous, tel ce piège à souris du début du XIIe siècle av. J.-C., trouvé à Emar près d'une porte à l'intérieur du *bît hilani*, au niveau inférieur de l'édifice près des réserves alimentaires. En terre cuite, il ressemble à une bouteille légèrement aplatie sur un côté, sans bouchon et dont on aurait également ouvert la base. Neuf ouvertures sont réparties sur les faces latérales permettant à l'odeur du fromage d'appâter le rongeur. Une fente près de la base permet de faire fonctionner une porte coulissante dirigée par un système mis en place dans la partie étranglée : l'animal ne peut ressortir. Il reste aussi de la vaisselle en argile, tels les moules à gâteaux de diverses formes retrouvés en grand nombre dans le palais de Zimrî-Lîm à Mari.

Dehors se pressent hommes, femmes, mais aussi animaux (chiens, porcs). Boutiques et ateliers ont fenêtre sur rue où déambulent, parmi les passants, marchands ambulants et petits colporteurs s'efforçant de capter l'attention du chaland par leurs promesses de produits fabuleux. Le bruit des outils des artisans apporte un arrière-fond sonore, ce bruit du travail qui par ailleurs, dans la littérature mésopotamienne, symbolise la vie et la civilisation en opposition avec le silence, signe de mort et de désolation. Inévitablement les rencontres se font ; les conversations s'engagent. Si l'étroitesse des rues permet de se protéger du soleil, elle limite la clarté. Ces rues peuvent devenir, notamment la nuit, de vrais coupe-gorge. Elles sont également le domaine des voleurs, des ivrognes, des prostituées de bas étage quand elles n'officient plus dans les cabarets... Enfin la rue est parfois le lieu où sont jetées directement les ordures, même si l'évacuation des eaux usées est souvent prévue. Au IVe millénaire av. J.-C., à Habuba Kabira, il s'agit de tubes de céramique emboîtés les uns dans les autres. À Mari, au milieu du IIIe millénaire av. J.-C., le système est plus complexe, reliant plusieurs installations sanitaires entre elles. À Haradum, au XVIIIe siècle av. J.-C., des canalisations partent des habitations et rejoignent les rues où il existe un système de drains. Mais à Emar au XIVe siècle av. J.-C. aucun système d'évacuation des eaux usées n'a été retrouvé. Quoi qu'il en soit, la rue est le lieu où se côtoient mille et une odeurs, mille et un parfums.

Places et portes

Certaines activités nécessitent cependant des espaces plus vastes. Où se réunissent les habitants ? On oppose souvent ville classique (grecque et romaine) et ville orientale à ce sujet. En Mésopotamie, les espaces libres sont peu nombreux et aucun n'est dédié à la vie politique comme l'est l'agora ou le forum ; cependant il existe des espaces publics. Quelques rares cas ont été mis en évidence : à Mari, au niveau correspondant au IIIe millénaire av. J.-C., un espace à ciel ouvert bordé d'un portique accolé à des boutiques a été mis au jour par Jean-Claude Margueron[57] ; à 90 kilomètres en aval sur l'Euphrate, en Irak actuel, dans la ville de Haradum au XVIIIe siècle av. J.-C., sous domination mariote puis babylonienne, la rue principale débouche sur une petite place bordée au sud par un temple, au nord par la résidence de l'administrateur[58]. Mais ces lieux sont bien trop petits pour être qualifiés de places. Ils ne peuvent en aucun cas accueillir de véritables rassemblements.

Observant la réalité quotidienne au Proche-Orient, les archéologues considèrent que les activités sont rassemblées dès l'origine aux portes des villes, conférant à ces dernières des rôles similaires aux places (publiques) de l'Antiquité classique[59]. Confrontant leurs données aux éléments présents dans la documentation écrite issue du Levant, notamment la Bible, leurs conclusions sont généralisées à l'ensemble du Proche-Orient[60]. De fait, les fouilles ont révélé de larges espaces vides près des portes, que ce soit celles des villes, des palais[61] ou des temples[62]. Certaines ont des fonctions particulières. De nombreuses mentions de « Juges de la Porte » apparaissent dans les tablettes. Une grande quantité de sceaux-cylindres montrent des jugements rendus aux portes du temple de Šamaš, dieu du soleil et de la justice, lieu de proclamation des sentences[63]. Celles-ci peuvent être proclamées au pied d'autres portes. À Šaduppum, petite ville du royaume d'Ešnunna au IIe millénaire av. J.-C., c'est à la porte du temple de Bêlgašer, dieu poliade, que se déroulent les interrogatoires et que sont rendus les verdicts.

Les portes de la ville, quant à elles, cumulent un grand nombre d'activités à la fois politiques, économiques et privées. De par leur décoration, elles participent déjà à la représentation du pouvoir[64]. À Nuzi, des tablettes portent la mention « rédigées après la proclamation à la porte de la ville, près de la porte du palais de Nuzi ». Un héraut passe dans les rues, proclamant à trois reprises les nouvelles, les mesures sanitaires à respecter dans un contexte d'épidémie, les réquisitions de main-d'œuvre, les évasions d'esclaves, etc. La tablette est rédigée ensuite, l'écrit ne reste qu'un aide-mémoire. L'existence même de cette tablette et sa visibilité jouent cependant un rôle non négligeable. Ainsi une tablette en bronze sur laquelle est inscrit un traité d'alliance entre le roi hittite

Tudhaliya IV (1238-1215) et son cousin Kurunta de Tarhuntašša a été retrouvée en 1986 à Hattuša (Boghazköy, l'ancienne capitale hittite située dans l'actuelle Turquie), à proximité de la porte de la ville, au pied du mur[65]. Elle était vraisemblablement accrochée afin d'être visible par tous[66]. De même, à Arrapha dans le nord de l'actuel Irak, le système des poids et mesures était affiché à l'entrée de la ville[67]. C'est aussi le cas de certaines décisions royales. La porte est le lieu où elles peuvent être vues de chacun. Tout étranger pénétrant dans la ville est ainsi censé connaître leur existence si ce n'est leur contenu dans une civilisation où l'accès à l'écrit n'est pas toujours facile ; à lui de respecter les règles.

Si la porte de la ville n'est pas le lieu de proclamation des sentences, est-elle celui des exécutions, l'équivalent de la place du gibet ? L'article 227 du code de lois du roi Hammurabi de Babylone au XVIIIe siècle av. J.-C. précise : « Si quelqu'un a dupé un barbier et (s')il a rasé la mèche d'un esclave qui n'est pas à lui, cet homme, on le tuera et, à sa porte, on l'exposera[68]. » Mais il s'agit sans doute plus de la porte de sa demeure que de la porte de la ville dans laquelle le contrevenant réside. En cas de vol avec effraction, l'individu est puni devant la maison qu'il a fracturée[69]. Mais où exactement sont exécutées les sentences liées au fleuve (homme ou femme jeté dans l'eau pieds et mains attachés) ? Où est empalée la femme qui a tué son mari en ayant longuement et méticuleusement prémédité son action ? Où est préparé le bûcher pour brûler l'incestueux ? Où coupe-t-on la langue ? Où arrache-t-on un œil ? Nul ne le sait encore.

Les portes de la ville sont un lieu de transition et un passage obligé entre l'extérieur et l'intérieur. Point à la fois de communication et de contrôle, elles sont ouvertes dans la journée et fermées le soir. Il en est de même des portes des palais. À Mari, celles-ci sont également closes pendant la sieste, à l'heure où la température est trop élevée pour les activités de plein air. À ce jour, aucune tablette ne mentionne une pratique similaire pour les portes de la ville, même s'il est vraisemblable qu'aux heures les plus chaudes l'activité doit être ralentie dans toute la cité. Les usagers, des piétons, se déplacent lentement. Les étranglements et les tracés en baïonnette filtrent la circulation et la ralentissent. Ils facilitent le contrôle mais aussi les contacts dans les files d'attente. Zone de réception des marchandises, la porte est également un lieu de douane. Différentes taxes sur les marchandises y sont perçues. Au IIe millénaire av. J.-C., l'une d'elles s'appelle même l'*abullum* : « la porte »[70]. Ces taxes sont prélevées en nature : métal, céréales, bovins, dattes... L'espace sis au pied des portes est-il le lieu où se tient le marché[71] ? Les contrats et les lettres donnent quantité d'informations sur les échanges effectués à l'intérieur des villes : objet de la vente, acheteurs, vendeurs, prix, etc., mais il y est fait très peu d'allusions à l'endroit où la transaction est effectuée. Des termes existent : *mahîrum* (« le marché »), *kârum* (« le quai », puis par extension « le marché ») et même *suq šîmatim* (la « rue des achats »)[72]. Les fouilles menées à Sippar confirment l'existence de magasins regroupés et fermés sur le principe des souks actuels qui en tirent leur nom, sans répartition spatiale des activités de fabrication, de distribution et d'habitation[73]. Une « porte du marché » (KÁ KI.LAM en sumérien, *bâb mahîrim* en akkadien) est mentionnée dans certains textes[74]. Par ailleurs le roi néo-assyrien Assurbanipal (VIIe siècle av. J.-C.), après avoir relaté sa victoire sur les tribus arabes, prend soin de signaler que le commerce a repris et que l'on peut acheter et vendre des chameaux à la porte de la ville de Ninive[75]. C'est donc un lieu de transactions. C'est aussi l'endroit où créanciers et débiteurs se côtoient : « il a promis de me rendre l'argent à la porte » signalent certaines tablettes. Un contrat paléo-assyrien concerne un emprunt de capitaux réalisé à la « porte du marché ». En outre, à Sippar, certains contrats mentionnent que le loyer devra être payé par le locataire à la « porte des escaliers », nom que Rivkah Harris met en relation avec les escaliers qui mènent en haut des remparts qui entourent la ville[76]. Ces contrats sont rédigés sur des tablettes faisant foi en cas de litige. Il est donc normal de trouver des scribes dans ce lieu. La prosopographie permet de distinguer, selon les tablettes, les scribes des portes du palais de ceux des portes des temples ou encore de ceux des portes la ville. Ce ne sont pas les mêmes. Chaque porte a les siens qui rédigent les différents actes sur place. Toute l'activité économique de la ville est ainsi concentrée dans ces espaces publics.

Enfin c'est au pied des portes que l'on vient

guetter des étrangers et des marchands, attendre les dernières nouvelles. L'ombre des tours ou des bâtiments incite à la flânerie, à la discussion. Protégés du soleil, de sa chaleur et de sa lumière, les badauds y passent leur ennui en bavardant, en jouant aussi. Certains seuils de porte gardent la trace de ces jeux attestés dès la fin du IIIe millénaire av. J.-C., notamment le jeu des 58 trous (appelé en Égypte Jeu du palmier ou Jeu du chien et du chacal) et le jeu des 20 cases dont la règle est connue grâce à une tablette datée de 177-176 av. J.-C., trouvée à Babylone et actuellement conservée au British Museum. C'est là le lieu de sociabilité par excellence.

Fêtes et processions

L'animation de la ville se renforce à des moments particuliers, notamment pendant les grandes fêtes religieuses. Il s'agit de souder autour de la divinité poliade et du roi une population cosmopolite. En effet, à la fin du IVe millénaire et au IIIe millénaire av. J.-C., lorsque l'écriture permet de différencier les ethnies selon les langues qu'elles utilisent, deux types de peuples sont déjà en place : des Sumériens dont on ignore l'origine, et des Akkadiens (assyriens et babyloniens), populations sémites. Au fil des siècles arrivent en outre d'autres peuples sémites comme les Amorrites à la fin du IIIe millénaire av. J.-C. et les Araméens à la fin du IIe millénaire av. J.-C., mais aussi d'autres types de populations : celles dont les racines demeurent inconnues comme les Hurrites, les Kassites, ou d'autres encore qui sont d'origine indo-européenne comme les Hittites. Il faut ajouter à cela les marchands installés parfois loin de chez eux (par exemple, au début du IIe millénaire av. J.-C., ceux d'Assur possèdent des comptoirs à Kaneš, dans l'actuelle Turquie) et les déplacements de populations à l'issue des guerres (le plus célèbre est celui des habitants du royaume de Juda déportés à Babylone par Nabuchodonosor II). Le brassage culturel est donc très intense. Il faut apporter une cohérence à cette communauté plus ou moins hétérogène et ce quelle que soit l'époque.

Les fêtes religieuses permettent aussi d'unir l'ensemble de la cité au dieu tutélaire. Elles mobilisent les foules. En effet, l'observation des rites est vitale pour la prospérité de la ville et la survie de sa population. Il y a toujours dans ces cérémonies collectives des processions qui participent à l'appropriation de l'espace urbain. Les moments où elles se déroulent sont liés au cycle agricole et au calendrier tant lunaire que solaire. Au Ier millénaire av. J.-C., la plus célèbre est celle de l'Akîtu, la fête du Nouvel An. Selon les lieux et les époques, elle correspond à l'équinoxe d'automne ou de printemps. À l'époque néo-babylonienne (626-539 av. J.-C.), à Uruk, elle se déroule en automne. L'organisation en est connue grâce à des copies de tablettes effectuées sous les Séleucides (fin IVe-IIe siècles av. J.-C.) où la fête est encore attestée. Elle dure douze jours. La divinité poliade quitte la ville de manière à ce que cette dernière soit purifiée pendant son absence. Le septième jour voit une grande procession partir du Bît-reš, le temple d'Anu, père de tous les dieux, situé au centre de la ville, pour arriver à l'Akîtu, le temple situé en dehors de celle-ci, destiné à accueillir la statue du dieu pendant son éloignement. Concrètement, au petit matin le cortège quitte le Bît-reš pour aller chercher la divinité, traverse toute la ville, empruntant la « rue des dieux », le « quai sacré », la « passerelle de la barque d'Anu » et la Grande Porte royale, celle qui sort de la ville pour se rendre jusqu'au temple de l'Akîtu. Le rituel précise :

> De la passerelle supérieure du Quai sacré jusqu'à la Grand'Porte royale les incantateurs réciteront sept fois l'incantation « Le roi sort, il passe par la rue sacrée… ». Ils cesseront l'incantation, puis à la Grand' Porte royale, le grand prêtre, les incantateurs, les prêtres et les porteurs du *tallu*, comme précédemment, béniront Anu. De la Grand' Porte royale jusqu'à l'Akîtu, la maison de prière, les incantateurs réciteront les mêmes incantations que dans la rue des dieux[77].

Le cortège est composé de tout le personnel du temple. Il est vu par toute la population. La procession est ainsi le moyen de rassembler et de représenter l'ensemble de la ville qui ne fait plus qu'un pour s'acheminer vers l'Akîtu. Toute la société, membres du cortège et spectateurs, est dehors regroupée au pied de la porte au moment de l'incantation. La Grand' Porte sert de repère dans le rituel pour savoir quelles incantations chanter : avant la porte, il s'agit de l'incantation « le roi sort » (celle-ci n'est chantée qu'à deux moments : lors de la sortie du temple du Bît-reš, quand le cortège s'engage dans la rue sacrée, et juste avant de sortir de la ville) ; de l'autre côté de la porte, l'incantation est « le roi du ciel et de la terre ». Cette rupture est renforcée par une bénédiction. À Babylone c'est au printemps que l'Akîtu se déroule. Elle prend une intensité d'autant plus importante qu'y est également commémorée la création du monde et la fondation de Babylone (*bab ilî*, « la porte des dieux »). Là encore, le dieu poliade, cette fois Marduk, quitte pendant quelques jours son sanctuaire accompagné par l'ensemble de la population. La cérémonie se déroule d'abord dans le sanctuaire, l'Esagil. Puis le cortège emprunte la voie processionnelle, sort de la ville, prend une barque pour remonter l'Euphrate jusqu'au temple de l'Akîtu au nord de la cité où il arrive le huitième jour. Il en repart le onzième jour pour regagner sa demeure, l'Esagil.

D'autres fêtes se déroulent à certaines dates du calendrier, comme la fête d'Ištar à Mari sous Zimrî-Lîm au IIe millénaire av. J.-C. Par ailleurs, toutes les visites royales sont aussi l'occasion pour les gens d'assister à des cortèges. La ville, et plus particulièrement la porte d'entrée, est le lieu de spectacle, de mise en scène du pouvoir. Une fois une ville prise, c'est à cet endroit que son roi vaincu est empalé au milieu de l'amoncellement des têtes de ses soldats[78]. Parallèlement, dans la capitale du vainqueur, c'est là également que le roi victorieux enchaîne ses ennemis parmi les mottes de terre rapportées de chacune des villes soumises[79]. Ainsi la ville synthétise l'État, et lorsque Babylone est évoquée, c'est toute la Babylonie qu'il faut y voir.

Chapitre V

DES ÉTATS PROSPÈRES

L'apparition de l'État au IVᵉ millénaire av. J.-C. va de pair avec une nouvelle organisation et maîtrise de l'espace. Chaque cité-État, puis chaque royaume, présente une organisation urbaine hiérarchisée : capitale, chef-lieu de province, chef-lieu de district, jusqu'au simple village. L'économie est entre les mains de deux grands organismes — le palais et le temple principal — à qui appartiennent la plupart des terres et qui bénéficient des revenus de la production agricole. Au niveau commercial ces organismes sont parfois concurrencés par des initiatives privées. Le contrôle de l'État est en effet plus ou moins fort selon les époques.

Le centre politique et économique de la région évolue aussi géographiquement. Au début du IIIᵉ millénaire av. J.-C., l'activité économique est tournée vers le sud, c'est-à-dire vers le pays de Sumer, ouvert sur le golfe Arabo-persique et surtout sur la vallée de l'Indus où se développe une brillante civilisation. À partir de la fin de ce même millénaire, le poids politique du Nord s'accroît.

C'est aussi vrai d'un point de vue économique en raison de la salinisation des terres du Sud, du comblement du golfe Arabo-persique et de la disparition de la civilisation de l'Indus. Les convoitises se tournent alors vers la Méditerranée et l'actuelle Turquie. Ainsi conditions géographiques et historiques pèsent-elles sur l'évolution politique.

LES REVENUS DE LA TERRE

Les grands organismes : palais et temples

Dès le milieu du IIIe millénaire av. J.-C. deux organismes, le palais et le temple, semblent posséder la plupart des terres, à moins que ceci ne soit qu'une impression due au fait que très peu d'archives privées de cette époque ont été découvertes. Ces organismes disposent en grand nombre des capitaux et de la main-d'œuvre nécessaires à l'exploitation de ces ressources. Les archives trouvées dans le palais d'Ebla, en Syrie actuelle, présentent celui-ci comme un centre administratif, économique et politique : domaines agricoles, artisanat, relations commerciales et diplomatiques en dépendent. Ainsi, le roi possède 80 000 moutons, du lin, des céréales, des olives, du raisin... Il reçoit chaque année l'équivalent de 5 kilogrammes d'or et de 500 kilogrammes d'argent. L'empire d'Akkad, quant à lui, dépasse de loin les dimensions d'une cité. Des gouverneurs sont mis en place afin de pouvoir contrôler ce vaste territoire, en gérer les ressources agricoles et artisanales ainsi que les échanges. Mais c'est lors de la renaissance sumérienne (XXIe siècle av. J.-C.), notamment sous Šulgi, l'un des rois de la IIIe dynastie d'Ur, que la centralisation étatique est la plus frappante. Ses quarante-sept années de règne lui permettent en effet d'opérer une vaste réorganisation de son royaume qui s'étend au nord jusqu'à Assur, à l'est jusqu'à Suse et au sud le long du golfe Arabo-persique. Au cœur de son empire, il établit à la tête de chaque province un gouverneur civil choisi parmi les membres des familles royales locales, doublé d'un gouverneur militaire dépendant directement de lui. Parallèlement, il instaure un système de messagers et de stations relais afin de sillonner toutes ses terres. Les marges périphériques sont, elles, exclusivement gérées par les militaires. Un immense contrôle bureaucratique sur l'économie est mis en place. Chaque région de l'empire est tenue de s'acquitter de taxes variables suivant sa localisation, au cœur ou en périphérie du territoire. Les transactions sont comptabilisées jour par jour, mois par mois, année par année, voire sur plusieurs années. Cependant cette vision est à relativiser car, là encore, on ignore quelle est la part de la propriété privée. Des milliers de tablettes ont été retrouvées mais elles font uniquement partie des archives émanant des services de l'État et non de celles de simples particuliers. Après la chute de l'empire d'Ur, à partir du début du IIe millénaire av. J.-C., la documentation témoigne d'une initiative privée importante dont l'intensité est variable selon les lieux et les époques. Est-ce là le témoignage d'un changement dans les pratiques économiques ? la trace d'une activité privée qui, nouvelle, deviendrait manifeste ou simplement les aléas de la découverte qui masqueraient une activité déjà existante dès le début du IIIe millénaire av. J.-C. ? Aucune réponse ne peut être apportée à ce jour.

L'usage des terres évolue également. Dès le IIIe millénaire av. J.-C., le roi Sargon d'Akkad (2335-2279) ne les considère plus seulement comme sources de production, mais les utilise pour retenir les Grands du royaume auprès de lui : l'échange d'un service contre une terre exploitée par des tiers. Le mouvement s'amplifie au IIe millénaire av. J.-C. Tout le personnel du palais en profite alors. Puis, au XVIIIe siècle av. J.-C., Hammurabi, le roi de Babylone, multiplie les distributions de terres pour fixer les populations nomades et rétribuer ses soldats. Se créent ainsi de vastes domaines. Trois catégories de terres sont alors à distinguer : les terres fournissant au roi ses ressources directes constituent la part la plus importante, puis viennent les tenures qui sont des terres données en exploitation à des particuliers contre un service — l'*ilkûm* — de diverses natures (service administratif, militaire), enfin la propriété privée dont la proportion est variable suivant les époques et qui est plus difficilement cernable par manque de documentation. La multiplication des capitales favorise le développement économique de l'ensemble de la région.

La présence du temple dans ce système économique vient de l'obligation de gérer la production et l'acheminement des offrandes nécessaires au culte, ainsi que d'entretenir un personnel parfois nombreux. L'organisation est assez semblable à celle du palais. Un gestionnaire est nommé à côté du Grand Prêtre ou de la Grande Prêtresse afin de gérer des revenus émanant des possessions du temple. Ces revenus ne sont pas seulement agricoles. Les temples prêtent aussi aux marchands pour des opérations commerciales de grande ampleur, notamment au début du IIe millénaire av. J.-C. quand se développe le commerce avec l'Anatolie au nord et le golfe Arabo-persique au sud. Le rôle économique des temples s'accroît au fil des siècles et des millénaires. À l'époque néo-babylonienne, un système particulier est établi par le roi, celui de la ferme générale : terres, main-d'œuvre et outils sont confiés à un homme responsable de la mise en culture moyennant une redevance dont le montant est fixé à l'avance. La gestion est ainsi grandement simplifiée et le temple assuré d'un revenu. Quant au fermier général, il peut garder pour lui le reste des bénéfices. Il y a là une réelle volonté d'intensifier la production en faisant appel aux capitaux privés, le fermier général ayant tout intérêt à investir dans cette entreprise.

Le rapport entre les deux organismes, temple et palais, et le poids économique de chacun dépendent du degré de centralisation administrative du pouvoir, variable suivant les lieux et les époques. S'en prendre aux biens de l'un de ces deux organismes est plus grave que de léser un simple particulier. Le code de Hammurabi le rappelle clairement dans ses articles 6 : « Si quelqu'un a volé un bien d'un dieu ou du palais, cet homme sera mis à mort ; celui qui aura reçu de sa main le bien volé sera aussi mis à mort » ; et 8 : « Si quelqu'un a volé un bœuf ou un mouton ou un âne ou un porc ou un bateau, que ce soit celui d'un dieu ou celui d'un palais, il restituera trente fois ; si c'est celui d'un homme du peuple, il restituera dix fois. Si le voleur n'a pas de quoi restituer, il sera mis à mort »[1].

Une agriculture nourricière

La première nécessité est de pouvoir se nourrir. L'agriculture et l'élevage sont les bases économiques de tout village, cité-État, royaume ou empire, en opposition ou en complémentarité avec les activités de la steppe, très présentes dans ces régions arides. L'apparition de l'agriculture n'a pourtant pas eu lieu au fond des vallées du pays de Sumer. Au Paléolithique, les hommes se nourrissent de céréales sauvages (orge, seigle, blé amidonnier et engrain), de légumineuses (pois, fèves, lentilles) et d'animaux (chèvres, moutons, aurochs, sangliers). Comment sont-ils passés de la chasse à l'élevage, de la cueillette à l'agriculture ? C'est auprès des botanistes qu'il faut chercher la réponse. Ce qui caractérise une céréale sauvage, c'est l'axe de l'épi : celui-ci se fragilise au moment de la maturité permettant la dispersion des graines. Dans le cas des céréales domestiques, le grain reste sur l'épi jusqu'à sa maturité ; il faut battre ce dernier pour que le grain se détache. Dans la nature, des céréales domestiques ne se replantent d'elles-mêmes que très rarement. Cependant vers 7800 av. J.-C., à Mureybet, sur le Moyen-Euphrate syrien, l'augmentation de la quantité de pollen de céréales encore sauvages suggère une intervention humaine. Y aurait-il eu une proto-agriculture ? L'Institut de préhistoire orientale de Jalès, dans le sud de l'Ardèche, a reconstitué à titre expérimental à la fin des années 1980 des cultures préhistoriques[2]. Les résultats ont prouvé que les graines cueillies vertes et séchées peuvent servir de semences. Pourquoi ne pas couper les épis à maturité ? Tout simplement parce que, ces derniers étant fragiles, leurs graines tombent à terre avant. La domestication des céréales s'est donc produite sur une très longue période (plusieurs siècles) par sélection des épis les plus résistants sur lesquels les graines arrivent à maturité. Cette domestication et la sédentarisation qu'elle provoque s'effectuent d'abord dans le Croissant fertile, là où l'eau de pluie tombe au bon moment de l'année et en quantité suffisante, c'est-à-dire en Syrie-Palestine et dans le nord de la Mésopotamie dans les régions de piémont, et non pas au sud ou dans les vallées. Les bassins fluviaux ne sont utilisés qu'une fois les techniques de drainage et d'irrigation maîtrisées. Par la suite, l'Assyrie (au nord) reste davantage tournée vers l'agriculture sèche et a relativement moins recours à l'irrigation que la Babylonie où cette pratique permet de dégager d'énormes surplus. Cela induit une différence de mentalité (plus individualiste au nord qu'au sud) dans les populations, même si elles se rejoignent dans une culture suméro-akkadienne commune.

La saison sèche s'étend d'avril à octobre, soit sur six à sept mois. Les sols, desséchés par le soleil et les vents, ont du mal à absorber l'eau issue des rares mais violentes averses. Dans un contexte où la zone de mise en culture autour d'une ville dépasse rarement un rayon de 15 kilomètres et où le désert proche est un lieu à la fois terrifiant et familier, la population vit dans la double crainte de l'eau : crainte d'en manquer d'un côté, crainte de trop en avoir de l'autre. L'irrigation est donc très importante. Deux techniques coexistent. La première, représentée sur des sceaux-cylindres dès le IIIe millénaire av. J.-C.[3], est le système du *chadouf* tel qu'il est encore présent aujourd'hui au Maghreb : un balancier permet de puiser l'eau ; reste à la transporter sur de longues distances, ce qui n'est pas simple. Le second procédé, le plus ancien, est une irrigation par gravité utilisant la pente d'un fleuve ou d'une rivière : ce système qui apparaît dès le VIIe millénaire av. J.-C. en Mésopotamie est celui le plus répandu dès le IVe millénaire av. J.-C. à Sumer. Il n'est pas pour autant le plus aisé à mettre en place. En effet, le Tigre et l'Euphrate sont surélevés sur leurs alluvions ; certes cela facilite l'irrigation par gravité, mais rend les crues encore plus dévastatrices. L'irrigation s'effectue à partir de canaux dont les fonctions sont multiples. L'exemple le plus frappant est celui de Mari. Un très grand canal est creusé sur la rive droite de l'Euphrate : il sert à la navigation et à l'irrigation, permet l'évacuation des eaux de crues des *wadi* latéraux et doit également assurer l'alimentation en eau de l'agglomération. Une lettre d'un gouverneur de la province de Mari, Sûmû-Hadû, au roi Zimrî-Lîm (1775-1762) alors absent de la capitale, relate un incident qui aurait pu finir tragiquement. Elle montre l'importance des canaux et des digues. Les faits se déroulent au début de l'été au moment où l'on engrange les récoltes. Le gouverneur a décidé, comme à l'habitude, d'affréter des navires afin de transporter le grain le plus rapidement possible en utilisant le grand canal. Pour cela, il a donné l'ordre de fermer les vannes des canaux de dérivation de manière à ce que le niveau de l'eau monte dans le grand canal pour permettre aux bateaux de passer. Mais dans la soirée une catastrophe s'est produite. L'une des digues a cédé. Une brèche de plusieurs mètres a été ouverte. L'eau s'est répandue à flots. Le gouverneur insiste sur le fait que, bien que malade, il s'est rendu sur place pour détourner le flux au-dessus de la rupture survenue dans la digue, qu'il a prévenu tous les responsables des localités situées en amont du canal de manière à ce qu'ils fassent de même pour que le niveau des eaux diminue. Les travaux ont duré toute la nuit. Il a fallu ensuite réparer l'ouvrage endommagé. Le gouverneur insiste : malgré son état physique, il était présent partout, il a tout fait pour limiter les dégâts et tout remettre en service[4].

De fait, la construction et la maintenance de ces systèmes d'irrigation sont vitales pour l'État. Il faut entretenir les canaux continuellement, les curer, les désherber y compris par le feu, renforcer les digues et les barrages l'été quand il y a peu d'eau, les dégager en cas d'éboulis... Une autre lettre découverte à Mari signale qu'un bloc de rocher est tombé dans l'un des canaux, faisant baisser le niveau des eaux. Quarante personnes sont alors requises pour le détruire dans la journée[5]. Les eaux s'écoulent lentement dans les canaux, les Mésopotamiens sont donc confrontés également à des dépôts salins renforcés par l'évaporation, intense en période de grandes chaleurs[6]. Là encore il faut régler le problème en évacuant l'eau quand on n'en a plus besoin. Par ailleurs, apporter l'eau ne suffit pas, il faut aussi réguler sa répartition. L'unité de surface cultivée adopte à cette époque une taille standard de manière à répartir et drainer l'eau au mieux. Certains champs sont particulièrement bien connus. En effet, dès l'époque d'Ur III, c'est-à-dire la fin du IIIe millénaire av. J.-C., des relevés cadastraux établis par l'administration des temples localisent les champs en indiquant leurs dimensions et leur orientation. On en trouve des exemples à Umma et Girsu. Dressés avant la récolte, ces relevés servent à estimer la production future. Les résultats sont bons. Les productions sont élevées mais c'est au prix d'un immense travail. Entretenir les canaux et mettre en culture ne peut être entrepris individuellement. Toujours à Mari, au IIe millénaire av. J.-C., on apprend que deux mille hommes ne suffisent pas pour réparer le canal Takkirum[7]. Par ailleurs, pour remettre en état le canal Isim-

Yahdun-Lîm, il est fait appel à la main-d'œuvre de trois districts : Mari, Terqa, Sagarâtum[8]. Comme il incombe au roi d'assurer la prospérité de son royaume, c'est tout naturellement à lui que revient le creusement, l'entretien des canaux et leur surveillance, la régulation de l'accès à l'eau. Lui seul dispose de la main-d'œuvre nécessaire. L'entreprise est d'importance au point que le creusement d'un canal fait l'objet d'inscriptions royales et va jusqu'à donner son nom à l'année suivante. Ainsi la 33e année du règne du roi Hammurabi de Babylone s'appelle : « Année où le canal "Hammurabi est la richesse de son peuple et le favori des dieux Anu et Enlil" a été creusé ».

Les outils sont d'abord fabriqués en bois (plantoir), puis en pierre (hache, houe) ou en terre cuite (faucille), matières peu à peu remplacées par le métal. Le cuivre est le premier à être utilisé du fait de sa facilité à être travaillé mais, pour la même raison, les instruments ainsi élaborés se déforment facilement. La grande innovation de la fin du IVe millénaire av. J.-C. est l'apparition du bronze, c'est-à-dire un alliage. Sa fabrication se développe au IIIe millénaire av. J.-C. Deux procédés semblent être utilisés de façon concomitante en des lieux différents : d'une part un mélange de cuivre et d'arsenic trouvé en Anatolie, en Palestine, en Mésopotamie ; d'autre part un mélange de cuivre et d'étain présent en Syrie, en Mésopotamie et en Iran. La Mésopotamie bénéficie donc des deux procédés. Peu à peu au IIe millénaire av. J.-C. la technique du mélange du cuivre à l'étain devient prépondérante. On ignore pourquoi : raison technique ? d'approvisionnement ? Le bronze favorise la fabrication d'outils plus durs, plus tranchants et donc plus efficaces. Il permet d'utiliser au mieux l'araire, sans doute mis au point vers 6000 av. J.-C. dans le nord de la Mésopotamie et répandu dans le sud de la Mésopotamie au IVe millénaire av. J.-C.

Le calendrier agricole dépend du lieu où l'on se trouve. En Basse-Mésopotamie, il tient compte de la crue des fleuves : basses eaux en automne, hautes eaux au printemps. Dans un texte du IIe millénaire av. J.-C. écrit en sumérien, l'*Almanach du fermier*, un père donne ses instructions à son fils pour l'année :

> Quand tu seras sur le point de cultiver ton champ, prends soin d'ouvrir les canaux d'irrigation de telle sorte que l'eau ne monte pas trop haut dans le champ. Quand tu l'auras vidé de son eau, veille sur la terre humide du champ afin qu'elle reste plane. Ne laisse aucun bœuf errant la piétiner. Chasse les rôdeurs, et que l'on traite ce champ comme une terre compacte. Défriche-le avec dix houes étroites ne pesant pas plus de 2/3 de livre chacune. Son chaume devra être arraché à la main et lié en gerbe ; ses trous étroits devront être comblés de terre ; et les quatre côtés du champ seront clos. Pendant que le champ brûle au soleil d'été, qu'on le divise en parties égales. Que tes outils bourdonnent d'activité. La barre du joug devra être consolidée, ton nouveau fouet fixé par des clous et la poignée de l'ancien réparée par les enfants des ouvriers[9].

Une première montée des eaux uniquement par irrigation en automne permet d'ameublir la terre ; puis, grâce à un araire équipé d'un entonnoir à semence, on creuse un sillon et dépose le grain. Il reste ensuite à refermer le sillon et attendre que les pluies de la fin de l'automne et l'irrigation apportent suffisamment d'humidité pour faire pousser le grain d'hiver (orge, blé, épeautre). La récolte commençant à la mi-avril pour l'orge et les oignons, elle se poursuit en mai avec le lin et le blé, juste avant l'arrivée de la crue. Si celle-ci est en avance, c'est donc toute la production qui est menacée ! La crue n'est pas attendue tel un don du ciel comme en Égypte, elle est crainte. Cependant, une fois la récolte effectuée, la montée des eaux est bénéfique : elle permet d'utiliser de gros bateaux pour transporter le grain jusqu'aux silos. Le labourage s'effectue avant les plus grosses chaleurs afin que la terre ne soit pas trop sèche et trop dure à pénétrer. Elle repose durant l'été quand le vent dessèche encore plus les terrains. Pour ne pas épuiser la terre, il est nécessaire de la laisser en jachère une année sur deux et au sud de la travailler pour évacuer le sel. On oublie souvent, à la suite d'Hérodote, l'ampleur du labeur effectué pour obtenir ces récoltes qui paraissent si généreuses dans le souvenir des Grecs : « Les céréales trouvent là un sol si favorable qu'il rend 200 fois plus qu'on ne lui a confié et même, lorsque la récolte est exceptionnellement bonne, 300 fois plus[10]. » Il est vrai que le contraste entre steppe désertique et vallées verdoyantes et cultivées est absolument saisissant.

Une autre grande culture, présente uniquement dans le Sud, est celle des palmiers dattiers. Leurs fibres sont utilisées pour la vannerie, leurs fruits pour l'alimentation humaine et jusqu'à leurs noyaux comme combustible ou nourriture pour les animaux. À leur ombre se développent les cultures maraîchères. Les études menées sur cinq palmeraies situées près de Larsa, sous Hammurabi, au XVIIIe siècle av. J.-C., montrent que le rendement minimum d'une palmeraie est égal au rendement maximum d'une terre céréalière[11]. La productivité de l'arbre dépend de son âge et de la densité de plantation. Sous la IIIe dynastie d'Ur, à la fin du IIIe millénaire av. J.-C., elle est de plus de 500 arbres par hectare. Les sols y sont travaillés à la main avec une bêche car l'araire abîmerait les racines des palmiers. C'est une opération de grande envergure qui s'engage sur plusieurs années. En effet il faut environ cinq ans pour qu'un palmier commence à produire. En revanche, les plantes potagères semées au pied des arbres donnent dès le départ. La cinquième année quelques dattes peuvent être récoltées, mais il n'est temporairement plus possible de planter en dessous des troncs car les palmes sont suffisamment grandes mais pas suffisamment hautes pour éviter de balayer le sol et d'arracher les pousses sous-jacentes. Il faut attendre encore quelques années afin que la palmeraie soit à son rendement maximum avec des cultures complantées.

L'importance de l'élevage, de la chasse et de la pêche

La supériorité de l'agriculture sur l'élevage est expliquée dans un texte littéraire sumérien comme l'issue du combat remporté par Ašnan (le grain) sur Lahar (la brebis). C'est d'ailleurs sous forme de rations d'orge que sont versés les salaires de la plupart des travailleurs. Mais l'agriculture ne va pas sans l'élevage. Dans un mythe, la déesse Inanna finit par choisir pour comme amant le berger et non l'agriculteur[12] ! Les nomades, à la tête de grands troupeaux, établissent leur campement d'hiver dans les plaines et les piémonts à proximité des sédentaires, puis en période d'estive effectuent de longues transhumances. Ils jouent un rôle économique très important mais laissent peu de traces écrites. Activité complémentaire chez les sédentaires, l'élevage permet d'utiliser des sols impropres à la culture. Si les particuliers possèdent un petit élevage (quelques moutons, volailles de basse-cour, etc.), les grands organismes possèdent de gigantesques troupeaux d'ovins (moutons, chèvres), jusqu'à quelques milliers de têtes. Cette pratique existe dès le IIIe millénaire av. J.-C. comme le révèlent les tablettes issues des fouilles clandestines de Drehem, l'ancienne Puzriš-Dagan fondée au XXIe siècle av. J.-C. par le roi Šulgi d'Ur[13]. Élevés pour leur laine, plus que pour leur viande qui est consommée le plus souvent lorsque des rites divinatoires d'extipicine (examen du foie) ont dû être effectués ou plus simplement lorsqu'ils sont offerts en offrande aux dieux, ces troupeaux sont confiés à des bergers rémunérés par les produits laitiers, un pourcentage de laine et du croît. 15 % de pertes par an sont tolérées. Le Code de lois de Hammurabi distingue les pertes dues à la négligence du berger de celles dont il n'est pas responsable : mort naturelle, attaque d'animaux sauvages, maladies... Pour éviter les fraudes et être sûr que le pâtre ne vende pas une partie du troupeau à son profit, celui-ci doit fournir les restes de la bête morte, ou, à défaut, prêter serment, solution concrètement plus pratique surtout en période de fortes chaleurs[14]. À l'époque néo-babylonienne (Ier millénaire av. J.-C.), ces grands organismes développent également des « maisons des oiseaux » pour engraisser au grain les oies et les canards. Quelques troupeaux de bovins sont aussi attestés mais en moins grand nombre car il leur faut des pâturages plus riches. Ils fournissent le cuir et le lait. Chère, leur viande n'est servie qu'à la table royale et à celle des dieux. De fait, ces animaux appartiennent surtout au palais où ils sont utilisés à partir de 3 ans comme animaux de trait. La frise de la laiterie trouvée dans le temple de la déesse Ninhursag à Tell El Obeid (IIIe millénaire av. J.-C.) montre les étapes de fabrication des divers produits laitiers. Sont élevés également des ânes pour le transport, et, au moins jusqu'au Ier millénaire av. J.-C., des porcs, sources de graisse et de viande.

Frise de la laiterie, IIIe millénaire av. J.-C.

Lexicalement, en akkadien, le même terme désigne à la fois le chasseur et le pêcheur. La chasse et la pêche ont un poids économique important même si ces activités restent marginales et surtout peu documentées par l'écrit. Bien sûr il ne s'agit pas ici des chasses royales telles qu'elles apparaissent sur les bas-reliefs des palais néo-assyriens, qui font partie de l'éducation de tout prince comme le rappellent les hymnes de Šulgi dès le IIIe millénaire av. J.-C. ou les inscriptions d'Assurbanipal au Ier millénaire av. J.-C. La chasse se fait en posant des pièges près des points d'eau. Y sont pris des gazelles, des cerfs, des daims… La chasse aux oiseaux se développe dans les marais du sud. Quant à la pêche, des listes lexicales mentionnent d'innombrables espèces de poissons d'eau douce et d'eau salée mais il est bien difficile aujourd'hui de les identifier tant les conditions écologiques ont été modifiées (changement de cours des fleuves, comblement du golfe Arabo-persique, barrages, introduction volontaire de nouvelles espèces à partir des années 1950). Sont attrapés des poissons, des tortues, des grenouilles, des crabes, des crevettes appelées « criquets de mer » sur les bords du golfe Arabo-persique et de la mer Noire. Cette pêche se fait au filet de lin lesté de plomb, avec des nasses en roseaux ou à la ligne avec des hameçons en os ou en métal. L'une des méthodes les plus utilisées est de retenir dans une nasse ou dans un filet les poissons au moment de l'ouverture d'une vanne d'un barrage ou d'un canal d'irrigation. Le plus souvent les campagnes de pêche sont organisées par le temple et le palais qui embauchent les pêcheurs en grand nombre, les rémunérant en rations d'orge proportionnellement à la quantité de poissons sortis de l'eau[15].

UN COMMERCE FLORISSANT

Commerce local et commerce à longue distance

L'essentiel de la production agricole est destiné à une consommation directe (particuliers, palais, temples) ainsi qu'au ravitaillement alimentant un commerce local, éléments difficiles à appréhender car ils ne laissent pas de traces archéologiques (aujourd'hui encore, on n'archive pas les listes de courses que l'on peut dresser au quotidien). Seules les opérations de ravitaillement exceptionnel, en cas de famine par exemple, peuvent éventuellement nous être accessibles. Une lettre écrite au XVIIIe siècle av. J.-C., trouvée à Mari, rapporte ainsi qu'un convoi de bateaux a été affrété pour apporter d'Emar des céréales par voie fluviale. Au Ier millénaire av. J.-C., l'extension des villes et l'augmentation de leur population entraînent un accroissement de la demande alimentaire des populations urbaines, renforçant ainsi l'importance de ce commerce. Certaines familles comme celle du marchand Nûr-Sîn à Babylone se spécialisent alors dans le rôle d'intermédiaire entre petits producteurs et consommateurs. À ce ravitaillement local s'ajoute un approvisionnement régional de produits du terroir, chaque lieu ayant ses spécialités : vin de Méditerranée, huile d'olive de Palestine ou de l'ouest dc la Syrle… Les produits de la pêche sont aussi commercialisés. Les crevettes par exemple, pêchées dans le golfe Arabo-persique, sont expédiées au nord jusqu'à Sippar et même à Qaṭṭarâ à l'ouest de Mossoul en Haute-Mésopotamie. Ce transport sur de longues distances nécessite une transformation des produits par séchage.

Très tôt de grandes routes commerciales ont sillonné les territoires. Dès l'époque préhistorique il existe déjà un commerce à longue distance, notamment pour aller chercher l'obsidienne, pierre volcanique permettant de réaliser des outils tranchants à une période où le métal n'est pas encore utilisé. L'analyse de la composition chimique de cette obsidienne a permis d'en déterminer l'origine. Elle vient d'Anatolie. Le lapis-lazuli, quant à lui, est originaire du nord-est de l'Afghanistan. Produit de luxe, ce commerce porte sur de faibles quantités mais révèle l'existence de routes commerciales, de contacts avec des populations séparées par de longues distances. Dès le milieu du IVe millénaire av. J.-C., la culture d'Uruk, basée sur la multiplication des échanges, développe des relais le long de l'Euphrate. Sont cherchés dans les montagnes du Taurus et en Anatolie le cuivre et l'étain, au Liban et sur les versants du Zagros le bois, en Afghanistan les pierres précieuses et l'étain, en Iran l'étain également. Cette longue tradition de contacts est reprise dans la littérature. Ainsi le *Mythe d'Enmerkar* (roi d'Uruk) *et du seigneur d'Aratta* met en scène des peuples d'un égal niveau de développement de civilisation. Le mythique pays d'Aratta, qui serait situé à l'est de l'actuel Iran, recèle d'immenses richesses, sources de grande convoitise. Pour y avoir accès, deux solutions s'offrent à Enmerkar : soit la guerre, soit le commerce souvent associé à des accords diplomatiques (les traités et les mariages princiers étant souvent accompagnés d'échanges de cadeaux). Après avoir tenté d'assiéger le roi d'Aratta et de le faire céder par la famine, le roi d'Uruk, bien que vainqueur de la joute orale qui s'est engagée, reconnaît les qualités de son adversaire et préfère établir des liens commerciaux.

La Mésopotamie se trouve en effet dans une position stratégique. Les deux grands fleuves, le Tigre et surtout l'Euphrate, traversent du nord-ouest au sud-est toute la région et mettent en relation des espaces aux ressources économiques très différentes. Leurs affluents permettent de compléter ce véritable maillage. Ils se jettent dans le golfe Arabo-persique où les échanges se développent dès le IIIe millénaire av. J.-C. entre la civilisation sumérienne et celle de l'Indus. Ce commerce est florissant : à l'époque de Sargon d'Akkad, les textes mentionnent dans le port d'Agadé des navires en provenance de Meluhha (Indus), de Magan (Oman) et Dilmun (Bahrein). Au nord, le commerce méditerranéen est également très actif. La côte levantine voit ainsi se développer de nombreux ports dont Byblos.

Grâce à son agriculture irriguée, la Mésopotamie dispose de surplus agricoles qu'elle peut vendre très loin dans le golfe Arabo-persique. Elle possède également quelques autres atouts. Dès le Néolithique, le bitume y est exploité[16]. Celui-ci est utilisé comme colle pour fixer les manches d'outils, les yeux des statues ou les pièces de nacre de l'étendard d'Ur, par exemple, et comme imperméabilisant sur les coques de bateau ; mêlé au sable et à la paille, il sert à consolider les digues. L'Égypte en importe dès le IIe millénaire av. J.-C. entre autres pour la momification[17]. Cependant on ne trouve pas du bitume partout au Proche-Orient ; Sumer n'en produit pas. Son exploitation est concentrée dans le Moyen-Euphrate, notamment dans la ville de Hît, objet de convoitise hier et aujourd'hui encore. Hammurabi de Babylone n'écrit-il pas au roi de Mari : « C'est précisément pour le bitume et l'asphalte que je désire cette ville. Sinon pourquoi désirerais-je cette ville ? En échange de Hït, je suis prêt à exaucer tout ce que Zimrî-Lîm m'enverra comme message[18]. » Pour être transporté, le bitume est conditionné à l'état liquide dans des jarres et, quand il est solide, sous forme de galettes.

Cependant certains matériaux de construction font défaut. La Mésopotamie est dépourvue de forêts. Si les besoins quotidiens (architecture des maisons, meubles) sont couverts — les arbres locaux suffisent —, ce n'est pas le cas des grandes constructions nécessitant des bois de charpente plus solides et de grande portée ainsi que des essences plus rares et odorantes (buis, chêne, ébène, cèdre) qui doivent être acheminés parfois de très loin. L'*Épopée de Gilgameš* y fait allusion. Celui-ci va jusqu'à la forêt de cèdres, dans l'actuel Liban, pour rapporter quelques arbres. Dès le IIIe millénaire av. J.-C. les inscriptions du roi

Ur-Nanše de Lagaš prouvent que l'on va réellement chercher le bois très loin. De même le cylindre du roi Gudéa de Lagaš qui relate la construction du temple de Ningirsu signale : « Magan et Meluhha rassemblèrent du bois de leurs montagnes. (...) Gudéa (...) traça dans les montagnes du Cèdre une route que personne n'avait jamais empruntée auparavant. Il coupa les cèdres avec de grandes haches. » Le mouvement s'amplifie au Ier millénaire av. J.-C. avec la multiplication des nouvelles capitales, l'exemple de Dûr-Šarrukîn où le bois est acheminé par flottage le montre bien.

Ces plaines alluviales sont également dépourvues de pierre. Les diorites dans lesquelles sont fabriquées les statues royales, notamment celles de Gudéa de Lagaš, viennent d'Arabie, le calcaire des sculptures colossales de Dûr-Šarrukîn du Taurus, la stéatite aux différents tons de gris d'Iran et d'Arabie, l'albâtre pour des vases de luxe d'Iran et peut-être aussi d'Égypte à en croire le répertoire iconographique. Fait également défaut le lapis-lazuli au bleu éclatant, pailleté de pyrite, provenant des mines d'Afghanistan dans le Badakshan au nord du Panshir et de la vallée de l'Indus à Shortugaï. Pierre abondamment utilisée dans la bijouterie et l'ornement d'apparat, pas moins de 23 kilogrammes de lapis brut ont ainsi été découverts dans le palais d'Ebla, capitale d'un important royaume aux IIIe et IIe millénaires av. J.-C. dans l'actuelle Syrie. La cornaline, aux différentes teintes variant du rouge à l'orange, vient de Meluhha, c'est-à dire de l'Indus. À partir du IIIe millénaire av. J.-C., elle est fréquemment employée dans les parures sous forme de perles. Le percement est un moment crucial car la perle peut se casser et réduire ainsi à néant tant de temps de travail. Certaines perles oblongues sont tellement rares que les hauts personnages qui les possèdent, comme le roi d'Ur, Šulgi, y font graver une inscription.

La Mésopotamie manque également de métaux, en particulier de cuivre et d'étain, minerais d'autant plus importants aux IIIe-IIe millénaires av. J.-C. qu'ils sont nécessaires à la fabrication du bronze. Le sumérogramme désignant le cuivre précède d'ailleurs dans l'écriture tous les objets en métal. Au IIIe millénaire av. J.-C., Sumer se fournit de cuivre en Iran et en Afghanistan, par la suite à Chypre, en Anatolie et en Oman. L'étain, l'arsenic, l'antimoine, l'argent et l'or doivent également être importés. Au Ier millénaire av. J.-C., un autre minerai, le fer, connu depuis le IIIe millénaire av. J.-C., s'avère essentiel grâce à la mise au point, au XIIIe siècle av. J.-C., de la forge qui par la carburation du métal permet d'éliminer les impuretés. Ce procédé renforce l'efficacité des outils et des armes. Les gisements sont nombreux et relativement proches : région du Taurus, du lac de Van, du Moyen-Euphrate, du Khabur, de l'actuel Liban. Plus facile à trouver que le cuivre, il permet de généraliser la métallurgie.

Des moyens de transport adaptés

Le moyen le plus pratique pour transporter de grandes quantités de marchandises très diverses (céréales, huile, laine, bétail, matériaux de construction comme des poutres, des briques ou des roseaux) est le bateau, soit dans le cadre d'un commerce maritime, soit dans celui d'un commerce fluvial utilisant également les multiples canaux : ainsi un grand canal long de 120 kilomètres aurait été creusé vers 2800 av. J.-C., dès la fondation de la ville de Mari, sur la rive gauche de l'Euphrate, reliant ce fleuve au Khabur. En fonction de leur emploi, les types de bateaux sont différents. La plus ancienne attestation archéologique est un modèle réduit de bateau en terre cuite daté d'environ 4000 av. J.-C., trouvé dans une sépulture à Eridu. Un emplacement pour un mât est prévu, montrant ainsi qu'il s'agit de la reproduction d'un navire utilisé dans le commerce maritime, sans doute dans le golfe Arabo-persique, la ville d'Eridu étant située à proximité de ce dernier. Un commerce florissant s'établit également en Méditerranée où prospère le port de Byblos. Au cours des siècles la côte levantine prend de plus en plus d'importance. Au Ier millénaire av. J.-C. les navires n'y pratiquent plus seulement du cabotage mais, sous l'égide des Phéniciens, s'aventurent en haute mer. D'autres types de navires sont utilisés sur les voies fluviales ou dans les marais. Les tombes royales d'Ur ont livré plusieurs maquettes de barques en argent et en cuivre datées des environs de 2600 av. J.-C. Des tablettes révèlent l'existence d'embarcations en roseaux qui ressemblent aux modèles manœuvrés aujourd'hui encore par les pêcheurs dans les marais du sud de l'Irak. Sont utilisées également ce que l'on appelle aujourd'hui des *quffa*, c'est-à-dire des peaux enduites de bitume et tendues sur un bâti de bois. Enfin les *kalakkû*, dont le nom est à l'origine du mot arabe *kelek*, sont constitués par une série d'outres recouvertes d'une plate-forme de poutres et de roseaux. Ce type de radeau est attesté par les représentations iconographiques. Ils servent au transport de matériaux volumineux et lourds. Un radeau posé sur 1 000 outres peut porter plus de 30 tonnes. C'est ainsi que les taureaux ailés de Khorsabad (Dûr Šarrukîn) ont été transportés à l'époque néo-assyrienne. Ce sont également des *kelek* qui bien plus tard les ont véhiculés sur le Tigre à destination des musées européens avec les aléas que l'on sait[19]. La plupart de ces embarcations sont maniées à la gaffe, descendent ainsi le long des fleuves et des canaux et sont remontées par halage. C'est donc un trafic lent qui s'effectue à la fin du printemps, après la crue, quand les eaux sont hautes. Reste ensuite à débarquer le contenu. Ce n'est pas toujours aisé comme le relate au Ier millénaire av. J.-C. le roi Sennachérib :

> Dans le village de Tastiate qui est de l'autre côté du Tigre, ils avaient taillé des taureaux colossaux en calcaire blanc destinés à tenir les portes du palais. (…) au mois d'Aiar, saison des crues de printemps, dans de

> gros bateaux ils les firent transporter à grand-peine sur cette rive-ci mais, lors du transbordement à quai, ils firent couler ces grandes barques. Ils surmenèrent et exténuèrent leurs équipages et c'est au prix d'efforts énormes qu'avec beaucoup de peine ils les amenèrent pour les mettre en place aux portes du palais[20].

La plupart des voyages s'effectuent par voie terrestre, surtout de mai à novembre, avant la saison des pluies. Les grosses expéditions commerciales incluent différentes sortes de voyageurs : des marchands, des messagers, qui font route ensemble pour des questions de sécurité. Les routes sont créées sous l'autorité du roi et sont entretenues par les populations locales. Dans les montagnes elles sont parfois fermées l'hiver. Régulièrement les voyageurs sont arrêtés par des péages et peuvent se reposer dans des relais. Le premier à avoir mis en place un véritable maillage de ce type est le roi Šulgi au IIIe millénaire av. J.-C. Son objectif est de permettre à ses messagers de transmettre ses ordres et de lui rendre compte à une vitesse record. Les premiers chariots sont posés sur patins comme le montre l'empreinte de sceaux-cylindres. Ils peuvent être facilement utilisés dans les régions marécageuses de la Basse-Mésopotamie, mais guère ailleurs. Là encore, la domestication de l'âne et l'invention de la roue à la fin du IVe millénaire av. J.-C. sont essentielles. Dès le milieu du IIIe millénaire av. J.-C. des chars et des chariots tirés par des bœufs circulent sur de petites distances pour des matières lourdes comme les récoltes. Ce sont des chariots à roues pleines comme le montre l'étendard d'Ur. Sur les trajets plus longs, il s'agit essentiellement d'animaux de bât : ânes, mulets, puis au début du Ier millénaire av. J.-C. de dromadaires. Les lettres de marchands assyriens du début du IIe millénaire av. J.-C. se rendant en Anatolie centrale fourmillent de détails sur l'organisation de ces caravanes. Ces convois de plusieurs centaines d'ânes chargés de 90 kilogrammes d'étoffes et d'étain parcourent au rythme de 25 à 30 kilomètres par jour la route qui relie leur ville d'origine, Assur, à Kaneš. Six semaines sont nécessaires pour parcourir ces 1 300 kilomètres. Les archives de Mari et d'Ebla montrent que des croisements ont été réalisés pour améliorer la race de ces ânes : des hémiones femelles pour la rapidité et des ânes mâles pour l'endurance engendrent des équidés destinés à tirer les chariots. Les caravanes, menées par des guides, transportent également le courrier. Plus indépendants que les messagers, les marchands reçoivent, moyennant des taxes, la protection du souverain au point de bénéficier parfois d'escortes. En temps de guerre comme en temps de paix, ils franchissent librement les frontières. C'est ainsi une très bonne source d'information, surtout quand les relations sont officiellement rompues entre deux États. Lorsque même les marchands ne peuvent plus circuler, alors la situation est vraiment critique ! D'eux-mêmes, il est vrai, ils évitent les pays en proie aux troubles. Néanmoins leur sécurité, où qu'ils soient, est toute relative : vols et meurtres ont souvent lieu en cours de route, des archives du XIVe siècle av. J.-C. trouvées à Ugarit en témoignent. Un hymne à Šamaš, dieu du soleil, protecteur des voyageurs en expose bien les périls :

> Celui dont la famille est loin ou lointaine la ville,
> Ou le berger dans les terreurs de la steppe est sous tes yeux
> Et le bouvier dans le danger et le pâtre au milieu d'ennemis
> Ô Šamaš, sous tes yeux est la caravane de ceux qui passent (remplis) de crainte
> (...)
> Le voleur qui rôde, ennemi du soleil, le maraudeur dans les pistes du désert est sous tes yeux[21].

Nul ne voyage pour son plaisir. C'est une nécessité dangereuse et sans attrait, mais ô combien source de profit !

L'organisation du commerce international

Le commerce international est souvent placé sous le contrôle du palais ou du temple. Ces organismes écoulent ainsi des produits en surplus et acquièrent des revenus par la perception de taxes. Dès le IIIe millénaire av. J.-C. dans le sud de la Mésopotamie, les marchands sont étroitement contrôlés. Dépenses et recettes sont scrupuleusement répertoriées dans des livres de comptes. Les marchands reçoivent une commission sur les produits vendus.

Après la chute de l'empire d'Ur III, les marchands deviennent de plus en plus indépendants et voyagent de plus en plus loin, se regroupant en guildes dès l'époque paléo-assyrienne. Les tablettes du début du IIe millénaire av. J.-C. font allusion à des associations permettant de financer ce type d'entreprise : un riche particulier avance les fonds aux marchands pour une opération bien définie. Une fois l'opération accomplie les débiteurs règlent leur dette et le surplus est partagé à parts égales entre chacun d'eux et leur créancier. Un autre type d'association est celle de marchands qui mettent leurs capitaux en commun pour équiper une caravane. Les profits sont répartis au prorata des fonds engagés. Des associations s'établissent aussi à long terme. C'est le cas des banquiers de la ville d'Assur qui confient pour plusieurs années un pécule à un mandataire chargé de le faire fructifier. Au terme du contrat les bénéfices vont pour les deux tiers aux bailleurs de fonds et le tiers restant à l'exécutant. Assur, outre sa localisation stratégique sur le Tigre, entre l'Élam, la Babylonie et l'Anatolie, bénéficie vers 1950 av. J.-C. des mesures prises par le roi Ilušuma pour attirer les marchands d'Akkad, puis de l'annulation des taxes sur le cuivre, l'argent, l'or, l'étain, le grain et la laine décidée par son successeur Erišum. C'est à cette époque que les premières caravanes s'élancent vers l'Anatolie. Puis les Assyriens acquièrent des maisons sur place pour se reposer des longues journées de trajet. Au bout de quelque temps, des mariages entre Assyriens et Anatoliennes se nouent. Quelques Assyriens ont d'ailleurs à Assur une femme qui tient l'entreprise et élève les enfants, et une autre en Anatolie. Les marchands assyriens installent ainsi une trentaine de comptoirs commerciaux permanents dans le centre de l'Asie Mineure. Les documents retrouvés à Kaneš, actuelle Kültepe au nord-est de Kayséri, révèlent les détails de ce commerce. Des centaines de tablettes sont publiées et d'autres encore sont découvertes régulièrement. Ces lettres montrent l'existence d'une colonie permanente, estimée entre cinq cents et huit cents personnes, installée dans une partie de la ville appelée *kârum*, c'est-à-dire « le quai », « le dock », bref le quartier marchand. Celui-ci, situé dans la ville basse, représente 4 hectares sur les 30 que comporte la ville. Organisés en firmes commerciales, les marchands exportent de l'étain venant d'Afghanistan et des étoffes importées de Babylonie. Au retour ils affrètent des caravanes chargées d'or et d'argent. Jouant ainsi de l'offre et de la demande, ils obtiennent d'importants bénéfices mêmes s'ils doivent régler des taxes dans chaque ville. Rien que les variations géographiques du taux de change entre l'argent et l'étain sont sources de grands profits : à Assur le ratio est de 1 pour 15, en Anatolie où l'argent est plus courant, le ratio est de 1 pour 7. Un marchand partant d'Assur avec quinze mesures d'étain les vend en Anatolie pour deux mesures d'argent ; ces deux mesures d'argent, remportées à Assur, permettent alors d'y acheter trente mesures d'étain, et ainsi de suite. Le prix des textiles est quant à lui multiplié par trois. La sécurité des routes est assurée par les autorités locales en raison de traités signés avec les souverains anatoliens qui, en contrepartie, prélèvent également des taxes. Ils doivent également prévoir des droits de passage pour amadouer les montagnards hostiles. Certaines lettres expliquent comment frauder, emprunter le chemin des contrebandiers ou dissimuler dans ses sous-vêtements les marchandises afin d'éviter de payer les droits de douane perçus aux portes des villes :

> Que les habitants de Hurrama fassent entrer la totalité de l'étain dans la ville par quantité de 1 talent chacun ; ou encore que l'on fasse des paquets de 10 ou 15 mines et que les employés de la caravane les fassent entrer dans la ville en les cachant dans leurs sous-vêtements. Une fois que l'on aura fait entrer le premier talent sans incident, alors que l'on fasse entrer de nouveau 1 talent... Que l'on fasse entrer l'étain dans la ville soit par le chemin détourné, soit en contrebande. Rendez-moi ce service et moi je peux vous rendre la pareille[22].

Avec deux voyages par an, le marchand peut réaliser un profit net de 50 à 100 % par an. Mais cela nécessite un important investissement de départ : la caravane, le transport, la place au *kârum*, les taxes... et les risques. Dans l'ensemble le résultat est cependant extrêmement rentable. Ce négoce est concentré entre les mains de quelques familles très influentes au point que le roi y choisit les éponymes (la personne qui donne son nom à l'année). Elles fixent les prix et les taux d'intérêt dans les prêts de capitaux. Mais au XVIIIe siècle av. J.-C. le contexte géopolitique change : Samsî-Addu prend le pouvoir en Assyrie, Hammurabi en Babylonie. En 1781 av. J.-C. la destruction de Kaneš met définitivement fin à la présence de colonies assyriennes en Anatolie.

Les différents types d'association ne disparaissent pas pour autant à l'époque paléo-babylonienne. Le palais et les temples font appel, pour vendre les surplus de leur production, au *kârum* considéré comme un organisme indépendant dirigé par le chef des marchands. À lui de redistribuer les produits (laine, poissons, dattes, bœufs, sésame) aux simples commerçants qui effectuent les transactions. Des lettres concernant la commercialisation de laine, de bétail et de sésame, datées du XVIIe siècle av. J.-C., émanant du palais de Babylone et trouvées à Sippar, en montrent les mécanismes[23]. À la fin de l'hiver, les moutons sont tondus. La laine est remise au chef des marchands qui la confie à un intermédiaire chargé du transport jusqu'à Sippar et de la vente. Une somme fixée dès le départ sera ensuite versée au palais. Le moment d'apurer les comptes est parfois difficile. Les intermédiaires font traîner les choses. De fait, si la date de versement a été convenue à l'avance, la marchandise n'a peut-être pas encore été vendue en totalité, voire a été vendue à crédit mais celui-ci n'est pas arrivé à terme. Si la date n'est pas arrêtée, il est prévu que le versement au palais s'effectue à la demande de ce dernier. Lorsque celle-ci arrive, les marchands, qui en attendant font fructifier leurs revenus par le biais des prêts à intérêt, ne peuvent immédiatement tout reconvertir en liquidités. Comme entre-temps, ils ont souvent reçu d'autres marchandises du palais ou du temple à vendre, leur compte est toujours débiteur. Toutefois, ce système contente les deux parties : le palais ou le temple est assuré d'une somme fixe ; le marchand peut espérer toujours plus de bénéfice, d'autant que c'est également par l'intermédiaire du *kârum* que ces grands organismes se fournissent en produits leurs faisant défaut. Au Ier millénaire av. J.-C., notamment à l'époque néo-babylonienne, les grandes familles de marchands investissent aussi dans le domaine de la production, drainant ainsi d'énormes capitaux.

Le commerce à longue distance existe depuis l'époque préhistorique avec au nord la Méditerranée, l'Égypte, l'Anatolie, au sud le golfe Arabo-persique et à l'est le plateau iranien et l'Indus. Il se développe avec les progrès techniques (le passage de la roue pleine à la roue à rayons rendant les chariots plus légers et donc plus maniables) ou la domestication du dromadaire au Ier millénaire av. J.-C. permettant d'ouvrir des routes à travers le désert.

L'évolution de ce commerce est soumise aux changements politiques et/ou économiques. Ainsi les liens avec l'Égypte sont très anciens et l'on retrouve l'influence artistique mésopotamienne, notamment la symétrie en miroir, dans certains objets égyptiens, telle la fameuse palette de Narmer, ce roi de Hiérakonpolis qui aurait inspiré le personnage mythique de Ménès, unificateur — d'après Hérodote — de la Haute- et de la Basse-Égypte. De même, un vase en albâtre au cartouche du roi égyptien Pépi Ier (vers 2289-2255) a été retrouvé dans le palais d'Ebla. Ces liens s'établissent par l'intermédiaire des villes de la côte levantine, notamment le port de Byblos, mais ils sont rompus pour quelques siècles suite à l'effondrement de l'Ancien Empire égyptien vers 2150 av. J.-C. Dès que les troubles en Égypte, liés à la première période intermédiaire, sont passés, le commerce reprend avec intensité comme le confirment les objets en obsidienne sertis d'or, au nom d'Amenemhat III et d'Amenemhat IV, rois de la XIIe dynastie, trouvés dans les tombes des rois Abi-šemu et Yabi-šemu-abi à Byblos. Le golfe Arabo-persique, où les relations étaient déjà intenses — le pays du Sumer ayant une façade côtière sur ce golfe —, bénéficie du ralentissement du commerce avec l'Égypte. Dès le IVe millénaire av. J.-C., le sud de la Mésopotamie importe, en échange de poteries et de surplus agricoles, des coquillages, des huîtres perlières, du bois, du cuivre et des pierres précieuses de Dilmun, Magan et Meluhha. La localisation de Dilmun fait encore l'objet de débats, entre Bahreïn ou l'île de Failaka. Il n'est d'ailleurs pas exclu que la signification du terme ait évolué dans le temps. En revanche les deux autres contrées sont bien identifiées : Magan correspond à la péninsule d'Oman, Meluhha à la vallée de l'Indus dans laquelle se développe la florissante civilisation de Harappa. Lorsque au cours du XVIIIe siècle av. J.-C. cette dernière disparaît pour des raisons encore inconnues, le commerce du Golfe en est profondément affecté, l'économie du sud de la Mésopotamie également. Le déplacement du centre politique vers le nord s'en trouve ainsi renforcé d'un point de vue économique.

Les relations entre le Golfe et la Méditerranée s'effectuent par les vallées des deux fleuves : le

Tigre et l'Euphrate. Dès Sargon d'Akkad, le commerce s'étend jusqu'en Asie Mineure ; puis, au début du IIe millénaire av. J.-C., se développent les colonies assyriennes en Anatolie, base d'échanges très dynamiques. Celles-ci, on l'a vu, disparaissent suite aux mutations politiques du XVIIIe siècle av. J.-C. La documentation retrouvée met en exergue trois villes : Emar, Mari et Ešnunna, comme relais entre le Sud et la côte méditerranéenne. Elles commercialisent l'étain en provenance d'Élam et en sens inverse le cuivre de Chypre et d'Anatolie ainsi que d'autres denrées comme le bois qui arrive par voie d'eau à Mari depuis Karkémiš et Alep. Ces villes n'ont pas attendu le IIe millénaire av. J.-C. pour développer un commerce florissant. Dans ce domaine, la puissance de la ville de Mari est établie dès sa fondation par le creusement du grand canal. Elle se poursuit jusqu'à l'époque amorrite où la route des échanges délaisse les grands fleuves pour passer en piémont du Taurus. Cette modification de route commerciale est peut-être à mettre en relation avec un changement des lieux de production du cuivre et de l'étain.

La côte levantine, en intenses relations avec l'Égypte depuis longtemps, connaît un grand essor aux XIVe-XIIIe siècles av. J.-C. Le site d'Ugarit en illustre bien le dynamisme. À la fois grand centre agricole grâce à la culture de la vigne et de l'olivier dans l'arrière-pays, industriel grâce à l'exploitation du murex d'où est tirée la pourpre, c'est également la plaque tournante du commerce entre l'Égypte, le Hatti, la Mésopotamie et la Méditerranée. Y affluent le bois du Liban et de l'Amanus, le cuivre de Chypre, la céramique mycénienne, les chars égyptiens, les bijoux amulettes de type scarabée égyptiens également, les chevaux élevés à Qaţna, les dents d'hippopotame pour décorer les objets courants et les défenses d'éléphants de Syrie et d'Afrique pour les objets plus raffinés. Ville cosmopolite, c'est un lieu de rencontre de diverses influences, y compris dans le domaine artistique. Ainsi l'influence égyptienne est bien visible sur la stèle du dieu Ba'al au foudre : le dieu est représenté debout, tête et jambes de profil, torse de face, brandissant au-dessus de sa tête le foudre du bras gauche et plantant dans le sol du bras droit une lance dont la hampe se termine par de multiples rameaux. Les proportions entre les différentes parties du corps rappellent également les cadres fixés par les Égyptiens dès l'Ancien Empire.

Ugarit ne survit pas à l'arrivée des Peuples de la Mer au début du XIIe siècle av. J. -C. Mais si toutes les villes côtières ont à souffrir de cette invasion, toutes ne disparaissent pas. C'est l'âge d'or de la côte levantine ou Phénicie, selon le nom qui lui a été donné par les Grecs en raison de la teinture écarlate (φοινίκεος), base de l'industrie locale. Il s'agit en fait d'une série de villes aux traits culturels communs, mais politiquement indépendantes. Un papyrus daté du XIe siècle av. J.-C., trouvé à El Hibé en Égypte, relate le voyage d'Ounamon, chargé par le grand prêtre d'Amon d'aller chercher sur la côte de l'actuel Liban du bois de cèdre nécessaire à la construction de la barque du dieu. Il rend compte du dynamisme de villes comme Byblos, Tyr et Sidon[24]. Les Phéniciens profitent en effet indirectement des effets induits par l'invasion des Peuples de la Mer, en particulier de la chute de la thalassocratie mycénienne. Ils acquièrent une grande réputation de navigateurs : de la légendaire expédition conjointe de Hiram de Tyr et de Salomon au pays d'Ophir — le pays de l'or et des essences rares — sur les rivages de la mer Rouge[25], au tour de l'Afrique à la demande du pharaon Néchao II (611-595) rapporté par Hérodote[26]. Ces marins ne se contentent pas de caboter le long des côtes mais affrontent la haute mer, se repérant grâce aux étoiles. Ils fondent des colonies dans toute la Méditerranée, en commençant par Chypre où ils créent Qartihadašt ; elle est tellement ancrée dans la mémoire collective que la légendaire Élissa « l'Errante » (Didon, Διδώ), y fait escale avant de s'aventurer en haute mer. L'*Iliade* et l'*Odyssée* célèbrent leurs exploits dans les Cyclades. Ils se tournent également vers la Méditerranée occidentale. Ils fondent en Espagne Gadeira (Cadix), puis s'implantent dans toute la vallée du Guadalquivir et sur la côte méridionale. En Algérie ils créent Hippone, au Maroc Lixus, en Tunisie Utique, Hadrumède (Sousse), Hippo (Bizerte) et Carthage, en Libye Subrata et Lepcis Magna. Ils s'établissent également en Sardaigne, en Sicile et à Malte. Parallèlement ils y introduisent leur système d'écriture. Maîtres de la Méditerranée, ils relient ainsi rives sud et rives nord, Orient et Occident dans un univers sémite. À la recherche de métaux (cuivre de Chypre, plomb et fer de Sardaigne, argent d'Espagne, jusqu'au transport d'étain qui provient de Grande-Bretagne), ils renforcent encore le rôle de pivot joué par la mer Méditerranée pour tout l'Occident, et pas seulement pour les contrées côtières.

Parallèlement, la domestication du dromadaire offre la possibilité de s'élancer à travers le désert jusqu'en Arabie pour se procurer l'encens. Ce type de commerce est assez mal connu car la documentation, au Ier millénaire av. J.-C., écrite de plus en plus en araméen sur papyrus, matériau périssable, ne nous est pas parvenue. Cependant, on constate que ces routes récentes favorisent la prospérité de nouvelles villes comme l'oasis de Têma dans le nord-ouest de l'Arabie.

DÉFENDRE ET ACCROÎTRE LA PROSPÉRITÉ DE SON PAYS

Un accès à l'eau crucial

L'eau est primordiale pour le ravitaillement des hommes. Ces grandes vallées aux sols d'argile n'offrent de ressources que s'il est possible de les irriguer. Hier comme aujourd'hui de nombreux conflits ont pour objet le contrôle de l'accès régulier à l'eau, denrée rare dans cette région et donc d'autant plus précieuse. L'un des mieux connus est celui qui au début du IIIe millénaire av. J.-C.

oppose pendant plus de trois siècles les cités-États d'Umma (associant les villes d'Umma et de Zabalam) au nord et Lagaš (regroupant les villes de Girsu, Lagaš et Nina) à l'est à propos d'un territoire, le Gu-edenna, littéralement « bord de la plaine », traversé par de nombreux canaux. Il nous est connu par une douzaine d'inscriptions, toutes émanant des rois de Lagaš, réparties du règne d'Ur-Nanše (vers 2500 av. J.-C.) à celui d'Urukagina (vers 2350 av J.-C.). L'évolution du conflit peut donc être suivie, certes dans une vision assez partiale puisque nous ne disposons pas de la version d'Umma. Dans ces écrits les rois de Lagaš se réfèrent sans cesse à un arbitrage rendu par le roi Mesalim de Kiš au temps où cette cité plus septentrionale exerçait sinon une hégémonie du moins une influence certaine sur la région (vers 2600 av. J.-C.). À cette époque une stèle avait été érigée pour marquer la frontière entre les deux cités. Environ un siècle plus tard, le roi d'Umma tente de reprendre ce territoire, en vain. Ur-Nanše, roi de Lagaš, est victorieux mais les combats reprennent sous ses successeurs Akurgal et Eannatum. À ce dernier l'on doit la célèbre stèle des Vautours, visible au musée du Louvre[27]. Le texte écrit en langue sumérienne et en écriture cunéiforme indique qu'Eannatum (vers 2450 av. J.-C.) a remporté la victoire, réduit à néant le pays de Umma et rendu le Gu-edenna au dieu poliade de Lagaš, Ningirsu. Quant au roi d'Umma, Enakalle, il doit jurer par six dieux différents que ses sujets paieront un loyer afin de pouvoir exploiter les terres de ce territoire, ne toucheront pas au réseau d'irrigation qui s'y trouve, ne franchiront pas la frontière et ne détruiront pas les stèles la matérialisant. Lagaš est située en aval d'Umma dans la plaine mésopotamienne. Umma est plus faible militairement mais peut couper le ravitaillement en eau de Lagaš, ce qui rend cette dernière très vulnérable. C'est pourquoi le roi Eannatum, même victorieux, préfère trouver un accord : le territoire convoité appartient à l'État de Lagaš mais ce dernier laisse les habitants d'Umma le cultiver et donc l'irriguer. Umma par le paiement de taxes, rentrée économique pour Lagaš, reconnaît ainsi la souveraineté de cette dernière sur ce territoire ; mais *a contrario* le non-paiement de ces taxes peut appeler d'autres guerres… De fait, quelques années plus tard, le nouveau roi d'Umma, Ur-Lumma, et ses successeurs tentent d'affirmer leur autorité sur le Gu-edenna. Une fois de plus, la cité de Lagaš finit par être victorieuse. Une autre inscription gardée au musée du Louvre, le Cône du roi Enmatena (vers 2400 av. J.-C.), en témoigne, dressant l'historique du conflit à partir de l'arbitrage du roi Mesalim de Kiš. Reprenant le thème iconographique de la stèle des Vautours (sur l'une des faces de la stèle le dieu Ningirsu enserre dans sa main gauche un filet dans lequel sont enfermés les ennemis qu'il s'apprête à assommer avec la masse qu'il tient dans la main droite), le texte du Cône d'Enmatena se termine ainsi :

> Si le roi d'Umma franchit le canal-frontière du dieu Ningirsu, le canal-frontière du dieu Nanše, afin de s'emparer par la force des domaines agricoles, fût-il

roi d'Umma ou n'importe quel autre roi, que le dieu Enlil le détruise ! Que le dieu Ningirsu, ayant jeté sur lui son grand filet de jet, abatte sur lui son pied et sa main de géant. Que le peuple de sa cité s'étant soulevé, le tue dans sa propre ville !

L'affaire n'est pas close. Le conflit se rallume quelques années plus tard lorsqu'Umma dirigée par Lugal-zagesi profite des troubles engendrés par l'arrivée au pouvoir par la force d'Urukagina, nouveau roi de Lagaš. Cette fois Umma triomphe. Une inscription des rois de Lagaš, d'autant plus exceptionnelle qu'elle relate une défaite, en rend compte vers 2350 av. J.-C. :

Le champ de Ningirsu aussi loin qu'il avait été planté, il (Lugalzagezi, roi d'Umma) en a ôté l'orge. Le roi d'Umma, parce qu'il a détruit Lagaš, a péché contre Ningirsu ! La main qu'il a levée lui sera coupée ! Il n'y a pas eu de péché de la part d'Urukagina, le roi de Girsu[28] ! Que Nidaba, la déesse de Lugalzagezi, porte ce péché sur sa tête !

Ce conflit n'est pas le seul ; pour preuve, celui qui oppose à la fin du XIXe siècle av. J.-C. Isin à Larsa. Dans cette région où l'eau est vitale, ouvrir une brèche dans un canal ou détourner à son profit l'eau d'un fleuve peut entraîner bien des guerres. S'il en va localement de la puissance économique de chaque cité (Umma, Lagaš, Isin, Larsa), les conséquences de ces conflits peuvent avoir des répercussions à l'échelle régionale. Ainsi après la victoire de Larsa sur Isin, ce n'est plus seulement un bras de l'Euphrate qui est détourné mais un véritable barrage qui est érigé, base de l'essor agricole de l'ensemble de la région. L'accès à l'eau étant essentiel, il est primordial pour chaque État de protéger l'amont des fleuves ou des rivières qui les traversent. C'est là la raison de bien des conflits.

La guerre est aussi un moyen de se procurer les ressources qui font défaut. Le *Mythe d'Enmerkar et le seigneur d'Aratta* signale d'ailleurs que le roi d'Uruk, avant d'établir des liens commerciaux, essaie d'obtenir les fabuleuses pierres précieuses et richesses du pays d'Aratta par la guerre. Ce n'est que dans un second temps, reconnaissant la puissance de son adversaire, et bien que vainqueur, qu'il conclut des accords diplomatiques et commerciaux. Les produits convoités sont les mêmes que ceux obtenus par le commerce ou offert en cadeaux : bois de construction, or et métaux divers, etc. Les campagnes militaires sont déclenchées et dirigées en fonction de ces besoins. Ainsi au IIIe millénaire av. J.-C. Sargon d'Akkad va-t-il, comme le légendaire Gilgameš, jusque dans l'actuel Liban quérir les fameux cèdres. Il en est de même pour Sargon II au Ier millénaire av. J.-C. La protection de ses richesses contre les États voisins, les raids des nomades ou l'invasion de peuples extérieurs comme les montagnards du Zagros (Lullubi et Gutis) ou les Élamites, ainsi que le désir de les accroître ou de les diversifier sont l'une des préoccupations essentielles du souverain. C'est pourquoi il prête une grande attention à son armement.

L'évolution de l'armement

Au IIIe millénaire av. J.-C. l'armement est lourd. La stèle des Vautours, l'étendard d'Ur et les armes découvertes dans les tombes permettent d'en reconstituer les différents éléments. Les soldats ont la tête protégée d'un casque de cuir ou de cuivre et sont revêtus d'un manteau clouté pour dévier les coups. Les fantassins sont armés d'une longue pique qu'ils tiennent à deux mains. Ils avancent en rangs serrés, protégés par de très grands boucliers rectangulaires, à la manière des futures phalanges. Ils peuvent également être équipés d'une hache, d'une sorte d'épée à lame incurvée tranchante que les Grecs appelleront plus tard *harpè*, d'une masse d'arme, d'un poignard. L'iconographie montre des chars à quatre roues pleines tirés par des ânes. L'avant du char est protégé par un lourd tablier frontal devant lequel se trouve un étui pour les armes. À l'arrière du véhicule, sur une étroite plate-forme, se tient le conducteur accompagné d'un soldat armé. Si l'iconographie représente les chars roulant dans la violence des combats sur le corps des ennemis, en réalité ils servent surtout à amener les combattants jusqu'au champ de bataille, ou éventuellement de plate-forme de tir. Les animaux sont attelés par un collier passé au cou et dirigés par des rênes attachées à un anneau transperçant les narines. Les chars sont donc lourds et peu maniables. À partir de Sargon Ier, l'arc, connu depuis le IVe millénaire av. J.-C. et semblant avoir été jusque-là surtout réservé à la chasse, se perfectionne grâce à l'apparition de l'arc composite. Ce dernier est fabriqué à partir de pièces de bois d'essences différentes, de corne et de tendons afin de renforcer sa flexibilité et sa solidité et donc son efficacité, un peu comme le fameux arc d'Ulysse. Il peut décocher des flèches jusqu'à une distance de 400 mètres. L'infanterie devenue plus légère, du moins en ce qui concerne la protection des soldats si on en croit la stèle de Narâm-Sîn[29], joue le rôle le plus important.

Au IIe millénaire av. J.-C., la charrerie évolue elle aussi. Elle devient une pièce maîtresse utilisée dans les batailles. Il s'agit de chars à deux roues proportionnellement plus grandes, placées à l'arrière pour mieux répartir la charge, aux rayons fixés à un essieu. Le véhicule, plus solide et plus maniable, est entraîné par des chevaux dont l'introduction massive est liée à l'arrivée des Kassites. Au XVIIe siècle av. J.-C. la caisse devient plus légère par abaissement du tablier frontal. Il devient alors possible d'envisager de véritables charges de chars. Si on en croit l'iconographie au moins trois personnes se tiennent sur la plate-forme arrière : le conducteur, le porte-bouclier et surtout l'archer à la fonction la plus prestigieuse. Quant à l'infanterie, elle se diversifie avec des unités spécialisées. Elle se dote en particulier de frondeurs renforçant ainsi la puissance de jet.

Au Ier millénaire av. J.-C., ces unités spécialisées sont de plus en plus nombreuses, d'autant que les armées intègrent des corps d'auxiliaires étrangers. Chacun apporte son savoir. Les équipages devenant de plus importants, la charrerie s'alourdit de nouveau. Les roues s'épaississent. Le nombre de rayons passe de quatre à six puis à huit. Les premiers quadriges apparaissent. Parallèlement, la cavalerie créée au IXe siècle av. J.-C. voit son rôle s'accroître. Il s'agit au début d'un archer monté à cheval. Sa protection est mince. Certes il est très mobile, mais, montant à cru, sa précision de tir est réduite. Avec l'introduction du dromadaire, un nouveau corps d'armée apparaît. Un soldat dirige l'animal, un autre tire à l'arc dans toutes les directions souhaitées. L'équipage peut même, dépassant l'adversaire, décocher ses flèches vers l'arrière. L'infanterie, quant à elle, se voit dotée de cottes de maille. Autre grande nouveauté, Tiglath-Phalazar III (744-727) crée une armée de métier. S'y ajoute toujours la possibilité de faire des levées exceptionnelles si les circonstances l'exigent, mais la contrainte de ne partir en guerre qu'une fois la moisson effectuée n'a plus cours. On peut guerroyer toute l'année. Les tâches de collecte et de redistribution des produits destinés à ravitailler les soldats prennent de l'ampleur. Parallèlement se développe la poliorcétique, la prise de villes étant essentielle. Enfin, la flotte est également renforcée à la fois sur mer et en eaux douces.

Pillages, butins et déplacements de population

L'iconographie se plaît à détailler la cruauté et les massacres qui résultent de ces guerres : amoncellement de têtes coupées, cadavres foulés aux pieds[30] ou charriés par une rivière couleur de sang[31], ennemis empalés, longue file de prisonniers les mains attachées, la tête coincée dans les barreaux d'une échelle ou une corde passée autour du cou[32]. Salmanazar Ier (1274-1245), quant à lui, se targue dans ses inscriptions d'avoir ôté un œil à 14 000 des 14 500 personnes qu'il a déplacées. Sous Assurbanipal, à l'issue de la campagne contre les Élamites la tête du roi de Suse, Teuman, tranchée et salée pour être conservée, est apportée au roi néo-assyrien. Pour que ses visiteurs n'oublient pas cet événement, ce dernier, sur un bas-relief décorant son palais à Ninive, se fait représenter avec son épouse en train de banqueter au milieu de ses jardins, la tête du roi vaincu accrochée à la branche d'un arbre[33]. C'est ainsi que se fixe dans la mémoire collective l'image de prédateurs sanguinaires. S'il faut grandement nuancer cette vision, il n'en est pas moins vrai qu'au Ier millénaire av. J.-C. l'exploitation d'un pays vaincu est un système bien rodé et rentable. Les armées vivent sur le territoire conquis. Le pillage et la constitution du butin concluent normalement une victoire. C'est une manifestation de la force militaire du roi vainqueur. Son ancien adversaire en ressort affaibli et sa propre puissance grandie d'abord concrètement, puis plus tard par le prestige qu'il en tire, notamment si ces thèmes sont repris dans l'iconographie. La guerre est en effet une façon de se ravitailler en matières premières : bois de construction, animaux, main-d'œuvre…

Il n'y a cependant aucun bénéfice à tout détruire, sauf s'il s'agit d'une vengeance comme celle de Sennachérib à Babylone en 689 av. J.-C. pour la punir de s'être rebellée contre son fils Aššur-nadin-šumi et de l'avoir livré aux Élamites, ou celle d'Assurbanipal à Suse en 646 av. J.-C. pour en finir une fois pour toutes avec l'Élam en désacralisant sa capitale, raison pour laquelle les sanctuaires sont incendiés, les tombes des rois profanées et leurs os enlevés afin que leurs *eṭemmû* (esprits) soient à jamais privés de repos, du sel et de l'ivraie répandus sur le sol, le rendant inapte à toute culture. Mais le pillage des bâtiments de prestige (temple, palais) n'est pas laissé au hasard. Quand, au IIe millénaire av. J.-C., Hammurabi prend la ville de Mari, il commence par vider le palais avant de le brûler. Il emporte avec lui le mobilier, les archives qu'il prend soin de trier, les butins accumulés par les rois de Mari et un grand nombre de personnes, notamment toutes les femmes du harem du roi Zimrî-Lîm, déjà en partie composé des harems des rois que ce dernier avait précédemment vaincus. Et même, avant de détruire Babylone, Sennachérib prend soin de constituer son butin. Il ramène de cette campagne 208 000 personnes, 720 chevaux, 11 073 ânes, 5 230 dromadaires, 80 500 bovidés, 800 100 ovins… Assurbanipal signale avoir rapporté de sa campagne d'Égypte deux obélisques en électrum[34] de soixante-quinze tonnes, de l'or et des pierres précieuses, de sa campagne contre l'Élam des pièces de lin rebrodées, toute la vaisselle du roi de Suse ainsi que les statues de leurs ancêtres. Ce même roi demande à ce que l'on prenne dans les villes conquises les textes rares afin d'enrichir la bibliothèque qu'il a édifiée à Ninive. Tout cela est donc organisé. La répartition du butin (richesses et prisonniers) s'effectue ensuite selon une hiérarchie bien précise. La part réservée aux dieux, donc versée aux temples, est mise de côté en premier. Le roi n'est rien en effet face aux divinités. Avant chaque entrée en guerre et chaque grande bataille, le roi demande l'accord de ses dieux et leur soutien. Des devins accompagnent les armées pour interpréter les oracles et les signes. La part du roi vient ensuite, puis chacun reçoit son dû proportionnellement à son rang.

Au IXe siècle av. J.-C., le roi Assurnaşirpal II innove en créant un tribut à prélever annuellement. Tiglath-Phalazar au siècle suivant reprend cette idée et la généralise à tous les pays conquis. Il y a donc à la fois un butin pris à la suite des victoires et un tribut payé chaque année. La composition de ceux-ci tient lieu des produits importés. Au Ier millénaire av. J.-C. les guerres et leurs butins remplacent en partie le commerce, surtout terrestre, et permettent la construction à moindre frais de grandes capitales comme Kalhu et Dûr-Šarrukîn.

Les guerres entraînent des déplacements de population. C'est une pratique générale au Proche-Orient. Le nombre de déportés est variable suivant les États et les époques. Il a tendance à s'amplifier parallèlement à l'accroissement des structures territoriales : quelques centaines, quelques milliers de personnes par règne au IIIe millénaire av. J.-C., quelques dizaines de milliers par roi à la fin du IIe millénaire av. J.-C. Sous Salmanazar Ier 14 400 personnes sont déplacées ; Tukulti-Ninurta Ier transfère, quant à lui, 28 000 Hittites en Assyrie. Au Ier millénaire av. J.-C., avec les rois néo-assyriens, cette pratique devient un élément de stratégie militaire. On estime à plus 4,5 millions le nombre de personnes déplacées en trois siècles de domination néo-assyrienne[35] : rien que sous Sargon II (721-705) plus de 218 000 personnes et sous Sennachérib (705-681) 408 150 individus dont 200 150 habitants de Judée. Les rois néo-babyloniens reprennent cette pratique, notamment Nabuchodonosor, même si les chiffres sont bien inférieurs. Ils sélectionnent davantage les personnes concernées. Les sources bibliques en témoignent : « Il déporta tous les gens riches, soit 10 000 déportés, tous les artisans du métal et les serruriers ; il ne resta que les petites gens du pays[36]. » Quantitativement moins importants, ce sont cependant ces déplacements qui, grâce à la Bible, ont le plus frappé les esprits.

Les populations sont déplacées en famille et réimplantées par groupes ethniques, conservant aux communautés leur structure, leur langue, leurs cultes et leur culture. Les bas-reliefs montrent hommes, femmes et enfants avec leurs effets personnels (ânes, chariots, troupeaux), ce que confirment les archives des palais qui dressent la liste des rations à fournir durant le voyage à ces populations (orge, huile, vêtements, parfois même viande et produits laitiers).

Déplacer les habitants permet d'amoindrir la

résistance du pays conquis en le vidant d'une partie de sa population tout en offrant au vainqueur l'opportunité de bénéficier de main-d'œuvre, de repeupler certaines zones de son territoire, notamment celles précédemment conquises et dont la population a été déportée. L'une des inscriptions d'Assurnaşirpal II (883-859) le confirme :

> L'antique Kalhu que Salmanazar, le roi d'Assyrie, un prince qui m'avait précédé, avait bâtie, cette ville en ruine, tombée en sommeil, cette ville je l'ai reconstruite et remise à neuf. J'ai saisi et installé à l'intérieur les peuples issus du butin des pays que j'ai dominés : populations du pays de Suhû, du pays de Laqê dans sa totalité, de la ville de Sirqu au gué de l'Euphrate, du pays de Zamua jusque dans ses confins, du pays de Bît-Adini et du pays hittite, et de Labarna, le Patinéen.

Sargon II établit ainsi des Chaldéens à Samarie alors qu'il a déplacé 27 280 Samaritains en Assyrie. Assarhaddon signale avoir amené « ceux qui habitaient en bordure des mers à résider désormais en zones montagneuses ». De vastes transferts s'effectuent ainsi d'un bout à l'autre de l'empire avec des mouvements ouest-est, nord-sud et réciproquement. Coupés de leurs bases, dépaysés, ces déportés doivent s'intégrer à la population locale. Une révolte contre le roi est ainsi rendue plus difficile.

Qu'en fait-on ? Les prisonniers appartiennent au vainqueur. Ils font partie du butin et sont répartis comme tel, au même titre que les autres produits. Leur propriétaire peut les utiliser selon son bon vouloir. Lorsque des constructions extraordinaires nécessitent une main-d'œuvre abondante, ces prisonniers sont requis : ainsi sous Amar-Sîn à la fin du IIIe millénaire av. J.-C. pour l'édification du palais royal, de même au Ier millénaire av. J.-C. pour celle des capitales des rois néo-assyriens. Les hommes sont également utilisés pour les travaux agricoles, notamment le creusement et l'entretien des canaux. Les femmes sont employées au tissage et au travail de la laine. Il y a cependant tout intérêt à respecter les spécialités de chacun. Le roi, en prenant les élites à son service, diminue ainsi le risque de rébellion et diversifie les connaissances à sa disposition. Sennachérib installe à Ninive des gens du Hatti pour construire des navires du même type que ceux des Phéniciens. Assarhaddon revient d'Égypte accompagné de médecins, de scribes... En traitant correctement les élites et en éduquant leurs enfants, le roi les fait adhérer à sa politique. Il récupère ainsi le savoir des autres peuples et le développe pour la plus grande gloire des empires assyro-babyloniens.

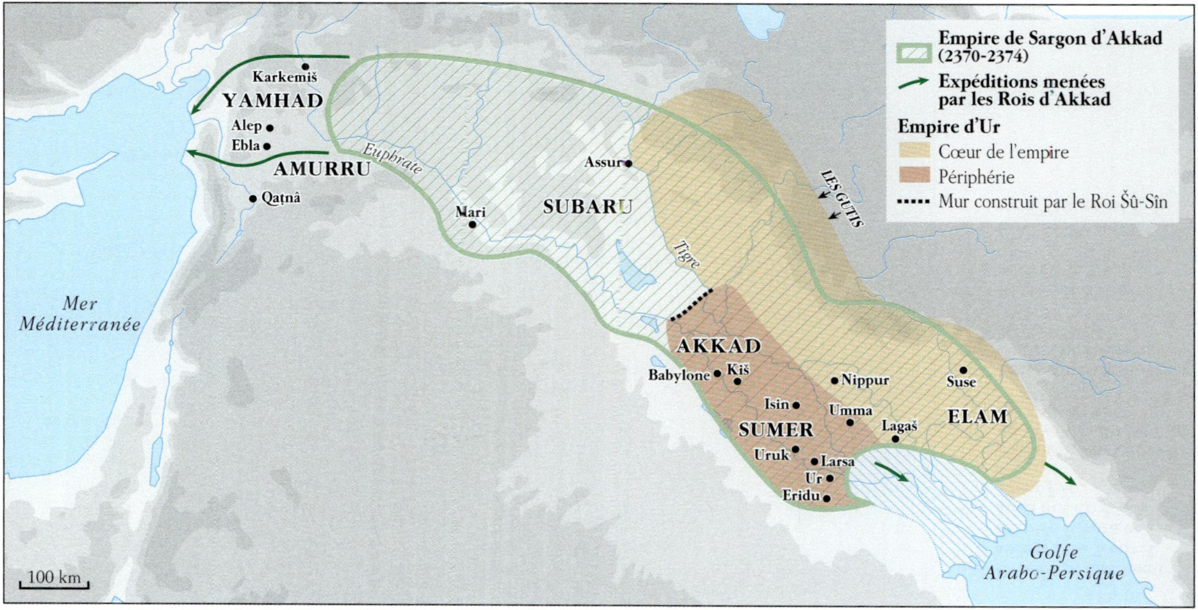

1. La Mésopotamie au IIIe millénaire av. J.-C.

2. Le Proche-Orient aux XVIe-XVe siècles av. J.-C.

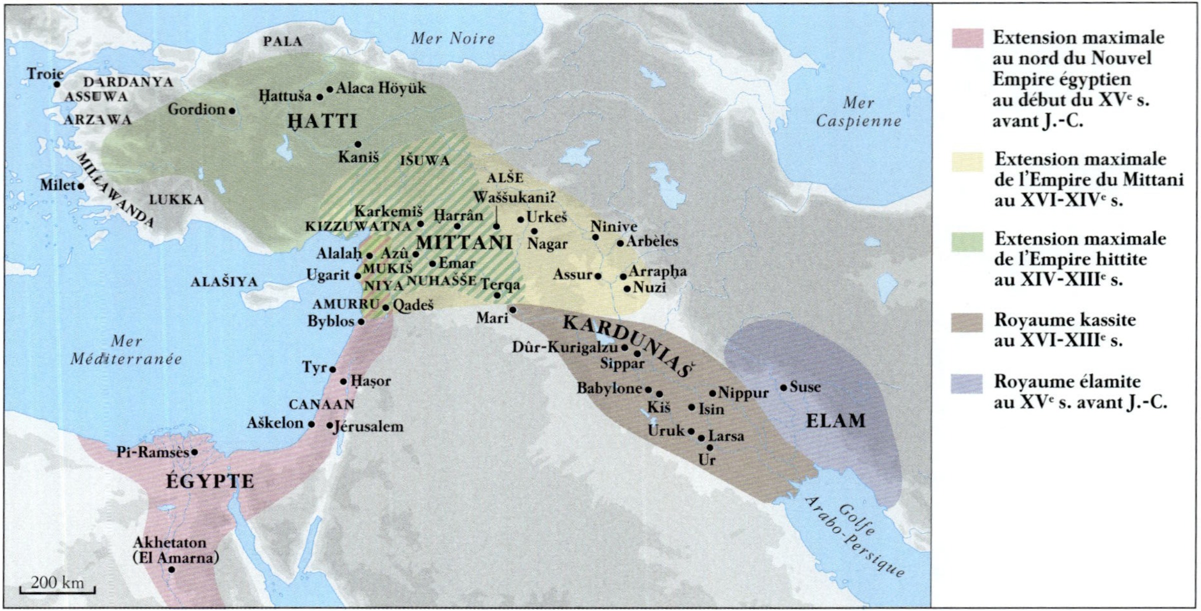

3. L'Assyrie au Ier millénaire av. J.-C.

4. Les sites du Proche-Orient.

GÉORGIE
AZERBAÏDJAN
ARMÉNIE
TURKMÉNISTAN
Mer Caspienne
URARTU
Tušpa
SUBARTU
Marlik
Tepe Hissar
Jerwan
Dûr-Šarrukîn
Gawra
Nagar
Ninive
Arbèles
Ghabristan
Kalḫu
Assur
Kâr-Tukultî-Ninurta
Arrapḫa
Nuzi
Ecbatane
Zumua
Samarra
IRAN
Ešnunna
Hît
Sefarvayim
Tuttub
Dûr-Kurigalzu
Sippar
Opis
Dêr
Kuta
Jemdet Nasr
IRAK
Maškan-šapir
Babylone
Kiš
Nippur
Suse
Borsippa
Puzriš-Dagan
Abu Ṣalabih
Isin
Adab
Choga Zambil
Šuruppak
Umma
Girsu
Uruk
Larsa
Lagaš
ELAM
Pasargadès
Obeid
Ur
Eridu
Persépolis
KOWEIT
Golfe Arabo-Persique
ARABIE SAOUDITE
BARHEIN
DILMUN
QATAR
E.-A.-U.
200 km

5. Parure de la reine Pu-abi, tombes royales d'Ur, vers 2600-2400, Université de Pennsylvanie.

6. Détail de la stèle des Vautours, première moitié du IIIe millénaire av. J.-C., face mythologique, calcaire, hauteur totale de la stèle : 1,88 m., musée du Louvre.

7. Stèle du roi Narâm-Sîn, seconde moitié du IIIe millénaire av. J.-C., trouvée à Suse, hauteur : 2,20 m., musée du Louvre.

Photo archives Gallimard – UdF.

8. Maquette de foie, Mari, IIe millénaire av. J.-C.

9. Fresque de l'investiture, palais de Mari, XVIIIe siècle av. J.-C., musée du Louvre.

Photo archives Gallimard – UdF.

10. Partie supérieure de la stèle du code de lois du roi Hammurabi de Babylone (1792-1750), trouvée à Suse, diorite, hauteur de la stèle : 2,25 m., musée du Louvre.

Photo archives Gallimard – UdF.

11. Génies ailés autour de l'arbre de vie, sceau-cylindre en cristal de roche néo-assyrien et son empreinte dans l'argile, VIIe siècle av. J.-C., musée du Louvre.

Photo © Erich Lessing/akg-images.

124920

12. Banquet sous la treille, bas-relief provenant du palais d'Assurbanipal à Ninive, VIIe siècle av. J.-C., gypse, British Museum.

Chapitre VI

DES SOCIÉTÉS PATRIARCALES

Pour les habitants de Mésopotamie, l'humanité a été créée par les dieux comme un tout. Les « têtes noires », comme les hommes se désignent eux-mêmes, sont là pour les servir. À la fin du IVe millénaire av. J.-C., au moment où apparaît l'écriture, la documentation révèle la coexistence de deux peuples : les Sumériens et les Akkadiens. L'origine des Sumériens fait encore l'objet de spéculations, leur langue n'étant apparentée à aucune autre connue à ce jour. Quand se sont-ils installés ? À leurs côtés vit un peuple sémite, les Akkadiens. D'autres populations sémites qui, elles, viennent de l'ouest, les rejoignent au fil des millénaires : des Amorrites, puis des Araméens. Les Sémites deviennent ainsi majoritaires dans toute la Mésopotamie même si des populations d'origines différentes les rejoignent : des Kassites s'implantent au point de prendre le pouvoir en Babylonie, des Hurrites s'installent dans le nord de la Mésopotamie, des Indo-Européens (Hittites et Louvites) s'établissent en Anatolie.

Les populations sédentaires sont bien connues

(les tablettes proviennent des villes), mais l'Orient est aussi composé de territoires désertiques traversés par des semi-nomades. Si d'un point de vue régional une certaine complémentarité existe entre les vallées et la steppe, les nomades dont le mode de vie est fondé sur la mobilité des troupeaux et l'habitat temporaire aux tentes démontables n'ont laissé que peu de traces. Leur organisation sociétale est difficile à appréhender[1]. Ils sont surtout connus par les conflits qui les opposent aux sédentaires ou par les discours que ces derniers tiennent sur eux.

Les nomades ne sont pas les seuls à se déplacer. La salinisation des terres à la fin du IIIe millénaire et au tout début du IIe millénaire ainsi que le comblement du golfe Arabo-persique poussent les populations du sud de la Mésopotamie vers le nord ; les déportations effectuées par les rois des IIe et surtout Ier millénaires av. J.-C. déplacent plusieurs centaines voire milliers de personnes. La Mésopotamie est ainsi une terre de migrations où la coexistence de deux peuples (Sumériens et Akkadiens) donne naissance à l'image d'une civilisation unique, suméro-akkadienne, à la culture bilingue qui, par brassages incessants de populations, serait adoptée par tous et ainsi diffusée à tout l'Orient, s'y maintenant durant plusieurs millénaires. Cependant s'il existe un fond commun et une réelle influence des peuples les uns sur les autres, chacun garde ses spécificités même si les sources dont nous disposons ne permettent pas forcément de les mettre toutes en exergue. En outre, au fil des millénaires les habitudes évoluent.

DES SOCIÉTÉS HIÉRARCHISÉES

Des sociétés régies par des lois

Ces peuples respectent des lois, parfois réunies dans des recueils appelés de façon courante mais à tort « codes ». Il s'agit en fait de recueils de sentences réellement prononcées par le roi sur des cas concrets, formulées comme des règles faisant jurisprudence. Ces lois ne visent donc pas à couvrir l'ensemble des situations potentielles mais, à partir de paradigmes, d'en juger d'autres. Un rescrit[2] du roi Samsu-iluna de Babylone, fils et successeur de Hammurabi, aux autorités de la ville de Sippar montre bien la façon dont s'élabore la loi. Le roi a été saisi par les juges de la ville de cas précis, dont celui de la fille de Mar-Šamaš, un habitant de Sippar qui, s'étant endetté auprès d'un certain Awîl-Sîn, refuse de vendre sa maison pour apurer sa dette. Awîl-Sîn demande alors à être remboursé par une saisie des biens (en l'occurrence un esclave) de la fille de Mar-Šamaš, religieuse-*nadîtum* du dieu Šamaš demeurant au cloître. Certes il existe un recueil de lois, celui du roi Hammurabi, mais, si plusieurs articles y sont consacrés aux *naditû*, aucun ne concerne ce type de cas. Le roi Samsu-iluna renvoie alors sa décision de justice libellée sous forme de sentence générale : une *nadîtum* de Šamaš qui vit au cloître ne peut être considérée comme responsable des dettes contractées par sa famille ; ses biens n'ont donc pas à être saisis. Ce rescrit royal est ensuite recopié en plusieurs exemplaires[3].

Le plus ancien recueil connu est celui promulgué par Šulgi, roi d'Ur au XXIe siècle av. J.-C., en l'honneur de son père Ur-Nammu[4]. Écrites en sumérien, les tablettes sont très endommagées et l'on ignore si l'on dispose de l'intégralité du texte initial ou si d'autres articles figuraient sur des tablettes non retrouvées. Le IIe millénaire av. J.-C. a laissé le plus grand nombre de documents de ce type. À l'époque paléo-babylonienne, le code de Lipit-Ištar, roi d'Isin de 1936 à 1926, ville située au sud de Babylone, est encore écrit en sumérien. S'il est connu par des tablettes d'argile, l'épilogue signale cependant que ces lois ont été également gravées sur une stèle. Les premières lois à être écrites en akkadien sont celles d'Ešnunna, un petit royaume de la Diyala. Trois copies nous sont parvenues sur des tablettes d'argile[5]. Elles datent du XVIIIe siècle av. J.-C. et sont un peu antérieures au fameux code de Hammurabi de Babylone (1792-1750). Celui-ci est le plus célèbre sans doute parce qu'il est gravé sur une stèle de diorite noire de plus de 2 mètres de haut, conservée au musée du Louvre. Emportée comme butin vers 1200 av. J.-C. par un roi d'Élam, la stèle a été retrouvée à Suse. On ignore ainsi dans quelle ville du royaume de Babylone elle se dressait à l'origine. Elle comporte, outre une scène représentant la remise des insignes de la royauté à Hammurabi par Šamaš, le dieu du soleil et de la justice, un texte composé d'un prologue, d'environ deux cent quatre-vingt-deux articles de lois et d'un épilogue.

À la différence des autres codes, il est conservé presque dans son intégralité, la stèle de pierre ayant bien mieux résisté au temps que les tablettes d'argile crue[6]. Renommé dès l'Antiquité, plusieurs copies sur argile ont également été retrouvées. Certaines sont rédigées un millénaire plus tard, à une époque où ces lois ne sont plus en vigueur. Cette œuvre devient en effet l'un des exercices favoris donnés aux apprentis scribes pour maîtriser le babylonien classique, l'équivalent d'un texte de Cicéron pour un latiniste. Les Assyriens, dans la seconde moitié du IIe millénaire av. J.-C., ont également rédigé des lois, retrouvées dans la ville d'Assur, à la « porte du dieu Šamaš », lieu où la justice était souvent rendue. L'une des tablettes est datée d'un éponyme de l'époque du roi Tiglath-Phalazar Ier (1114-1076), mais la langue et la graphie utilisées sont plus archaïques. Ces lois ont été vraisemblablement écrites de façon éparse, bien antérieurement à leur compilation. Elles se composent d'une centaine d'articles regroupés par thèmes, chacun sur une tablette spécifique[7]. Cette rédaction de lois n'est pas exclusivement le fait des sociétés mésopotamiennes. D'autres peuples rédigent leurs propres recueils, notamment, dans l'actuelle Turquie, les Hittites, peuple de langue indo-européenne, ou, du côté de l'ouest sémitique, les Hébreux. Les influences dans le temps et dans l'espace de ces lois les unes sur les autres révèlent l'existence d'un fond commun de réflexion juridique tout en conservant des particularités locales. Certains articles peuvent également faire l'objet de révisions. Si aucun exemple n'en a été retrouvé pour la Mésopotamie, ceci est attesté chez les Hittites : la compensation de la mort d'une personne par une livraison d'esclaves est remplacée par le versement d'une somme d'argent ; de même l'évolution des prix entraîne une modification du tarif des amendes.

Ces lois mésopotamiennes montrent des sociétés sédentaires, citadines, socialement hiérarchisées, centrées sur la famille et l'institution du mariage. Certaines lois, comme celles d'Ešnunna, se préoccupent aussi de l'économie en fixant les prix et les salaires. Tous les aspects de la vie en société sont appréhendés avec le souci permanent de protéger les plus faibles. C'est ce que rappellent à l'envi les différents prologues de ces codes dès le IIIe millénaire av. J.-C. Ces lois sont destinées à être appliquées par les juges mais pas seulement. Gravées sur des stèles, elles ont une autre vocation. L'épilogue du code de Hammurabi le rappelle : « Que l'homme lésé qui est impliqué dans un procès vienne devant ma statue de "roi de justice", qu'il lise ma stèle inscrite, qu'il écoute mes précieuses paroles et que ma stèle lui indique son procès, qu'il voie la sentence qui le concerne et qu'il s'apaise. » Si le nombre de personnes sachant écrire et lire est bien supérieur à ce que l'on a longtemps supposé[8], toutefois la façon dont les articles sont disposés sur la stèle ne facilite pas leur consultation. Il en appert que le monument est aussi et surtout destiné à être vu. Sa présence seule suffit. Elle est la justice royale. Sans doute est-ce là pourquoi ces stèles s'élèvent dans plusieurs villes et pourquoi, outre la valeur intrinsèque des matériaux dans lesquelles elles sont sculptées — la diorite en ce qui concerne le code de Hammurabi —, elles sont emportées comme butin.

Une hiérarchie sociale

Au IIIe millénaire av. J.-C., d'après les lois écrites en sumérien, la population se divise en deux catégories, les personnes libres et les esclaves, selon des critères exclusivement juridiques. À partir du IIe millénaire av. J.-C., c'est une répartition tripartite des sociétés, cette fois basée sur une pyramide juridique mais aussi économique, qui est révélée. On distingue l'*awîlum* (homme libre possédant une certaine aisance économique), le *muškênum* (homme libre simple particulier — le mot dérive d'une racine signifiant « se prosterner »), et enfin le *wardum* (en babylonien « l'esclave »). Les sentences sont alors établies en fonction du statut de la victime et de celui de l'agresseur :

> Si un homme (*awîlum*) a crevé l'œil d'un homme (*awîlum*), on lui crèvera l'œil. S'il a brisé l'os d'un homme (*awîlum*), on lui brisera son os. S'il a crevé l'œil d'un simple particulier (*muškênum*), ou bien s'il a brisé l'os d'un simple particulier (*muškênum*), il payera 1 mine d'argent. S'il a crevé l'œil d'un esclave (*wardum*) d'un homme ou bien brisé l'os de l'esclave d'un homme, il payera la moitié de sa valeur. Si un homme (*awîlum*) a cassé une dent d'un homme son égal, on lui cassera une dent. S'il a cassé la dent d'un

> simple particulier, il paiera 1/3 de mine d'argent. Si un homme a frappé la joue d'un homme d'un rang supérieur à lui, il sera frappé dans l'assemblée avec un fouet de bœuf 60 fois. Si le fils d'un homme (*awîlum*) a frappé la joue du fils d'un homme son égal, il paiera 1 mine d'argent. Si un simple particulier a frappé la joue d'un simple particulier, il paiera 10 sicles d'argent. Si l'esclave d'un homme a frappé la joue d'un fils d'homme, on lui coupera l'oreille[9].

La différence de sentences entre ces deux catégories d'hommes libres, *awîlum* et *muškênum*, s'explique par le fait que, lorsqu'un inférieur s'attaque à un supérieur, c'est aussi l'honneur de ce dernier qui est en jeu. Un autre exemple de ce type d'*injura atrox* se retrouve plus tard dans les lois médio-assyriennes où la femme — par nature socialement inférieure à l'homme — qui ose lever la main sur l'un d'entre eux est condamnée à payer 30 mines d'étain et à être frappée de 20 coups de bâton[10].

L'esclavage est, à l'origine, le sort des populations vaincues. À l'issue des campagnes militaires, les ennemis les plus dangereux sont souvent exécutés, ou emmenés comme esclaves, étant alors utilisés à diverses tâches comme tirer l'eau des puits ou pousser la meule à grains pour obtenir de la farine. Beaucoup d'esclaves sont aussi des femmes. En sumérien, l'idéogramme désignant l'esclave féminine est composé de l'addition des signes « femme » (MUNUS) et « montagne » (KUR). De fait, la plupart des campagnes militaires menées au IIIe millénaire av. J.-C. sont dirigées vers l'est où s'élèvent les montagnes du Zagros et de l'Élam.

Les premières captives sont des montagnardes, des étrangères ramenées comme butin. Elles permettent à terme de renouveler et d'accroître le nombre d'esclaves de la maison, tout nouveau-né ayant le statut juridique de sa mère quel que soit celui du père. Ainsi l'enfant d'une femme esclave est esclave que son père soit esclave ou homme libre. Ces enfants restent les premières années avec leur mère, ensuite ils peuvent être vendus séparément.

Les prisonniers sont répartis entre les grandes structures comme les palais et les temples qui disposent ainsi de nombreux esclaves (plusieurs centaines, voire, à certaines époques, plusieurs milliers), puis dans une moindre mesure entre les soldats. Ces derniers les confient à leur famille ou les vendent à des marchands. Un esclave vaut cher. C'est pourquoi les particuliers en ont peu. Les prix, comme pour toute marchandise, fluctuent selon la loi de l'offre et de la demande selon l'âge, le sexe et les qualités. Un bon esclave spécialisé peut atteindre jusqu'à 1 mine d'argent. Un esclave vaut entre 30 à 50 % de plus qu'une esclave. À partir du Ier millénaire av. J.-C., époque des grands déplacements néo-assyriens de populations vaincues, les familles esclaves sont de moins en moins souvent séparées même en cas de vente.

L'esclavage n'est pas réservé aux seules populations vaincues. Des conditions économiques peuvent également y mener. L'esclavage pour dette est attesté dès le IIIe millénaire av. J.-C. Quand un débiteur a perdu ses biens, donné en gage ou vendu un par un ses enfants et sa femme, il ne lui reste à vendre que lui-même. Au musée d'Alep, on peut voir l'empreinte d'un pied d'enfant prise volontairement dans de l'argile. Trouvée à Emar dans les archives d'une maison appartenant à une famille de devins, elle date du XIIIe siècle av. J.-C. C'est celle d'un petit garçon nommé Ba'al-bêlu. Lui et ses trois frères ont été vendus par leurs parents, criblés de dettes, à un devin nommé Ba'al-malik. Les enfants étant trop jeunes pour travailler, le devin garde l'empreinte de l'un de leurs pieds comme preuve de sa possession qui, dans la pratique, est différée de quelques mois. Chaque empreinte porte le nom de l'enfant et son patronyme ainsi que l'impression des sceaux des témoins en cunéiformes akkadiens et en hiéroglyphiques hittites. Vendre son enfant est le dernier recours. Il est préférable de le donner en adoption, ce qui enlève la charge économique de l'enfant à sa famille naturelle tout en préservant sa liberté. Lors de graves crises économiques, les cas de vente se multiplient au point que le roi, dans un idéal de retour à l'ordre originel, donc juste, peut intervenir selon deux façons. Par édit de *mîšarum*, il remet d'une manière générale les dettes des particuliers (sauf les emprunts contractés dans un but commercial) dans tout le pays. De même les montants versés lors de ventes de biens immobiliers sont revus par des commissions spécialisées chargées de réévaluer les prix qui avaient été demandés. Ceux qui ont exploité la détresse de leurs débiteurs poussés à la ruine, en achetant à bas prix leurs terrains et leurs maisons doivent alors restituer les biens ou payer un complément. Par édit d'*andurârum*, le roi rend à chacun son statut initial : l'esclave né libre est libéré, l'esclave né esclave est rendu à son propriétaire antérieur.

Un esclave peut être affranchi. De même, lorsqu'un père vend l'un de ses enfants, certaines clauses peuvent prévoir d'emblée un rachat éventuel une fois la dette épongée. L'un des contrats d'époque paléo-babylonienne trouvé à Tell Harmal, l'ancienne Šaduppum, petite ville de la Diyala, située à une dizaine de kilomètres à l'est de Bagdad, se termine ainsi : « Lorsqu'il le désirera, il apportera 12 sicles d'argent pour reprendre son fils[11]. » Un grand nombre de personnes peuvent donc devenir esclaves au moins temporairement, le temps de rembourser une dette ou qu'une rançon soit éventuellement demandée et versée. À l'époque paléo-babylonienne, un accord diplomatique est passé en ce sens entre deux villes de la Diyala, Šadlaš et Nêrebtum. Il prévoit les tarifs de rançon : 40 sicles pour un homme libre, 15 sicles pour un esclave. D'une manière plus générale, toute personne issue d'une ville de Mésopotamie peut être rachetée par ses concitoyens. Certains marchands se spécialisent en ce domaine. Nous sommes donc très loin de l'image des sociétés esclavagistes consécutives aux traites négrières du Moyen Âge ou de l'Époque moderne. Il n'y a aucune connotation péjorative dans le terme qui désigne les esclaves (ÌR en sumérien, *wardum* en akkadien) au point que tout courtisan se présente devant le roi en tant qu'esclave et il en va de même pour le roi vis-à-vis des dieux.

L'esclave fait partie des biens meubles de son propriétaire. Il peut être vendu, transmis en héritage, loué, etc. C'est une force de travail qui peut être endommagée. S'il est blessé, le code de Hammurabi prévoit le montant d'une amende à verser à son propriétaire. Il doit être bien traité. Si son maître doit lui fournir une ration lui permettant de se nourrir, l'esclave peut également mettre un peu d'argent de côté et éventuellement racheter sa liberté. Les esclaves travaillent à l'intérieur de la maison, notamment aux activités de tissage pour les femmes, ou gèrent des boutiques qui sont parfois comme à Nippur de véritables firmes commerciales de grande ampleur surtout au Ier millénaire av. J.-C.

Certains esclaves peuvent être tentés de s'enfuir. Si tel est le cas, le hérault proclame la nouvelle trois fois à travers la ville afin de prévenir la population. Quiconque recueillerait le fugitif encoure la peine de mort. Encore faut-il pouvoir distinguer physiquement un esclave d'un homme libre. Sous Hammurabi de Babylone, les esclaves arborent une coiffure particulière : une mèche de leurs cheveux n'est jamais coupée. À d'autres époques et dans d'autres lieux, ils portent une marque rouge obtenue par tatouage ou même parfois par brûlure[12]. Si la tentation est grande de s'enfuir en coupant cette grande mèche, tous ceux qui aideraient le fugitif s'exposent à de fortes condamnations :

> Si un barbier a rasé la mèche de cheveux d'un esclave qui ne lui appartient pas à l'insu du propriétaire de l'esclave, on coupera le poignet de ce barbier.

> Si un homme a dupé un barbier et que (celui-ci) a rasé la mèche de cheveux d'un esclave qui ne lui appartient pas, on mettra cet homme à mort et on le pendra à sa porte. Le barbier devra jurer : « Je ne l'ai pas rasé en connaissance de cause » et on le tiendra pour quitte[13].

La mort attend également quiconque aiderait un esclave à franchir la porte de la ville[14] ou lui donnerait asile[15].

LA FAMILLE, CELLULE DE BASE DE LA SOCIÉTÉ

Le mariage…

Le statut le plus courant de tout individu adulte est d'être marié. L'objectif est d'avoir des enfants légitimes, en particulier un fils afin d'assurer la transmission du patrimoine familial, d'apporter au couple une aide dans ses vieux jours et de pouvoir après la mort être intégré au culte des ancêtres. Peu d'hommes restent célibataires et parmi les filles, femmes consacrées mises à part, c'est encore plus rare. En général le choix d'un futur époux ne relève pas de la jeune fille mais de ses parents, ou encore de son frère aîné si le père est absent ou mort. Il semble d'après les textes littéraires que chez les Sumériens le jeune homme demande la main de la jeune fille à sa mère, puis, ayant obtenu son accord, négocie avec le père[16].

L'homme a donc la possibilité de choisir son épouse, mais il arrive aussi que des parents désignent leur future bru. La femme, à l'issue du mariage, passe de l'autorité de son père à celle de son mari. Très concrètement cela se traduit par un changement de résidence.

Le mariage se déroule en deux temps et s'accompagne d'échanges de cadeaux. La famille du jeune homme verse au père de la jeune fille un présent (la *terhatum*). Les deux promis sont alors liés de façon inchoactive, chacun restant dans sa propre famille[17]. Dans un second temps, un repas est donné chez la jeune fille avec des victuailles apportées par le jeune homme. Le *Mythe du mariage de la déesse Sud et d'Enlil* donne une liste impressionnante des différents aliments offerts par le dieu Enlil à cette occasion :

> Enlil donna donc des ordres,
> Et depuis le Haut-Pays, les animaux d'affluer ;
> Les quadrupèdes, des capridés aux asinés,
> Qui croissent librement dans la steppe
> Et hantent les montagnes, on en choisit une multitude :
> Aurochs, cerfs, éléphants, daims, gazelles,
> Ours, moutons et béliers sauvages,
> Lynx, renards, chats sauvages, panthères,
> Mouflons, buffles d'eau, singes,
> Bovidés trapus, bœufs cornus et meuglants,
> Vaches avec leurs veaux ; bétail sauvage aux amples cornes
> Menés de laisses précieuses ;
> Brebis et agneaux, chèvres et leurs cabris,
> Cabriolant et luttant entre eux ;
> Chevreaux râblés, à la longue barbiche,
> Piaffant de leurs sabots,

Agneaux [...],
Moutons dignes de la table royale :
Enlil les dépêcha tous à Ereš ;
Tommes, fromages aromatisés, fromageons [...],
Produits du lait de toutes sortes [...],
Miel blanc, miel durci, les [...] les plus doux,
Dattes, figues, lourdes grenades [...],
Cerises, prunes, noix de *halub*, pistaches, glands,
Dattes de Dilmun par paniers,
Régimes à la couleur sombre,
Grenades aux larges grains,
Grappes massives de raisin de primeur,
Fruits exotiques en branches,
Rameaux d'arbres fruitiers [...],
Fruits divers de jardin :
Enlil les dépêcha tous à Ereš [18].

Un tel festin n'a pas pour seul objectif de rassasier les invités ou de faire la fête mais de montrer que, en partageant la même nourriture au cours d'un même repas préparé grâce aux deux familles, celles-ci acceptent de partager la même vie. Puis se déroule une cérémonie au cours de laquelle les jeunes gens échangent leur consentement en déclarant : « Tu es ma femme, je suis ton mari », « Tu es mon mari, je suis ta femme ». Les franges des vêtements des mariés sont nouées entre elles. Un contrat est établi. La jeune fille est conduite avec sa dot (bijoux, trousseau, meubles) dans la maison de son époux. Cette union de deux familles est encore plus importante dans le cas des mariages princiers. Lorsque Yasmah-Addu, roi de Mari, épouse une princesse de Qaṭna, son beau-père Išhi-Addu lui écrit :

> J'ai donné à tes bras ma chair et ma progéniture : celle qui est ta servante et que je t'ai donnée, que la divinité lui fasse trouver grâce à tes yeux ! J'ai donné à tes bras ma chair et ma progéniture : cette maison-ci est devenue ta maison et la maison de Mari est devenue ma maison[19] !

Les rois ont en général plusieurs épouses, les femmes entrant comme élément du jeu diplomatique. Ainsi trois des épouses du roi Rim-Sîn de Larsa sont connues par les écrits qu'elles ont laissés : Simat-Ištar, Rim-Sîn-šala-balaštašu et Beltani. En revanche, pour les simples particuliers, la monogamie est de mise. Néanmoins, dans quelques cas particuliers, l'homme peut prendre une seconde épouse. Ainsi, au début du IIe millénaire av. J.-C., les marchands assyriens, absents du domicile conjugal pendant de très longues périodes, laissent à Assur leur épouse principale, *aššatum*. S'ils ne peuvent épouser une autre femme de même rang, en revanche ils prennent en Anatolie une épouse secondaire, *amtum*. Ils ne vivent ainsi jamais seuls, mais toujours avec une seule femme à la fois. Pour ne pas disperser le patrimoine et marquer la différence entre les deux femmes, seuls les enfants de l'épouse principale héritent des biens immobiliers de leur père. Il en va de même pour les biens mobiliers, sauf si le père décide par testament d'en léguer une partie aux enfants issus de son union avec une *amtum*. Par ailleurs, l'objectif de tout mariage est de transmettre le patrimoine familial et d'assurer la continuité du culte des ancêtres. Si le couple demeure sans enfants, partant du fait que la stérilité peut être féminine, l'homme est alors autorisé à prendre une seconde épouse. Certains contrats de mariage envisagent cette éventualité et fixent le délai — deux ou trois ans en général, plus rarement sept ans — à partir duquel, l'épouse n'ayant pas mis d'enfant au monde, l'homme peut avoir recours à une autre femme. Le choix de cette seconde femme, libre ou esclave, incombe parfois à la première épouse. Les enfants nés de cette union sont réputés être ceux des deux femmes conjointement.

Par ailleurs, il peut être mis fin à un mariage par des voies légales. La formule employée pour demander le divorce est: «tu n'es plus mon épouse», ou «tu n'es plus mon époux». Les textes paléo-babyloniens précisent les modalités de la cérémonie: devant témoins, l'époux coupe les franges du vêtement de sa femme et déclare «tu n'es plus mon épouse». La femme repart chez son père avec sa dot. D'après la documentation paléo-assyrienne, n'importe lequel des deux époux peut engager la procédure et le montant dû au conjoint délaissé est identique que ce soit l'homme ou la femme. En revanche, à Sippar, d'où proviennent la plupart des contrats de mariage paléo-babyloniens, la mort attend la femme initiant cette démarche. L'homme, quant à lui, doit s'attendre à payer une très forte somme. Les jugements tiennent compte des raisons invoquées par les deux parties. Dans le code de Hammurabi, un homme peut ainsi arguer de la stérilité de son épouse pour initier la procédure. Dans ce cas, il doit lui verser une indemnité[20]. Cependant il ne peut la renvoyer si elle est malade. Il doit alors la garder chez lui et pourvoir à son entretien, tout en ayant le droit de prendre une seconde épouse[21]. En pratique, il est le plus souvent donné satisfaction au mari. Un jugement rendu au début du IIe millénaire av. J.-C. dans la ville de Sippar en donne un petit aperçu :

> En présence de ces témoins, on a interrogé Aham-nirši : « Cette femme est-elle ton épouse ? » Il a déclaré : « Vous pouvez m'empaler, me découper en morceaux, mais je ne resterai pas marié à elle ! » Voilà ce qu'il a dit. On a interrogé son épouse, et elle a déclaré : « J'aime mon mari ! » Voilà ce qu'elle a répondu[22].

Et les juges accordent le divorce à l'époux ! En cas de mauvaise conduite de son épouse, l'homme peut la répudier sans aucune indemnité[23]. Par ailleurs, si le code de Hammurabi ne conçoit pas qu'une femme puisse demander le divorce, il envisage que, ayant pris son époux en aversion, elle se refuse sexuellement à lui. Si ce dernier initie pour cette raison une procédure de divorce, une enquête sur le comportement des deux époux est menée dans leur quartier. Si l'inconduite du mari est de notoriété publique, la femme est autorisée à rentrer chez son père avec sa dot[24]. Si en revanche le constat est que la femme « ne prend pas garde à elle, est sorteuse, dilapide sa maison, discrédite son mari », c'est la mort par noyade qui peut l'attendre[25] ! Ce jugement rendu dans la ville de Nippur éclaire les aléas de la vie conjugale :

> Erra-malik a pris en mariage Ištar-ummi, fille d'Ili-ašu. Premièrement, elle a cambriolé son grenier. Deuxièmemcnt, elle a pratiqué une ouverture dans sa jarre d'huile et l'a recouverte d'un vêtement (pour dissimuler son forfait). Troisièmement, il (le mari) l'a prise sur un homme; il l'a liée sur le lit au corps de l'homme. Il l'a traînée à l'assemblée. L'assemblée, parce qu'elle a été prise sur un homme, a décidé qu'il (le mari) ne payera pas son indemnité de divorce... Elle (l'épouse) a été travestie en prostituée, on a rasé son sexe et percé son nez avec un clou droit. Le roi l'a livrée pour qu'elle soit conduite à travers la ville[26].

Le but est d'humilier la femme, que plus personne ne veuille d'elle, qu'elle se trouve délaissée de tous et que parallèlement son mari puisse se remarier.

Si la femme décède sans descendance, le veuf rend la dot à sa belle-famille. La veuve, quant à elle, peut revenir, si elle le désire, chez ses parents avec sa dot et/ou se remarier. En Babylonie, il arrive que, dans ce cas, elle choisisse son second mari. En Assyrie, les lois attestent la coutume du lévirat. Un homme peut remarier sa belle-fille veuve à un autre de ses fils. De même, il peut décider de marier son beau-fils veuf à une autre de ses filles[27]. Si elles ne reviennent pas chez leurs parents ou ne se remarient pas, les veuves sont protégées par la loi. Le code de Hammurabi et les lois assyriennes leur permettent de demeurer dans la maison de leur époux[28]. Leurs moyens d'existence sont assurés soit par leur douaire, soit par leur participation à l'héritage, soit encore par leurs enfants qui ont le devoir de les entretenir[29].

Dans plusieurs testaments trouvés à Emar, des hommes instituent leur femme « père et mère » de leurs enfants, octroyant à leur épouse l'autorité parentale et le statut de chef de famille. Les enfants ne peuvent ainsi réclamer leur part d'héritage tant que leur mère est en vie[30].

D'une manière générale, les femmes semblent avoir plus de liberté et plus de responsabilités quand les hommes sont absents : épouses de commerçants à longue distance qui gèrent de main de maître l'entreprise familiale pendant les voyages de leur mari, veuves choisissant leur nouvel époux... Mais il ne faut pas oublier que les projecteurs sont alors braqués sur elles : les législateurs réfléchissent sur leur cas, elles écrivent des lettres à leur époux, tiennent des comptes, apparaissent dans des contrats, bref laissent une trace de leur existence et de leurs activités. En revanche, de la simple femme vivant avec ses enfants auprès de son mari nous n'avons que peu de connaissances. Elle passe de l'autorité d'un père à celle d'un époux. Ces femmes mariées, fidèles, banales, vivant sans histoires, sont de loin les plus nombreuses, mais, par manque de sources, nous ne savons que peu de chose de leur existence.

... pour assurer une descendance légitime

L'objectif premier d'un mariage est d'assurer une descendance légitime[31]. De nombreux reliefs représentent des couples, soit côte à côte, soit en train de s'unir, d'autres montrent des mères allaitant un enfant ou le portant[32]. L'interruption provoquée d'une grossesse donne matière à légiférer. Les codes de Lipit-Ištar[33] et de Hammurabi[34] ainsi que les lois médio-assyriennes[35] prévoient la nature de la compensation de la perte d'un fœtus, conséquence de coups portés volontairement ou non à la femme enceinte. Les peines, dans le code de Hammurabi, s'échelonnent d'une compensation financière jusqu'à la mort de la fille du coupable, prenant ainsi une vie pour une vie selon la désormais célèbre loi du talion[36]. Les lois assyriennes punissent par le pal et la privation de sépulture toute femme ayant volontairement avorté, y compris si elle-même est morte au cours ou des suites de cet avortement. Plus qu'une punition pour la coupable, le châtiment doit être visible de tous afin que chacune en retienne la leçon[37]. De même l'adultère, parce qu'il peut introduire dans une famille un enfant illégitime — même si cela n'est jamais exprimé en tant que tel —, n'est sanctionné que s'il est commis par une femme mariée. Aucune considération morale ou religieuse ne vient teinter les relations sexuelles librement consenties de quelque nature qu'elles soient. Seule une considération de droit est prise en compte, à savoir la légitimité ou l'illégitimité d'un enfant potentiel. C'est pourquoi un homme, pour peu qu'il évite les femmes mariées — il est vrai les plus nombreuses —, peut faire ce qu'il veut avec qui il veut à la seule condition d'avoir l'accord de cette personne[38]. En cas d'adultère de la femme, la sentence prononcée est la même pour elle et son amant. En général il s'agit de la peine de mort, souvent par noyade[39]. Cependant, si le cocu pardonne, les deux fautifs peuvent être graciés soit totalement, soit, d'après les lois assyriennes, à la demande du mari trompé, ils peuvent être mutilés — la femme défigurée, l'homme castré —, l'objectif étant d'ôter à chacun la possibilité de séduire et de recommencer[40].

La femme enceinte fait l'objet de toutes les attentions : famille, médecins, devins... Tout est mis en œuvre pour que le bébé arrive à terme et en bonne santé. Il faut en particulier se garder de plusieurs démons : Pašittu qui provoque des fausses couches ou des naissances avant terme ; Kûbu, prématuré qui, n'ayant pu boire le lait de sa mère, empêche les autres bébés de se nourrir ; et la fameuse Lamaštu. Sœur de la déesse Ištar, celle-ci a été chassée du ciel par son père, le dieu Anu, pour avoir réclamé des bébés à manger lors de son déjeuner. Elle rejoint alors les sept démons Utukku, provoque les fausses couches, empêche les nourrissons de respirer, est responsable de leurs fièvres et de leurs cris. Être hybride (une tête de lion avec des dents d'âne, un corps couvert de poils, des serres d'oiseaux en guise de pieds et des griffes à la place des doigts), elle est fréquemment représentée allaitant un porcelet et un chien. Seul son époux, Pazuzu, peut la retenir.

L'accouchement est protégé par la déesse Nintu, souvent figurée allaitant un bébé, en portant un autre sur le dos. Un signe (Ω) lui est accolé ; il renverrait au cordon ombilical, transmission de la vie. Si les traités médicaux s'intéressent à la femme enceinte, ils sont moins fournis en ce qui concerne les bébés. Toutefois, parmi les nombreux présages regroupés par le scribe Esagil-kîn-Apil sous le roi Adad-apla-iddina (1068-1046) de la IIe dynastie d'Isin, une tablette entière y est consacrée. Ce sont des prévisions de vie ou de mort, et non des traitements médicaux[41]. Ils permettent de trier les cas sérieux, voire mortels, des petits bobos qui passent d'ordinaire avec l'âge et pour lesquels il ne faut pas trop s'inquiéter, tels les pleurs du bébé lors de la poussée dentaire. Attention est portée aux réflexes de l'enfant, au cri qu'il pousse dès sa venue au monde : « Si un enfant, alors que tu le balances [en le tenant] par le cou ne sursaute pas et n'étend pas les bras[42] », « si une femme accouche et que son enfant reste silencieux[43] », tout cela est très mauvais signe. De même la couleur du bébé (jaune, bleue) est analysée[44]. Chaque phase de développement fait l'objet d'observations : de la fièvre qui accompagne la poussée des dents si elle est trop forte ou si elle dépasse une vingtaine de jours à l'évolution du poids avec l'âge. Ici ce ne sont pas, comme dans nos sociétés de consommation, les risques d'obésité qui inquiètent, mais la perte de poids. Des lettres montrent que les symptômes d'autres maladies, connues aujourd'hui sous le nom d'épilepsie ou de tétanos, préoccupent beaucoup les parents, notamment à l'âge où les enfants ont tendance à tout mettre à la bouche.

La mortalité en bas âge est élevée. Le roi Zimrî-Lîm de Mari (XVIIIe siècle av. J.-C.) voit mourir au moins deux de ses enfants, un fils et une fille. Cette dernière meurt alors que le roi est en déplacement.

La correspondance échangée alors entre les dignitaires restés au palais où la petite a rendu son dernier soupir et ceux qui accompagnent le roi montre toutes les précautions qui sont déployées afin d'apprendre à Zimrî-Lîm cette funeste nouvelle avant qu'il ne rentre dans la capitale. Ils savent que le roi en sera profondément affecté. Il devra cependant faire abstraction de sa peine lors des cérémonies prévues pour son retour à Mari, la bonne santé et la jovialité du roi allant de pair avec la prospérité du pays. Ceux qui survivent aux maladies infantiles ont toutefois une relative bonne espérance de vie, surtout s'ils échappent aux guerres et qu'ils disposent d'un niveau social et économique élevé. Selon un texte trouvé dans la cité d'Emar, les dieux ont donné à l'homme un maximum de 120 ans à vivre. Beaucoup de rois règnent pendant de longues années : Šulgi d'Ur, 48 ans ; Rim-Sîn Ier de Larsa, 60 ans ; Hammurabi de Babylone, 43 ans ; Assurbanipal d'Assyrie, 42 ans. Or ils ne sont pas tous arrivés très jeunes sur le trône. Quant à la mère de Nabonide, la reine Adad-guppi, elle meurt à 104 ans.

La première identification de l'individu se fait par le nom. Ce nom est important car il est porteur de sens[45]. Nous employons couramment les noms des rois du Ier millénaire av. J.-C. tels qu'ils ont été transmis par la Bible. Il convient, pour en définir le sens, d'en reprendre la forme d'origine : Nabuchodonosor, en babylonien *Nabû-kudurri-uşur*, signifie « Nabû, protège ma descendance ! », Assurbanipal, en assyrien *Assur-ban-apli*, « Assur est le créateur du fils héritier ». Certains fils de rois n'étant pas à l'origine destinés à succéder à leur père voient ainsi leur nom changer. Assarhaddon (*Assur-aha-iddina*) signifie « Assur a donné un frère ». Il est en effet l'un des plus jeunes enfants de Sennachérib. Quand son père, en 683 av. J.-C., le désigne comme prince héritier grâce aux intrigues de sa mère Zakûtu, il reçoit un nouveau nom plus en adéquation avec ses futures fonctions : *Assur-etel-ilâni-mukîn-apli*, soit « Assur, prince des dieux, est celui qui établit l'héritier ». Il ne semble pas cependant l'avoir beaucoup utilisé, préférant garder l'ancien. À quel âge le nouveau-né reçoit-il ce nom ? Juste après la naissance ? Une fois passés les risques de la petite enfance ? D'après la documentation de Mari, le prince Yagîd-Lîm l'aurait reçu au cours d'une cérémonie organisée trois ans après sa naissance[46]. Est-ce la procédure normale ? Est-ce valable partout ? En toutes les époques ? Cela reste objet à discussion. Quoi qu'il en soit, un seul nom est donné. C'est pourquoi, pour distinguer les individus, le nom d'une personne est, dans les documents, en général suivi de celui de son père.

Le plus souvent les enfants royaux sont allaités par des nourrices choisies avec grand soin. L'une des plus connues est Gišadu, nourrice de Iš'ar-Damu, le dernier roi d'Ebla. Même après avoir terminé sa tâche, elle garde jusqu'à la fin de sa vie une grande influence à la Cour[47]. Dans d'autres lieux, notamment à Mari, les nourrices ne résident pas à la Cour et gardent les bébés à leur domicile[48]. Chez les simples particuliers, les enfants sont également mis en nourrice ou restent avec leur mère quand ils sont jeunes, y compris en cas de divorce, puis les fils s'éloignent du giron maternel pour apprendre le métier de leur père.

Quelques nouveau-nés sont parfois abandonnés juste après leur naissance, c'est-à-dire « jetés au chien » selon l'expression utilisée alors. Cependant, l'abandon est d'une manière générale assez mal considéré. Ces enfants sont recueillis par les temples qui les élèvent comme esclaves. Un enfant peut être également enlevé d'office à sa mère si celle-ci se montre incapable de l'élever, notamment à l'époque néo-babylonienne s'il s'agit d'une prostituée[49]. Des couples sans descendance peuvent également les adopter. Le nombre d'abandon étant faible, ils font souvent le choix d'enfants dont les parents naturels sont connus. De nombreux contrats d'adoption ont été retrouvés. Ils se présentent tous de façon à peu près similaire ; pour exemple celui-ci trouvé à Šaduppum daté de l'époque paléo-babylonienne :

> Une jeune fille dont le nom est Ahatima, de Kinanatum sa mère et Ahî-maraş son frère, Tarâm-Kûbi l'a prise en adoption. Tant que Târam-Kûbi sera vivante, Ahatima sa fille prendra soin d'elle (Tarâm-Kûbi) et plus tard personne en rien n'aura de droit sur elle. (Si) Tarâm-Kûbi dit à Ahatima sa fille : « tu n'es pas ma fille », elle perdra l'adoption et (si) Ahatima dit à Tarâm-Kûbi sa mère : « tu n'es pas ma mère », elle (Tarâm-Kûbi) pourra la (Ahatima) vendre. Celui qui contesterait Ahatima contre Tarâm-Kûbi devra verser 1 mine d'argent…[50]

Il s'agit pour les parents naturels d'assurer la subsistance immédiate et l'avenir de leur progéniture. L'adopté est pris en charge économiquement durant son enfance et héritera éventuellement de ses parents adoptifs, en contrepartie il devra s'occuper d'eux jusqu'à leur mort, puis assurer le culte de leurs ancêtres.

À la mort du chef de famille, son patrimoine est divisé entre ses fils soit à parts égales, soit avec une part prépondérante pour l'aîné. Un contrat est rédigé pour éviter toute contestation ultérieure. Les filles n'héritent pas mais ont été préalablement dotées même si le montant de la dot est en général inférieur à ce que serait une part d'héritage. Un problème se pose quand il n'y a pas de fils. Afin que le patrimoine reste au sein du même lignage, certains adoptent le mari de leur fille. D'autres solutions parfois très originales existent localement. Ainsi aux XIVe et XIIIe siècles, à Emar, Nuzi et Arrapha, des actes très particuliers sont dressés dans lesquels des pères adoptent leur fille comme garçon, leur conférant là encore le statut de « femme et homme » en ce qui concerne la transmission du patrimoine et le culte rendu aux ancêtres. Muzazu, habitant d'Emar, préserve ainsi l'usufruit pour sa femme et lègue sa fortune à sa fille :

> À partir de ce jour, Muzazu fils de Samana, en bonne santé, a fait son testament à propos de sa maison. Il a dit ceci : « À présent Hebate, mon épouse, est père et mère de ma maison. À présent j'ai établi ma fille Alhati comme femme et homme. Elle pourra appeler mes dieux et mes (ancêtres) morts. À présent, ma maison, mes biens, mes possessions, tout ce qui est à moi, je l'ai donné à ma fille Alhati »[51].

VIVRE AU QUOTIDIEN

Le découpage du temps

Les Mésopotamiens vivent selon un calendrier qui s'appuie à la fois sur la course du soleil et les différentes phases de la lune (l'année est solaire, les mois lunaires, les jours divisés en douze doubles heures selon le soleil). Le calendrier rythme les activités à la fois religieuses et agricoles. Le Nouvel An est fixé selon les lieux et les époques soit à l'équinoxe d'automne, soit le plus souvent à l'équinoxe de printemps. Cette dernière date finit par s'imposer dans toute la Mésopotamie au Ier millénaire av. J.-C. L'année solaire est composée de douze mois lunaires, à quoi s'adjoint de temps en temps un treizième mois afin de rattraper le cycle solaire comme le jour que nous ajoutons actuellement lors des années bissextiles. Le nom des mois renvoie aux fêtes religieuses ou aux activités agricoles qui s'y déroulent. Au IIIe millénaire av. J.-C., chaque cité-État dispose de son propre calendrier, puis celui de Nippur finit par être adopté partout. Les hémérologies[52] indiquent que les 7e, 14e, 21e et 28e jours de chaque mois sont néfastes. Certaines activités sont alors interdites. Le jour commence au coucher du soleil comme c'est encore le cas aujourd'hui pour de nombreuses populations sémitiques. Afin de mesurer le temps, les Mésopotamiens utilisent une sorte d'horloge à eau (DIB.DIB en sumérien, *dibdibbu* en akkadien) que les Grecs appellent plus tard la clepsydre.

Se vêtir et se parer

En ce climat chaud et relativement humide, peu d'étoffes résistent à l'outrage du temps. Quelques fragments seulement ont été trouvés dans les tombes royales de la ville néo-assyrienne de Kalhu. La mode vestimentaire ne peut donc être appréhendée que par l'iconographie et l'épigraphie. La qualité, la finesse, le raffinement des broderies, la couleur parfois (le rouge arboré par les exorcistes pour chasser les mauvais démons), reflètent la condition sociale ou le métier de ceux qui les portent. La plupart des vêtements sont en laine, dans une moindre mesure en lin. La soie est attestée à la fin du Ier millénaire av. J.-C. Le coton reste, quant à lui, presque inconnu. Le tissage est, sauf à l'époque médio-babylonienne, du ressort des femmes. Épouse, enfants et servantes y participent. À l'époque paléo-assyrienne leur production alimente le grand commerce vers la Cappadoce. Les fouilles des maisons en témoignent. Elles ont révélé de nombreux poids utilisés pour tendre les trames des métiers à tisser. Les palais et les temples possèdent également des ateliers afin de vêtir leur personnel ou d'élaborer des tissus d'apparat destinés aux statues des dieux et à la famille royale. Ces textiles d'exception font souvent partie des cadeaux offerts à l'occasion de la conclusion d'accords diplomatiques. Leur réputation déborde largement le cadre de la Mésopotamie. C'est un manteau du Šinéar (Babylonie) qu'Akân ôte du butin et cache sous sa tente, provoquant ainsi, selon le Livre de Josué, la colère de Yahvé[53]. Ces vêtements sont précieusement gardés, aérés de temps en temps pour éviter les mites. Leurs couleurs sont chatoyantes. Les lettres retrouvées à Mari montrent que l'alun est utilisé comme mordant pour fixer la teinture. Outre le blanc et le noir obtenus directement à partir des différentes laines, trois couleurs sont appréciées : le rouge, le bleu et le jaune. À partir de la fin du IIe millénaire et surtout au Ier millénaire av. J.-C., la pourpre, obtenue à partir du murex, est très prisée en Mésopotamie.

Dès le IIIe millénaire av. J.-C., le vêtement le plus porté, des plus humbles jusqu'au roi lui-même, est une sorte de jupe en laine, désignée plus tard par les Grecs sous le nom de *kaunakès*. On la retrouve sur toutes les représentations sumériennes les plus anciennes : l'étendard d'Ur, la stèle des Vautours[54], la plaque d'Ur-Nanše... L'Akkadien Narâm-Sîn, quant à lui, se fait sculpter sur la stèle commémorant sa victoire sur les Lullubi avec un pagne court[55]. À la fin du IIIe millénaire av. J.-C. le roi Gudéa de Lagaš porte un long vêtement qui couvre l'épaule gauche et passe sous l'aisselle droite, il est imberbe, ses cheveux sont courts et bouclés. À partir du IIe millénaire av. J.-C. les Akkadiens arborent des cheveux tombant jusqu'aux épaules et une barbe, le tout savamment frisés. De manière à disposer de coiffures parfaites, aux cheveux fournis et soyeux, des perruques sont parfois utilisées. Les robes de cérémonies, les tuniques sont de plus en plus ouvragées, brodées de fils d'or, d'argent.

Dans les tombes des princesses de Kalhu, les traces de vêtements brodés de rosettes d'or ont été retrouvées. L'habillement des simples femmes est plus difficile à appréhender. Elles sont toujours représentées avec des robes longues, dont l'apparence ne semble guère avoir évolué, qui reflètent moins les différences régionales que l'habillement masculin ne le fait. Étaient-elles voilées ? Le sujet fait l'objet de discussions. Un des premiers exemples du port du voile se trouve dans les archives des marchands assyriens au début du IIe millénaire av. J.-C. Une jeune fille diffusant des ragots malveillants et vraisemblablement sans parents est conduite devant son oncle qui la réprimande et décide de la marier à l'un de ses associés : « (...) je placerai le voile sur la tête de la jeune fille, puis je poursuivrai mon voyage[56] ». Cet acte, qui symbolise l'entrée de la jeune fille dans la famille de son époux, est également attesté dans les archives royales de Mari, au XVIIIe siècle av. J.-C., à propos des reines[57]. À la fin du IIe millénaire av. J.-C. les lois médio-assyriennes confirment que les femmes libres et les jeunes filles de bonne famille, donc non mariées, portent un voile lorsqu'elles sortent dans la rue. Ce n'est pas une obligation mais la manifestation d'un statut social. Aucune sanction n'est prévue si elles sortent nue tête. En revanche la prostituée qui se couvrirait la tête afin de se donner l'apparence d'une femme respectable risque gros. Il en va de même pour l'esclave qui tenterait ainsi d'usurper le statut d'une femme libre :

> Qui voit une prostituée voilée l'arrêtera. Il produira des témoins et l'amènera à l'entrée du palais. On ne prendra pas ses bijoux mais celui qui l'a arrêtée prendra ses vêtements. On la frappera de 50 coups de bâton, on versera de la poix sur sa tête. Les femmes esclaves ne seront pas voilées et qui voit une esclave voilée l'arrêtera. Il l'amènera à l'entrée du palais. On lui coupera les oreilles et celui qui l'a arrêtée prendra ses vêtements[58].

L'iconographie ne confirme pas le port du voile. Les femmes y arborent souvent des coiffures complexes composées de chignons et de boucles, mais rarement un voile. Or il va de soi que les femmes représentées ne sont ni des prostituées ni des femmes de bas étage, mais plutôt des reines et des prêtresses. Les femmes portent-elles le voile uniquement dans certaines aires géographiques ? Seulement à certaines époques ? Le portent-elles à l'extérieur et se feraient-elles représenter telles qu'elles sont à l'intérieur de leur maison ? Après tout, en Europe, jusqu'au début du XXe siècle, aucune femme d'un certain rang social ne serait sortie « en cheveux » dans la rue alors que parallèlement la plupart des reines et des dames de la haute société se faisaient portraiturer sans coiffe, mais avec une chevelure savamment travaillée.

Hommes comme femmes portent colliers, bracelets, boucles d'oreilles et divers diadèmes. De nombreuses parures en or incrustées de lapis-lazuli et de cornaline, datées des environs de

2 600 av. J.-C., ont été retrouvées dans les tombes royales d'Ur. L'or, l'argent, mais aussi le fer considéré comme métal précieux jusqu'au milieu du IIe millénaire av. J.-C. sont artistiquement et finement ciselés par les orfèvres. L'équivalent de 50 kilogrammes d'or a ainsi été retrouvé dans les tombes royales de Kalhu. Le tout est incrusté de pierres précieuses : lapis-lazuli, cornaline, agate, améthyste, turquoise... À partir du IIe millénaire av. J.-C. des perles en pâte de verre imitent les parures de la grande joaillerie. La valeur de ces bijoux explique qu'on les thésaurise comme d'autres biens précieux. Ils recèlent par ailleurs un pouvoir magique, agissant comme des amulettes protégeant des maladies et repoussant les démons. Ce pouvoir est particulièrement évoqué dans le *Mythe de la descente d'Inanna/Ištar aux Enfers* : celle-ci doit à chaque porte menant au monde des morts se délester de l'un de ses bijoux. C'est sans aucun d'entre eux qu'elle arrive devant sa sœur, la reine des Enfers, qui la terrasse et finit par pendre sa carcasse à un vieux clou.

Le maquillage joue un très grand rôle aussi bien pour les hommes que pour les femmes : des pigments blanc, rouge, jaune, noir ont été trouvés dans les tombes royales d'Ur. Si les minéraux à partir desquels ils sont élaborés sont connus — comme le manganèse et le cuivre —, les quelques textes relatifs aux cosmétiques sont extrêmement difficiles à interpréter. On y trouve la pâte d'antimoine, le fard à joue et le khôl pour souligner le regard.

Après s'être lavé, on utilise de l'huile parfumée

pour avoir une peau souple et une apparence agréable. L'absence d'odeurs est d'ailleurs associée au monde des morts. À l'inverse, sentir bon est un signe de santé et de prospérité. Différents parfums sont obtenus par macération à froid dans de l'huile que l'on filtre ensuite à partir d'essences aromatiques comme le cèdre, le genévrier ou le myrte. Un autre procédé, l'extraction à chaud à partir de roseau, de myrte et de buis, est attestée à Mari. Au Ier millénaire av. J.-C., avec l'ouverture des routes caravanières à travers le désert, la gamme s'élargit grâce aux matières rapportées de la péninsule arabique comme la myrrhe. Certaines préparations sont également utilisées dans des brûle-parfums afin de diffuser de multiples fragances mais, pour l'instant, aucune mention d'encens n'a encore été trouvée.

Se nourrir

À la base de l'alimentation se trouvent l'eau et le pain présentés comme les deux éléments nécessaires et suffisants à toute vie. Ce sont ces deux aliments que, sur les conseils de son maître le dieu Ea, Adapa refuse, rejetant ainsi, sans le savoir, l'immortalité qui lui offre Anu, le dieu du ciel. Quand Ereškigal, séduite, accède à la demande d'Aşu-šu-namir et décide de redonner vie à la dépouille de sa sœur, la déesse Inanna/Ištar, c'est avec l'eau de vie. L'idéogramme sumérien représentant le verbe « manger » est obtenu par l'addition de ceux désignant « la bouche » et « le pain » ;

par ailleurs en akkadien, la racine est commune entre le verbe « manger » (*akâlum*) et le mot « pain » (*akalum*). De même l'idéogramme sumérien désignant le verbe « boire » est obtenu par addition des idéogrammes « bouche » et « eau ». L'alimentation est issue des produits de l'agriculture, de l'élevage (et du commerce) mais suppose une transformation. C'est cette transformation qui, pour les habitants de Mésopotamie, fait de l'homme un être humain. La joute oratoire entre *Grain et Brebis* écrite en sumérien le rappelle bien : « L'humanité, dans ces temps lointains, ne savait pas manger du pain, ils ne savaient pas se vêtir d'habits, les gens s'avançaient sur le sol à quatre pattes, portaient de l'herbe à leur bouche comme les moutons, buvaient l'eau des rigoles. » Dans l'*Épopée de Gilgameš*, Enkidu le sauvage devient un être humain civilisé quand la courtisane lui apprend, outre à se laver, à s'habiller et faire correctement l'amour, à manger et boire une nourriture différente de celle des animaux, en l'occurrence du pain et de la bière, tous deux issus de la transformation de céréales et d'eau :

Le pain qu'ils lui présentaient,
Il l'examinait avec méfiance
Car Enkidu ne connaissait pas
Le pain comme nourriture
Et la bière comme boisson,
Il n'en avait pas l'habitude.
(...)
Il mangea donc du pain
Jusqu'à plus faim !
Et il but de la bière :

Sept pots !
Son âme alors fut à l'aise et contente,
Et son corps, dans un tel ravissement,
Que son visage s'éclaira[59] !

La base de la nourriture de tous les jours est composée de céréales. Un homme adulte reçoit une ration d'orge plus ou moins élevée suivant le type de travail fourni. En moyenne, toutes époques confondues, cette ration se monte à 60 litres d'orge par mois, soit 2 litres par jour, 1 litre si c'est une femme. Ces rations peuvent être améliorées à l'occasion des fêtes religieuses par des apports de viande, poisson, dattes, oignons, bière, etc. Cependant la majorité de la population est sans doute carencée en vitamines A et C, ce qui entraîne quelques soucis de santé : trouble de la vue, problèmes de peau, scorbut…

La cuisine de tous les jours est faite par les femmes. Une lettre d'un Assyrien à sa promise montre clairement ce qu'il attend de cette dernière : « Je suis seul, il n'y a personne qui me tienne compagnie, et personne qui dresse la table pour moi[60] ! » Dresser la table, préparer les repas, vaquer aux soins du ménage sont du ressort des femmes. Tout cela laisse peu de traces dans la documentation écrite, sinon par les listes d'ustensiles de cuisine cités dans les dots. Ces travaux ménagers doivent occuper une bonne partie de leur temps. Elles préparent quotidiennement la bière, surveillent, quand il y en a, les domestiques chargés, entre autres tâches, de moudre la farine. Mais que sait-on de la commensalité des simples particuliers ? Peu de chose, mis à part les cérémonies (mariage, enterrement, culte des ancêtres) où la consommation de la nourriture est surtout un acte culturel et social de partage.

Il en va autrement des repas des Grands où cuisiniers, pâtissiers, personnes chargées d'embellir les plats et toute une série de petites mains sont requis. D'après les contrats d'apprentissage, il faut au moins quinze mois pour apprendre le métier de cuisinier et encore l'ex-apprenti reste-il alors sous les ordres d'un autre cuisinier plus chevronné et d'un rang plus élevé. Plusieurs centaines d'entre eux travaillent pour le roi. Cette charge est en effet assez prestigieuse. Dans les banquets, la présentation des plats est également importante. Il faut flatter, exciter les sens : la vue et l'odorat comptent autant que le goût. La nourriture ne se doit pas seulement d'être comestible mais appétissante. Le roi, comme tout un chacun, mange deux fois par jour : le matin et le soir. Le lieu du repas (salle, cour ou jardin) est choisi en fonction du nombre de convives. Parfois la reine y assiste mais pas toujours. Elle a d'ailleurs son propre service de repas. La place de chaque convive (plus ou moins éloignée du roi), la façon dont chacun est assis (par terre ou sur un siège, les repas pris allongé sur une banquette n'apparaissant qu'au Ier millénaire av. J.-C.) sont soigneusement organisées. Les plateaux sont posés sur des tréteaux. Avant de passer à table, chaque convive se lave les mains. Il mange avec un couteau en métal et une cuillère en bois ou en métal. Les règles du protocole, notamment le nombre de fois où il faut s'incliner devant le roi ou devant un plat présenté, varient suivant les royaumes. L'iconographie (l'étendard d'Ur, le banquet sous la treille[61]...) montre que le repas est accompagné par des musiciens.

Les listes d'ingrédients requis pour les repas du roi ou ceux des divinités ou encore lors de grandes cérémonies, comme pour le festin relaté dans le *Mythe du mariage de Sud et d'Enlil*, ont été retrouvées en grand nombre. D'après notre documentation, le festin le plus pantagruélique est celui offert par Assurnaşirpal II (883-859) dix jours durant à tous les habitants de sa capitale, Kalhu, à l'occasion de l'inauguration de son palais. La liste des victuailles est inscrite sur une stèle trouvée *in situ*: bovins par centaines, ovins par dizaines de milliers, mais aussi canards, oies, tourterelles, poissons, légumes secs, fruits, condiments, pain, huile, miel, grain de sésame, boissons, donnant ainsi un aperçu de ce qui se mange à l'époque. Plus généralement, les viandes consommées sont variées: du mouton, de la chèvre, du bœuf mais aussi du porc domestiqué en Orient depuis le IXe millénaire av. J.-C. Le cochon joue en effet un rôle non négligeable dans l'économie. Sa peau, sa graisse et sa viande sont utilisées. De grands élevages avec des engraisseurs et des cuisiniers sont attestés dès le IIIe millénaire av. J.-C. Chez les particuliers, leur élevage relève du domaine des femmes tout comme la fabrication de bière à laquelle ils sont souvent associés, car leur nourriture est en partie constituée des résidus issus de cette activité. L'image du porc est cependant différente suivant les lieux. Il ne semble guère être apprécié à Mari ; en revanche les Hurrites et les Hittites en mangent et il est considéré comme un met de choix à Babylone. Au Ier millénaire av. J.-C., les références au porc en tant qu'aliment deviennent de plus en plus rares. Peut-on en déduire qu'un interdit frappe la consommation de cette viande ? Les documents écrits sur papyrus et parchemin ont disparu ; peut-être certains concernaient-ils cette nourriture. Si le cochon n'apparaît plus parmi les victuailles, à la même époque ses os, sa peau, ses soies et même ses excréments interviennent dans la fabrication de médicaments. Des hémérologies précisent les jours où il est interdit d'en consommer, ce qui prouve *a contrario* que cela est possible les autres jours. Ainsi à Assur :

> Au mois de *tešrit* (septembre octobre), le deuxième jour :
> Il ne mangera pas d'oignon : dans sa famille un vieillard mourrait,
> Il ne mangera ni fenouil ni cresson : il y aurait hostilité contre lui,
> Il ne mangera pas de viande cuite : il se couvrirait de lèpre,
> Il ne mangera pas de viande de bœuf, de viande de chèvre, ni de viande de porc : il aurait la maladie SAG. KI.DIB.BA[62].

Les interdits ne frappent donc pas un type d'aliment, mais tour à tour chacun d'entre eux à tel ou tel moment de l'année. Quoi qu'il en soit, la consommation de porc semble disparaître totalement dans certaines régions, comme celle du Levant au cours de ce millénaire[63].

Dans les jardins sont cultivés des légumes (concombres, cucurbitacées, oignons, aulx, haricots, fèves, pois, lentilles, poireaux, navets, fenouils, salades) et aussi des fruits (dattes, figues, pommes, grenades, raisins et à partir du IIe millénaire av. J.-C. poires, coings, prunes, pêches, abricots, enfin des noix dans les régions montagneuses). On trouve aussi des épices et des herbes aromatiques (thym, coriandre, cumin, aneth, menthe, moutarde, marjolaine). Certaines plantes restent cependant inconnues : à quoi ressemble le *halazzu* ? Quel goût a le *zurumu* ?

Si les ingrédients sont pour la plupart identifiés, il est très difficile de savoir comment ces matières premières sont préparées, cuisinées et présentées lors de ces repas. Une découverte extraordinaire a mis à la disposition des assyriologues trois tablettes cunéiformes datables des environs de 1600 av. J.-C.[64] Elles présentent une quarantaine de recettes dont vingt-cinq de bouillons de viande et de légumes, sept sur la façon d'accommoder différentes sortes d'oiseaux et de volailles... Ces recettes ressemblent à des listes d'opérations à effectuer : faire bouillir, ajouter, réduire, avec « ce qu'il faut de » tel ou tel ingrédient, ou tel autre élément « à suffisance ». Les proportions nous manquent et certains produits nous sont encore obscurs. Comme pour les autres procédés de fabrication (verre de couleur, maquillage), ces « recettes » ne sont pas destinées à être conservées ou transmises. Ce ne sont pas des livres de cuisine mais des aide-mémoire pour apprentis cuisiniers. Les secrets de la gastronomie suméro-akkadienne sont jalousement préservés.

Que peut-on alors restituer de cette cuisine ? Mis à part les crudités et les fruits, le reste des aliments est souvent cuit. La viande destinée aux dieux est plus souvent rôtie. Peut-être est-ce là une habitude des plus anciennes. À partir du IIIe millénaire av. J.-C., les hommes semblent préférer pour leur consommation, une fois les viandes saisies, la cuisson dans des bouillons aux arômes alléchants, mijotés dans des marmites en argile ou des chaudrons en cuivre. Les céréales sont elles aussi passées à la flamme avant d'être traitées en gruau. Elles peuvent également être réduites en farine pour fabriquer les plus de deux cents sortes de pains qui existent, si l'on en croit les listes suméro-akkadiennes de vocabulaires[65] : pain sans levain sous forme de feuilles minces appliquées sur la paroi d'un four conique, pain cuit au-dessus du foyer, pain à pâte levée cuit à l'intérieur d'un four à coupole, pain à la bière, aux épices, au miel... Certaines victuailles nécessaires à la préparation des aliments doivent être conservées et transportées. Les fruits et les viandes peuvent être découpés en de très fines lamelles et séchés en étant exposés au soleil ou passés au four. Les salaisons et la conservation dans l'huile, notamment pour le poisson, sont également attestées. Les produits de l'élevage sont transformés : fromage à base de lait caillé (comme l'actuel *laban*) ou séché, crème, beurre préparé à base de lait bouilli pour lui éviter de rancir. De fait, le lait ne se conserve que très peu, en raison de la chaleur, et ne peut être bu que juste après la traite. Les mets sont relevés par des condiments ou des sauces élaborées à base de sel, de poisson, de criquets et de crustacés.

L'eau mise à part, la boisson la plus populaire et la préférée des dieux, la boisson par excellence, est la bière, la boisson « qui enivre », telle est la signification du mot qui la désigne en akkadien (*šikârum*). Pas un banquet de divinités sans ce précieux breuvage. Les dieux en usent et en abusent… Au quotidien, c'est également une boisson appréciée de tous, comme le rappellent quelques chansons à boire :

> Je vais mander brasseurs et échansons
> Pour nous servir des flots de bière à la ronde !
> Quel plaisir ! Quel délice !
> À la humer béatement,
> À entonner dans l'allégresse cette noble liqueur,
> Le cœur joyeux et l'âme radieuse[66] !

Des bières, il en existe des dizaines de variétés : des noires, des rouges, des brunes, des blanches, suivant leur composition, et de différentes qualités (simple, première, triple, clarifiée, etc.). De manière à ne pas avaler les impuretés qui pourraient s'y trouver, elles sont aspirées à travers un filtre comme ceux datés de 1300-1150 av. J.-C. trouvés à Emar. Ces bières présentent différents degrés d'alcool selon qu'elles sont coupées d'eau ou que du miel y a été ajouté.

Autre boisson alcoolisée, le vin arrive plus tardivement dans les habitudes alimentaires des Mésopotamiens. La vigne est connue dès la fin du Ve millénaire av. J.-C. en Syrie et en Arménie. Elle se répand dans le Sud au cours des IVe et IIIe millénaires av. J.-C. Si en Mésopotamie la consommation de raisin est courante, en revanche le procédé de vinification semble avoir été importé. La plus ancienne mention de vin date du règne du roi de Lagaš Urukagina (2351-2342). Ce dernier se targue d'avoir « édifié une cave à bière où on apporte depuis la montagne du vin par grands vases »[67]. Le vin est donc un produit étranger, importé des collines du Croissant fertile, notamment par voie fluviale sur l'Euphrate à partir de Karkémiš, ou par caravane. Il existe des crus de diverses qualités, de couleurs différentes — un « clair » (blanc ?) et deux sortes de rouges —, des bruts, des doux, des sucrés, ainsi que d'autres plus particuliers comme le vin de Tupliaš dans la vallée de la Diyala dans l'actuel Irak obtenu en ajoutant des plantes qui le rendent un peu amer. Reste que, dans le Sud, le vin n'est pas une denrée courante mais un luxe. Au contraire dans le Nord, le roi en commande parfois des milliers de jarres. Lors de ce fameux banquet de 69 574 couverts, le roi néo-assyrien Assurnaşirpal II en fait venir en même quantité que la bière, soit 100 000 litres ! Il faut cependant relativiser ce chiffre en tenant compte du nombre de convives et de la durée de ce banquet (10 jours).

La bière comme le vin est bue fraîche. Des glacières creusées sous la terre pour conserver la température adéquate sont attestées à Mari, Terqa et Sagarâtum. On y stocke la glace acheminée depuis les montagnes du Nord ainsi que les grêlons tombés pendant les orages après les avoir lavés pour en ôter, autant que faire se peut, la poussière et les impuretés. Cette glace est ensuite utilisée dans un *habšidrum*, un « vase à glace » en métal aux parois semble-t-il assez fines, d'après les textes relatifs aux quantités de métal nécessaire à leur fabrication. Deux hypothèses ont été proposées quant à son utilisation : soit un seau à glace (un peu comme notre seau à champagne), soit un petit vase rempli de glace qui serait plongé dans le récipient contenant le breuvage à rafraîchir. Quoi qu'il en soit, la glace est une denrée précieuse. Seuls les dieux et les Grands de ce monde y ont accès[68].

Les boissons alcoolisées peuvent être consommées au quotidien dans les maisons, notamment la bière, mais aussi dans des tavernes, lieux de convivialité par excellence. Tenues en gérance par des femmes, c'est également un lieu de prostitution, raison pour laquelle il est strictement interdit à une religieuse-*nadîtum* d'y entrer ; de même les femmes soucieuses de leur réputation s'en tiennent éloignées. Les mythes et l'iconographie présente sur des plaques d'argile montrent que, dans la mentalité de l'époque, les pratiques sexuelles et la consommation de bière à grands flots sont intimement liées. Mais s'il faut ensuite rentrer chez soi, attention, comme le signale ce célèbre proverbe sumérien : « Ce qui est bon c'est la bière, ce qui est mauvais c'est la route[69] ! »

Chapitre VII

LE SAVOIR ET L'ÉCRIT

L'ÉCRITURE

Origine de l'écriture et évolution des signes

L'écriture apparaît entre 3400 et 3200 av. J.-C. Plusieurs milliers de tablettes de cette époque ont été trouvées en Mésopotamie à Uruk et Jemdet Nasr, quelques dizaines en Iran à Suse et dans l'actuelle Syrie à Habuba Kabira. D'après la mythologie, l'écriture aurait été inspirée à Enmerkar, seigneur du pays de Kullab dont la capitale est Uruk, par la déesse sumérienne Nisaba afin de remporter la joute orale qui l'oppose au roi du pays d'Aratta et de pouvoir mettre ainsi la main sur les fabuleuses richesses de cette contrée. Jusque-là, les deux rois communiquaient par l'intermédiaire d'un envoyé rapportant les paroles de l'un à l'autre, mais « parce que la bouche du messager était "trop lourde" et qu'il ne put répéter (le message), le seigneur de Kullab modela de l'argile et y fit se tenir une parole comme (un message) sur une tablette. Avant ce jour il n'était pas possible de faire se tenir une parole dans l'argile. Mais alors, quand le soleil se leva, ce fut fait ». Une tradition plus récente est transmise en grec dans les *Babyloniaca* de Bérose, prêtre du dieu Marduk à Babylone au IIIe siècle av. J.-C. D'après lui, un être hybride, moitié poisson, moitié homme, nommé Oannès (forme grecque du sumérien Uanna, l'un des sept sages antédiluviens, connu aussi sous le nom d'Adapa, serviteur d'Enki, le dieu de l'intelligence), contemporain du premier roi de Sumer, « enseigna aux hommes les compétences nécessaires pour écrire et calculer et pour toutes sortes de connaissances ». Pourtant, sur quatre mille tablettes datées de la fin du IVe millénaire av. J.-C. découvertes à Uruk, très peu sont des lettres, 85 % sont de nature administrative : répartition de bétail, distribution de rations... À l'origine, l'écriture n'est pas une transposition du langage oral : aucune construction grammaticale n'est présente sur une tablette, n'y figure que la mention du type de produit, de la quantité recensée et éventuellement de l'action réalisée (distribution, réception). De même, la graphie et la façon de l'utiliser n'apparaissent pas d'un bloc comme un ensemble constitué mais évoluent en fonction de la complexité du contenu des documents, des habitudes et des représentations mentales de ceux qui s'en servent.

L'écriture a l'avantage de permettre de noter plusieurs opérations différentes et de les conserver dans la durée. Pendant longtemps on a pensé que l'écriture était née de la simplification du système des *calculi*, jetons en argile de formes variées correspondant chacun à un objet différent. Utilisés dès le Néolithique, ces derniers ont été trouvés sur une vaste aire géographique qui s'étend de l'Anatolie à l'Iran. Ces jetons étaient enfermés dans une bulle d'argile sur laquelle était déroulé un sceau-cylindre pour en authentifier le contenu. Par la suite la bulle aurait été aplatie, formant ainsi une tablette sur laquelle aurait été appliquée l'empreinte des jetons, puis à la place, leur représentation aurait été dessinée, menant ainsi à l'apparition de l'écriture. Il est établi à présent, grâce à une tablette et une bulle à *calculi* aux contenus identiques, découvertes à Nuzi, que le système des *calculi* est employé jusqu'au milieu du IIe millénaire av. J.-C. alors que l'écriture existe depuis plus d'un millénaire et demi. Il s'agit d'un contrat dans lequel un propriétaire nommé Puhišenni confie à un berger, nommé Ziqarru, quarante-neuf chèvres et moutons avec leurs caractéristiques (âge, couleur). Il est établi en double (un dans chaque système : tablette et bulle), chacune des parties en gardant un exemplaire durant toute la durée de l'engagement. Une fois le terme échu — en général un an — la bulle est brisée et la tablette consultée afin de faire le point sur l'évolution du troupeau. Que l'écriture dérive du système des *calculi* n'est donc plus qu'une hypothèse parmi d'autres[1].

Quoi qu'il en soit, à la fin du IVe millénaire av. J.-C., des tablettes d'argile crues sont gravées à l'aide d'un roseau dont l'un des bouts, rond, sert à écrire les nombres, l'autre, taillé en triangle, est utilisé pour écrire les mots. L'écriture est composée de signes élaborés et choisis en fonction de ce à quoi ils renvoient. Les premiers identifient l'objet et ce qui s'y rapporte ou sont établis par convention. Ils renvoient à des mots ou des idées. On les appelle alors idéogrammes.

 le jardin  l'homme  le mouton

Les objets et sujets peuvent être représentés par ce en quoi ils sont reconnaissables, une partie du corps, par exemple.

 le bœuf  l'âne  la femme

Chaque tablette est à l'origine divisée en cases remplies de gauche à droite. Les signes apparaissent renversés d'un quart de tour à gauche :

 le jardin  l'homme

Les documents les plus anciens sont des pièces comptables avec une inscription numérique : quantité, objet, nom des personnes et fonction de celles-ci. Le problème est que l'on ignore si ces personnes ont apporté les objets ou si on les leur a remis car il n'y a ni titre ni phrase. La position des signes les uns par rapport aux autres vaut syntaxe, ou bien la tablette ne peut être comprise que par celui qui l'a écrite ; cela fait encore l'objet de discussions. Quelle langue utilise-t-on ? Sans doute le sumérien en Mésopotamie, mais qu'en est-il pour les documents trouvés en Syrie ou en Iran ? Rien n'est sûr.

Comme il est difficile dans de l'argile de graver des courbes, celles-ci sont remplacées peu à peu par des encoches. Inscrites en trois dimensions — la profondeur joue aussi un rôle —, ces incisions ressemblent à des clous (*cuneus*), d'où le nom de « cunéiforme » que les épigraphistes du XVIIIe siècle ont donné à cette écriture. Les signes obtenus s'éloignent des dessins et deviennent de plus en plus schématiques

 le jardin  l'homme

Plus de deux mille signes sont ainsi identifiés. La combinaison de plusieurs signes de base peut en donner d'autres. Ce n'est pas seulement une question d'évolution de graphisme mais aussi le résultat d'une réflexion par association ou par analogie :

 LÚ (homme +  GAL (grand) =  LUGAL (roi)

KA (bouche) +  NINDA (pain) =  KÚ (manger)

KA (bouche) +  A (eau) =  NAG (boire)

En outre, un même signe peut désigner plusieurs choses. Si le bas du visage est hachuré, le signe signifie « bouche » mais aussi divers éléments ou fonctions en rapport avec cette partie du corps : « dent », « nez », « parole », « cri », « parler ». Polysémiques, ces signes sont également polyphoniques. Le même signe se prononce "ka" quand il signifie « la bouche », "zu" quand il renvoie à « la dent », “kir” quand il s’agit du « nez », “du” pour le verbe « parler »...

À l’inverse, des signes différents peuvent renvoyer à un même son. Les homophones sont nombreux. En effet, dans cette langue, quantité de mots sont monosyllabiques. Vingt-six signes se prononçant “du” ont été ainsi répertoriés, correspondant chacun à un sens différent, par exemple : « aller », « parler », « jouer d’un instrument de musique »... Le lecteur choisit en fonction du contexte mais également en fonction de la position des signes les uns par rapport aux autres. Le sumérien est une langue de type agglutinant. La racine est insérée dans une suite de préfixes, base, infixes et suffixes grammaticaux juxtaposés dont l’ensemble donne le sens. Par exemple, à partir des racines É « maison » et DÙ « bâtir », la phrase « il leur a bâti une maison » sera ainsi libellée : É MU.NE.NI. DÙ (MU étant la base, NE et NI étant les infixes de datif et de locatif ; un préfixe aurait été ajouté en cas de phrase négative). C’est une langue complexe, aux multiples nuances. L’écriture est pensée et élaborée en fonction de la structure de cette langue et de l’univers mental des Sumériens. L’objectif est non pas de transcrire une parole mais de transmettre le contenu sémantique d’un message de manière à être compris par quelqu’un de non présent. L’écriture n’est qu’un code partagé par ceux qui le maîtrisent. Pour prononcer un texte, il faut d’abord l’avoir compris, contrairement à nos sociétés européennes actuelles où, à la vue d’un écrit, on peut en le lisant émettre des sons de façon correcte sans en saisir le moindre sens.

Expansion temporelle, géographique et sociale

En Mésopotamie, les tablettes découvertes à Tell Fara, l'ancienne Šuruppak, attestent, dès le début du IIIe millénaire av. J.-C., l'existence d'une autre langue, l'akkadien. Celle-ci, contrairement au sumérien de type agglutinant et dont l'origine reste obscure, est une langue sémitique basée sur un système de racines composées de trois consonnes, comme plus tard l'hébreu et l'arabe qui appartiennent à la même famille. Elle coexiste en Mésopotamie avec le sumérien durant tout le IIIe millénaire av. J.-C. avant de le supplanter. Reprenant la graphie cunéiforme, les Akkadiens soit gardent le sens des idéogrammes, soit les utilisent comme des syllabes (phonogrammes) en l'adaptant à leurs propres langue et structure mentale. Moins de signes sont alors utilisés, seulement environ trois cents. Les idéogrammes ne disparaissent pas pour autant. Ils prennent moins de temps à écrire et moins de place sur une tablette. Les scribes acquièrent donc l'habitude de mêler idéogrammes et phonogrammes à l'intérieur d'un même document.

Par exemple, l'homme se dit en sumérien LÚ et s'écrit 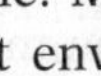.

En akkadien l'homme se dit *awîlum* et s'écrit de deux façons différentes :

 = *awîlum*. On garde l'idéogramme sumérien mais on le lit en akkadien.

 =  +  WI +  LUM

Chaque signe est pris dans une valeur phonétique sans rapport avec le sens de l'idéogramme, un peu comme dans l'un de nos rébus. Ils se lisent de gauche à droite.

L'écriture se répand très rapidement dans tout le Proche-Orient. C'est ainsi qu'à Ebla, dans l'actuelle Syrie, le cunéiforme est utilisé pour noter la langue locale, l'éblaïte, dès le IIIe millénaire av. J.-C. À partir du IIe millénaire av. J.-C. l'akkadien se divise en deux branches : le babylonien au sud, l'assyrien au nord. Le sumérien quant à lui devient une langue morte, utilisée par les lettrés pendant encore plusieurs millénaires, jouant ainsi le rôle que tenait il y a un peu plus d'un siècle le latin voire le grec en Europe. D'autres peuples, sémitiques ou non, utilisent ces langues par la suite. Au cours des millénaires et selon les endroits la graphie évolue.

Par exemple, le signe désignant « l'homme » :

	IIIe millénaire av. J.-C.		IIe millénaire av. J.-C.	Ie millénaire av. J.-C.
		Assyrien		
Sumérien				
		Babylonien	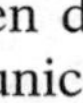	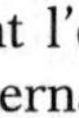

Le cunéiforme et l'akkadien deviennent l'écriture et la langue de communication internationales de l'Égypte à l'Iran, de la mer Noire au golfe Arabo-persique durant plusieurs millénaires. C'est au point que la langue de certains peuples ayant pourtant joué un rôle non négligeable, tels les Amorrites qui règnent sur plusieurs royaumes au IIe millénaire av. J.-C., reste en très grande partie inconnue car non documentée[2]. La correspondance adressée au XIVe siècle av. J.-C. au pharaon Akhénaton, trouvée à Tell El Amarna en Moyenne-Égypte — soit un peu moins de quatre cents lettres en provenance non seulement de rois vassaux (rois de Tyr, de Byblos), mais aussi de grandes puissances (rois de Chypre, du Mitanni, du Hatti) —, est écrite en babylonien avec des signes cunéiformes. Parallèlement ces peuples gardent leur langue et parfois leur système d'écriture, des hiéroglyphes en ce qui concerne les Hittites. Un siècle plus tard à Ugarit sur la côte levantine, c'est toujours en babylonien et en cunéiforme que sont rédigées les tablettes provenant de tout le Proche-Orient.

Au IIe millénaire av. J.-C., un nouveau système d'écriture fait son apparition : l'alphabet. Les plus anciennes traces datent des XVIIe-XVe siècles av. J.-C. Elles proviennent du Sinaï et s'inspireraient des hiéroglyphes égyptiens. Ce type d'écriture se serait transmis à la côte levantine. Vers le XIVe siècle av. J.-C., à Ugarit, un alphabet composé d'une trentaine de signes cunéiformes est utilisé. Il note, toujours de gauche à droite, la langue locale, l'ugaritique qui est un dialecte ouest-sémitique. La liste des signes et leur nom suivent un ordre fixe qui est repris plus tard dans d'autres alphabets (phénicien, puis grec et latin) : le premier signe est celui représentant « le bœuf » (*alpum* en akkadien), il est repris dans d'autres alphabets sous le nom d'*aleph/alpha/a ;* le deuxième signe correspond à « la maison » (*bîtum* en akkadien) et donne *bêt/bêta/b,* et ainsi de suite. La destruction d'Ugarit au XIIe siècle av. J.-C. par les Peuples de la Mer entraîne la disparition de cet alphabet cunéiforme ugaritique, mais le système d'écriture alphabétique perdure et se répand au cours du Ier millénaire av. J.-C. dans tout le Proche-Orient. Chaque peuple dispose de son alphabet pour noter sa propre langue[3]. La graphie n'est plus cunéiforme mais linéaire, peut-être l'origine de cette évolution est-elle à rechercher du côté des anciennes écritures du Sinaï. Le sens de l'écriture change également : elle se lit alors de droite à gauche pour les langues sémitiques. Le passage à l'écriture cursive est facilité par l'utilisation de nouveaux supports : le papyrus et le parchemin que l'on roule. Peu d'entre eux ont été retrouvés. En effet, il fait trop humide au Proche-Orient. Seules les conditions climatiques des déserts entourant la mer Morte ou le Nil permettent de conserver ces matériaux organiques. Il ne s'agit plus de graver. Le calame est remplacé par le pinceau et l'encre. Les courbes se tracent facilement. Cette écriture et la langue qu'elle note, l'araméen, introduite par les populations ouest-sémitiques, notamment celles déplacées en grand nombre au Ier millénaire av. J.-C. par les rois néo-assyriens, finissent par supplanter dans les « textes de la pratique » l'akkadien cunéiforme jusque sur le plateau iranien. C'est en araméen que, en 701 av. J.-C., les représentants d'Ézéchias, roi de Juda, souhaiteraient parlementer avec le grand échanson envoyé à la tête d'un corps d'armée par le roi assyrien Sennachérib[4]. C'est aussi cette langue que, au IIIe siècle av. J.-C., le roi Aśoka choisit pour propager en Inde la religion bouddhique. Parallèlement, les tablettes, l'écriture cunéiforme et l'akkadien mêlé de sumérien sont encore utilisés jusqu'au Ier siècle apr. J.-C. inclus, notamment pour les textes religieux. Les scribes adoptent alors des signes dans des valeurs de plus en plus rares, permettant des jeux de mots de plus en plus complexes. De création humaine, l'écriture cunéiforme rejoint ainsi la sphère divine.

À l'intérieur de cette aire temporelle et géographique, reste à apprécier la proportion de gens sachant écrire et lire. Traditionnellement, se basant sur ce que l'on connaissait des mondes grec et romain, on a considéré que d'une manière générale, dans l'Antiquité, seules quelques personnes, des scribes, maîtrisaient l'écriture. En ce qui concerne le Proche-Orient, les études menées depuis la fin des années 1990 ont remis en question ce postulat[5]. Certes, au début du IIIe millénaire av. J.-C., il s'agit de spécialistes, mais ce n'est plus vrai dès la fin de ce même millénaire. Les scribes, mais aussi les rois qui se targuent d'ailleurs d'être des lettrés (Šulgi au IIIe millénaire av. J.-C. ou Assurbanipal au Ier millénaire av. J.-C. pour n'en citer que quelques-uns), les hauts fonctionnaires de l'administration et de l'armée savent lire et écrire. De fait, certaines informations ne doivent pas être divulguées et un scribe peut toujours être acheté par un ennemi. Lorsque le roi Zimrî-Lîm de Mari envoie ses ordres au général Yasim-El, ce dernier a pour consigne de les lire lui-même. Ces militaires de haut rang doivent être capables de comprendre également un présage de manière à pouvoir contrôler les interprétations des devins. Il existe donc un savoir de base détenu par les hauts fonctionnaires civils ou militaires, mais pas seulement. L'étude des archives des marchands assyriens de Cappadoce et babyloniens de Larsa au début du IIe millénaire av. J.-C. laisse supposer qu'ils écrivent eux-mêmes leurs lettres dont certaines comportent des fautes d'orthographe. Pour envoyer des messages très simples, il suffit d'ailleurs de maîtriser quelques dizaines signes, d'autant que le destinataire connaît parfaitement les éléments du contexte, l'objet des transactions et les personnes concernées. Certaines épouses de marchands savent lire et écrire, et tiennent les comptes pendant que leur mari voyage. Des femmes deviennent même des scribes, notamment parmi les religieuses *nadîtû* consacrées au dieu Šamaš à Sippar, et qui demeurent à l'intérieur d'un « cloître ». D'autres vivent au palais. La princesse Šimatim amène avec elle dans sa dot une scribe nommée Šimat-ilat. Ces femmes scribes revendiquent parfois leur fonction en terminant leur tablette par leur nom suivi des idéogrammes MUNUS DUB.SAR, c'est-à-dire « femme scribe ». Si les rois savent lire et écrire, les reines également. La fille du roi néo-assyrien Assarhaddon écrit à sa belle-sœur, l'épouse d'Assurbanipal, pour la sermonner afin qu'elle écrive ses tablettes et fasse ses exercices. De quoi aura-elle l'air à la Cour si elle est une ignorante alors que les autres femmes sont cultivées ? Cet apprentissage n'est donc pas réservé aux hommes[6]. Chez les Sumériens, la divinité à l'origine de l'écriture est une déesse, Nisaba. Au cours du IIe millénaire av. J.-C., elle est remplacée par le dieu akkadien Nabû, fils du dieu de Babylone Marduk. Bref, si au début du IIIe millénaire av. J.-C., l'écriture et la lecture sont affaire exclusivement de professionnels, dès la fin de celui-ci cette technique est un peu plus répandue. L'élite connaît un minimum de base qui lui permet de se débrouiller. Seuls certains reçoivent une formation plus poussée. Quoi qu'il en soit, ce n'est donc pas l'adoption du système alphabétique qui permet de diffuser les rudiments de l'écriture au sein de la population dans une civilisation où l'écrit n'a pas pour seul but de transmettre un savoir mais également d'enregistrer des éléments de la vie quotidienne.

Comment lit-on et écrit-on ?

L'iconographie du Ier millénaire av. J.-C. présente les scribes par paire, debout, côte à côte. Leur tâche consiste, le plus souvent, à enregistrer le montant d'un butin dont chaque élément est consigné. Dans les textes littéraires et sans doute dans la vie courante, c'est assis que le scribe travaille. Ainsi, dans l'*Épopée de Gilgameš*, lorsqu'Ereškigal la déesse des Enfers a besoin de prendre connaissance d'un message, elle demande à sa scribe, Bêlet-ṣêri, de s'asseoir en tailleur pour lire la tablette[7].

Le support traditionnel est la tablette d'argile crue, concurrencée au Ier millénaire av. J.-C. par des matériaux plus souples. Sur l'une des fresques du palais de Til Barsip[8], au VIIIe siècle av. J.-C., l'un des scribes grave une tablette, l'autre écrit sur un papyrus ou un parchemin qui retombe devant lui. Il en va de même, sur les bas-reliefs du palais de Khorsabad, des scribes enregistrant chaque pièce du fabuleux trésor d'Haldia, dieu des Ourartéens, saisi comme butin à la suite de la prise de la ville de Musasir et du pillage de son temple au cours de la VIIIe campagne de Sargon II[9]. L'un des bas-reliefs du palais de Sennachérib à Ninive remontant au VIIe siècle av. J.-C. représente lui-aussi deux scribes, l'un muni d'une tablette, l'autre tenant une écritoire en bois recouvert de cire dont les charnières sont bien visibles. Une écritoire de ce type datée du IXe siècle av. J.-C. a été retrouvée à Kalhu. L'usage de ce genre de support est établi dès le IIe millénaire av. J.-C. Plus léger qu'une tablette, le cadre en bois est recouvert d'une fine pellicule de cire qui, grattée et fondue, peut éventuellement être réutilisée. Des documents écrits et conservés sur ce type de support sont également mentionnés dans les registres d'entrée de la célèbre bibliothèque de Ninive, mais cette dernière ayant brûlé, aucun ne nous est parvenu. La plupart du temps le scribe semble écrire directement sous la dictée, mais pas toujours. En effet certains textes répondent à des rhétoriques précises ou des stéréotypes. Dans ce cas le scribe prend des notes — des tablettes contenant ces brouillons ont été retrouvées — et rédige le texte officiel plus tard, tranquillement.

Deux termes différents sont employés pour signifier l'acte d'écrire : le sumérien SAR, « aller vite et droit », correspondant à l'akkadien *šaṭârum*, d'où vient l'arabe *saṭara*, et, dans une moindre mesure, HUR, *eṣêrum*, qui veut dire « dessiner ». Quant à la lecture, en akkadien, plusieurs expressions sont utilisées pour décrire cette action : « écouter » (*šemûm*), « faire entendre » (*šitassûm*) d'une part et « voir » (*amârum*) d'autre part. Elles renvoient à deux types de lecture : soit la lecture à voix haute et pour autrui, soit la lecture silencieuse pour soi. L'usage de cette dernière est attesté dès le IIe millénaire av. J.-C. Un messager de Qaṭna remet par erreur à Hulalum, le secrétaire particulier du roi Samsî-Addu, une lettre adressée non pas au souverain mais au fils de celui-ci, Yasmah-Addu. Hulalum, ayant brisé l'enveloppe se rend compte de la méprise et la renvoie au bon destinataire en précisant qu'il ne l'a pas lue au roi Samsî-Addu. De même au Ier millénaire av. J.-C. le roi Assurbanipal signale qu'il prend connaissance des tablettes ou bien en les voyant, ou bien en les lisant à haute voix[10].

LA FORMATION DES SCRIBES

Les lieux de formation

Les textes scolaires les plus anciens datent d'environ 2500 av. J.-C. et ont été trouvés à Fara et Abu Şalabikh. À partir de la IIIe dynastie d'Ur (XXIe siècle av. J.-C.) il existe, d'après les textes, des écoles (en sumérien É.DUB.BA qui signifie littéralement « maison des tablettes »), dirigées par un « père de l'école » assisté de « grands frères ». Un texte scolaire sumérien décrit ainsi les rythmes scolaires : « Le bilan des jours que je passe à l'école est ainsi établi : mes jours de vacances sont de trois par mois ; les différentes fêtes sont de trois jours par mois ; cela fait vingt-quatre jours par mois que je passe à l'école ; le temps n'est pas long[11]. » Le total est donc pour l'enfant de six jours de congé sur trente.

Le roi Šulgi d'Ur (2094-2047) se plaît à rappeler dans ses hymnes qu'il a fréquenté lorsqu'il était petit ce type d'établissement[12]. Il porte une grande attention à l'enseignement, parallèlement à la centralisation et au développement de l'administration. Outre le savoir de base, il insiste sur le fait de devoir conserver les hymnes qui jusque-là ne se transmettaient que par oral ou par extraits gravés sur les statues. Il multiplie le nombre des écoles afin d'accroître considérablement le nombre des scribes. Le nom qu'il donne à ces établissements, « Maison de la Sagesse de la céleste Nisaba », suggère qu'ils sont implantés au sein des temples voués à la déesse de l'écriture. Un exercice scolaire en forme de devinette indique bien ce qu'il en attend : « Une maison avec des fondations comme le ciel, une maison qui comme un bol-*pisan* a été recouverte de lin, une maison qui comme une oie repose sur des bases (solides) ; on y entre les yeux fermés ; on en sort les yeux ouverts. Solution : l'école. »

Ces établissements sont peu à peu remplacés par l'apprentissage au domicile du maître, comme il est de mise dans les autres métiers. Quelques lieux d'enseignements privés ont ainsi été identifiés parmi les maisons appartenant à des particuliers. La maison du chef des lamentateurs, Ur-Utu, à Sippar Amnânum (actuel Tell ed Dêr), détruite en 1629 av. J.-C. a livré, parmi les milliers d'écrits retrouvés, un lot de soixante et onze tablettes scolaires en attente d'être recyclées, dans un bac en pierre au milieu de la cour. D'autres écoles privées ont été mises au jour à Ur et surtout à Nippur. En revanche certains lieux identifiés initialement comme école ne sont plus considérés comme tels aujourd'hui. C'est le cas de l'une des pièces du palais de Mari identifiée par André Parrot comme une « école » en raison des banquettes qui s'y trouvaient et qui s'est avéré être un entrepôt de jarres de vin. C'est aussi celui du n° 1 Broad Street[13] à Ur où les tablettes scolaires ne sont pas significatives d'une fonction précise du lieu, mais ont été mises au rebut en compagnie de bien d'autres documents de type administratif[14].

Comment les enseignants sont-ils rémunérés ?

Aucun écrit ne le précise ; sans doute le sont-ils par les familles. Les conditions sont rudes pour l'élève. Des proverbes sumériens en témoignent : « Le jeune scribe qui a du pain et de la nourriture en excès n'est pas attentif à l'art du scribe. » Les châtiments corporels sont monnaie courante. Parmi les conseils qu'un père donne à son fils, celui-ci est très révélateur : « Montre à ton professeur que tu le crains. Si tu montres de la crainte, il sera content de toi.[15] »

La profession de scribe (DUB.SAR en sumérien, *ṭupšarrum* en akkadien), comme les autres métiers, s'exerce souvent de père en fils. Elle nécessite un long apprentissage. Le même père que ci-dessus réprimande ainsi son fils qui fait l'école buissonnière :

> Si tu n'as été nulle part, pourquoi muser comme un fainéant ? Va à l'école, présente-toi au « père de l'école », récite ta leçon, ouvre ta sacoche, grave ta tablette, laisse ton « grand frère » calligraphier ta nouvelle tablette. Quand tu auras terminé ta tâche et que tu l'auras montrée à ton surveillant, reviens vers moi sans flâner dans les rues. (...) Sois un homme, voyons ! Ne hante pas le jardin public et ne traîne pas dans les avenues et sur les boulevards. (...) Fréquente l'école, tu en tireras profit. De ma vie, je ne t'ai jamais ordonné de porter les roseaux à la jonchaie. Je ne t'ai jamais dit : « Suis mes caravanes. » Je ne t'ai jamais fait besogner, fait labourer mon champ. Je ne t'ai jamais contraint à des tâches manuelles (...). De tous les métiers humains qui existent sur terre et dont le dieu Enlil a nommé les noms, il n'a nommé le nom d'aucune profession plus difficile que l'art du scribe. Conformément aux prescriptions du dieu Enlil, le fils doit succéder à son père dans son métier[16].

Le cursus scolaire

Les textes retrouvés dans la ville de Nippur permettent d'avoir un aperçu complet du contenu de la formation d'un scribe au IIe millénaire av. J.-C. dans le sud de la Mésopotamie[17]. Celui-ci apprend d'abord à modeler l'argile crue pour en faire des tablettes. Ces tablettes de débutants ont une forme particulière. Petites boules d'argile aplaties, elles tiennent dans le creux de la paume de la main et ressemblent à de grosses lentilles, raison pour laquelle les assyriologues les désignent sous le terme de « lenticulaires ». L'élève doit tenir correctement le roseau et tracer d'une main aussi ferme que possible les signes, recopier des listes de syllabes et de mots. Peu d'exercices de ce type ont été retrouvés car en général les lenticulaires, une fois écrites, sont trempées dans de l'eau afin de réutiliser l'argile pour d'autres tablettes. Les exercices deviennent de plus en plus difficiles : la mémorisation des signes notant des sons voisins, tels bu/ba/bi, mais dont les graphies en cunéiforme n'ont aucun rapport, puis l'écriture des noms propres, celle de listes entières de mots classés par genres (plantes, animaux, pierres), et enfin la copie de listes de mots sumériens réparties soit par thème, soit par acrographie (ressemblance de signes) avec leur traduction en akkadien[18]. La graphie devient de plus en plus complexe. Cette formation de base est complétée par l'apprentissage des tables numériques et métrologiques ainsi que par des exercices de calcul ou d'écriture.

Le tout permet aux élèves d'accroître leur vocabulaire et leurs techniques afin de pouvoir faire face à toutes les situations auxquelles ils seront par la suite confrontés.

Certains d'entre eux suivent ensuite un cycle d'approfondissement : rédaction de textes, modèles de contrat, exercices de mathématiques, maîtrise de la langue sumérienne par la copie de textes littéraires, d'inscriptions royales, mais aussi apprentissage de la musique et composition d'hymnes. Comme dans n'importe quelle civilisation, le choix des textes et des thèmes d'exercices, notamment littéraires, a également pour objectif d'inculquer dès le plus jeune âge une certaine vision du monde et de son ordre politique. Ces méthodes sont les mêmes durant plusieurs millénaires et sur une aire géographique des plus vastes.

À la fin du IIe et surtout au Ier millénaires av. J.-C., des jeunes scribes bénéficient d'une formation encore plus approfondie. Trois branches leur sont proposées : *bârûtum* (« la divinisation »), *âšipûtum* (« l'exorcisme ») et *kalûtum* (« la lamentation »). Au terme de ce cursus, l'impétrant fait partie des *ummânû*, c'est-à-dire « des lettrés, des savants ». Ceux-ci émaillent leurs écrits de jeux de mots en tablant sur les valeurs des signes et sur leur position les uns par rapport aux autres, y compris dans l'écriture des nombres, offrant ainsi aux textes plusieurs niveaux de lecture. L'accès à ce niveau d'enseignement est considérablement restreint. Il s'effectue de père en fils à l'intérieur de dynasties de hauts fonctionnaires. Parmi elles, la famille de Gabbi-ilâni-êreš, le chef des scribes d'Assurnaşirpal II : son fils et son petit-fils sont scribes, l'un de ses arrière-petits-fils, Nabû-zêru-lêšir, est le chef des scribes d'Assarhaddon tandis que son frère, Adad-šum-uşur, est le chef des exorcistes ; les enfants de ces derniers leur succèdent dans leurs fonctions sous Assurbanipal. Nombre de ces familles, à l'instar des rois, se réfèrent à un grand ancêtre, notamment Sîn-leqe-unneni, célèbre pour avoir mis par écrit l'*Épopée de Gilgameš*. Toutefois le corpus des grands textes ne s'accroît plus à partir de la fin du IIe millénaire av. J.-C. et la majeure partie du travail consiste en copiage et classement. La formation orale garde la primauté, comme le confirment, pour l'époque hellénistique, les tablettes trouvées à Uruk[19].

Tous les scribes n'atteignent donc pas le même niveau de compétences. La documentation issue d'une même ville l'atteste. Dans les contrats du IIe millénaire av. J.-C. retrouvés à Tell Harmal — ancienne Šaduppum —, petite ville proche de Bagdad, des erreurs sont commises par certains d'entre eux. Les formes verbales sont stéréotypées quels que soient le genre et le nombre du sujet. Est-ce par souci de gain de temps, par habitude ou par méconnaissance ? Les scribes employés par les fonctionnaires de catégorie moyenne n'ont pas toujours une très grande maîtrise de leur art : l'un d'eux commet trois fautes en quinze lignes, un autre forme ses signes de façon imparfaite. En revanche les lettres émanant des scribes des hauts fonctionnaires du district présentent des formes correctes avec parfois des graphies compliquées qui les différencient des autres. C'est en particulier le cas du scribe employé par Nanna-mansum qui, lorsqu'il s'adresse à Tutub-magir, le dirigeant de la ville, emploie une graphie très complexe : *tu*$_{21}$*-tub*^{KI}*-ma-gir* plutôt que *tu-tu-ub-ma-gir* que l'on rencontre couramment[20].

Un certain nombre de particularités locales permettent également de repérer les scribes d'une même aire géographique, ce qui, de nos jours, s'avère très utile en cas de tablettes issues de fouilles clandestines. Ainsi les lettres retrouvées à Šaduppum présentent une contraction du *i-ia* en *ê*, une graphie en *i-ti* pour *itti* et l'emploi de valeurs syllabiques originales : *hal-şum* plutôt que *ha-al-şum* que l'on attend en paléo-babylonien pour signifier « le district ». Ces spécificités se retrouvent dans la plupart des textes découverts dans cette région de la Diyala ainsi que dans le royaume de Mari et d'Ekallâtum. Or la Diyala fait partie du royaume d'Ešnunna, pépinière de scribes dont la réputation dépasse largement les frontières de l'État[21].

Écriture et transmission des connaissances

À l'origine l'écriture n'a pas pour fonction de transmettre des connaissances de niveau supérieur ou des secrets de fabrique. Les textes dont nous disposons n'ont pas été recopiés pour être sauvés de l'oubli mais sont des morceaux choisis dans le cadre de la formation des apprentis scribes. Néanmoins il existe des archives privées, recueils de textes, dont le propriétaire a besoin dans l'exercice de ses fonctions, et également des bibliothèques (collections d'ouvrages répartis par thèmes avec un système de classement : titre, numéro de tablette) dès le milieu du IIe millénaire av. J.-C. On en trouve dans les maisons privées de hauts personnages : à Emar dans celle du devin Ba'al-qarrad et de son fils Ba'al-malik, à Ugarit dans la « maison du grand prêtre ». Elles recèlent surtout des textes religieux, divinatoires, des recueils d'exorcismes, d'astrologie, de médecine, etc., alors que celles des palais et des grands temples ont une vocation plus encyclopédique. La question de savoir si Šulgi, le roi d'Ur à la fin du IIIe millénaire av. J.-C., dispose ou non d'une bibliothèque reste ouverte. En revanche il est certain que Tukulti-Ninurta Ier au XIIIe siècle av. J.-C. emporte les tablettes de Babylone à Assur de manière à ce que l'Assyrie hérite du savoir de la Babylonie. Sargon et Assarhaddon collectionnent eux aussi les tablettes. Et que dire de la plus célèbre des bibliothèques, celle d'Assurbanipal à Ninive ? Environ trente mille tablettes y ont été mises au jour et ce n'est qu'une partie du fonds original. En effet, les registres d'acquisition mentionnent l'existence de tablettes de bois recouvertes de cire ainsi que de parchemins, mais ce sont des supports périssables qui ont disparu à jamais. Enrichir le fonds de cette bibliothèque est l'un des soucis constant du souverain. Au début de son règne, il paie des savants pour recopier les tablettes de Babylone. Dans une lettre envoyée aux habitants de la ville de Borsippa, il leur intime l'ordre d'envoyer toutes les tablettes de textes rares qu'ils possèdent. Ceux-ci, désireux de ne pas s'en démunir, feignent de ne pas comprendre la demande du roi et répondent qu'ils se mettent à la tâche pour tout copier, qu'ils travaillent sans relâche jour et nuit mais que cela va prendre du temps. Outre ce travail de copie répandu dans toutes les villes du royaume, d'une manière générale les tablettes font partie des butins de guerre. Ce système de grande bibliothèque proche du palais est repris par les Perses puis par les rois hellénistiques (on peut penser à la bibliothèque d'Alexandrie ou à celle de Pergame, pour ne citer que les plus renommées), de même que la copie systématique des textes plus anciens. Sous les Séleucides, entre 194 et 181 av. J.-C., le scribe Anu-abi-utteri recopie ainsi toute une série d'anciennes tablettes astrologiques.

L'accès à ces bibliothèques est restreint et contrôlé. Là encore il convient de ne pas divulguer à n'importe qui leur teneur. Une tablette du début du IIe siècle av. J.-C. trouvée à Uruk, sur laquelle sont représentés sept étoiles correspondant aux Pléiades ainsi que la lune et un taureau, se révèle être un rapport sur une éclipse de lune qui a eu lieu pendant le mois d'Ayar, le deuxième de l'année, annonçant la ruine de l'Élam, pays qui se trouve à l'est. Le revers de la tablette concerne les prédictions relatives aux effets d'une éclipse de lune sur une grossesse : avortement, enfant mort-né, etc. Elle se termine par le nom du scribe, Anu-mûkîn-apli, et les recommandations et restrictions relatives à la communication de cet écrit : « Tablette (sous la garde) d'Anu-ahu-iddinu. Main d'Anu-mûkîn-apli. Celui qui vénère Anu ne doit pas emporter (la tablette) ; un étranger ne doit pas la voir. » D'autres tablettes du Ier millénaire av. J.-C. s'achèvent ainsi : « Que l'initié le montre à l'initié. Le non-initié ne doit pas le voir. » Quant à celui qui s'aviserait de voler une tablette : « Que Šamaš emporte ses yeux ! » Quoi de pire pour un scribe que d'être rendu aveugle ?

DES TEXTES LITTÉRAIRES D'UNE GRANDE RICHESSE

Si de nos jours on attend de la science qu'elle réponde aux questions que l'homme se pose sur l'univers ou sur son propre avenir, à l'époque c'est auprès des mythes et autres textes littéraires que les réponses sont cherchées. Ces textes sont désignés par leur *incipit*, c'est-à-dire les premiers mots par lesquels ils débutent : ainsi l'*Enûma eliš* signifie « Lorsque là-haut... », l'*Enûma ilû awîlum* « Lorsque les dieux (faisaient) l'homme... », le *Ša nagba îmuru* « Celui qui a vu l'abîme... »[22]. Ils sont parfois plus connus sous le nom qui leur a été attribué aux XIXe-XXe siècles de notre ère à partir des thèmes évoqués ou du personnage central qui en est le héros. Le *Poème d'Atra-hâsis* désigne ainsi l'*Enûma ilû awîlum*, le *Poème babylonien de la création* renvoie à l'*Enûma eliš*, l'*Épopée de Gilgameš* au *Ša nagba îmuru*. La plupart du temps ces œuvres sont anonymes. Rares sont les noms d'auteurs ou de copistes (les deux ne sont pas différenciés) à être parvenus jusqu'à nous : Enheduanna, la fille de Sargon d'Akkad, Grande Prêtresse de Nanna, le dieu de la ville d'Ur, à l'origine de nombreux hymnes à la déesse Inanna au IIIe millénaire av. J.-C. ; Kabti-ilî-Marduk qui se présente comme simple rédacteur du *Mythe d'Erra ;* Sîn-leqe-unnemi qui, dans la seconde partie du IIe millénaire av. J.-C., fixe la version akkadienne de l'*Épopée de Gilgameš* ; Saggil-kênam-ubbib, auteur de la *Théodikée babylonienne* au XIe siècle av. J.-C. ; Aba-Enlil-dâri, plus connu sous la forme araméenne de son nom, à savoir Ahiqar, au VIIe siècle av. J.-C… Ces auteurs, compilateurs ou copistes sont dans leur grande majorité des scribes de haut niveau, appartenant aux grandes familles de lettrés. Seul importe le contenu du texte, et non pas la tablette ou celui qui l'écrit. Comme dans le domaine artistique, la notion d'œuvre originale n'existe pas. En effet pour les Sumériens et les Akkadiens la nouveauté ne présente aucun intérêt. L'idéal serait de pouvoir atteindre de nouveau le moment de la création. Le présent n'est qu'une évolution par rapport au passé originel. La conception du temps n'est pas linéaire mais cyclique. Le progrès consiste donc à surpasser ses prédécesseurs dans un même type d'action.

Les mythes et épopées

Les mythes et épopées apportent des réponses hypothétiques aux questions que l'homme se pose :

Pourquoi la mort est-elle inéluctable ? Comment le monde et l'homme ont-ils été créés ? Pourquoi existe-t-il des aveugles ? Pourquoi certaines femmes ne peuvent-elles pas avoir d'enfants ?

Ces aventures ne sont pas restreintes à l'univers des dieux. Les rois les plus anciens, notamment trois souverains d'Uruk — Enmerkar, Lugalbanda et son fils Gilgameš —, sont les héros de nombreuses épopées sumériennes et se trouvent parfois repris par la littérature akkadienne. L'histoire de Gilgameš est composée au début du IIe millénaire av. J.-C. de cinq textes, écrits en sumérien, contant ses exploits : *Gilgameš et Agga* met en scène la rivalité entre roi d'Uruk et roi de Kiš ; *Gilgameš et le Taureau céleste* ainsi que *Gilgameš et Huwawa* décrivent le périple du roi d'Uruk accompagné de son ami Enkidu affrontant toutes sortes de monstres ; *Gilgameš, Enkidu et les Enfers* relate comment Enkidu, parti chercher les insignes de la royauté, laissés tombés par mégarde par Gilgameš dans le royaume des morts, y reste bloqué ; enfin, *La mort de Gilgameš* narre l'agonie du roi d'Uruk qui devient le juge des morts. L'histoire s'étoffe considérablement au IIe millénaire av. J.-C. Elle est célèbre dans une grande partie du bassin méditerranéen. La version la plus complète est celle du Ier millénaire av. J.-C., découverte dans la bibliothèque d'Assurbanipal à Ninive. Réparti en douze tablettes, débutant et s'achevant par un hymne aux murailles d'Uruk, c'est un récit initiatique : de la rencontre du héros avec Enkidu, être sauvage qu'il civilise, jusqu'à sa quête de l'immortalité après la mort de son ami et au caractère vain de cette recherche pour un humain, fut-il roi. Dans cette version est introduit un passage sur le déluge emprunté à d'autres mythes akkadiens. Les rois akkadiens font également l'objet d'écrits : ainsi Sargon d'Akkad, Narâm-Sîn…

Chaque mythe recèle plusieurs messages. Reprenons celui d'*Enmerkar et du roi d'Aratta*. Il s'agit de montrer la supériorité d'Uruk sur Aratta et aussi d'expliquer la création de l'écriture, de mettre en exergue le pouvoir que détient l'homme grâce à l'écriture notamment par le choix de la valeur du signe qu'il décide ou non d'utiliser, de rappeler qu'il existe des civilisations aussi avancées que celles des Sumériens et que, à défaut de faire la guerre, il vaut mieux établir avec des populations d'un niveau de développement égal des relations commerciales pacifiques afin que les deux parties s'enrichissent. Quant au procédé littéraire mettant en scène un défi d'intelligence et d'astuce, il est repris et développé au fil des millénaires.

Porteurs d'une réflexion sur l'exercice du pouvoir et sur la manière dont il se conforme ou non à l'ordre politique, ces textes sont également porteurs d'enseignements à l'égard des souverains. Les dieux gouvernent le monde et accordent au roi la charge de le diriger. Des faits sont énoncés et par analogie avec d'autres, une conclusion est tirée. Il en va ainsi dans l'*Épopée de Gilgameš* ; de même le péché de Narâm-Sîn n'est pas démontré mais mis en évidence par analogie. Les leçons du passé doivent permettre d'éviter de nouvelles erreurs ou simplement aider à accepter certaines situations. Ainsi, l'*Épopée d'Erra* rédigée au IXe siècle av. J.-C. explique comment Babylone, centre de l'univers, a pu être ruinée avant de retrouver sa prééminence, par le fait d'être livrée à Erra, dieu de la guerre. Il n'y a pas de faute, pas d'offense commises, pas de désaccord entre les hommes et les dieux, mais la guerre a sa place dans le fonctionnement normal du monde. La destruction est parfois indispensable à la bonne marche de ce dernier. Si les aventures des dieux se répercutent sur les hommes, s'ils en souffrent, ce n'est que simple dégât collatéral.

Les inscriptions royales

L'écriture fait partie du domaine politique. Elle est liée au pouvoir monarchique. Les inscriptions royales, gravées sur des stèles ou sur des statues, constituent un véritable genre littéraire : glorification de la victoire du roi (la stèle des Vautours, les bas-reliefs des palais néo-assyriens), récit d'un songe dans lequel une divinité invite le roi à construire un temple (le cylindre de Gudéa). Destinées à être vues (sur les statues ou sur les bas-reliefs) ou pas (quand il s'agit de dépôts de fondation), leur seule existence leur confère un pouvoir.

Parmi les inscriptions royales, les *Annales assyriennes* sont écrites à la première personne du singulier comme si le roi en était lui-même l'auteur. Elles regroupent le récit de plusieurs campagnes victorieuses et se terminent toujours par le remerciement des dieux. Les défaites sont passées sous silence. Le but est d'exalter la puissance royale. À partir du VIIe siècle av. J.-C., elles s'agrémentent de la description des régions traversées et insistent sur le rôle qu'y jouent les dieux par l'intermédiaire des présages. Il existe différentes versions de ces *Annales*. En effet, les récits les plus anciens sont résumés lors de compilations afin d'insister davantage sur les événements les plus récents. Il y a donc une sélection des événements et seuls sont gardés les faits jugés les plus dignes de mémoire.

Il n'y a pas d'annales chez les Néo-Babyloniens mais des *Chroniques* qui s'étendent du VIIIe au IIIe siècle av. J.-C. Le style en est bien différent, beaucoup plus laconique, pour exemple cet extrait de la chronique de Nabuchodonosor II : « L'année de son avènement, Nabuchodonosor retourna au Hatti. Jusqu'au mois de Šabâṭu il parcourut victorieusement le Hatti. Au mois de Šabâṭu, il emporta à Babylone le lourd tribut du Hatti. Au mois de Nisânu, il prit la main de Bêl (Marduk) et du fils de Bêl (Nabû)[23] et fêta le Nouvel An…[24] » Dans ces *Chroniques* les défaites sont parfois mentionnées tandis que l'aspect théologique s'accentue de plus en plus.

Les lamentations sur les villes détruites

La chute de l'empire d'Ur III à la fin du IIIe millénaire av. J.-C., la ruine de chacune de ses grandes villes (Eridu, Nippur, Ur et Uruk) ainsi que de leurs sanctuaires inspirent de nombreux poèmes écrits en sumérien. Appelés aujourd'hui *Lamentations* par analogie avec le livre biblique relatant la prise de Jérusalem par Nabuchodonosor, ils relatent en détail les désastres qui se sont abattus sur ces villes suite au départ des dieux : profanation des temples, dévastation des habitations et des champs, famines, guerre. Dans les villes détruites, tout bruit cesse. Toute lumière s'éteint. Toute vie disparaît. C'est toute la civilisation qui est anéantie. Le silence, l'obscurité, le désert et la sauvagerie s'installent[25]. Ces poèmes, composés à la demande des rois d'Isin, leur permettent d'asseoir leur légitimité, de se poser en héritier des rois d'Ur et de leur brillante civilisation.

D'autres lamentations, rédigées en akkadien, sont chantées lors de la reconstruction de sanctuaires entreprise en raison de leur dégradation par le temps. Amplement copiées et recopiées jusqu'à l'époque séleucide, peut-être sont-elles connues des déportés du royaume de Juda à Babylone.

Les livres de sagesse

Ce type de littérature se développe dès le IIIe millénaire av. J.-C. L'un des documents les plus anciens a été retrouvé à Tell Abu Şalabikh. Il s'agit d'un poème sumérien dans lequel le sage Šuruppak donne des conseils à son fils Zuisudra, le futur héros amené à sauver la civilisation du déluge. Traduit en akkadien au IIe millénaire av. J.-C., ce type d'écrit véhicule le respect des valeurs familiales.

De même, dans les proverbes le refus de l'excès est mis en exergue. Si les proverbes sumériens, dont la copie faisait partie de la formation des scribes, ont été retrouvés en grand nombre, il n'en est pas de même pour les proverbes akkadiens. Ne permettant pas d'apprendre une autre langue, ceux-ci n'étaient pas intégrés au cursus scolaire et sont restés du domaine de la culture populaire orale. Ils ne sont donc connus que par des citations dans des lettres à l'appui d'une démonstration. Parmi les plus célèbres on trouve celui-ci : « Le chien du potier, quand il s'est mis dans le four, c'est contre le potier qu'il aboie ! »

Les tensons ou joutes orales mettant aux prises des entités différentes, comme *l'Été contre Hiver* ou *Grain contre Brebis* sont surtout un mode d'expression sumérien. Chacun débat de ses mérites respectifs en partant des origines afin d'affirmer sa supériorité sur l'autre. L'issue du combat est révélatrice de la conception qu'ont les Sumériens de la société. Ainsi, le grain victorieux de la brebis montre la supériorité des sédentaires vivant d'agriculture sur les nomades vivant de l'élevage. Même si ce type de littérature existe chez les Akkadiens, ceux-ci préfèrent les considérations sur la nature humaine présentées sous forme de dialogue. L'un d'entre eux, appelé *Dialogue pessimiste,* met en scène un maître et son esclave examinant tour à tour les avantages et les inconvénients des activités humaines (aller au palais, assister à un banquet, chasser, se marier, se disputer, se révolter, faire l'amour, investir de l'argent, faire des dons), et se termine par une réflexion générale sur la condition humaine. À titre d'exemple en voici quelques extraits :

— Esclave à [mes o]rdr[es] !
— Voilà maître, voilà !
— Je veux faire l'amour à une femme !
— Fais l'amour, maître, fa[is-le] ! Qui fait l'amour à une femme, oublie inquiétude et soucis !
— Eh bien mon esclave, je ne veux pas faire l'amour à une femme !
— [Ne fais donc pas] l'amour, maître, ne le fa[is pas] ! La femme est un vrai puits, une citerne, une fosse. La femme est une dague de fer affilée qui coupe la gorge de l'homme !
— (...)
— Esclave, à mes ordres !
— Voilà maître, voilà !
— Alors que convient-il (de faire) ? Briser ma nuque et la tienne, ou se jeter au fleuve ? Est-ce là ce qu'il convient (de faire) ?
— Qui donc est assez grand pour atteindre le ciel ? Qui est assez large pour embrasser la terre entière ?
— Eh bien mon esclave, je m'en vais te tuer et t'expédier au-devant de moi !
— Oui, mais mon maître ne me survivrait pas trois jours[26] !

Loin d'être un appel au suicide, c'est une réflexion pleine d'humour et d'ironie sur la valeur de l'activité humaine et le sens de la vie. Les actions se suivent et s'annihilent. L'homme n'est pas apte à comprendre leur sens. Si le maître croit qu'il faut aller chercher la réponse ailleurs, dans l'au-delà, en y envoyant son serviteur, sans ce dernier à ses côtés, il ne saura se débrouiller et, de fait, le rejoindra sans espoir de revenir dans le monde des vivants. Un autre texte pose le problème du mal et surtout de son existence. Un autre encore, appelé couramment le *Monologue du Juste souffrant*, présente un homme énumérant ses malheurs dont il ne comprend pas la raison : les dieux devraient pourtant traiter les hommes avec justice ; lui, qui n'a rien fait de mal, qui n'a commis aucune offense, pourquoi est-il puni ainsi ? La morale est que l'homme ne peut comprendre le sens de sa vie, qu'il doit faire confiance aux dieux qui, eux, savent le pourquoi mais dont les desseins sont impénétrables[27] :

> Qui peut connaître la volonté des dieux dans le ciel ?
> Qui peut saisir le dessein des dieux des profondeurs ?
> Où les mortels ont-ils appris le plan du dieu ?
> Tel, hier bien vivant, est mort dans l'affliction.
> Tel autre, tout à coup déprimé, subitement retrouve l'entrain.
> À l'instant il chantait d'un air joyeux ;
> Un pas plus loin, il gémit comme un lamentateur.
> Le temps d'ouvrir et de fermer [un œil], le destin [des hommes] peut changer.
> Quand ils ont faim, ils sont comme des cadavres ;
> Quand ils sont rassasiés, ils rivalisent avec leurs dieux.
> Dans leur prospérité, ils parlent d'escalader le ciel ;
> Dans la désolation, ils disent descendre aux Enfers.
> J'ai médité sur tout cela, sans pouvoir en saisir le sens[28] !

Ces œuvres sont intégrées au cursus scolaire des scribes de tout l'Orient. C'est pourquoi ces thèmes se retrouvent dans les lettres envoyées par les courtisans en disgrâce. L'une des plus célèbres est celle d'Adad-šum-uṣur, exorciste à la cour d'Assarhaddon puis d'Assurbanipal, sollicitant sa réintégration et celle de son fils Urad-Gula :

> Voici un bon règne, des jours de stabilité, des années de justice, des pluies copieuses, des crues abondantes, des prix corrects au marché (...). Les vieux dansent. Les jeunes hommes chantent. Femmes et filles sont heureuses et joyeuses. On engendre fils et filles ; les naissances se multiplient. Celui que ses crimes avaient fait condamner à mort, le roi mon seigneur l'a gracié ! Celui qui pendant des années avait été emprisonné, tu l'as libéré ! Ceux qui souffraient de maladie depuis une éternité, ils sont guéris ! Les affamés ont été nourris en abondance, les desséchés oints d'huile fine, ceux qui étaient nus, vêtus. Pourquoi donc, moi et Urad-Gula, parmi tous ces gens, sommes-nous seuls à être remplis de tristesse et de chagrin (...). Nous aimerions pouvoir nous aussi, avec toute la population, nous réjouir, danser de joie et bénir le roi mon seigneur ! (...) Puissé-je ne pas mourir parmi tous ces gens heureux[29] !

Un autre genre se développe combinant proverbes, maximes et aventures à rebondissements avec le *Livre d'Ahiqar* rédigé en araméen au VIIe siècle av. J.-C. Ahiqar est l'un des hauts fonctionnaires du roi d'Assyrie, Sennachérib. Sans enfant, il adopte son neveu, Nadin, l'éduque grâce à ses maximes et le place auprès du roi comme conseiller. Nadin, à peine en place, fomente un complot, faisant passer Ahiquar pour un traître. Celui-ci, condamné à mort par le roi Assarhaddon, successeur de Sennachérib, est finalement sauvé par le bourreau qui le cache. Apprenant sa mort, le roi d'Égypte en profite pour lancer un défi au roi d'Assyrie : soit Assarhaddon lui envoie un homme capable de construire un palais entre ciel et terre, et l'Égypte versera à l'Assyrie un tribut pendant trois ans, soit il ne le peut pas et c'est l'Assyrie qui devra reconnaître la souveraineté de l'Égypte et lui verser tribut. Assarhaddon réunit ses conseillers y compris Nadin, mais personne ne se révèle capable de trouver une solution et le roi se désespère. Ahiquar sort de sa cachette, annonce à Assarhaddon qu'il sait comment relever le défi. Il se rend en Égypte et se présente devant Pharaon accompagné d'oiseaux. Les tenant par un fil, il les fait s'envoler, puis les présente comme ses ouvriers, aptes à construire ce palais entre ciel et terre ; reste à Pharaon à leur faire parvenir dans le ciel les matériaux de construction. Ce dernier n'y parvient pas et reconnaît alors son échec. Le livre est promis à un bel avenir, d'autant que pendant sa disgrâce, Ahiqar n'a jamais perdu espoir en son dieu. Traduit en grec par Démocrite, ses maximes inspirent à Ésope quelques-unes de ses fables ; la version la plus complète — la syriaque — est elle-même à la base des traductions arménienne, arabe, turque, éthiopienne, roumaine, russe, entre autres. De fait, ce personnage est présenté comme le neveu de Tobit dans la Bible[30] et certains y voient le sage Loqman du Coran.

DES SCIENCES D'UNE GRANDE NOTORIÉTÉ

Qu'appelle-t-on sciences en Mésopotamie ? Car si les sciences d'aujourd'hui ont leur pendant dans l'Antiquité, il n'est pas sûr qu'elles en dérivent toutes directement et en tout point. Les textes scientifiques se présentent sous forme de recueils de données et d'observation qui permettront ensuite l'analyse. Les sciences ne sont donc pas liées à la technologie mais à l'observation à l'œil nu. Les instruments de mesures sont peu nombreux : pas de stéthoscope pour les médecins, pas de lunette pour les astronomes. Les tablettes n'ont pas pour objet de transmettre un savoir que l'impétrant pourrait acquérir seul. Ce ne sont donc pas des textes théoriques. Il n'y a par écrit ni réflexion, ni équation, ni formule mathématique énoncées. Tout est axé sur le concret et non sur l'abstraction. La démarche n'est cependant pas uniquement empirique. Les Sumériens et les Akkadiens construisent des grilles d'exemples typiques à partir desquels les nouveaux problèmes mathématiques, médicaux, etc., peuvent être déduits. Les techniques de résolution sont propres à chaque culture. Ici encore on réfléchit par analogie et association. Les résultats sont identiques, les chemins différents. Les problèmes évoluent parallèlement aux techniques existantes. La notion de sciences a elle-même évolué au cours du temps en fonction du cadre culturel dans lequel celles-ci se sont développées : viendrait-il à l'idée aujourd'hui de placer l'astrologie au summum des disciplines scientifiques ? Et pourtant…

Des mathématiques aux applications concrètes

Les habitants de Mésopotamie ne comptent pas en base 10 mais utilisent la base 60 comme nous le faisons pour les minutes qui composent les heures, ou la détermination des angles (degrés, minutes, secondes). Au IVe millénaire av. J.-C. les scribes écrivent les mots avec la pointe d'un roseau taillée en triangle et les chiffres avec l'autre extrémité. C'est un bout rond que l'on enfonce soit perpendiculairement, soit obliquement par rapport à la tablette, formant ainsi des cercles et des demi-cercles. Le groupe de recherche de l'université de Berlin, à partir des milliers de tablettes mises au jour à Jemdet Nasr et surtout à Uruk, a montré que sont utilisés pas moins de treize systèmes métrologiques différents : un pour les mesures de surface, trois pour les capacités de grain, deux pour les capacités de produits laitiers, etc. La nature du produit entre en compte dans le choix du système. On ne compte pas du grain comme des vêtements, de la même manière qu'actuellement on ne compte pas des moules (en litre ou en pot suivant les régions françaises) comme du poisson (en kilogramme). Par ailleurs la notation est additive, c'est-à-dire que les valeurs de chaque signe sont additionnées. À la fin du IIIe millénaire av. J.-C., des changements ont lieu parallèlement au développement administratif (et à l'augmentation considérable du nombre de documents à écrire) mis en place par la IIIe dynastie d'Ur. La même extrémité du roseau, celle taillée en triangle, est utilisée pour les mots et les chiffres, sans doute pour aller plus vite. La notation devient positionnelle, ce qui signifie que la valeur d'un signe est déterminée par la position qu'il occupe par rapport à un autre. Ceci permet d'utiliser seulement deux signes pour comptabiliser les produits : 𒁹 et 𒌋. Le problème est que le signe 𒁹 peut désigner à la fois le chiffre 1 mais aussi le nombre 60 qui est l'unité de base. De même 𒈫 peut signifier 2 ou 120 (soit 2 × 60). Ce n'est qu'à la fin du Ier millénaire av. J.-C. qu'apparaît en Mésopotamie un signe pour noter le zéro, déjà employé à Suse en Élam (actuel Iran) au IIe millénaire av. J.-C.

Dans la plupart des grandes villes telles Ur, Uruk, Nippur, Larsa, Mari, mais aussi dans des bourgades, comme Šaduppum, ont été retrouvés de nombreux exercices écrits à la fois en babylonien et en sumérien. Ils permettent de déterminer quelle est la formation d'un scribe en ce domaine[31]. Dans un premier temps, les élèves apprennent des tables métrologiques (capacité, surface, longueur, hauteur). Ces tables servent à convertir en une seule unité de base les mesures exprimées initialement dans différentes unités : les capacités en SILA$_3$, les poids en MANA, les surfaces en SAR, les longueurs en NINDA. Ils étudient également les tables numériques (inverse, multiplication, carré, racine carrée, racine cubique).

Puis les plus avancés se lancent dans les techniques d'inversion par factorisation et le calcul de surface au moyen des tables précédemment apprises. Les exercices sont très concrets. Il s'agit en général de l'étude de variations de la surface de champs de formes géométriques variées (carré, rectangle, triangle, triangle-rectangle, cercle) par l'adjonction ou le retrait d'aires de formes identiques ou différentes, de calcul d'une quantité de grain, du montant d'un salaire à verser pour un homme travaillant à la construction d'un mur dont les dimensions sont données, du volume des matériaux nécessaires à la construction d'un mur dont les dimensions ainsi que le nombre de jours requis pour sa réalisation sont connus, du nombre d'hommes nécessaires au transport d'une quantité de briques sur une distance donnée en un temps donné, et ainsi de suite. Bref, la recherche d'un nombre dont le produit et la somme (ou la différence) sont connus est un classique. L'analyse de ces textes révèle que les scribes employaient, sans les énoncer, le « théorème de Pythagore » et « l'axiome d'Euclide ». De même, on remarque l'utilisation de coefficients pour calculer ou convertir des quantités, des volumes ou des surfaces[32]. Par ailleurs, ces exercices mélangent l'algèbre et la géométrie. Ainsi, la résolution des équations du second degré ne résulte pas d'un raisonnement arithmétique mais géométrique suivant la méthode de la complétion du carré, reprise par la suite dans les textes grecs et arabes[33].

Les applications pratiques sont nombreuses. Outre les documents classiques (actes de propriété, contrats de vente, de prêt, d'embauche), dès le IIIe millénaire av. J.-C. à Umma, un cadastre avec relevé des parcelles et calcul de leur surface est effectué. Le plan de Nippur, quant à lui, est connu par une tablette d'époque kassite (IIe millénaire av. J.-C). De 21 centimètres sur 18, il respecte les échelles, mentionne les distances, représente les constructions (temples, murailles, canaux) en indiquant leur nom en idéogrammes. Autre exemple célèbre, pour arroser les jardins créés autour du palais de Sennachérib à Ninive, une machine élévatrice encore attestée par Strabon est élaborée dans l'entourage royal :

> J'inventai des objets en cuivre et les façonnai habilement. Selon le plan du dieu, je créai des moules en argile pour de « grands troncs » et pour des palmiers, l'arbre d'abondance, puis y coulai du cuivre [...]. Afin de puiser tout le jour l'eau des citernes, je fis faire des cordes ainsi que des câbles et des chaînes de bronze. Je fis placer les « grands troncs » et les palmiers de cuivre au-dessus des citernes[34].

Une fois le métal refroidi après avoir été coulé dans le moule en argile, celui-ci est brisé. On obtient ainsi une vis pleine (en forme de tronc de palmier) tournant dans un cylindre creux (le tronc lisse), système repris quatre siècles plus tard sous le nom de « vis d'Archimède ».

Une médecine renommée

Un malade requiert beaucoup de monde auprès de lui : un devin (*bârûm*) pour déterminer le pronostic de la maladie, un médecin (*asûm*) pour appliquer le traitement et remédier aux symptômes, un exorciste (*âšipum*) pour éloigner les forces néfastes à l'origine du mal ou détourner ce châtiment envoyé par une divinité en raison d'une faute commise à son égard par le patient. On est bien loin de ces malades abandonnés dans la rue que présente Hérodote[35] ! Outre les médecins privés, au sein de chacun des temples de Gula — la déesse sumérienne de la guérison —, un hôpital accueille et soigne chacun.

Le médecin (A.ZU/*asûm*) est à l'origine « celui qui connaît l'eau » (A en sumérien signifie « eau »), c'est-à-dire celui qui détermine et élabore les traitements à partir de la faune, de la flore et des minéraux. Les différents éléments sont broyés et mêlés à du miel ou du vinaigre, de la bière, du lait... Les médicaments sont bus ou employés en onguent. Les textes médicinaux sont divisés en trois colonnes : l'ingrédient principal, la maladie, le traitement à appliquer, de même que les traités d'exorcisme indiquent le rituel ou l'incantation à formuler. En revanche le dosage des ingrédients ou le contenu de l'incantation ne sont que rarement explicités. Comme pour les recettes de cuisine, l'identification de certaines plantes reste parfois hypothétique. De même qu'il existe des tablettes pour chaque ingrédient principal, d'autres présentent chaque maladie en relation avec une partie du corps.

Le chirurgien comme le médecin est responsable de ses actes. Le code de Hammurabi prévoit que, si un *awîlum* meurt suite à une opération, la main du chirurgien sera coupée. En cas de réussite, il fixe le salaire du médecin. De fait, l'intervention d'un médecin est abordée de la même façon que celle d'un vétérinaire ou d'un artisan : un salaire pour un travail, une amende si malfaçon. Cela explique que l'on recourt à un devin et que certains textes se terminent ainsi : « Pour une telle maladie, le médecin doit s'abstenir ; cet homme mourra ; il ne peut guérir. »

Les bons thérapeutes trouvent une place de choix auprès des rois. Le fameux Urad-Gula, fils d'Adad-šum-uṣur, est à la fois médecin en second auprès d'Assurbanipal et exorciste. L'importance de garder le roi en bonne santé rejaillit sur celui dont c'est la tâche.

Une magie et une sorcellerie réputées

Les plus anciens textes de ce type datent du début du IIIe millénaire av. J.-C. Ils distinguent la sorcellerie (l'action sur les forces surnaturelles par le pouvoir de la parole) et l'exorcisme (le recours aux dieux pour protéger ou écarter une menace). Nommer, c'est créer, de la même façon invoquer un mal (ou un bien), c'est le rendre existant. De manière similaire, le geste recèle un pouvoir en agissant sur la transformation des produits. La partie d'un être est solidaire du tout : tout comme dans l'écriture le signe désignant le bœuf est la stylisation de la tête de cet animal, de même une rognure d'ongle est significative de l'individu auquel elle appartient. Des phénomènes de transfert peuvent également s'effectuer par le biais d'effigies.

Un certain nombre d'actes sont alors exécutés, au rythme des incantations, dans le cadre de rituels appropriés : tracer sur le sol un cercle pour se prémunir, brûler une substance pour que soit détruit de la même façon le mal dont souffre le patient, lier ou délier les nœuds. Là encore il y a beaucoup d'ambivalences : les mauvais sorts sont assimilés à des nœuds qu'il convient de défaire pour être délivré, mais des nœuds peuvent également être noués pour enchaîner des démons et en débarrasser l'individu. La couleur a également son importance. Le rouge, sensé faire fuir les mauvais esprits, est la couleur de l'exorciste et aussi celle du deuil.

Afin d'éviter les sorts, sans pour autant rester éternellement à l'intérieur d'un cercle, des amulettes ou de petites plaques représentant les divinités protectrices peuvent être portées ou clouées à l'entrée des pièces. Le démon Pazuzu repousse ainsi sa femme, la sinistre Lamaštu, à l'origine des fausses couches et des mort-nés, faucheuse des petits enfants et des vieillards. Un œil votif en argile, agate, onyx ou toute autre pierre précieuse est aussi utilisé de manière à contrecarrer le mauvais œil. Cette pratique est encore d'actualité dans certains pays.

La divination au sommet des connaissances

La divination est le moyen de communiquer avec les dieux en les sollicitant, en interprétant les signes qu'ils envoient pour éclairer l'avenir. De nombreuses techniques sont employées. La plus ancienne est la lécanomanie, à savoir l'interprétation d'une goutte d'huile versée dans une marmite en métal remplie d'eau. Elle est supplantée au IIe millénaire av. J.-C. par l'extispicine c'est-à-dire l'interprétation de l'aspect d'entrailles d'animaux, en particulier les foies des moutons (hépatoscopie). Cet organe, parfois désigné sous le nom de « tablette des dieux », est considéré comme le plus à même de porter les signes révélant l'avenir. En effet, dans l'un des mythes de création, le ciel est façonné à partir du foie de Tiamat, l'une des deux divinités primordiales[36]. Le devin sacrifie un mouton, accompagnant son acte d'une invocation et d'une question. Il ouvre l'animal, en sort les organes et en examine les parties selon le sens inverse des aiguilles de l'une de nos montres. Chaque particularité est notée, interprétée séparément puis l'une par rapport aux autres. Pour s'aider, le devin dispose de maquettes de foie en argile[37]. Nombre d'entre elles ont été retrouvées à Mari datant du XVIIIe siècle av. J.-C. ainsi qu'à Emar datant du XIVe siècle av. J.-C. Le foie est divisé en zones sur lesquelles des annotations fournissent des indications pour l'augure. L'organe est ainsi comme une carte du ciel avec des zones favorables et d'autres défavorables. La place du signe dans telle ou telle zone est déterminante. De la même façon, des maquettes d'intestins existent. L'une d'elles, datant de la fin du IIe millénaire av. J.-C. a été retrouvée à Babylone.

À partir de la seconde partie du IIe millénaire av. J.-C. l'extispicine est concurrencée par l'astrologie. Celle-ci s'appuie sur la position et le mouvement des astres (le soleil, la lune, les cinq principales planètes — Mercure, Vénus, Mars, Jupiter, Saturne —, les étoiles — comme Sirius ou Antarès —, et les constellations), mais aussi sur les phénomènes météorologiques (comme la pluie ou le tonnerre) et géophysiques (les tremblements dc terre, par exemple). L'observation des astres existe bien avant, dès les Sumériens, le nom des étoiles et des planètes en témoigne. Elle se développe sous les Akkadiens. Les premiers textes réellement astrologiques datent de l'époque paléo-babylonienne. Ils résultent de la mise en relation de phénomènes astrologiques rares, tels les éclipses, et de faits qui se sont déroulés concomitamment, par exemple l'association d'une éclipse et de la mort du roi Šulgi à Ur. À partir du IIe millénaire av. J.-C. apparaissent les premiers almanachs. Le plus ancien date du roi kassite Kurigalzu Ier. Il détermine les jours et les mois, fastes ou néfastes, en fonction de la position de la lune et des planètes. Ces almanachs se développent surtout sous les Sargonides, en rapport avec les séries divinatoires. Ils indiquent alors quelles activités ou quels aliments sont à éviter. À la fin IIe millénaire av. J.-C. la série MUL.APIN compile les manifestations d'astres, autres que le soleil et la lune, se répétant de façon périodique. Soixante-dix constellations sont ainsi déterminées, elles présentent de nombreuses similitudes avec les futures descriptions de Ptolémée au IIe siècle apr. J.-C. et restent encore d'actualité. Par la substitution des calculs à l'observation, les mathématiques se mettent au service de l'astronomie, elle-même au service de l'astrologie. Des recueils de présages sont également établis. Le plus célèbre est l'*Enûma Anu Enlil* («Lorsque Anu, Enlil...») datant de l'époque médio-assyrienne (XIIIe siècle av. J.-C.). De nombreuses copies ont été trouvées, y compris en dehors de la Mésopotamie, à Suse en Élam et à Hattuša dans le royaume hittite. Il s'agit de sept mille présages répartis en quatre thèmes suivant la divinité associée à l'astre ou au phénomène observé : le dieu Sîn (la lune), le dieu Šamaš (le soleil), le dieu Adad (dieu de l'orage, des phénomènes atmosphériques et des météorites), la déesse Ištar (associée à la planète Vénus). Le succès et la renommée de ces présages sont tels que les astrologues sont désignés au Ier millénaire av. J.-C. sous le nom de *ţupšar Enûma Anu Enlil*. Ce texte devient une référence au point que des manuels sont composés et des commentaires rédigés. Cette science atteint son apogée sous les rois néo-assyriens Assarhaddon et Assurbanipal au VIIe siècle av. J.-C. L'astrologie est centrée sur la personne du roi et donc sur l'avenir du pays. Monde terrestre et monde céleste sont en miroir l'un par rapport à l'autre. La position des astres et leur mouvement annoncent les décisions divines qui se répercutent sur Terre.

Les éclipses retiennent toutes les attentions. Le soleil et la lune sont divisés en quatre quartiers, chacun correspondant à une région terrestre en fonction de son orientation comme le montre cette lettre de Nabû-ahhê-erîba au roi néo-assyrien : « L'éclipse a libéré (le quartier) est et s'est étendu à tout (le quartier) ouest. Jupiter et Vénus étaient présents durant l'éclipse jusqu'à ce que la lune s'éclaircisse. (Cela signifie) salut pour le roi mon seigneur, malheur pour le pays de l'ouest[38]. » Une éclipse n'est pas forcément négative, cela dépend du moment auquel elle intervient, du quartier qui disparaît en premier, des astres qui sont visibles ou non en même temps, et le présage qui en est déduit concerne soit le souverain qui emploie l'astrologue, soit son ennemi. Mieux vaut ne pas se tromper ! En Assyrie, pour désigner un roi substitut, il faut que l'ombre de l'éclipse de lune désigne l'Assyrie et que la planète Jupiter ne soit pas visible. Afin d'éviter les erreurs, le présage est vérifié par une autre méthode de divination ou par la réitération de la même méthode. Ainsi le devin Asqudum prévient le roi de Mari, Zimrî-Lîm, qu'il y a eu une éclipse de lune, ce qui est un mauvais présage, mais que, ayant consulté les entrailles d'un animal, le présage funeste ne lui est pas destiné.

Des astrologues sont répartis dans toutes les grandes villes. Ils sont tenus d'envoyer des rapports régulièrement. Cette charge prestigieuse est stratégique. Le pouvoir du devin est grand car il intervient dans les décisions royales. Une lettre de l'astrologue Bêl-ušêzib au roi néo-assyrien Assarhaddon montre que la loyauté n'est, dans la pratique, pas toujours de mise. Elle relate ce qui s'est passé lors du règne de Sennachérib, le père d'Assarhaddon :

> Kalbu, le fils de Nabû-êţir, sous le règne du roi ton père, avait conclu l'accord (suivant) avec les scribes et les haruspices à l'insu du roi ton père : « Si un signe défavorable survient, nous diront au roi : "Un signe obscur est apparu." Ils ont censuré systématiquement tous les mauvais présages lorsqu'un signe qui lui était défavorable, ou quoi que ce quoi de défavorable, apparaissait. Par la suite lorsque le mal-*alû* est arrivé, ton père a dit : "Un signe qui m'était défavorable est survenu et vous ne me l'avez pas dit[39] !"

Plus tard, sous les Achéménides, ont lieu d'autres innovations, notamment la création du zodiaque à la fin du ve siècle av. J.-C. On ne considère plus que les astres transmettent par leur mouvement les messages divins, mais qu'ils sont eux-mêmes pourvus d'une signification et peuvent influer sur les individus, notamment au moment de leur naissance. C'est ainsi l'apparition des premiers horoscopes établis en fonction de la position des sept astres principaux. Ils prennent la succession des « présages de naissances » qui existaient depuis longtemps. C'est là une rupture fondamentale entre une astrologie tournée vers le destin d'un pays en fonction de ce qui peut arriver à son roi (conception mésopotamienne) et une astrologie tournée vers l'individu quel qu'il soit (conception perse). En outre, l'astrologie visait à connaître la volonté des dieux à court terme alors qu'avec l'horoscope c'est toute la vie de l'individu qui est influencée par la position des astres à sa naissance.

Chapitre VIII

LES CROYANCES

LA PLACE DE L'HOMME DANS L'UNIVERS

Les hommes se posent peu à peu des questions sur eux-mêmes et sur leur place dans l'univers. Comment ce dernier a-t-il été créé ? Par qui ? Ces interrogations et les réponses proposées donnent naissance à de nombreuses compositions littéraires, que les scribes, gardiens des traditions, recopient tout au long des siècles et des millénaires. Ces textes confèrent une validité et une légitimité à une institution — la monarchie — et offrent une explication aux mille et une petites choses du quotidien. À partir de la vision qu'ils ont d'eux-mêmes et de leur cadre de vie, Sumériens et Akkadiens élaborent une cosmogonie à l'intérieur de laquelle ils répartissent les rôles et les fonctions de ceux qui la peuplent, hommes ou divinités. Les dieux proviennent ainsi de la personnification de phénomènes que l'Homme souhaite mieux maîtriser. En déifiant les éléments à l'origine de cette cosmogonie, l'Homme fait évoluer le rapport qu'il entretient avec le divin d'une relation horizontale au sein de la nature vers une représentation verticale et hiérarchique où il est subordonné aux divinités.

Comment le monde est-il apparu ? Nul n'y ayant assisté, personne ne devrait pouvoir le raconter. Ce thème est utilisé dans des récits apologétiques, installés hors du temps et dans un autre espace, dont les éléments varient selon les mythes mais qui ont tous pour raison d'être de comprendre le monde tel qu'il existe à l'époque où le texte est écrit. Ils expliquent l'univers tel que l'Homme le perçoit à partir de son propre cadre de vie (ainsi les termes utilisés sont empruntés aux gestes de l'artisan, à des situations de la vie familiale et aux rapports sociaux). Les entités qui, grâce à leurs actions, sont à l'origine de ce cadre ne peuvent qu'être supérieures à l'Homme : il en fait des dieux à son image. L'important n'est pas que le récit soit vrai mais qu'il soit vraisemblable, c'est-à-dire qu'il apporte une hypothèse plausible. Quand plusieurs explications sont possibles, loin de s'opposer, elles enrichissent au contraire la tradition. Plus les récits sont récents, plus ils sont longs, réfléchis et complexes.

Des deux civilisations, sumérienne et akkadienne, à laquelle attribuer ce qui lui revient au niveau des idées ? Là réside la difficulté[1] ! Les plus anciens textes parvenus jusqu'à nous datent de la fin du IIIe et du début du IIe millénaire av. J.-C. mais ils reprennent des traditions orales bien antérieures. À cet égard le style employé fournit quelques indices. Dans la poésie sumérienne la création de l'univers est seulement allusive ou sert d'introduction à un autre mythe, comme celui de *Gilgameš, Enkidu et les Enfers*, ou encore de rappel des origines dans les débats entre deux entités (*Arbre contre Roseau, Grain contre Brebis, Oiseau contre Poisson*). En revanche ce thème est amplement développé dans les mythes akkadiens comme l'*Enûma eliš*. L'anthropogonie, quant à elle, semble avoir suscité très tôt la réflexion, ce qui est compréhensible, l'objectif étant d'expliquer ce qui intéresse l'homme.

Les cosmogonies ou la création du cadre dans lequel l'homme évolue

Que relatent les textes ? Le plus ancien, le *Lugal-e*, date sans doute de la fin du IIIe millénaire av. J.-C. Il relate la naissance du démon Asakku à partir du Ciel et de la Terre. Ce thème est repris dans d'autres textes du début du IIe millénaire av. J.-C. An (le Ciel) et Ki (la Terre), entités immuables, sont bousculés par l'intrusion d'Enlil, le maître du vent, provoquant ainsi mouvement, changement, évolution. La création s'effectue par séparation du haut et du bas en deux (ou trois) étages : le ciel, la terre (et le sous-terre), chacun étant le reflet des deux ou trois autres. Les poèmes sumériens ne manquent pas de le rappeler. Ainsi le mythe de *Gilgameš, Enkidu et les Enfers :*

Lorsque le Ciel eut été séparé de la Terre
et que la Terre eut été séparée du Ciel
An ayant emporté avec lui le Ciel
et Enlil ayant emporté avec lui la Terre
et ayant octroyé le KUR à Ereškigal[2].

Il en va de même dans d'autres récits de tradition sumérienne tel le mythe de la *Création de l'homme*[3], le mythe d'*Enki et de Ninmah*[4], le mythe de la *Création de la houe par Enlil*[5]. Rappeler cet épisode au début des compositions littéraires montre qu'il existe un temps statique que l'action du héros fait basculer. C'est un procédé qui situe l'action relatée en dehors du temps chronologique et la place dans le temps du mythe. Enlil, le dieu de l'air, est ainsi l'organisateur du temps. Il règle le cycle des saisons, celui de la vie, et fixe le destin de chacun. Un autre grand dieu sumérien au rôle important dans la création est Enki, le dieu des eaux douces, maître des techniques, dont le principal sanctuaire se trouve à Eridu dans l'extrême sud de la Mésopotamie. Cette région, déjà sur le déclin quand apparaît l'écriture, continue à jouer au plan religieux un rôle de premier ordre plusieurs millénaires durant[6]. C'est pourquoi Enki est repris par les Babyloniens sous le nom d'Ea, sans qu'ils lui consacrent toutefois de sanctuaire propre.

Pour une grande description de la création de l'univers il faut cependant attendre l'*Enûma eliš*, œuvre babylonienne du dernier quart du IIe millénaire av. J.-C. Elle met en scène deux masses liquides, une d'eau salée (Tiamat), l'autre d'eau douce (Apsû), au milieu des ténèbres. Ces deux grandes masses d'eaux déifiées, inextricablement mêlées, donnent naissance à d'autres dieux[7]. Les générations se succèdent comme le feraient celles des humains.

Ainsi, dans les deux civilisations, sumérienne et akkadienne, l'univers n'est pas créé *ex nihilo*. Des éléments primordiaux préexistent : soit le ciel et la terre[8], soit des éléments liquides[9]. L'homme semble incapable de se représenter le vide ou le néant. Ces éléments primordiaux, déifiés par les hommes, forment le cadre dans lequel ceux-ci se campent. Plus qu'une création, il s'agit donc d'une évolution créatrice, d'une réorganisation, qui s'effectue selon divers processus et met en place des réseaux de relations complexes. Que ce soit l'air ou l'eau, ces éléments de mouvements permettent à la partie stable, la terre et le ciel, d'évoluer[10].

Sumériens et Akkadiens sont donc polythéistes et certains de leurs dieux existent avant la création de l'univers. Selon la tradition babylonienne, sa naissance est issue de guerres intergénérationnelles entre dieux. Les plus jeunes, trop remuants, importunent Apsû. Une première guerre a lieu. Après avoir endormi le vieil Apsû grâce à un philtre magique, le jeune Ea le tue et édifie sa demeure au-dessus de lui. Comment assassiner une masse d'eau ? Le mystère reste entier… mais un dieu peut donc mourir ! Déjà chez les Sumériens, dans le *Lugal-e*, le dieu Ninurta tuait le démon Asakku.

Ea fête sa victoire avec sa femme Damkina et procrée Marduk. Celui-ci, supérieur en tout point aux autres, se révèle encore plus remuant. Cette fois, c'est la vieille Tiamat qui s'irrite. Entourée des dieux anciens et aussi de toutes sortes de monstres engendrés pour l'occasion, elle s'apprête à mener le combat contre Marduk et la nouvelle génération. Une grande bataille se déroule. Tiamat, cette fois décrite comme un monstre marin, est vaincue. Marduk crée alors le monde à partir de son cadavre[11]. Il s'agit d'une organisation intelligente de la matière primordiale. Chaque élément de la nature est donc une pièce du divin. Aucune différence entre naturel et surnaturel n'existe. Le récit babylonien est très explicite. Marduk coupe le corps de Tiamat en deux comme un poisson séché : une moitié sépare la terre des cieux, l'autre la terre de l'Apsû. Trois étages sont ainsi différenciés : le ciel, la terre et le sous-terre. Ce dernier ayant déjà été agencé par Ea à l'issue de sa victoire contre Apsû, reste à Marduk à ordonner les deux premiers. Il entreprend d'organiser le ciel à partir du foie de Tiamat, y construit un palais-temple, puis attribue à chacun des grands dieux (Anu, son grand-père, le dieu du ciel ; Enlil, le roi des dieux ; Ea, son père, le dieu de l'intelligence) une partie du ciel ; enfin, aux astres considérés comme les répliques des divinités, il attribue place et fonctions. Une fois le ciel organisé, Marduk fait de même pour les éléments terrestres. La queue de Tiamat attache l'ensemble au cosmos. Sa poitrine forme les montagnes, ce qui confirme le principe féminin de Tiamat déjà suggéré par son nom dérivant du mot akkadien féminin *tiamtum*, « la mer ». Ses yeux deviennent les sources des deux plus grands fleuves de Mésopotamie, le Tigre et l'Euphrate, plaçant ainsi la Babylonie au centre du monde.

Le décor est ainsi posé. Ces séparations permettent de quitter l'indistinction originelle. Elles donnent la cohérence qui marque la sortie du chaos. Cette apparition de l'individualité va de pair avec l'instauration d'une hiérarchie entre l'En-haut, demeure des grands dieux, siège des astres qui les représentent, et l'En-bas, demeure des hommes. Cette différenciation est indispensable à la mise en place des réseaux de relations qui régissent les rapports de l'homme au divin. C'est aussi l'opposition entre, d'une part, le désordre, la sauvagerie des eaux déchaînées (Tiamat au début de l'*Enûma eliš* est une masse d'eau, puis est présentée comme un monstre qui crée d'autres monstres pour lui venir en aide) et, d'autre part, la civilisation, la société régie par la loi. C'est la fin d'un monde et la naissance d'un nouveau tel que Marduk, le dieu de Babylone, l'instaure. Avant l'ultime bataille chaque dieu confie ses pouvoirs à Marduk établissant de fait une monarchie[12]. Marduk installe l'Ešarra (nom à la fois de sa maison et de son temple) dans le ciel, puis en crée la réplique terrestre à Babylone, comme le rappelle la signification du nom de cette ville, *bâb ilî*, la « porte des dieux ». Le monde des hommes est imaginé comme créé par les dieux pour être le reflet du monde divin. Babylone, placée en son centre, justifie à la fois l'existence de la forme politique de l'État babylonien — une monarchie — et la place prépondérante de cette ville et par là-même de cet État. C'est ce qui est rappelé chaque année, lors de la fête de l'Akîtu (Nouvel An), par la lecture de l'*Enûma eliš*. Celle-ci réactualise le temps mythique et permet à la régénération de s'effectuer. Une année constitue la fin d'un cycle et le début d'un autre. C'est une nouvelle naissance qui vise à revenir à la perfection de la création originelle, à puiser à la source de la puissance des dieux sans pour autant les remplacer. Elle rappelle le rôle et la place de chaque individu les uns par rapport aux autres ainsi que d'une manière plus générale celle de l'Homme dans l'univers. En même temps, maîtriser l'origine et l'histoire des éléments, c'est acquérir un pouvoir sur eux et donc permettre à l'Homme, arrivé le dernier, de les dominer.

Anthropogonies : et l'homme paraît !

Créer la structure ne suffit pas. Les textes écrits en sumérien relatent comment le Ciel féconde la Terre avec la pluie et donne naissance à la végétation[13], comment certaines plantes résultent des multiples ébats du jeune Enki, en pleine crise d'adolescence, avec diverses déesses[14] ; quant aux deux saisons agricoles, l'été et l'hiver, elles sont issues de l'accouplement du dieu Enlil, sous la forme d'un taureau, avec Nin-hursag, la « dame du sol pierreux »[15]. La création des animaux n'est guère évoquée dans les textes à ce jour retrouvés. Une joute orale entre deux insectes mentionne que les animaux sont « venus à la lumière », sans plus de détails[16].

Dans la plupart des textes le processus passe directement de la création du monde à celle de l'homme. Chez les Sumériens — dans le *Mythe d'Enki et de Ninmah* —, Nammu, la déesse-mère, fatiguée d'entendre ses fils se lamenter de travailler, demande à l'un d'entre eux, Enki, de leur fabriquer des remplaçants : ce sera l'Homme. Selon la tradition akkadienne — l'*Atra-hasîs* et l'*Enûma eliš*, respectivement mis par écrit aux XVIIe et XIIe siècles av. J.-C.[17] —, les dieux se répartissent en deux catégories : les Anunnaku (les grands dieux) et les Igigu (les divinités secondaires) qui travaillent pour les premiers. Les Igigu doivent notamment creuser le lit des fleuves et des canaux, travail agricole crucial en Mésopotamie, mais ô combien pénible ! D'après l'*Atra-hasîs*, au bout d'un certain temps, les Igigu n'en peuvent plus et se révoltent contre les Anunnaku, en particulier contre Enlil. L'un des autres grands dieux propose alors de créer quelque chose qui remplacera l'Igigu au travail, l'Homme. Cette création permet à tous les dieux de devenir oisifs et d'acquérir ainsi une relative égalité. Cette explication à l'apparition de l'homme se retrouve également dans l'*Enûma eliš*. C'est une tradition commune à tout le Proche-Orient. Dans l'*Atra-hasîs*, le dieu créateur est Ea, l'équivalent akkadien d'Enki, le dieu de l'intelligence. Cette tradition est suffisamment ancrée au Proche-Orient pour que dans l'*Enûma eliš*, écrit pour valoriser Marduk, le dieu de la ville de Babylone, un compromis soit trouvé :

Marduk a le premier l'idée de créer l'homme et de l'utiliser à la place des dieux travailleurs. Ne sachant comment la réaliser, il va trouver son père, Ea, qui lui indique comment faire. Le dieu créateur n'agit pas toujours seul. À ses côtés se trouvent parfois une grande déesse-mère — Aruru[18], Mami[19] — et, au moment de la fabrication, des « matrices » qui semblent être aussi des divinités féminines.

L'homme est formé à partir d'argile. Déjà dans un poème sumérien, Enlil crée la houe et s'en sert pour extraire la matière qui, une fois moulée, aboutit à l'homme. Dans la plupart des traditions cette argile est répartie en mottes, un peu comme un potier prépare sa matière première[20]. À cet ingrédient de base sont ajoutés, dans l'*Atra-hasîs*, la chair et le sang d'un dieu tué à cet effet[21]. Ce dieu, nommé Wê, est par ailleurs inconnu. Rien n'indique qu'il ait commis une faute particulière. Il n'a d'intérêt que parce que son sang permet de créer l'homme. Dans l'*Enûma eliš*, l'homme semble uniquement constitué d'os et du sang d'un dieu mais, le thème étant très connu, même si elle n'est pas mentionnée dans le texte, peut-être faut-il supposer que la présence de l'argile va de soi. Le dieu sacrifié y est Kingu, allié de Tiamat dans sa guerre contre Marduk[22]. Sa mort permet à la fois de le châtier et de former l'humanité. Ce n'est pas la première fois qu'une création a besoin du cadavre d'un dieu : Apsû abattu par Ea forme les éléments de l'En-bas, Tiamat exécutée par Marduk est l'origine du ciel et de la terre. La création d'éléments vivants est donc liée à la mort.

Quoi qu'il en soit, l'homme est composé d'une partie périssable, l'argile, et d'une partie immatérielle, spirituelle, fournie par le sang de la divinité, auquel s'ajoute, dans l'*Atra-hasîs*, le *ṭêmum*, « l'esprit, la raison ».

La présence des deux principes, masculin et féminin, est nécessaire. La création peut s'assimiler à une naissance suite à un accouplement. Celui-ci peut être décrit de façon très imagée, notamment dans les poèmes sumériens, où la saillie de la vache par le taureau, mêlant la vigueur à la fertilité, assure une fécondité abondante :

> Et Ciel, ce dieu sublime, enfonça son pénis en Terre spacieuse,
> Il lui déversa du même coup au vagin la semence des vaillants Arbre et Roseau,
> Et, toute entière, telle une vache irréprochable, elle se trouva imprégnée de la riche semence de Ciel[23].

La gestation et la naissance sont également présentes tant les poèmes sumériens évoquant l'apparition des plantes (le *Mythe d'Enki et de Ninhursag*) que dans *l'Atra-hasîs*. Après avoir élaboré un prototype de l'homme, sa fabrication en nombre nécessite la présence de quatorze « matrices ». Le terme a lieu au début du dizième mois lunaire après le début des travaux, soit une grossesse de neuf mois. L'apparition des sept hommes et sept femmes qui en résulte suit les règles d'un accouchement babylonien classique.

Les actes quotidiens, les codes sociaux et même les aléas de la vie trouvent ainsi leur justification dans ces récits de création. L'homme créé en dernier vient parachever cette œuvre. Le reste n'est qu'ajustement. Le tout explique le monde tel qu'il est, y compris dans ce qui peut paraître le plus injuste, comme la mort. Dans la suite du mythe d'*Atra-hasîs* le déluge intervient car les hommes, devenus trop nombreux, perturbent par leur bruit la quiétude des dieux. Pour éviter qu'un même phénomène ne se reproduise, les hommes vivent moins longtemps, certaines femmes naissent stériles…

Nom et fonction de chacun,
hommes et dieux

Une fois chaque élément apparu, reste à lui assigner une fonction, à lui donner un nom. Le rôle de la parole dans la création est important. Nommer, c'est créer; ne pas avoir été nommé, c'est ne pas exister. Ceci est rappelé dès le début de l'*Enuma eliš* :

> Lorsqu'en haut le Ciel n'était pas encore nommé,
> Lorsqu'en bas la Terre n'était pas appelée d'un nom…

Quand Marduk met en place les astres en tant que réplique des divinités, il leur assigne une fonction que l'on retrouve dans leur nom : le dieu Sîn, dieu akkadien de la lune, est parfois désigné par l'idéogramme signifiant le nombre 30 ; à lui de croître et décroître, indiquant ainsi la durée du mois, environ trente jours. Les scribes jouent sur la valeur des signes comme des virtuoses, dotant leurs compositions de multiples niveaux de lecture. Ainsi, l'*Atra-hasîs* présente une explication théologique du nom commun « homme », en akkadien *awîlum,* que l'on fait dériver du nom du dieu sacrifié, Wê, et du rappel qu'il s'agissait d'un dieu, *ilum* ; l'addition des deux, *wê* et *ilum,* donne *awîlum.* L'Homme contient ainsi du divin jusque dans son nom. Là encore, il n'y a pas d'opposition entre naturel et surnaturel, mais il n'y a pas non plus de rapport de personne à personne avec la divinité. Hommes et dieux appartiennent au même monde tout en étant différents, car l'Homme ne possède qu'une petite part de divin. L'*Enûma eliš* offre une autre spéculation étymologique : le nom du premier homme, Lullu, viendrait du nom commun sumérien, LÚ, signifiant « homme ». Si les hommes sont liés au mot qui les désigne, leur vie est liée à leur nom. Chacun a une signification bien précise : Nabuchodonosor (*Nabû-kudurri-uşur*) pour « Que (le dieu) Nabû protège ma descendance ! », Assurbanipal (*Assur-ban-apli*) pour « (le dieu) Assur est le créateur du fils (héritier) ». *A contrario,* les stèles des ennemis sont martelées de façon à effacer leurs noms, pour les renvoyer dans le néant. La destruction complète de l'être va avec l'oubli du nom ; le refus de cet oubli se retrouve dans les rituels pour les morts, où l'appel des noms des défunts leur assure une forme de survie.

La place de chaque individu s'inscrit dans le projet divin. Chez les Sumériens, l'essence même des êtres et des choses ainsi que la façon dont ils s'organisent les uns par rapport aux autres, assises de la civilisation, constituent les ME. Il n'en existe pas d'équivalent ailleurs, pas même chez les Akkadiens. Détenus exclusivement par les grands dieux, ils peuvent agir sur ce qu'est chaque individu et président à son destin à l'intérieur des plans divins établis pour l'ensemble des « têtes noires », c'est-à-dire pour l'humanité. Dans le *Mythe d'Inanna et d'Enki*, la déesse de la ville d'Uruk se fait inviter par le dieu de la ville d'Eridu, Enki, détenteur des ME et qui ainsi avait fourni aux hommes d'avant le déluge les clefs de la civilisation. Au cours du banquet donné en l'honneur de son invitée, Enki, complètement ivre, les offre à Inanna, ce qu'il regrette dès les vapeurs d'alcool dissipées. La déesse les apporte dans sa ville, Uruk, permettant à cette dernière de se hisser au même niveau culturel qu'Eridu, le plus ancien sanctuaire. Chez les Akkadiens, si les ME n'existent pas, une tablette des destins est détenue par Enlil, le roi des dieux. Un jour Anzû, son serviteur, un oiseau fabuleux, l'aigle léontocéphale qui a aidé le fameux Etana dans sa quête, le trahit, lui dérobant la tablette pendant qu'il prend son bain. Or cette tablette rend irrévocable la parole du dieu qui la possède. Anzû s'arroge ainsi le pouvoir de modifier l'avenir de chaque individu et de chaque chose comme bon lui semble, menaçant l'équilibre de l'ordre cosmique. Les dieux chargent alors Ninurta, leur champion, de le retrouver. Dans un premier temps, Ninurta ne parvient pas à s'emparer du voleur car, lorsqu'il décoche ses flèches, Anzû ordonne à celles-ci de rentrer dans leur carquois. Avant le second assaut, sur les conseils d'Ea, Ninurta empenne chaque flèche de plumes. Dès le début du combat, aidé par des vents tourbillonnants qui déstabilisent son adversaire, il coupe les ailes de ce dernier. Anzû ordonne alors à celles-ci de revenir. Aussitôt elles lui obéissent... mais sont accompagnées des flèches garnies de plumes qui s'abattent sur lui sans merci. Selon les diverses versions du même mythe, Anzû meurt ou devient une divinité très secondaire car, sans la tablette, il n'a plus aucun pouvoir. D'après une tradition différente, rapportée dans *l'Enûma eliš*, la tablette des destins appartenait à Apsû, l'un des deux éléments primordiaux. Après sa mort, sa veuve Tiamat épouse l'un de ses fils Kingu et lui confie cette tablette. Mais la parole de Marduk se révèle encore plus forte dans la bataille finale qui les oppose. Après sa victoire, Marduk arrache la tablette des destins à Kingu (le dieu qu'il sacrifie pour créer l'Homme) et la remet à Anu, le dieu du Ciel. Cette tablette contient les destinées possibles de chaque individu. Tout n'est pas irrévocablement fixé, seules figurent les grandes lignes et les différents choix qui s'offrent à l'homme en fonction de sa position.

DES DIEUX SUR LE MODÈLE DES HUMAINS

De multiples panthéons

Sumériens et Akkadiens vénèrent donc plusieurs dieux (DINGIR en sumérien, *îlum* en akkadien). Le signe cunéiforme représentant la divinité ressemble à une étoile (𒀭). Il désigne plus généralement le ciel et tout ce qui est situé en haut puisque c'est là que résident la plupart des dieux. Les dieux sumériens sont repris, sauf quelques rares exceptions, par les Akkadiens avec les mêmes attributs et les mêmes fonctions. Ainsi le dieu sumérien Enki a pour équivalent akkadien Ea. Le panthéon mésopotamien ne connaît pas d'organisation stricte, ni de hiérarchie bien établie. Les différents mythes accordent un rôle supérieur à la triade cosmique : An/Anu, le dieu du ciel ; Enlil, le dieu de la royauté ; Enki/Ea, le dieu de l'intelligence, inventeur de toutes les techniques, qui apporte aux hommes la culture et la civilisation. La triade astrale est elle aussi particulièrement honorée : Utu/Šamaš, le dieu du soleil ; Nanna/Sîn, le dieu de la lune ; Inanna/Ištar, qui est à la fois la planète Dilbat (Vénus) et la déesse de l'amour et de la guerre.

Une autre hiérarchie se superpose à cet ensemble. En effet, chaque ville est protégée par une divinité particulière, sa divinité poliade (Enki à Eridu, Inanna à Uruk, Nanna à Ur) dont l'autorité est proportionnelle à sa puissance.

Par ailleurs, chaque dieu a son domaine de compétence limité par celui des autres, son territoire et sa fonction : Iškur est le dieu de l'orage, Enki celui des eaux souterraines, Nisaba la déesse du grain. Puis leurs attributions s'élargissent et deviennent plus abstraites : Nisaba est aussi la patronne de l'écriture et des scribes, le calame étant issu d'une plante ; Utu, le dieu du soleil parcourant le ciel lors de sa course journalière, est informé de tout, il est donc le garant de la justice... Les dieux sont grands, forts, puissants. Ils ignorent la vieillesse (sauf exception comme Apsû et Tiamat qui deviennent parallèlement de plus en plus acariâtres) mais ne sont pas éternels. Ils sont nés (mis à part les éléments primordiaux) et peuvent donc mourir (comme Apsû, Wê ou Kingu), mais ils ne sont pas pour autant réduits à néant puisqu'ils servent alors à donner vie à autre chose. Ils sont supérieurs en tout aux hommes. Leur énergie émet un rayonnement : appelée MELAM en sumérien, *melammum* en akkadien, une sorte d'aura brillante les entoure imposant à la fois terreur et respect.

Leur société est imaginée sur le modèle familial classique. Ils ont une épouse et des enfants. Ainsi An (le Ciel), selon les traditions, est marié soit à Ki (la Terre), soit à Nin-hursag (la dame du sol pierreux) ; Ištar est la fille de Sîn (la Lune), la sœur de Šamaš (le Soleil) et d'Ereškigal (la reine des Enfers) ; Marduk est le fils d'Ea et Damkina, le mari de Şarpanitum et le père de Nabû. La plupart du temps les déesses n'ont pas de fonction autonome[24]. Elles servent, sauf dans le cas de Şarpanitum dont les calomnies sont toujours à craindre, d'intercesseurs des hommes auprès du dieu, leur époux.

Une divinité est à mettre à part. Célibataire, Inanna/Ištar est une déesse issue d'un syncrétisme entre plusieurs divinités de sexes, d'attributs et de fonctions différents : accompagnée d'une hampe de roseau, c'est la déesse des moissons et de l'amour sexuel ; escortée d'un lion, c'est la maîtresse des animaux sauvages, dépositaire du pouvoir royal, une guerrière maître des forces de la guerre. Condensé *mutatis mutandis* des (futures) divinités grecques Athéna, Aphrodite et Dionysos, elle fusionne les contraires et provoque les inversions. « Ce qui est noir, je le fais blanc ; ce qui est blanc, je le fais noir » proclame-t-elle. C'est aussi la déesse des prostituées et des travestis. Son culte est à l'origine de nombreux récits postérieurs où la réalité cède souvent le pas aux fantasmes.

Ce panthéon n'est pas clos. S'y intègrent au fil des millénaires d'autres dieux apportés par les peuples qui s'installent dans cette région. Ainsi Dagan, dieu syrien attesté à Ebla et Mari dès le IIIe millénaire av. J.-C., est introduit en Basse-Mésopotamie suite à l'expansion amorrite. Ces dieux restent entre eux. Ils ne se mélangent pas aux humains.

Les grands dieux se réunissent pour discuter. Le modèle de l'assemblée est d'ailleurs plus présent chez les dieux que chez les hommes[25] ! C'est devant elle qu'Ea propose de créer l'Homme. De même, lorsqu'Enlil trouve que l'humanité, devenue trop nombreuse, fait trop de bruit, c'est en assemblée qu'il est décidé de la détruire. Il existe cependant parmi ces grands dieux une hiérarchie. Celle-ci évolue parallèlement aux changements politiques qui affectent la région au cours des millénaires. Le fondateur est le dieu An. Au IIIe millénaire av. J.-C., la ville de Nippur dont le dieu poliade est Enlil est considérée comme la plus importante de la région. Le fils d'An, Enlil, exerce donc le pouvoir. Cette domination est contestée au IIe millénaire av. J.-C. avec la montée en puissance de la ville de Babylone. Marduk, le dieu de cette ville, est alors placé au sommet du panthéon. Au Ier millénaire av. J.-C., la prééminence revient au dieu Assur en Assyrie, puis sous les Néo-Babyloniens au dieu Nabû, fils de Marduk. Parallèlement à l'accroissement du territoire et à la tendance de l'idéologie royale à présenter un roi qui domine l'univers dans son intégralité, le chef du panthéon voit ses attributions s'étendre. Dans l'*Enûma eliš*, chaque dieu confie son pouvoir à Marduk afin d'abattre Tiamat. Après sa victoire, il les garde. Son pouvoir est ainsi constitué de la réunion des pouvoirs de tous. Des phénomènes de syncrétisme sont aussi présents. Un hymne à Marduk de la seconde partie du IIe millénaire av. J.-C. trouvé à Assur le confirme : « Sîn est ta nature divine, Anu ton caractère princier, Dagan ton caractère seigneurial, Enlil ton caractère royal, Adad ta puissance, Ea le sage ton intelligence...[26] » En revanche, si un roi tente d'imposer la suprématie d'un dieu à une population qui ne le désire pas, les choses se compliquent. C'est bien ce que le clergé de Marduk reproche à Nabonide, le dieu

Sîn qui lui coûte officiellement le trône de Babylonie !

Comme à la Cour du roi, les grands dieux ont leurs serviteurs, leurs conseillers, tel Isimud (en akkadien Usmû), ministre d'Enki (en akkadien Ea). Il existe également une foule de divinités secondaires, comme les démons, dont le chef est Pazuzu. Pas forcément malfaisants, ils sont au IIIe millénaire av. J.-C. chargés d'exécuter les châtiments prononcés par les grands dieux. C'est à partir du I^e^ millénaire av. J.-C. qu'ils deviennent autonomes, cruels et maléfiques. Ils opèrent souvent par sept comme les Asakkû, démons créés par Anu pour répandre les maladies, ou les Utukkû, qui, depuis la steppe et les montagnes où ils vivent parmi les bêtes sauvages, lancent leurs attaques sur les sédentaires et réduisent à néant le fruit de leur travail. Ils peuvent également agir seuls comme Ardat-lilî, la « vierge inassouvie », qui séduit et emporte avec elle les jeunes gens avant leur nuit de noces[27]. Pour contrer ces démons, il existe de multiples génies, sorte d'anges gardiens (*lamassû*). Beaucoup sont des êtres hybrides, en partie animal, en partie humain, tels les hommes à queue de poisson ou les fameux taureaux ailés à pattes de lion et à tête humaine encadrant les portes du palais de Sargon II à Khorsabad. Certains, notamment des griffons ou des hommes munis d'ailes, sont placés de chaque côté de l'arbre de vie[28]. Ils tiennent une pomme de pin dans la main droite, un petit seau dans la main gauche. Plongeant la pomme de pin dans l'eau contenue dans le récipient, ils projettent quelques gouttelettes en un geste de bénédiction (en akkadien *karîbum*). Ils sont à l'origine des chérubins. De nombreux génies sont rattachés à Enki/Ea, dieu de l'intelligence mais aussi de la magie et de l'exorcisme dont les serviteurs sont parfois représentés sous la forme d'un poisson ou revêtus d'une peau de poisson.

Temples et ziggurat

Le temple est la demeure du dieu (É en sumérien, *bîtum* en akkadien signifient d'ailleurs « maison »[29]). Il est là pour les besoins et le confort de la divinité. Parfois il porte un nom particulier comme l'E-babbar, « le temple blanc », qui désigne le temple de Šamaš à Babylone ainsi que celui de la ville de Sippar. Le dieu se tient sur un podium dans une pièce à laquelle le commun n'a pas accès. On y trouve aussi des dépôts, des petites statuettes représentant le dédicant, afin que le dieu ne l'oublie pas. Très en vogue à l'époque des dynasties sumériennes archaïques, ces orants sont représentés debout ou assis, le poing gauche fermé et enserré dans la main droite, les pouces à l'extérieur, dans une attitude de prière. Mais le temple ne se limite pas à quelques pièces, c'est une énorme structure, un centre économique très important tant au niveau de l'agriculture que de l'élevage et du commerce. Il garde et gère les stocks. Il sert aussi de coffre-fort : le butin de guerre, la taxe sur les profits des marchands y sont gardés sous la divine protection. Malheur à qui s'y risquerait! Certains temples sont spécialisés: celui de Gula (la déesse de la médecine) fonctionne à Isin comme un hôpital ainsi que le révèlent les nombreux squelettes de chiens retrouvés dans son enceinte[30], celui de Nergal (dieu des Enfers) est chargé des enterrements.

Mis à part quelques exceptions comme le temple ovale du IIIe millénaire av. J.-C. découvert à Lagaš, ces bâtiments sont identifiés par leur forme tripartite. Au IVe millénaire av. J.-C., ils sont souvent associés à une terrasse, comme à Eridu et à Uruk. À partir de la IIIe dynastie d'Ur, des ziggurats sont construites dans les grandes villes. Même si extérieurement elles ressemblent un peu à des pyramides, elles n'en ont ni les mêmes fonctions, ni les mêmes principes de construction. La plus ancienne connue est édifiée à Ur par le roi Ur-Nammu (2112-2095). De l'akkadien *zaqârum* qui signifie «être élevé», il s'agit d'une série de terrasses pleines, de tailles décroissantes, empilées les unes sur les autres. Un temple se dressait au sommet mais aucune ziggurat n'est suffisamment bien conservée pour en avoir gardé des traces archéologiques. De celle de Babylone qui a inspiré de nombreux auteurs et artistes — la fameuse tour de Babel —, il ne reste que quelques marches d'accès et des tranchées correspondant à la place des fondations. Une tablette d'époque séleucide (229 av. J.-C.), copie d'un document plus ancien, la décrit et en donne les dimensions, de même pour celle du «Temple à tête haute», l'Esagil, situé à proximité. Elle peut aujourd'hui être confrontée à une stèle représentant Nabuchodonosor devant le plan et le dessin en coupe de la tour. Celle-ci présentait six à sept étages[31] surmontés d'un temple qui existe encore du temps d'Hérodote (ve siècle av. J.-C.)[32]. Une inscription de Nabuchodonosor précise qu'il était recouvert de briques émaillées bleues et couronné de deux cornes brillant de mille feux. S'il ne reste rien de cette ziggurat, en revanche celles d'Ur, d'Uruk, de Dûr-Kurigalzu, de Dûr-Untaš-Napiriša et de bien d'autres villes se dressent encore fièrement aujourd'hui. Ce sont elles qui frappent l'imagination des premiers voyageurs européens tout autant que précédemment celle des historiens grecs tels Ctésias ou Diodore de Sicile. À quoi sert une telle construction ? Au XIXe siècle apr. J.-C., Victor Place met au jour à Khorsabad, l'ancienne ville du roi néo-assyrien Sargon II (VIIIe siècle av. J.-C.), les quatre premiers étages de l'une d'entre elles. Chaque terrasse est peinte d'une couleur différente : blanc, noir, rose et bleu. D'après ses relevés, il estime que la tour devait à l'origine comporter sept étages, symbolisant les sept astres connus des Babyloniens : le Soleil, la Lune, Saturne, Jupiter, Mars, Vénus, Mercure. Cette fonction astronomique de la ziggurat repose aussi sur la signification du nom donné à chacune d'entre elles. Celle de Borsippa est nommée le « Temple des sept guides du ciel et de la terre[33] ». Sans doute ne faut-il pas non plus en oublier la fonction religieuse, les astres renvoyant aux divinités. L'observation de la voûte céleste permet de connaître la décision des dieux, or la ziggurat fait la jonction entre le monde divin et le monde terrestre. C'est d'ailleurs le sens du nom de la tour de Sippar : le « Temple du lien du ciel et de la terre »[34]. C'est pourquoi l'un des devoirs du roi est de l'entretenir. Une inscription du roi Nabopolassar (VIIe siècle av. J.-C.) le confirme : « Marduk, le seigneur, m'ordonna à propos d'Etemenanki[35], la tour à étages de Babylone, qui avant mon temps était devenue délabrée et était tombée en ruine, d'assurer son fondement dans le sein du monde inférieur et son sommet de le faire semblable au ciel. »

Tous les temples sont aussi de grands centres économiques avec des champs à cultiver qui nécessitent des centaines d'ouvriers, notamment des saisonniers. Il faut également des brasseurs et des cuisiniers pour préparer boisson et nourriture pour les dieux, des tisserands pour fabriquer leurs vêtements. Le personnel est très nombreux et pas uniquement composé des seuls membres du clergé. La plus haute fonction est de celle de *šangum* (« prêtre »). Celui-ci est aidé pour l'administration d'un trésorier et de nombreux scribes chargés de collecter et répartir les taxes. Au niveau cultuel, il travaille avec des lamentateurs (*kalû*) et des purificateurs. Quant aux femmes, elles peuvent être des *entû*, c'est-à-dire des épouses terrestres du dieu. Les plus connues sont celles du dieu Nanna/Sîn à Ur, en particulier Enheduanna, la fille de Sargon d'Akkad, auteur de nombreux hymnes. Les femmes peuvent être également des *nadîtû*, c'est-à-dire être vouées à une divinité. Les mieux connues sont celles du dieu Šamaš à Sippar. Issues de l'élite sociale, elles demeurent dans un espace fermé, le *gâgum*, sorte de cloître, et n'ont pas le droit d'enfanter.

Les devins et les exorcistes ne sont pas rattachés au temple. Il en va de même pour les prophètes dont l'existence est établie par les sources à partir du IIe millénaire av. J.-C. Contrairement aux devins qui questionnent les dieux, les prophètes sont des personnes choisies par une divinité pour délivrer son message à un destinataire. Des lettres datant du IIe millénaire av. J.-C., trouvées à Mari, émanant d'administrateurs royaux, prouvent que le roi se tient au courant de l'activité de certains prophètes dans les villes d'Alep et de Babylone. Des textes d'Uruk de la même époque attestent cette pratique en Basse-Mésopotamie. Au Ier millénaire av. J.-C., les archives de Ninive, la capitale du roi néo-assyrien, montrent que cet usage est répandu dans tout l'empire et même tout le Proche-Orient, ce que confirment des sources extérieures comme la Bible. Ces demandes divines sont d'ordre cultuel (faire une cérémonie particulière) ou économique (donation) et concernent parfois la diplomatie. Pour exemple, en voici une adressée à l'un des rois néo-assyriens :

> Assarhaddon, roi des pays, ne crains rien ! Ce vent qui souffle contre toi, ne lui ai-je pas coupé les ailes ? Tes ennemis rouleront sous tes pieds comme des pommes au mois de juin. Je suis la grande reine. Je suis Ištar d'Arbèles, celle qui renverse tes ennemis devant toi ! T'ai-je jamais adressé un message auquel tu n'as pu faire confiance ? Je suis Ištar d'Arbèles. J'attendrai tes ennemis et je te les livrerai. Moi, Ištar d'Arbèles, je marcherai devant toi et derrière toi. Ne

crains rien ! Si tu es paralysé, je suis malheureuse. Je monte à l'assaut. Reste assis ! De la bouche d'Ištar-lâtašiyat, femme d'Arbèles[36].

Ces messages ne concernent que les puissants et non le commun de mortels ! Pour autant, les prophètes, hommes ou femmes, ne sont pas impliqués dans la vie politique comme c'est le cas sur la côte levantine. Différencier faux et vrais prophètes n'a pas lieu d'être en Mésopotamie.

Nommer et représenter le divin

Les dieux sont vénérés et craints. Souvent la divinité n'est pas appelée par son nom, car le nom est créateur et octroie un pouvoir à celui qui le prononce sur celui qu'il désigne. On recourt à des titres comme *bêl* qui signifie « seigneur ». Une autre possibilité est, par écrit, d'utiliser le nombre associé à chacun des dieux : 30 pour Sîn, 15 pour sa fille Ištar. Cela permet de jouer sur les valeurs numériques des signes, notamment dans un objectif idéologique. Ainsi Marduk, un des derniers venus, a le nombre 10, son père Ea le 40 et le roi des dieux Enlil le 50. Dans l'*Enûma eliš,* Marduk grâce aux armes fournies par Ea est vainqueur de Tiamat et prend le rôle d'Enlil (10 + 40 = 50). Marduk reçoit d'ailleurs 50 noms. Quand, au Ier millénaire av. J.-C., le dieu Assur devient prépondérant, un jeu de mot et de nombre est alors élaboré. En jouant sur les alternances s/š et u/a, courantes à l'époque, on obtient, à partir d'assur, aššar que l'on fait dériver de an + šar. Or An est le dieu du ciel, le fondateur, le dieu par excellence, puisqu'en sumérien le signe AN se lit également DINGIR qui signifie « dieu »[37]. Le nombre qui le désigne est rendu par le signe 𒁹 représentant à la fois l'unité (1) et la base (60). Quant au son "šar", on choisit pour l'écrire le signe ŠȀR = 3600 = 60^2. Le dieu Assur (et l'empire néo-assyrien qu'il protège) regroupe ainsi dans son nom les valeurs numériques qui renvoient à la fois à la totalité (unité -1- et base -60-, début et fin) et à l'infini (60^2)[38].

Si de nombreux temples ont été fouillés, très peu de statues de culte ont été retrouvées. En bois, elles n'ont pas échappé à la dégradation du temps. L'or et l'argent qui les recouvraient ont été refondus, les pierres semi-précieuses enchâssées, récupérées. On sait cependant à quoi ressemblaient les dieux car les thèmes mythologiques inspirent de nombreux bas-reliefs, sceaux-cylindres, peintures... Le plus souvent anthropomorphes, ils sont coiffés d'une tiare à cornes, leur marque distinctive[39]. Ils se différencient grâce à leurs attributs (Inanna/Ištar avec des ailes et parfois un carquois, Enki/Ea avec des flots s'échappant de ses épaules et des poissons remontant à contre-courant) et à l'animal qui les accompagne (un chien pour Gula, un lion pour Ištar, un taureau pour Adad, un dragon cornu pour Marduk)[40].

Suivant les époques, les représentations anthropomorphiques peuvent céder la place à l'animal associé à la divinité ou un symbole qui renvoie à sa fonction (une tablette et un calame pour Nabû, le dieu de l'écriture ; un croissant de lune pour

Nanna/Sîn). Cette façon de représenter la divinité est particulièrement employée à l'époque kassite en Babylonie. Ainsi, sur un *kudurru*[41] du roi Melišipak II (1186-1172), les dieux cités comme garants du transfert de propriété sont sculptés sous la forme de symboles et classés selon leur place dans le cosmos. Au sommet de la stèle, de gauche à droite, un croissant, une étoile à huit branches, un astre dans un cercle correspondent à la triade astrale (Sîn, Ištar et Šamaš). En dessous, deux tiares à cornes posées chacune sur un temple font référence respectivement à Anu et Enlil, accompagnés d'Ea, représenté par une tête de bélier reposant sur une chèvre à queue de poisson[42], alors que tout à droite se dresse un temple sur lequel est disposé un couteau surmonté d'un oméga inversé : il s'agit de Nin-hursag, la femme d'Enlil. Le deuxième registre est consacré aux dieux de la guerre et des Enfers : Ninurta, Zababa et Nergal. Sur le troisième registre, un temple surmonté d'une bêche pointue derrière un dragon cornu signale Marduk, le dieu de Babylone, un autre surmonté d'une tablette et d'un calame renvoie à Nabû, son fils, le dieu de l'écriture, quant au temple dominé par une tête de femme accompagnée d'un chien, il représente Gula, la déesse de la médecine. L'avant-dernier registre présente Adad, le dieu de l'orage (un temple surmonté d'un foudre accompagné d'un taureau), puis Šala, déesse agraire d'origine hurrite qui entre dans le panthéon babylonien en tant que femme d'Adad (bélier avec un temple surmonté d'un épi), Nusku, la déesse de la lumière et du feu (une lampe),

Kudurru du roi Melišipak II (1186-1172 av. J.-C.), trouvé dans l'une des salles du temple d'Ištar à Assur, actuellement au musée du Louvre.

Ningirsu, le dieu de la ville de Lagaš (la charrue), ainsi que Sumalia et Šuqamuna, le couple divin kassite (les oiseaux). Au dernier registre se trouvent les divinités chtoniennes symbolisées par la vipère cornue et le scorpion.

Cette influence kassite est perceptible jusqu'en Assyrie. Des socles en albâtre, en forme de trônes, ont été trouvés dans l'une des salles du temple d'Ištar à Assur, construit par le roi médio-assyrien Tukulti-Ninurta Ier (1243-1207). La face arrière étant grossièrement taillée, ils devaient à l'origine être placés le long d'un mur, sans doute dans la pièce principale. Chacun devait servir de piédestal à une statue ou un symbole divin. L'un d'eux est historié. Au-dessus de l'inscription, deux personnages en robe à manches tiennent dans la main gauche la masse d'arme, symbole du pouvoir royal, et pointent l'index droit en signe de vénération vers un trône sur lequel sont posés une tablette et un calame[43]. Cette tendance générale à utiliser de moins en moins les représentations anthropomorphes n'aboutit cependant pas en Mésopotamie à l'interdiction pure et simple de l'image des divinités comme cela devient le cas chez certains peuples du Levant.

Dans ces conditions, comment un homme peut-il connaître la manière de représenter une divinité ? Là encore interviennent les devins. Lorsque, sous Nabonide, au VIe siècle av. J.-C., la tiare de Šamaš à Sippar doit être refaite, l'avis du dieu est sollicité pour chaque étape. À l'issue de la fabrication de la statue, le dieu en prend possession par le rituel du « lavage de la bouche ». Ainsi un vulgaire bout de

Socle en albâtre du roi Tukulti-Ninurta Ier (1243-1207 av. J.-C.), trouvé à Assur dans le temple de la déesse Ištar, actuellement au Pergamon Museum à Berlin.

bois, recouvert de métal précieux et incrusté de pierreries, abrite la divinité. La date de cette cérémonie est choisie avec soin par divination. Elle dure deux jours et se termine par une procession. Le but est d'annihiler le travail humain à l'origine de la statue de façon à la présenter à l'issue de cette cérémonie comme de source divine : on feint de couper les mains de l'artiste ; celui-ci jure ne pas en être l'auteur mais que c'est là l'œuvre de Ninagal, le forgeron d'Ea, voire d'Ea lui-même ; la statue est dotée des cinq sens. Pour autant la destruction d'une statue n'entraîne pas celle d'une divinité, même si Assurbanipal dans sa campagne contre l'Élam détruit tous les temples et toutes les statues afin de réduire ces dieux à des « souffles » (*zaqîqû*) sans corps.

Lorsqu'un dieu abandonne sa cité, les conséquences sont désastreuses pour ses habitants. Le roi doit donc veiller au bon déroulement du culte. La statue est habitée par le dieu. Comme une personne, elle doit être lavée, parfumée, vêtue, nourrie. Les dieux se réunissent autour d'un banquet. Le partage de la nourriture est important. Le sacrifice constitue l'acte central dans beaucoup de célébrations. Il n'existe pas de mets exclusivement réservés aux divinités comme dans la Grèce antique, pas d'ambroisie, pas de nectar, mais des viandes, des poissons, du miel, des gâteaux, le tout arrosé de bière de la meilleure qualité. Après le repas, les « restes » sont redistribués au personnel du temple selon une hiérarchie très stricte.

Il faut aussi distraire les dieux, les faire voyager. Ainsi lors de la fête du Nouvel An à Babylone au

Ier millénaire av. J.-C. les statues des principaux dieux du pays convergent vers la capitale. C'est l'occasion pour elles de traverser la ville, accompagnées de tout le personnel du temple (incantateurs, devins, exorcistes, sacrificateurs, chantres, lamentateurs), au cours de grandes processions effectuées en char et en barque. Prises de possession sacralisantes du territoire parcouru, ces fêtes soudent la collectivité. C'est un temps sacré mais aussi un moment de réjouissances auxquelles participent toutes les composantes de la société. La musique, les chants, les danses suscitent une émotion collective unissant le groupe, le mettant en communication avec les dieux, au point que la déesse Ištar est parfois qualifiée de « dame du chant » et raison pour laquelle la maîtrise de la musique fait partie du cursus scolaire et des qualités royales[44].

LA MORT ET L'AU-DELÀ

La mort, nul n'y échappe

L'homme se pose des questions sur son devenir après son passage sur terre, cherche à se libérer de la mort en l'intégrant au cours normal des choses. La mort est une compagne familière : maladie, guerre, mortalité des enfants en bas âge… D'où un certain fatalisme. Chez les Sumériens ce qui a un début a une fin, c'est pourquoi, une fois le ciel séparé de la terre : « à Ereškigal, dans le KUR, celle-ci a été donnée en partage[45] », la terre et l'humanité qui y vit sont en partie octroyées à la reine des Enfers. Certains mythes akkadiens expliquent pourquoi l'homme est voué à la mort : sa part de divin lui permet de remplacer les dieux dans leurs tâches, mais sa part d'argile est périssable. Dans l'*Atra-hasîs,* comme les hommes se reproduisent plus vite qu'ils ne meurent, les dieux leur envoient une série de fléaux — dont le déluge — avant de créer un moyen pérenne de réguler la démographie en instaurant la stérilité de certains couples, une espérance de vie moins élevée…[46]

D'autres mythes relatent la vanité de la quête de l'immortalité. Dans l'un d'entre eux, Adapa, l'Oannès de Bérose[47], convoqué par le dieu An, est mis en garde par le dieu Ea, désireux de garder son serviteur, de n'accepter aucune nourriture que l'on pourrait lui offrir. Il refuse ainsi le pain et l'eau qu'on lui propose, ignorant qu'il s'agit en fait de l'« eau de vie » et du « pain de vie ». C'est donc à l'immortalité qu'il renonce ! Cette quête est aussi l'axe principal de l'*Épopée de Gilgameš,* le roi d'Uruk. Sa victoire contre le géant de la forêt de cèdres le fait remarquer de la déesse Inanna au point qu'elle lui demande de l'épouser. Il refuse tout net et dresse la liste des amants de la déesse et de leur funeste destin. Avec un jeu de mots sur *mûtum,* « la mort », et *mutum,* « l'époux », on comprend qu'il décline l'offre[48] ! Furieuse, la déesse se venge en obtenant des dieux la mort d'Enkidu, son ami. Gilgameš prend conscience de sa propre condition de mortel et part à la recherche d'Utanapištim et de son épouse, les survivants du Déluge, qui ont reçu des dieux la vie éternelle[49]. Une fois parvenu jusqu'à eux, Gilgameš comprend qu'ils ont bénéficié d'une exception qui ne le concerne pas.

> Même le meilleur des jeunes hommes,
> la meilleure des jeunes femmes
> sont enlevés par la main de la mort
> — la mort que personne n'a vue,
> dont nul n'a aperçu le visage,
> ni entendu la voix ;
> la mort cruelle qui brise les hommes
> (...)
> Tels des éphémères emportés au fil de l'eau,
> de visages qui voyaient le soleil,
> tout d'un coup il ne reste plus rien !
> (...)
> Depuis que [...] les grands dieux rassemblés
> (...)
> nous ont imposé la mort comme la vie,
> nous laissant seulement ignorer
> le moment de la mort[50].

S'y opposer est vain, la mort est inéluctable. Nul ne peut y échapper quelle que soit sa position sociale. D'ailleurs même les dieux (Apsû, Wê, Tiamat) sont concernés. Il n'y a donc pas de rituel ou de prière contre la mort, seulement contre la maladie. Il n'existe pas de dieu de la mort, mais des dieux des Enfers.

Selon la tradition la plus ancienne, celle qui prend racine dans la Diyala et la Basse-Mésopotamie, les Enfers sont dirigés par Ninazu présenté soit comme le fils d'Enlil et de Ninlil, soit comme le fils d'Ereškigal ou encore son époux. À partir de l'empire d'Akkad (2350-2193) et surtout sous la IIIe dynastie d'Ur (2112-2004), Ereškigal, veuve du dieu Gugalanna, s'impose seule comme reine des morts. Un autre changement a lieu au IIe millénaire av. J.-C., à la fin de l'époque paléo-assyrienne : selon une tradition venue du nord, Nergal partage le pouvoir de la déesse, avant de la remplacer à l'époque médio-assyrienne. Un mythe relate comment Ereškigal, invitée à un banquet et ne pouvant quitter les Enfers, y envoie Namtar la représenter. À l'arrivée de ce dernier, tous les dieux, sauf Nergal, se lèvent en signe de respect envers Ereškigal. Du coup celle-ci exige que l'impudent lui soit livré. En situation délicate, Nergal sollicite l'aide d'Ea afin de fuir la fureur de la reine. De fait, il échappe dans un premier temps à ses émissaires, mais celle-ci maintient sa demande. Ea conseille alors à Nergal de se rendre aux Enfers accompagné de sept paires de gardes afin de maintenir ouverte chacune des sept portes des Enfers, lui permettant ainsi de revenir. Nergal, dieu de la force physique, s'y rend donc. Il se jette sur Ereškigal, s'apprête à lui couper la tête quand elle lui propose de l'épouser et de lui remettre le pouvoir.

Dans une version plus récente — du début du Ier millénaire av. J.-C. —, ce transfert s'effectue de manière moins violente. Nergal se rend une première fois aux Enfers et séduit Ereškigal. Ils font l'amour durant sept jours et sept nuits, puis Nergal revient sain et sauf dans le monde des vivants, promettant de revenir. Ereškigal l'attend, se lamente et finit par comprendre qu'elle a été abandonnée. C'est par amour qu'elle fait rechercher Nergal. Namtar le ramène, de nouveau ils font l'amour sept jours et sept nuits à l'issue desquels, sur les conseils d'Ea, An ordonne à Nergal de rester. Il devient ainsi le souverain des morts. Le mythe à la fois justifie le caractère masculin de la royauté, affirme que la mort est inéluctable — Nergal n'ayant pu vaincre Ereškigal totalement — et lie la mort à l'amour. Nergal est celui qui peut choisir entre la mort et la vie, envoyer ou retenir les épidémies, les inondations ou les sécheresses, augmentant à son gré le nombre de ses sujets[51]. À la fin du Ier millénaire av. J.-C., à l'époque néo-assyrienne, Ereškigal est encore davantage reléguée au second plan, Nergal prenant comme épouse la déesse Allatu. Ce modèle de dieu venu du ciel et envoyé aux Enfers était déjà suggéré par le nom que porte le premier époux d'Ereškigal, Gugalanna c'est-à dire « Grand taureau céleste ». Il est repris dans d'autres traditions avec notamment Lucifer[52].

Là encore, à l'image de la Cour du roi, Nergal et Ereškigal sont entourés de serviteurs : Namtar, le premier ministre (*namtârum* : « le destin ») ; Pêtu (« ouvre ! »), le portier ; Bêlet-ṣêri, la scribe. Là encore chacun a une famille : Namtar est marié à Hušbisag ou Namtartu suivant les traditions. Ils ont soit un garçon, Hanadirba[53], soit une fille, Hedimku[54].

Le défunt, en chemin vers un monde sans retour

Idéalement chacun souhaite mourir parmi les siens, entouré de sa famille et ses amis. Il n'y a pas de procédés de conservation du corps, car les chairs ne sont pas importantes pour la suite. Le cadavre est lavé, huilé et parfumé, habillé de vêtements propres, chaussé de sandales, paré de bijoux et d'armes. Si l'on suit l'*Épopée de Gilgameš*, la mort d'un personnage important donne lieu à des cérémonies durant sept jours au cours desquels les rites, les prières et les lamentations sont accompagnés de musique. Femmes et hommes dénouent leurs cheveux, s'habillent de rouge, couleur du deuil. En Babylonie, à l'époque de Hammurabi, l'annonce de la mort du roi est proclamée dans tout le pays. Durant un mois, son successeur, vêtu de rouge, se laisse pousser les cheveux et la barbe, et ne se lave pas. Pendant ce temps, des présents affluent des contrées voisines. Ils sont placés dans la tombe du roi. Le deuil se clôt par une cérémonie de purification.

Si le rituel est bien fait, le mort se prépare pour une dure journée de voyage. De même que pour les dieux, l'homme ne retourne pas au néant car il y a une part de dieu dans l'homme et pas n'importe quel dieu. Wê a été choisi parce qu'il a du *ṭêmum*, de l'esprit, de l'intelligence.

> De par la chair du dieu, [il y eut] aussi dans l'homme un *ṭêmum*

qui le montrerait toujours vivant après sa mort.
Ce *ţêmum* fut là pour le garder de l'oubli[55] !

L'homme en vie est doué de *ţêmum*. Une fois mort, c'est l'*eţemmum*, « l'esprit, le fantôme », qui subsiste. Cela renvoie à un double jeu de mots entre *ţêmum-eţemmum* et (W)ê + *ţêmum* = *eţemmum*. Ce dernier est une entité invertébrée, éthérée, immatérielle. C'est elle qui se dirige vers les Enfers.

Des dizaines de noms désignent le monde de l'au-delà. Les plus couramment utilisés sont KUR en sumérien et *erşetum* en akkadien[56]. KUR serait, à l'origine, tout ce qui existe, a existé, existera, c'est-à-dire le ciel, la terre mais aussi les Enfers, puis, en tant que partie désignant le tout, ce terme aurait fini par renvoyer uniquement aux Enfers[57]. KUR en sumérien signifie « la montagne ». Celle-ci, située à l'est, est un territoire peu connu, une contrée périlleuse et dangereuse. Avec le temps et l'extension des connaissances géographiques, le monde des morts est placé sous le monde des vivants. C'est le pays d'Arallu et de sa capitale Ganzer, imaginée comme une ville entourée de remparts. Plusieurs chemins permettent de le rejoindre : un précipice[58], un escalier ou une échelle de lapis-lazuli qui relie le ciel au monde des morts[59], une porte située à l'endroit où se couche le soleil[60], une route longue et sinueuse[61], enfin, et c'est la description qui revient le plus souvent, après avoir traversé la steppe sur un âne et une rivière large et profonde — l'Hubur — grâce à une barque dirigée par un passeur nommé Humut-tabal (« Emporte rapidement ! »), après avoir franchi sept portes et comparu devant sept démons, le défunt parvient enfin dans l'Au-delà. La longueur de ce trajet et les différents moyens de transport utilisés symbolisent la distance métaphysique qui sépare le monde des morts de celui des vivants.

Une fois arrivé, le mort comparaît devant le tribunal des Anunnaku qui l'introduit dans son nouveau monde, lui en donne les clefs de compréhension et lui assigne sa nouvelle place. À la fin de l'audience, une femme scribe prend le nom du nouvel arrivant de manière à ce qu'un visiteur puisse le rencontrer à l'occasion. Ce rendez-vous peut s'effectuer en rêve. Dans le poème sumérien *Gilgameš, Enkidu et les Enfers,* Gilgameš laisse tomber les insignes de sa royauté dans le royaume des morts. Son ami Enkidu s'y rend pour les rechercher mais demeure bloqué en bas. Son fantôme vient rendre visite à Gilgameš et lui relate ce qu'est son existence aux Enfers. À l'époque d'Ur III, c'est le roi Ur-Nammu qui est censé s'être rendu aux Enfers et revenir en racontant ce qu'il y a vu.

Le monde des Enfers est une contrée très vaste car, à la différence du monde des vivants, on y entre mais on n'en sort pas. Même Ereškigal ne peut quitter son royaume. Les seuls à faire, de part leur fonction, la navette entre le Ciel et les Enfers sont Kaka (le messager d'An) et Namtar (celui d'Ereškigal). Une divinité en revient cependant, mais à quel prix ! C'est Inanna/Ištar, la déesse de tous les interdits. Selon la tradition sumérienne dans le *Mythe de la descente d'Inanna aux Enfers,* un jour la déesse décide d'étendre son pouvoir sur le royaume de sa sœur qui règne sur le monde des morts. Elle s'y rend équipée de sept pouvoirs recélés dans ses bijoux et ses habits[62], mais, au passage de chacune des sept portes des Enfers, le gardien l'oblige à abandonner une partie de sa parure. C'est donc toute nue et sans défense qu'elle se présente devant sa sœur et se jette sur elle. Celle-ci réplique par un grand cri qui l'abat. Son corps est pendu à un vieux clou ! Mais dans le monde terrestre, toute activité amoureuse est stoppée. Ninšubur, sa suivante, à qui Inanna avait laissé ses recommandations, implore les grands dieux de la sauver, en vain. Seul Enki comprend l'enjeu : sans activité sexuelle, plus de naissances et donc à terme plus d'animaux à sacrifier aux dieux, ni même d'hommes pour les remplacer au travail. À partir de la crasse accumulée sous ses ongles, il modèle deux créatures chargées de rendre visite à Ereškigal[63], de lui demander comme cadeau de bienvenue le cadavre d'Inanna et de ressusciter cette dernière grâce à l'eau et au pain de vie. Le stratagème réussit mais les sept juges infernaux réclament, selon les lois de l'enfer, qu'elle soit remplacée. Or, revenue sur terre, elle découvre son amant, Dumuzi, non pas éploré mais festoyant en charmante et galante compagnie. C'est donc lui que la déesse choisit pour la remplacer. La sœur de ce dernier, en pleurs, supplie les dieux de la prendre à sa place. Finalement, Dumuzi et sa sœur resteront chacun leur tour dans le monde des morts une partie de l'année. Le départ de Dumuzi pour les Enfers a lieu en plein été, au moment où les activités agricoles sont interrompues par un temps trop chaud et trop sec. Son retour marque le début de la saison des pluies[64]. L'objectif du mythe est donc plus d'expliquer le cycle des saisons que le retour du monde des morts.

L'interprétation akkadienne du même mythe, dans sa version du Ier millénaire av. J.-C., si elle reproduit les grandes lignes de l'histoire, y apporte de nombreuses modifications en altérant profondément le sens qui apparaît d'autant plus que le texte est repris presque ligne par ligne dans une œuvre postérieure intitulée l'*Exégèse de l'âme* relatant comment l'âme après être tombée dans le monde terrestre remonte vers le ciel. Dans le mythe d'Ištar, c'est en lui jetant toutes sortes de maladies que sa sœur Ereškigal la terrasse. Le dépouillement de la déesse correspond à l'affaiblissement de l'âme foudroyée par les maladies au plan spirituel. Elle obtient son salut grâce à celui qui intercède en sa faveur. Ištar est aspergée de l'eau de vie et retrouve alors sa nature originelle. Elle repasse chacune des portes des Enfers reprenant, un à un, tous ses bijoux, montrant ainsi qu'elle remonte vers la perfection originelle[65]. En suivant l'itinéraire de la déesse, l'homme peut lui aussi obtenir son salut.

Si les textes écrits en sumérien accordent une grande place à la mélancolie qui règne aux Enfers, la tradition akkadienne insiste sur le sort des morts. Ils végètent sans force dans le silence et l'obscurité, se nourrissent de terre et d'eau croupie, vêtus de lambeaux, les vêtements n'étant pas renouvelés. Pas d'odeur, pas de bruit, pas de lumière, aucune joic, aucun plaisir. L'existence se déroule, morne et répétitive. Toutefois ce n'est point tant la façon dont les Mésopotamiens se figurent les Enfers qui est ainsi évoquée qu'un procédé rhétorique permettant de représenter l'antithèse de la vie. Cette description évolue à la fin du Ier millénaire av. J.-C. dans une *Vision du monde infernal* effrayante et terrifiante où pullulent les démons malfaisants.

S'il existe des juges des morts (Šamaš, les Anunnaku qui fixent et contrôlent la durée de vie de chacun, ou encore Gilgameš après sa propre mort), ils sont là pour régler les conflits internes aux Enfers, pour assigner sa place à chaque des défunts. Il n'existe pas de jugement en fonction des bonnes et des mauvaises actions réalisées pendant la vie terrestre. Cependant tous ne sont pas lotis de la même façon. Les conditions de vie dans l'au-delà dépendent de la situation sociale que le défunt avait de son vivant : Gilgameš devient le juge des Enfers ; le roi Ur-Nammu commande les soldats et aide Gilgameš dans son magistère, c'est-à-dire qu'il continue à exercer les principales fonctions d'un roi[66]. Les relations que le défunt entretenait de son vivant avec sa famille sont également très importantes. Il lui faut avoir une descendance masculine afin que le culte des ancêtres puisse être effectué. Celui qui n'a pas d'enfant, personne ne s'en souvient, d'où les adoptions de filles comme fils ainsi qu'on l'a vu à Nuzi. De même, il est essentiel de s'être acquitté des offrandes funéraires pour ses propres parents.

Un lien maintenu entre monde des morts et monde des vivants

L'enterrement est perçu comme faisant partie de l'introduction dans le monde des morts. Sans sépulture, le mort ne peut pas rejoindre l'au-delà. Les pratiques funéraires varient suivant les lieux et les époques, cependant l'inhumation est préférée à la crémation. Au début du IIIe millénaire av. J.-C., le cimetière se situe loin des habitations, dans les marais ou les grottes. À la fin de ce millénaire, les corps des enfants sont enfermés dans des jarres enterrées sous les maisons. Il en va de même pour les dépouilles des adultes placées dans des fosses dès le IIe millénaire av. J.-C. La pratique consistant à enterrer ensemble les membres d'une même famille sous son habitation permet de conserver le lien entre les morts et les vivants.

Quelques tombes exceptionnelles ont été trouvées à Kiš, à Abu Ṣalabikh, et surtout à Ur, au sud de l'Irak, où une nécropole royale de plus de mille huit cents tombes datant d'environ 2600 av. J.-C. a été fouillée par Leonard Woolley[67]. Dix-sept d'entre elles sortent de l'ordinaire par leur architecture. Un plan incliné donne accès à une grande fosse contenant plusieurs corps accompagnés d'un matériel funéraire riche et abondant. Certains caveaux, construits en pierre ou en brique cuite, se différencient également par la technique employée, notamment par la voûte à encorbellement. Qualifiées par Woolley de « royales », elles se répartissent en deux catégories : sept tombes sont répertoriées comme «fosses de la mort» et dix autres contiennent un caveau à plusieurs chambres. Cinq de ces dernières sont désignées par le nom trouvé sur des objets. Dans d'autres tombes ont été découverts le fameux «étendard» d'Ur, des harpes, dont l'une ornée d'une tête de taureau, un jeu de damiers avec un décor en marqueterie de coquillage, os et lapis-lazuli, des harnachements de bœufs, des poignards en or, un casque en électrum... L'une de ces tombes, dite de la «reine Pu-abi» a fait couler beaucoup d'encre, tant elle recèle d'objets exceptionnels[68]. L'épouse de Woolley fut d'ailleurs photographiée avec les parures de la reine: une coiffe composée d'un large ruban d'or auquel se rattachent plusieurs diadèmes en perles de lapis-lazuli bleu et de cornaline rouge où sont accrochées des feuilles et des fleurs stylisées en or, sans compter le collier, les boucles d'oreille, les bagues et bracelets, là encore en or, argent, lapis-lazuli et cornaline. Cinq soldats et dix femmes, dont une musicienne, deux bœufs tirant un chariot ont été retrouvés reposant sur la rampe d'accès menant à la chambre funéraire où gisait Pu-abi accompagnée de deux de ses suivantes. Toutefois le plus grand nombre de corps a été mis au jour dans la fosse n° 1237, appelée par Woolley «la grande fosse de la mort»: soixante-quatorze victimes! Six soldats et soixante-huit femmes, parmi lesquelles quatre musiciennes avec leur harpe ou leur lyre. Dans ces tombes, aucun enfant, peu d'hommes, mais nombre de femmes souvent jeunes. Y sont enterrés uniquement des personnages de haut rang comme en témoignent les armements pour les hommes (casque en cuir, bouclier, lance) et les parures pour les femmes. Aucune trace de violence n'a été décelée. Une petite coupe reposait à côté de chaque individu, destinée sans doute à contenir le poison qu'ils ont bu volontairement. Les animaux ont été tués ensuite, enfin, le caveau a été refermé, recouvert de terre, une petite canalisation en céramique étant enfoncée orthogonalement afin de permettre les futures libations jusqu'au tombeau. La découverte de la tombe de la reine Pu-abi annoncée le 4 janvier 1928 par un télégramme adressé en latin à l'université de Pennsylvanie provoque un grand émoi. Quelques années auparavant, le 4 novembre 1922, a été trouvé en Égypte le tombeau du pharaon Toutankhamon, plus récent d'un millénaire. L'architecture funéraire et les conceptions de l'au-delà bien connues pour les Égyptiens sont cependant bien éloignées de ceux des Mésopotamiens : il faut se garder de toute pseudo-ressemblance. Certains noms de rois à qui appartiennent ces tombes ne figurent pas dans les listes royales dressées par les scribes du IIe millénaire av. J.-C. Alors qui sont donc ces hauts personnages dont les funérailles ont été ainsi orchestrées ? S'agit-il de suicides collectifs ? Peut-on imaginer de longues processions à travers la ville au son des harpes et des lyres, des serviteurs dans leur plus belle tenue rejoignant volontairement dans la mort roi, reine ou prêtresse ? Nul ne le sait. Trop peu d'autres tombes, datant de la même époque et situées dans cette même région, ont été retrouvées pour que des conclusions puissent être tirées[69]. Les « tombes royales » d'Ur font écho à la fin du héros Gilgameš, roi d'Uruk, qui, d'après la tradition, est enterré dans un tombeau en pierre avec ses épouses, ses enfants, sa Cour, le tout ennoyé par un bras de l'Euphrate afin de préserver sa tranquillité, le préservant ainsi de toute profanation. Mais, il va de soi qu'il s'agit là d'un procédé littéraire visant à montrer que chacun se retrouvera dans la mort, car il n'y aurait aucun sens à annihiler sa descendance, mettant ainsi en péril sa propre existence dans l'Au-delà, personne n'accomplissant alors le rituel du *kispum*. En ce qui concerne les tombes royales d'Ur, le mystère reste entier.

Les tombes plus récentes ne se présentent pas ainsi. Les défunts ne sont pas accompagnés par leur suite, même quand il s'agit de sépultures destinées à accueillir plusieurs personnes. En 2002, un hypogée taillé dans le rocher a été mis au jour sous le palais royal de Qaṭna en Syrie. Un puits donne accès à une chambre funéraire gardée par deux statues en basalte que la facture permet de dater de la seconde partie du IIe millénaire av. J.-C. Les trois autres côtés de cette chambre ouvrent sur trois pièces funéraires secondaires. Dans la pièce principale, dans le coin sud-est, un sarcophage contenant trois squelettes d'hommes a été retrouvé avec des poteries. À l'autre extrémité sont disposés plusieurs banquettes en pierre, les restes de quelques estrades en bois et de grandes jarres. Dans la pièce secondaire au sud, des vestiges d'estrade en bois avec des ossements d'animaux et des vases d'albâtre de style égyptien ont été découverts[70].

Les rois d'Assyrie au Ier millénaire av. J.-C., vivant à Ninive ou à Kalhu, se font inhumer sous le palais de leur ancienne capitale, Assur. Des tombeaux en pierre, haut de 3 mètres, renfermant les énormes sarcophages d'Assur-bêl-kala, Assur-naşirpal II, Šamši-Adad V et Sennachérib[71], ont été retrouvés. Les reines, quant à elles, ne sont pas enterrées avec leur mari. Leurs corps reposent à Kalhu ou à Ninive.

À sa mort, le défunt est déposé dans la tombe, habillé ou recouvert d'un linceul. Il est accompagné d'un mobilier funéraire plus ou moins important. Le matériel ainsi retrouvé permet de déterminer son âge (jouets), son sexe (fusaïoles pour filer la laine ou armes), son statut social (bijoux). Certaines tombes peuvent être d'une richesse exceptionnelle. Pourquoi ces objets sont-ils emportés par les défunts ? Les textes signalent que les morts offrent des cadeaux aux dieux des Enfers et aux mânes de leurs ancêtres (Gilgameš et Ur-Nammu en distribuent à leur arrivée). Ils quittent ce monde avec des chariots ou des animaux afin d'améliorer leurs conditions de voyage. Mais emportent-ils quelque chose pour garder leur train de vie dans leur existence future ? Sans doute, mais aucun texte n'en parle.

Les tombes sont anonymes, mais, situées sous les maisons, les habitants savent qui y est enterré. Les trépassés reçoivent de leurs parents vivants un peu de nourriture et de boisson comme le précisent les rites et les prières. Cela explique les canalisations présentes dans les tombes d'Ur ainsi que les escaliers d'accès aux sépultures creusées dans le sous-sol des maisons à Assur au IIe millénaire av. J.-C. La séparation d'avec les défunts ne s'effectue pas de façon brutale : elle se déroule selon un processus de transition où le culte des ancêtres remonte jusqu'à deux ou trois générations en arrière. Au IIe millénaire av. J.-C., le fils aîné est chargé d'accomplir ce rite. C'est pourquoi la maison où sont inhumés les défunts lui revient en priorité lors des héritages. La présence des morts assure la protection des vivants. Chaque année, au mois d'Abum (juillet-août), un repas (*kispum*) est offert aux défunts (eau, pain, huile, vin, miel, sacrifice d'animal) au cours duquel leur nom est invoqué. D'autres cérémonies, plus courtes, se déroulent dans l'année. Abum est aussi le mois le plus favorable pour prononcer les incantations nécromantiques et consulter les forces surnaturelles.

Tout mort de façon violente doit être apaisé. Les recueils d'incantations présentent ainsi toute une section sur ces *eţemmû* qu'il convient d'apaiser : *eţemmum* d'un fœtus malformé ou d'un enfant mort-né, *eţemmum* d'une nourrice décédée des suites d'une affection de la poitrine, *eţemmum* d'une personne morte lors d'une famine ou après un emprisonnement... Cela est d'autant plus nécessaire lorsqu'un roi est assassiné à l'occasion d'un coup d'État. C'est pourquoi, quand Assurbanipal capture ceux qui ont aidé à tuer son grand-père Sennachérib, il offre à ce dernier une cérémonie. Il existe également des *eţemmû* méchants qui poursuivent leurs victimes et les harcèlent, hantent leurs rêves ou les poursuivent dans les rues ou leur maison. Les *eṭemmû* n'attaquent pas forcément leurs victimes de leur propre initiative. Des rituels de magie noire expliquent comment les convoquer et s'en servir. D'autres rituels, d'exorcisme cette fois, sont utilisés pour les neutraliser et les renvoyer chez eux[72].

Une privation de sépulture est particulièrement grave, car le défunt ne peut accéder à sa dernière demeure et le rituel du *kispum* ne peut être accompli. C'est ce qui attend les femmes qui ont avorté ou ceux qui ne respectent pas les décisions royales... Le traité de succession d'Assarhaddon se termine par la malédiction suivante : « Que la terre ne reçoive pas vos cadavres, que vos tombes soient placées dans l'estomac d'un chien ou d'un cochon[73]. » La profanation des tombes est donc un sacrilège. Le mort doit reposer en paix. Certaines tombes, comme celle de Kalhu, sont scellées de manière que personne ne vienne troubler le repos de leurs occupants, et surtout les piller. Malédiction à quiconque tenterait de s'en approcher ! *A contrario*, certains rois néo-assyriens ont recours à la profanation afin d'infliger, au-delà de la mort, un supplice éternel à leurs pires ennemis. Assurbanipal, lors du pillage de Suse, profane les tombeaux royaux : « J'emportai leurs os à Assur, j'imposai à leurs *eṭemmû* de ne jamais reposer, les privant d'offrandes funéraires et de libations d'eau ». La destruction du corps ou des os entraîne-t-elle l'annihilation de l'*eṭemmum* ? Les textes précisent qu'il ne faut pas démembrer un cadavre. Si un autre corps doit être déposé dans le tombeau, le premier peut être déplacé à condition que le squelette reste dans une position anatomiquement correcte. L'intégrité du squelette est importante pour préserver son identité. C'est pourquoi on pile les os des ennemis vaincus, et on brûle les sorciers[74]. Ils sont ainsi à la fois exclus du monde des vivants et de celui des morts.

Certes il n'y a pas d'espérance en l'au-delà, pas de récompense des bonnes actions, pas d'espoir en un monde meilleur — en Orient, il faut attendre pour cela l'empire perse et le développement du mazdéisme —, pas de messie, pas de résurrection du corps, ni de jugement des bonnes et des mauvaises conduites. En attendant, reste à suivre les conseils que dispense la cabaretière à Gilgameš qui pleure la mort de son ami Enkidu, dans la version paléo-babylonienne de l'*Épopée de Gilgameš*, plus souriante que la version néo-assyrienne :

> La vie sans fin que tu recherches, tu ne la trouveras jamais.
> Quand les dieux ont créé les hommes,
> Ils leur ont assigné la mort.
> Se réservant l'immortalité à eux seuls
> Toi, plutôt, remplis-toi la panse,
> Demeure en gaieté jour et nuit !
> Fais quotidiennement la fête,
> Danse et amuse-toi, jour et nuit,
> Accoutre-toi d'habits bien propres
> Lave-toi ! Baigne-toi !
> Regarde tendrement ton petit qui te tient par la main,
> Et fais le bonheur de la femme serrée contre toi.
> Car telle est l'unique perspective des hommes[75] !

APPENDICES

BIBLIOGRAPHIE

ABUSCH, Tzvi, « Ghost and God : Some Observations on a Babylonian Understanding of Human Nature », *Studies in the History of Religions* 78, 1998, p. 363-383.

AL RAWI, F. N. H., et GEORGE, Andrew R., « Tablets from the Sippar Library III. Two royal counterfeits », *Iraq* 56, 1994, p. 135-148.

ALSTER, Bendt, « Marriage and Love in the Sumerian Love Songs, with some notes on the Manchester Tammuz », in *The Tablet and the Scroll. Near Eastern Studies in Honor of William W. Hallo*, sous la dir. de Mark E. Cohen, Daniel C. Snell, David B. Weisberg, Bethesda, CDL Press, 1993, p. 15-27.

ALSTER, Bendt, *Proverbs of Ancient Sumer*, Bethesda, CDL Press, 1997.

AMIET, Pierre, *Élam*, Auvers-sur-Oise, Archée, 1966.

ANDRÉ-LEICKMAN, Béatrice, et ZIEGLER, Christiane (dir.), *Naissance de l'écriture. Cunéiformes et hiéroglyphes*, catalogue d'une exposition qui s'est tenue au Grand Palais, Paris, Réunion des musées nationaux, 1982.

ANDRÉ-SALVINI, Béatrice (dir.), *Babylone*, catalogue d'une exposition qui s'est tenue au musée du Louvre, Paris, coédition musée du Louvre éditions-Hazan, 2008.

ASURMENDI, Jesus *et alii*, *Prophéties et oracles I. Dans le Proche-Orient ancien*, Paris, Éditions du Cerf, « Supplément au cahier de l'Évangile » n° 88, 1994.

AYNARD, Jeanne-Marie, *Le Prisme du Louvre*, Paris, H. Champion, 1957.

BAHRANI, Zainab, *Women of Babylon. Gender and Representation in Mesopotamia*, Londres-New York, Routledge, 2001.

BATTINI, Laura, « Les portes urbaines de la capitale de Sargon II : étude sur la propagande royale à travers les données archéologiques et textuelles », in *Intellectual Life of the Ancient Near East. Papers Presented at the 43rd Rencontre assyriologique internationale*, Prague, 1er-5 juillet 1996, sous la dir. de Jiri Prosecky, Prague, Oriental Institute, 1998, p. 41-55.

BATTINI, Laura, « Des rapports géométriques en architecture, le cas de Dûr-Sharrukîn », *Revue d'assyriologie et d'archéologie orientales* 94, 2000, p. 33-56.

BECKER, Helmut, et FASSBINDER, Jörg W. E., « Uruk, City of Gilgamesh (Iraq). First Tests in 2001 for Magnetic Prospecting », in *Magnetic Prospecting in Archaelogical Sites*, sous la dir. d'Helmut Becker et Jörg. W. E. Fassbinder, t. 6, Paris, International Council on Monuments and Sites, 2001, p. 93-97.

BECKER, Helmut, FASSBINDER, Jörg W. E., et VAN ESS, Margarete, « Magnetometry at Uruk (Iraq) : the City of King Gilgamesh », *Geophysical Research Abstract*, t. 5, 2003.

BECKMAN, Gary, « Family Values on the Middle Euphrates in the Thirteenth Century B.C. », in *Emar. The History, Religion and Culture of Syrian Town in the Late Bronze Age*, sous la dir. de Mark W. Chavalas, Bethesda, CLD Press, 1996, p. 57-77.

BESNIER, Marie-Françoise, « Les jardins urbains du Proche-Orient antique », *Histoire urbaine* n° 1, 2000, p. 25-45.

BESNIER, Marie-Françoise, « Les archéologues à la recherche d'un mythe : les découvertes des jardins suspendus de Babylone », *Rêver l'archéologie au XIXe siècle. De la science à l'imaginaire*, textes réunis et présentés par Éric Perrin-Saminadayar, Saint Étienne, Publications de l'université de Saint-Étienne, Mémoires du centre Jean Palerne XXIII, 2001, p. 297-323.

BEYER, Dominique (dir.), *Meskéné-Emar. Dix ans de travaux (1972-1982)*, Paris, Éditions Recherche sur les civilisations, 1982.

BIGA, Maria Giovanna, « Enfants et nourrices à Ebla », *Ktèma* nº 22, 1997, p. 35-44.

BIROT, Maurice, *Archives royales de Mari XIV. Lettres de Yaqqim-Addu, gouverneur de Sagarâtum*, Paris, P. Geuthner, 1976.

BLACK, Jeremy, et GREEN, Anthony, *Gods, Demons and Symbols of Ancient Mesopotamian. An Illustrated Dictionary*, Austin, University of Texas Press, 1992.

BLOMQUIST, Tina Haettner, *Gates and Gods. Cults in the City Gates of Iron Age Palestine. An Investigation of the Archaeological and Biblical Sources*, Stockholm, Almqvist & Wiksell International, « Coniectanea Biblica Old Testament Series » 46, 1999.

BORDREUIL, Pierre, BRIQUEL-CHATONNET, Françoise et MICHEL, Cécile (dir.), *Les Débuts de l'histoire. Le Proche-Orient, de l'invention de l'écriture à la naissance du monothéisme*, Paris, Éditions de La Martinière, 2008.

BORROMEO, Elisabetta, *Voyageurs occidentaux dans l'Empire ottoman (1600-1647)*, 2 vol., Paris, Maisonneuve & Larose, Istanbul, Institut français d'études anatoliennes, 2007.

BOTTÉRO, Jean, « Les morts et l'au-delà dans les rituels en akkadien contre l'action des revenants », *Zeitschrift für Assyriologie* 73, 1983, p. 153-203.

BOTTÉRO, Jean, *Mésopotamie. L'écriture, la raison et les dieux*, Paris, Gallimard, « Bibliothèque des histoires », 1987.

BOTTÉRO, Jean, *L'Épopée de Gilgameš. Le grand homme qui ne voulait pas mourir*, Paris, Gallimard, « L'aube des peuples », 1992.

BOTTÉRO, Jean, *Textes culinaires mésopotamiens*, Winona Lake, Eisenbrauns, 1995.

BOTTÉRO, Jean, *La plus vieille cuisine du monde*, Paris, L. Audibert, 2002 (rééd. Seuil, « Points Histoire », 2006).

BOTTÉRO, Jean, et KRAMER, Samuel Noah, *Lorsque les dieux faisaient l'homme. Mythologie mésopotamienne*, Paris, Gallimard, « Bibliothèque des histoires », 1989.

BOTTÉRO, Jean, et STEVE, Marie-Joseph, *Il était une fois la*

Mésopotamie, Paris, Gallimard, « Découvertes Gallimard », 1993.

BRÜSCHWEILER, Françoise, *Inanna. La déesse triomphante et vaincue dans la cosmologie sumérienne. Recherche lexicographique,* Louvain, Peeters, « Les cahiers du CEPOA » n° 4, 1987.

BUTTERLIN, Pascal, *Les Temps proto-urbains de Mésopotamie. Contacts et acculturation de l'époque d'Uruk au Moyen-Orient,* Paris, CNRS Éditions, 2003.

CADELLI, Danielle, « Lorsque l'enfant paraît... malade », *Ktèma* n° 22, 1997, p. 11-34.

CARDASCIA, Guillaume, *Les Lois assyriennes,* Paris, Éditions du Cerf, 1969.

CARDASCIA, Guillaume, article « Édit », in *Reallexikon der Assyriologie,* sous la dir. d'Erich Ebeling et Bruno Meissner, Berlin-New York, W. de Gruyter, 1971, p. 287.

CASTEL, Corinne, AWAD, Nazir, BARGE, Olivier, BOUDIER, Thomas, CUNY, Alexandra, DELATTRE, L., HERVEUX, L., MOULIN, Bertrand, et SANZ, Séverine, « Rapport préliminaire sur les activités de la première mission archéologique syro-française dans la microrégion d'al-Rawda (Syrie intérieure) : la campagne de 2002 », *Akkadica* n° 125, 2004.

CAUVIN, Jacques, *Les Premiers Villages de Syrie-Palestine du IXe au VIIe millénaire av. J.-C.,* Lyon, Maison de l'Orient, 1978.

CHARLES, M. P., « Irrigation in Lowland Mesopotamian », Cambridge, *Bulletin on Sumerian Agriculture,* vol. 4/2, 1988, p. 1-37.

CHARLIER, P., « Les glacières à Mari », *Akkadica* n° 54, 1987, p. 1-10.

CHARPIN, Dominique, « Marchands du palais, marchands du temple à la fin de la Ire dynastie de Babylone », *Journal asiatique,* CCLXX, 1982, p. 25-65.

CHARPIN, Dominique, « Données nouvelles sur la chronologie des rois d'Ešnunna », in *Miscellanea Babylonica. Mélanges offerts à Maurice Birot,* sous la dir. de Jean-Marie Durand et Jean-Robert Kupper, Paris, Éditions Recherche sur les civilisations, 1985.

CHARPIN, Dominique, *Le Clergé d'Ur au siècle de Hammurabi. XIXe-XVIIIe siècles av. J.-C.*, Genève-Paris, Droz, 1986.

CHARPIN, Dominique, « Lettres d'Uşur-awassu », in *Archives épistolaires de Mari* I/2, *Archives royales de Mari* XXVI/2, Dominique Charpin, Francis Joannès, Sylvie Lackenbacher et Bertrand Lafont (éd.), Paris, Éditions Recherche sur les civilisations, 1988, p. 9-29.

CHARPIN, Dominique, « Les champions, la meule et le fleuve ou le rachat du terroir de Puzurân au roi d'Ešnunna par le roi de Mari Yahdun-Lîm », in *Mémoires de NABU 1. Florilegium marianum. Recueil d'études en honneur de Michel Fleury*, sous la dir. de Jean-Marie Durand, Paris, SEPOA, 1992, p. 29-38.

CHARPIN, Dominique, « Le sumérien, langue morte parlée », *NABU* 1994/6.

CHARPIN, Dominique, « Sumer III. Écoles et éducation », in *Supplément au « Dictionnaire de la Bible »*, tome XIII, fasc. 72, sous la dir. de Jacques Briend et Michel Quesnel, Paris, Letouzey & Ané, 1999, p. 215-226.

CHARPIN, Dominique, « Lettres et procès paléo-babyloniens », in *Rendre la justice en Mésopotamie. Archives judiciaires du Proche-Orient ancien (IIIe-Ier millénaires av. J.-C.)*, sous la dir. de Francis Joannès, Saint-Denis, Presses universitaires de Vincennes, 2000, p. 69-111.

CHARPIN, Dominique, « L'archivage des tablettes dans le palais de Mari : nouvelles données », in *Veenhof Anniversary Volume. Studies presented to Klaas R. Veenhof on the Occasion of his Sixty-Fifth Birthday*, sous la dir. de Wilfred. H. van Soldt, Leyde, Nederlands Instituut voor het Nabije Oosten, 2001, p. 13-30.

CHARPIN, Dominique, « Prophètes et rois dans le Proche-Orient amorrite : nouvelles données, nouvelles perspectives », in *Mémoires de NABU 7. Florilegium marianum VI. Recueil d'études à la mémoire d'André Parrot*, sous la dir. de Dominique Charpin et Jean-Marie Durand, Paris, SEPOA, 2002, p. 7-38.

CHARPIN, Dominique, *Hammu-rabi de Babylone*, Paris, PUF, 2003.

CHARPIN, Dominique, « Lire et écrire en Mésopotamie, une

affaire de spécialistes ? », *Comptes rendus des séances de l'Académie des Inscriptions et Belles-Lettres*, 2004, p. 481-508.

CHARPIN, Dominique, « Le scribe accroupi », *NABU*, 2007, p. 61.

CHARPIN, Dominique, « Le roi est mort, vive le roi ! Les funérailles des souverains amorrites et l'avènement de leur successeur », *Mélanges Marten Stol*, Bethesda, 2008, p. 69-95.

CHARPIN, Dominique, *Lire et écrire à Babylone*, Paris, PUF, 2008.

CHESNEY, Francis Rawdon, *The Expedition for the Survey of the Rivers Euphrates and Tigris*, 2 volumes, Londres, Longman, 1850.

CHEVALIER, Nicole, *La Recherche archéologique française au Moyen-Orient (1842-1947)*, Paris, Éditions Recherche sur les civilisations, 2002.

CHILDE, Vere Gordon, *Social Evolution*, Londres, Watts, 1951.

CHILDE, Vere Gordon, *New Light on the Most Ancient East*, Londres, Routledge and Kegan Paul, 1952, 4e éd.

CHIPIEZ, Charles, et PERROT, Georges *Histoire de l'art dans l'Antiquité*, t. 2 : *Chaldée et Assyrie*, Paris, Hachette, 1882.

CHRISTIE (-MALLOWAN), Agatha, *La Romancière et l'Archéologue. Mes aventures au Moyen-Orient*, Paris, Payot & Rivages, 2005 (traduction de *Come, tell me how you live*, 1946).

CIVIL, Miguel, « A Hymn to the Beer Goddess and a Drinking Song », *Studies Presented to A. Leo Oppenheim*, Chicago, Oriental Institute Press, 1964, p. 67-89.

CIVIL, Miguel, « Sur les "livres d'écolier" à l'époque paléo-babylonienne », in *Miscellanea Babylonica. Mélanges offerts à Maurice Birot*, sous la dir. de Jean-Marie Durand et Jean-Robert Kupper, Paris, Éditions Recherche sur les civilisations, 1985, p. 67-78.

CIVIL, Miguel, *The Farmer's Instructions. A Sumerian Agricultural Manual*, Sabadell-Barcelone, Editorial Ausa, « Aula Orientalis Supplementa » nº 5, 1994.

CLUZAN Sophie, « Des rois mortels et des dieux immortels ; rois et dieux de l'ancien Orient aux IVe et IIIe millénaires avant notre ère », *Religions et histoire* n° 13, avril 2007, p. 24-31.

COCQUERILLAT, Denise, « Aperçus sur la phéniciculture en Babylonie à l'époque de la Ire dynastie de Babylone », Leyde, *Journal of the Economic and Social History of the Orient* X, part II-III, 1967, p. 162-223.

COCQUERILLAT, Denise, *Palmeraies et cultures de l'Eanna d'Uruk (559-520 av. J.-C.)*, Berlin, Gebr. Mann Verlag, 1968.

DALLEY, Stephanie, « Ancient Mesopotamian Gardens and the Identification of the Hanging Gardens of Babylon resolved », *Garden History*, vol. 21, n° 1, 1993, p. 1-13.

DALLEY, Stephanie, « Nineveh, Babylon and the Hanging Gardens. Cuneiform and Classical Sources reconciled », *Iraq* 56, 1994, p. 45-58.

DAMERJI, Muayad Said, « Die Tür nach Darstellungen in der altmesopotamischen Bildkunst von 'Ubaidbis zum Akkad-Zeit », *Baghdader Mitteilungen* 22, 1991, p. 231-311.

DEKIERE, Luc, « La généalogie d'Ur-Utu, gala.mah à Sippar-Amnânum », in *Cinquante-deux réflexions sur le Proche-Orient ancien offertes en hommage à Léon De Meyer*, textes réunis par Hermann Gasche *et alii*, Louvain, Peeters 1994, p. 125-141.

DUCHESNE-GUILLEMIN, Marcelle D., « Note complémentaire sur la découverte de la gamme babylonienne », in *Studies in Honor of Benno Landsberger on his Seventy-Fifth Birthday, AS* 16, Chicago, University of Chicago Press, 1965, p. 268-272.

DUCHESNE-GUILLEMIN, Marcelle D., « Les problèmes de la notation hurrite », *RA* 69, 1975, p. 159-173.

DELOUGAZ, Pinhas, « Remarks concerning Dating and Function of the Northern Palace », in *Privates Houses and Graves in the Diyala Region*, Pinhas Delougaz, Harold D. Hill et Seton Lloyd, Chicago, University of Chicago Press, 1967, p. 196-198.

DURAND, Jean-Marie, « Trois études sur Mari », *MARI* 3, 1984, p. 127-180.

DURAND, Jean-Marie, « L'organisation de l'espace dans le palais de Mari : le témoignage des textes », in *Le Système palatial en Orient, en Grèce et à Rome. Actes du colloque de Strasbourg, 19-22 juin 1985*, sous la dir. d'Edmond Lévy, Strasbourg, Centre de recherche sur le Proche-Orient et la Grèce antiques, 1987.

EBELING, Erich, *Keilschrifttexte aus Assur religiösen Inhalts*, n° 4, Leipzig, J. C. Hinrichs, 1915.

ECKART, Otto, « Zivile Funktionen des Stadttores in Palästina und Mesopotamien », in *Meilenstein. Festschrift für Herbert Donner zum 16. Februar 1995. Ägypten und Altes Testament* 30, sous la dir. de Stefan Timm et Manfred Weippert, Wiesbaden, Harrassowitz, 1995, p. 188-197.

EIDEM, Jesper, et LÆSSØE, Jorgen, *The Shemshara Archives*, t. 1 : *The Letters*, Copenhague, Det Kongelige Danske Videnskabernes Selskab, Historisk-filosofiske Skrifter n° 23, 2001.

FALES, Frederick Mario, et POSTAGE, J. Nicholas, *Imperial administrative Records*, t. 2 : *Provincial and Military Administration*, SAA 11, Helsinki, Helsinki University Press, 1995.

FINET, André, *L'Accadien des lettres de Mari*, Bruxelles, Palais des Académies, 1956.

FINET, André, *Le Code de Hammurabi*, Paris, Éditions du Cerf, 1983.

FRANGIPANE, Marcella, *et alii*, « New Symbols of a New Power in a "Royal" Tomb from 3000 B.C. Arslantepe, Malatya (Turkey) », *Paléorient* 27, 2001, p. 105-140.

FONTAN, Élisabeth (dir.), *De Khorsabad à Paris. La découverte des Assyriens*, Paris, Réunion des musées nationaux, 1994.

GASCHE, Hermann *et alii*, *Dating the Fall of Babylon. A Reappraisal of Second-Millenium Chronology*, Gand, Université de Gand, et Chicago, Oriental Institute Press, 1998.

GELLER, Mark J., « The Last Wedge », *Zeitschrift für Assyriologie* 87, 1997, p. 43-95.

GEYER, Bernard (dir.), *Conquête de la steppe. Et appropriation des terres dans les marges arides du Croissant fertile*,

Lyon, Maison de l'Orient méditerranéen, « TMO » 36, 2001.

GEYER, Bernard, et MONCHAMBERT, Jean-Yves, « Prospection de la moyenne vallée de l'Euphrate : Rapport préliminaire 1982-1985 », *MARI* nº 5, 1987, p. 293-344.

GHIRSHMAN, Roman (dir.), *Tchoga Zanbil (Dur-Untash)*, t. 1 : *La ziggurat*, Paris, P. Geuthner, « Mémoires de la délégation en Iran » XXXIX, 1966.

GLASSNER, Jean-Jacques (présentation et traduction), *Chroniques mésopotamiennes*, Paris, Les Belles Lettres, 1993.

GLASSNER, Jean-Jacques, *Écrire à Sumer. L'invention du cunéiforme*, Paris, Éditions du Seuil, 2000.

GLASSNER, Jean-Jacques, « La question des origines dans les mythologies mésopotamiennes », *Revue de psychologie*, 2006.

GRANDPIERRE, Véronique, « Bruit et silence dans les villes de Mésopotamie », *Sources et travaux historiques* nº 49-50, 1997, p. 53-72.

GRANDPIERRE, Véronique, *Šaduppum (Tell Harmal), une petite ville du royaume d'Ešnunna au XVIIIe siècle avant notre ère*, doctorat sous la direction de Dominique Charpin, soutenu à l'université de Paris I-Panthéon Sorbonne, 1998.

GRANDPIERRE, Véronique, « Fondations urbaines dans le Proche-Orient ancien », *Fondations, refondations antiques. Histoire urbaine* nº 13, août 2005, p. 13-32.

GREGORI, Barbara, « "Three Entrance" City Gates of the Middle Bronze Age in Syria and Palestine », *Levant* XVIII, 1986, p. 83-102.

HANSEN, Thorkild, *La Mort en Arabie. Une expédition danoise (1761-1767)*, Lausanne, Éditions de l'Aire, 1981.

HARRIS, Rivkah, *Ancient Sippar. A Demographic Study of an Old Babylonian City* (1894-1595 B.C.), Istanbul, Nederlands historisch-archaeologisch Instituut te Istanbul, 1975.

HOROWITZ, Wayne, *Mesopotamian Cosmic Geography*, Winona Lake, Eisenbrauns, 1998.

HORSNELL, Malcom John Albert, *The Year-Names of the First Dynasty of Babylon*, t. 2, Hamilton, McMaster UP, 1999.

Huot, Jean-Louis, *La ville neuve, une idée de l'Antiquité?*, Paris, Éditions Errance, 1988.

Huot, Jean-Louis, *Les Premiers Villageois de Mésopotamie. Du village à la ville*, Paris, Armand Colin, 1994.

Huot, Jean-Louis, Thalmann, Jean-Paul, et Valbelle, Dominique, *Naissance des cités*, Paris, Nathan, 1990.

Høyrup, Jens, *Lenghs, Widths, Surfaces. A Portrait of the Old Babylonian Algebra and its Kin. Studies and Sources in the History of Mathematics and Physical sciences*, New York, Springer Verlag, 2002.

Hunger, Hermann, *Spätbabylonische Texte aus Uruk*, t. 1, Berlin, Gebr. Mann Verlag, 1976.

Hymnes et prières aux dieux de Babylonie et Assyrie, traduction et notes de Marie-Joseph Seux, Paris, LAPO [Littératures anciennes du Proche-Orient] 8, 1976, p. 129.

Imparati, Fiorella, « Significato politico della successione dei testimoni nel trattato di Tuthaliya IV con Kurunta », Rome, *Seminari IME*, 1992.

Jacobsen, Thorkild, « Primitive Democracy in Ancient Mesopotamia », *Journal of Near Eastern Studies* 2, 1943, p. 159-172.

Jacobsen, Thorkild, *The Treasures of Darkness. A History of Mesopotamian Religion*, New-Haven, Londres, Yale University Press, 1976.

Jacobsen, Thorkild, *Salinity and Irrigation Agriculture in Antiquity Diyala Basin Archeological Projects. Report on Essential Results (1957-1958)*, Malibu, Udena Publications, 1982.

Joannès, Francis, *Archives de Borsippa. La famille Ea-ilûta-bâni. Étude d'un lot d'archives familiales en Babylonie du* viii*e au* v*e siècle av. J.-C.*, Genève, Droz, 1989.

Joannès, Francis, « La mention des enfants dans les textes néo-babyloniens », *Ktèma* n° 22, 1997, p. 119-137.

Joannès, Francis (dir.), *Dictionnaire de la civilisation mésopotamienne*, Paris, Robert Laffont, 2001.

Joannès, Francis (dir.), *Haradum*, t. 2 : *Les textes de la période paléo-babylonienne (Samsu-iluna-Ammi-ṣaduqa)*, Paris, Éditions Recherche sur les civilisations, 2006.

Katz, Dina, *The Image of the Netherworld in the Sumerian Sources*, Bethesda, CLD Press, 2003.

Kepinski-Lecomte, Christine (dir.), *Haradum*, t. 1 : *Une ville nouvelle sur le Moyen-Euphrate (XVIIIe-XVIIe siècles av. J.-C.)*, Paris, Éditions Recherche sur les civilisations, 1992.

Khorsabad, capitale de Sargon II, Dossiers d'histoire et d'archéologie, hors série n° 4, 1994.

Kramer, Samuel Noah, *L'histoire commence à Sumer*, Paris, Arthaud, 1975.

Kramer, Samuel Noah, *Le Mariage sacré. À Sumer et à Babylone*, Paris, Berg, 1983.

Kramer, Samuel Noah, *Sumerian Mythology. A Study of Spiritual and Literary Achievement in the Third Millenium B.C.*, Philadelphia, The American Philosophical Society, 1944 (rééd. 1997).

Kupper, Jean-Robert, *Correspondance de Bahdi-Lim, préfet de Mari. Archives royales de Mari VI*, Paris, Imprimerie nationale, 1954.

Labat, René, *Hémérologies et ménologies d'Assur*, Paris, Adrien-Maisonneuve, 1939.

Labat, René, *Les Religions du Proche-Orient asiatique. Textes babyloniens, ougaritiques, hittites*, Paris, Fayard-Denoël, 1970.

Lackenbacher, Sylvie, *Le Roi bâtisseur. Les récits de construction assyriens, des origines à Teglatphalasar III*, Paris, Éditions Recherche sur les civilisations, 1982.

Lackenbacher, Sylvie, *Le Palais sans rival. Le récit de construction en Assyrie*, Paris, La Découverte, 1990.

Lackenbacher, Sylvie, « La construction de Dûr-Šharrukin », in *De Khorsabad à Paris, la découverte des Assyriens*, sous la dir. d'Élisabeth Fontan, Paris, Réunion des musées nationaux, 1994, p. 154-163.

Lacoste, Yves (dir.), *Proche-Orient, géopolitique de la crise*, revue *Hérodote*, 1er trimestre 2007, n° 124.

Lafont, Bertrand, « Nuit dramatique à Mari », in *Mémoires de NABU 1. Florilegium marianum. Recueil d'études en honneur de Michel Fleury*, sous la dir. de Jean-Marie Durand, Paris, SEPOA, 1992, p. 93-105.

LAFONT, Sophie, *Femmes, droit et justice dans l'Antiquité orientale. Contribution à l'étude du droit pénal au Proche-Orient ancien*, Fribourg, Éditions universitaires, 1999.

LAMBERT, Wilfred G., « Studies in Nergal », *Bibliotheca Orientalis* 30, 1973, p. 355-363.

LAMBERT, Wilfred G., « The Relationship of Sumerian and Babylonian Myth as seen in accounts of Creation », in *La Circulation des biens, des personnes et des idées dans le Proche-Orient ancien, 48e Rencontre assyriologique internationale*, sous la dir. de Dominique Charpin et Francis Joannès, Paris, Éditions Recherche sur les civilisations, 1992, p. 129-135.

LANDSBERGER, Benno, *The Series HAR-ra. Hubullu, Tablets I-V*, Rome, Pontificio Istituti Biblico, 1957.

LANDSBERGER, Benno, « Akkadisch-hebraïsche Wortgleichungen », *Hebraïsche Wortforschung 224*, 1967, p. 176-204.

LARSEN, Mogens Trolle, *The Old-Assyrian City-State and its Colonies*, Copenhague, Akademisk Vorlag, 1976, p. 305.

LARSEN, Mogens Trolle, *La Conquête de l'Assyrie (1840-1860). Histoire d'une découverte archéologique*, [1994], éd. fr. Paris, Hachette littératures, 2001.

LAYARD, Austen Henry (Sir), *Early Adventures in Persia, Susiana, and Babylonia. Including a residence among the Bakhtiyari, and other wild tribes before the discovery of Nineveh*, Londres, J. Murray, 1894.

LEWY, Hildegard, « The Nuzi Feudal System », *Orientalia NS*, 1942, p. 24-25.

LION, Brigitte, « Dame Inanna-ama-mu, scribe à Sippar », *Revue d'assyriologie et d'archéologie orientales* 95, 2001, p. 7-32.

LION, Brigitte, « La notion de genre en assyriologie », *Problèmes du genre en Grèce ancienne*, sous la dir. de Violaine Sebillotte-Cuchet et Nathalie Ernoult (dir.), Paris, Publications de la Sorbonne, 2007, p. 51-64.

LION, Brigitte, et MICHEL, Cécile (dir.), « Poissons et crustacés en Haute-Mésopotamie au début du IIe millénaire av. J.-C. », *Topoï*, supplément 2, 2000, p. 71-116.

LION, Brigitte, et MICHEL, Cécile (dir.), *De la domestication au tabou. Le cas des suidés au Proche-Orient ancien*, Paris, De Boccard, 2006.

LION, Brigitte, et MICHEL, Cécile (dir.), « As mulheres em sua família Mesopotâmia, 2e milênio A.C. », *Tempo* 19, 2006, p. 149-173.

LION, Brigitte, et MICHEL, Cécile (dir.), *Les Écritures cunéiformes et leur déchiffrement*, Paris, De Boccard, 2008.

LION, Brigitte, MICHEL, Cécile, et NOËL, Pierre, « Les crevettes dans la documentation du Proche-Orient ancien », *Journal of Cuneiform Studies* 52, 2000, p. 121-126.

LION, Brigitte, et ROBSON, Eleanor, « Quelques textes scolaires paléo-babyloniens rédigés par des femmes », *Journal of Cuneiform Studies* 57, 2005, p. 37-54.

LIVINGSTONE, Alasdair, *Mystical and Mythological Explanatory Works of Assyrian and Babylonian Scholars*, Oxford, Clarendon Press, 1987.

LIVINGSTONE, Alasdair, *Court Poetry and Literary Miscellanea*, Helsinki, Helsinki University Press, 1989.

LUIZARD, Pierre-Jean, *La Question irakienne*, Paris, Fayard, 2004, 2e éd.

LYONNET, B., « Le nomadisme et l'archéologie : problème d'identification. Le cas de la partie occidentale de la Djéziré aux IIIe et début du IIe millénaires avant notre ère », in *Amurru 3. Nomades et sédentaires dans le Proche-Orient ancien*, Compte rendu de la 46e Rencontre assyriologique internationale (Paris, 10-13 juillet 2000), sous la dir. de Christophe Nicolle, Paris, Éditions Recherche sur les civilisations, 2004, p. 25-49.

MAQDISSI, Michel AL-, DOHMANN-PFÄLZNER, Heike, PFÄLZNER, Peter, et SULEIMAN Antoine, « Das königliche Hypogäum von Qaṭna. Bericht über die syrisch-deutsche Ausgrabung im November-Dezember 2002 », *Mitteilungen der Deutschen Orient-Gesellschaft zu Berlin*, n° 135, 2003, p. 189-218.

MANTRAN, Robert, (dir.), *Histoire de l'Empire ottoman*, Paris, Fayard, 1989.

MARGUERON, Jean-Claude, « Maquette architecturale de Meskéné-Emar », *Syria* 53, 1976, p. 193-232.

MARGUERON, Jean-Claude, *Recherches sur les palais mésopotamiens de l'âge du bronze*, P. Geuthner, Paris, 1982.

MARGUERON, Jean-Claude, « Une nouvelle maquette architecturale syrienne du Bronze récent », in *De l'Indus aux Balkans. Recueil à la mémoire de Jean Deshayes*, sous la dir. de Jean-Louis Huot, Marguerite Yon et Yves Calvet, Paris, Éditions Recherche sur les civilisations, 1985, p. 165-175.

MARGUERON, Jean-Claude, « Quelques remarques concernant les archives retrouvées dans le palais de Mari », in *Cuneiform Archives and Libraries. Papers read at the 30e Rencontre assyriologique internationale (4-8 July, 1983)*, sous la dir. de Klaas R. Veenhof, Leyde, Nederlands Historisch-Archaeologisch Institute Istanbul, 1986, p. 141-152.

MARGUERON, Jean-Claude, « Emar et Faq'ous sur l'Euphrate », in *De L'Euphrate à l'Indus, les plus anciennes civilisations. Dossiers d'(histoire et) archéologie* n° 122, décembre 1987, p. 20-21.

MARGUERON, Jean-Claude, « Mari et Emar : deux villes neuves dans la vallée de l'Euphrate à l'âge de bronze », in *La ville neuve, une idée de l'Antiquité ?*, sous la dir. de Jean-Louis Huot, Paris, Éditions Errance, 1988, p. 37-60.

MARGUERON, Jean-Claude, *Les Mésopotamiens*, t. 2 : *Le cadre de vie et la pensée*, Paris, Armand Colin, 1991.

MARGUERON, Jean-Claude, *Mari. Métropole de l'Euphrate au IIIe et au début du IIe millénaire av. J.-C.*, Paris, Picard-Éditions Recherche sur les civilisations, 2004.

MARTIN, Roland, *Recherches sur l'agora grecque. Études d'histoire et d'architecture urbaines*, Paris, De Boccard, 1951.

MICHEL, Cécile, « Un témoignage paléo-assyrien en faveur du port du voile pour la femme mariée », *NABU* 1997/40.

MICHEL, Cécile, *La Correspondance des marchands de Kanish au début du IIe millénaire av. J.-C.*, Paris, Éditions du Cerf, LAPO 19, 2001.

MINISTÈRE DES AFFAIRES ÉTRANGÈRES, *Archéologies. 20 ans de recherches françaises dans le monde*, Paris, Maisonneuve & Larose, ERC-ADPF [Éditions Recherche sur les civilisations-Asociation pour le développement de la pensée française], 2005.

MULLER, Béatrice, « Remarques sur les maquettes architecturales de Syrie » in *Les Maisons dans la Syrie antique du IIIe millénaire aux débuts de l'islam. Pratiques et représentations de l'espace domestique*, sous la dir. de Corinne Castel, Michel al-Maqdissi et François Villeneuve, Beyrouth, Institut français d'architecture du Proche-Orient, 1997, p. 253-276.

MULLER, Béatrice, *Les Maquettes architecturales du Proche-Orient ancien. Mésopotamie, Syrie, Palestine, du IIIe au milieu du Ier millénaire av. J.-C.*, Beyrouth, Institut français d'architecture du Proche-Orient, 2002.

MUSÉE GUIMET, *Arts asiatiques*, t. VIII, sous la dir. de Roman Ghirshman, Paris, Réunion des musées nationaux, 1961.

NEGRI SCAFA, Paola, « *ana pani abulli šaṭir* Gates in the Texts of the City of Nuzi », in *Studies on the Civilization and Culture of Nuzi and the Hurrians* 9, sous la dir. de David I. Owen et Gernot Wilhelm, Bethesda, CDL Press, 1998, p. 139, n. 4.

NEMET-NEJAT, Karen, *Cuneiform Mathematical Texts as a Reflection of Everyday Life in Mesopotamia, AOS* 75, New-Haven, 1993.

ODED, Busteny, *Mass Deportation and Deportees in the Neo-Assyrian Empire*, Wiesbaden, Ludwig Reichert Verlag, 1979.

ORNAN, Tallay, *The Triumph of the Symbol. Pictorial Representation of Deities in Mesopotamia and the Biblical Image Ban*, Fribourg, Academic Press, « Orbis Biblicus et Orientalis » 213, 2005.

OPPENHEIM, Leo, *Ancient Mesopotamia. Portrait of a Dead Civilization*, Chicago, University of Chicago Press, 1964.

OTTEN, Heinrich, *Die Bronzetafel aus Bogazköy. Ein Staatsvertrag Tuthalijas* IV, Wiesbaden, Harrassowitz, 1988.

PARAYRE, Dominique, « Les âges de la vie dans le répertoire figuratif oriental », *Ktèma* n° 22, 1997, p. 59-89.

PARPOLA, Simo, *Letters from Assyrian Scholars to the Kings Esarhaddon and Assurbanipal*, t. 2 : *Commentary and appendices*, Kevelaer, Verlag Butzon & Bercker, Neukirchen-Vluyn, Neukirchener Verlag, « Alter Orient und Altes Testament » 5, 1983.

Parpola, Simo, *The Correspondance of Sargon II*, t. 1 : *Letters from Assyria and the West*, Helsinki, Helsinki University Press, 1987.

Parpola, Simo, *Letters from Assyrian and Babylonian Scholars*, State Archives of Assyria X, Helsinki, Helsinki University Press, 1993.

Parpola, Simo, « The Construction of Dûr-Sharrukîn in the Assyrian Royal Correspondance » in *Khorsabad, le palais de Sargon II, roi d'Assyrie*, sous la dir. d'Annie Caubet, Paris, La Documentation française, 1995, p. 49-50 et 69-70.

Parpola, Simo, *The Standard Babylonian Epic of Gilgamesh*, Helsinki, Helsinki University Press, 1997.

Parpola, Simo, *Assyrian Prophecies*, State Archives of Assyria IX, Helsinki, Helsinki University Press, 1997.

Parpola, Simo, et Watanabe, Kazuko, *Neo-Assyrian Treaties and Loyalty Oaths*, State Archives of Assyria II, Helsinki, Helsinki University Press, 1988.

Parrot, André, *Sumer*, Paris, Gallimard, « L'Univers des formes », 1960 (nouv. éd., présentation et mise à jour bibliographique par Jean-Claude Margueron, 2006).

Parrot, André, *Assur*, Paris, Gallimard, « L'Univers des formes », 1961 (nouv. éd., présentation et mise à jour bibliographique par Jean-Claude Margueron, 2007).

Pfälzner, Peter, « Qatna, B. Archäologisch », *Reallexikon der Assyriologie und Vordeasiatischen Archäelogie* 11/1-2, 2006, p. 161-170.

Place, Victor, *Ninive et l'Assyrie*, t. I, Paris, Imprimerie impériale, 1867.

Proust, Christine, *Tablettes mathématiques de Nippur*, Paris, De Boccard, 2007.

Radner, Karen, *Die Macht des Namens. Altorientalische Strategien zur Selbsterhaltung*, Wiesbaden, Harrassowitz, 2005.

Reade, J., « Tell Haya, Summary Report », *Iraq* 35, 1977.

Renger, Johannes, « Uberlegungen zum akkadischen Syllabar », *Zeitschrift für Assyriologie* 61, 1971, p. 23-43.

Roaf, Michael, *Atlas de la Mésopotamie et du Proche-Orient ancien*, Turnhout, Brepols, 1991.

Robinson, James M. (dir.), *The Nag Hammadi Library in English*, San Francisco, Harper, 1988.

Robson, Eleanor, « The Tablet House. A Scribal School in Old Babylonian Nippur », *Revue d'assyriologie et d'archéologie orientale* 95, 2001, p. 39-66.

Röllig, Walter, « Der altmesopotamische Markt », *Die Welt des Orients* 8, 1975-1976, p. 286-295.

Roth, Martha Tobi, *Law Collections from Mesopotamia and Asia Minor*, Atlanta, Scholars Press, 1995.

Sasson, Jack M. (dir.), *Civilizations of the Ancient Near East*, New York, C. Scribner's Sons, 1995.

Sauvage, Martin, *La Brique et sa mise en œuvre en Mésopotamie. Des origines à l'époque achéménide*, Paris, Éditions Recherche sur les civilisations, 1998.

Schmidt, Jürgen, « Strassen in altorientalischen Wohngebieten, eine Studie zur Geschichte des Städtebaues in Mesopotamien und Syrien », *Baghdader Mitteilungen* 3, 1964, p. 125 147.

Seidl, Ursula, « Assurbanipal Griffel », *Zeitschrift für Assyriologie* 97, 2007, p. 119-124.

Seux, Marie-Joseph, in *Supplément aux « Cahiers Évangile »*, *Lois de l'Ancien Orient*, Paris, Éditions du Cerf, 1986.

Shaffer, Aaron, *Sumerian Sources of tablet XII of the Epic of Gilgamesh*, Philadelphie, Ph. D. Dissertation, University of Pensylvania, 1963.

Sigrist, Marcel, *Drehem*, Bethesda, CLD Press, 1992.

Sollberger, Edmond, « The Cruciform Monument », *Jaarbericht van het vooraziatisch-egyptisch Genootschap Ex Oriente Lux*, t. 20, 1968, p. 50-70.

Sollberger, Edmond, et Kupper, Jean-Robert, *Inscriptions royales sumériennes et akkadiennes*, Paris, Éditions du Cerf, 1971.

Steinkeller, Piotr, « On Rulers, Priest and Sacred Mariage. Tracing the Evolution of Early Sumerian Kingship », in *Priests and Officials in the Ancient Near East*, sous la dir. de Kazuko Watanabe, Heidelberg, C. Winter, 1999, p. 103-137.

Stol, Marten, « The Care of the Elderly in Mesopotamian in the Old Babylonian Period », in *The Care of the Elderly in the Ancient Near East*, sous la dir. de Marten Stol et Sven P. Vleeming, Leyde, Brill Academic Publishers, 1998, p. 72 et 78-80.

Stol, Marten, *Birth in Babylonia and the Bible. Its Mediterranean Setting*, avec un chapitre de F. A. M. Wiggermann, Groningue, Styx, 2000.

Streck, Maximilian, *Assurbanipal und die letzten assyrischen Könige bis zum Untergange Niniveh's*, Leipzig, J. C. Hinrichs, 1916.

Syrie, mémoire et civilisation, catalogue d'une exposition qui s'est déroulée à l'Institut du monde arabe à Paris en 1993 (Flammarion).

Tadmor, Hayim, *The Inscriptions of Tiglath-Pileser III, king of Assyria*, Jérusalem, Israel Academy of Sciences and Humanities, 1994.

The Electronic Text Corpus of Sumerian Literature (http:// etcsl.orinst.ox.ac.uk/).

Ussishkin, David, « The Erection of Royal Monuments in City-Gates », in *Anatolia and the Ancient Near East. Studies in Honor of Tahsin Özguš*, sous la dir. de Kutlu Emre *et alii*, Ankara, Türk Tarih Kurumu Basimevi, 1989, p. 485-496.

Van De Mieroop, Marc, *The Ancient Mesopotamian City*, New York, Oxford University Press, 1997.

Vicari, Jacques, et Brüschweiler, Françoise, « Les ziggurats de Tchoga-Zambil (*Dur Untash*) et de Babylone », in *Le Dessin d'architecture dans les sociétés antiques*, Actes du colloque de Strasbourg, 26-28 janvier 1984, Strasbourg, Université des sciences humaines, 1985, p. 47-57.

Villard, Pierre, « L'éducation d'Assurbanipal », *Ktèma* n° 22, 1997, p. 132-149.

Vitale, Raoul, « La musique suméro-akkadienne. Gamme et notation musicale », *Ugarit-Forschungen* 14, 1982, p. 243-263.

Weiher, Egbert von, *Spätbabylonische Texte aus Uruk*, t. 2-5, Berlin, Gebr. Mann Verlag, 1983-1998.

Weippert, Manfred, « Die Kämpfe des assyrischen Königs

Assurbanipal gegen die Araber», *Die Welt des Orients* 7/1, 1973, p. 39-85.

WESTBROOK, Raymond, *Old babylonian Marriage Laws,* Horn, Berger, «Archiv für Orientforschung» 23, 1988.

WESTBROOK, Raymond, «Social Justice and Creative Jurisprudence in Late Bronze Age Syria», *Journal of the Economic and Social History of the Orient* 43, 2001, p. 22-43.

WILCKE, Claus, *Wer las und schrieb in Babylonien und Assyrien. Überlegungen zur Literalität im Alten Zweistromland,* Munich, Verlag der Bayerischen Akademie der Wissenschaften, 2000.

WISEMAN, Donald John, *Chronicles of Chaldean Kings (626-556 B. C.) in the British Museum,* Londres, British Museum 1956.

WISEMAN, Donald John, *Nebuchadrezzar and Babylon,* Oxford, Oxford University Press, 1985.

WOOLLEY, Leonard, *Ur Excavations,* Londres, British Museum, Philadelphie, Museum of the University of Pensylvania, 10 vol., 1927-1976.

YERASIMOS, Stéphane, *Les Voyageurs dans l'Empire ottoman (XIV-XVIe siècle),* Ankara, Société turque d'histoire, 1991.

ZIEGLER, Nèle, «Les enfants du palais», *Ktèma* n° 22, 1997, p. 45-57.

ZIEGLER, Nèle, *Le Harem de Zimrî-Lîm,* in *Florilegium Marianum IV,* Paris, SEPOA, 1999.

NOTES

INTRODUCTION

1. Jules Oppert naît en 1825 à Hambourg mais quitte l'Allemagne en 1847 en raison de ses origines israélites et obtient la nationalité française.

I

ARCHÉOLOGIE ET POLITIQUE

1. Genèse 2,10-14. D'une manière générale les extraits sont issus de la Bible de Jérusalem.

2. *Géographie,* XVI, 1. Strabon (v. 58 av. J.-C.- entre 21 et 25 apr. J.-C.) est né à Amasya en Cappadoce. Il connaît bien l'Orient. Les remparts et les jardins de Babylone sont déjà mentionnés dans une épigramme d'Antipater de Sidon au IIe siècle av. J.-C.

3. On sait que l'un des exemplaires des *Babyloniaca* se trouvait dans la bibliothèque d'Alexandrie. Le personnage lui-même devient légendaire. Pausanias le considère comme le père de la Sibylle.

4. Ziggurat de Birs Nimrud, ancienne Borsippa, près de Babylone, ziggurat de Dûr Kurrigalzu près de Bagdad, zig gurat d'Assur… Le mot « ziggurat » dérive d'ailleurs du verbe akkadien *zaqârum* qui signifie « construire en hauteur ».

5. Cf. Arrien, *Anabase d'Alexandre*, livre VII, et Strabon, *Géographie*, XVI, 1 ; leurs récits sont corroborés par les résultats des fouilles réalisées par Robert Koldewey.

6. Son nom est parfois francisé en Osman, il donne son nom à la dynastie (les Ottomans).

7. Ce n'est que le 28 mars 1930 que la ville prend officiellement le nom d'Istanbul dont l'origine fait l'objet de débats. Il viendrait peut-être du grec εις τήν πολιν (*is tin polin)* qui signifie « à la ville », de même que sous les Romains, *Urbs* (« la ville » en latin) désignait la capitale, Rome. Quoi qu'il en soit, avant 1930 le terme Constantinople est souvent employé pour désigner l'agglomération, et Stamboul pour désigner la vieille ville.

8. Outre ses victoires militaires, Murad Ier met en place les bases de l'administration. Il est également à l'origine des janissaires (du turc *yenitcheri*, « nouvelle troupe ») issus des razzia.

9. C'est à Koufa près de Nadjaf qu'Ali, cousin et gendre de Mahomet, est assassiné en 661 alors qu'il essayait de faire valoir ses droits au califat face aux Abbassides ; c'est à Kerbala que son fils Hussein meurt en héros en 680, événement commémoré annuellement de nos jours ; ce sont dans les souterrains de la ville de Samarra que se retire le XIIe imam dont les chiites attendent le retour triomphal en tant que *mahdi*, « Guide ».

10. Stéphane Yerasimos, *Les Voyageurs dans l'Empire ottoman (XIVe-XVIe siècles)*, Ankara, Société turque d'histoire, 1991.

11. Nicolas de Nicolaï, *Les Quatre Premiers Livres des navigations et pérégrinations orientales. Avec les figures et les habillements au naturel tant d'hommes que de femmes selon la diversité des nations, & de leur port, maintien & habitz*, Lyon, G. Roville, 1568.

12. Robert Mantran (dir.), *Histoire de l'Empire ottoman*, Paris, Fayard, 1989.

13. « La Sublime Porte » (*Bâb-ï 'Alî*), abrégée en « la Porte », désigne d'abord le palais du sultan parce que le conseil se réunit dans son enceinte, puis, quand le gouvernement devient du ressort exclusif du grand vizir, elle

désigne le palais de celui-ci, avant d'être utilisée par extension pour désigner le gouvernement ottoman lui-même.

14. Cf. Elisabetta Borromeo, *Voyageurs occidentaux dans l'Empire ottoman (1600-1647)*, 2 vol., Paris, Maisonneuve & Larose, Istanbul, Institut français d'études anatoliennes, 2007.

15. Thorkild Hansen, *La Mort en Arabie. Une expédition danoise (1761-1767)*, Lausanne, Éditions de l'Aire, 1981.

16. L'un des plus célèbres est le caillou Michaux, du nom du botaniste qui l'a acheté en 1786 à Bagdad. Déposé par celui-ci à la Bibliothèque nationale en 1800, il est actuellement visible au cabinet des médailles.

17. Gallimard, Bibliothèque de la Pléiade, 1964, p. 580.

18. Francis Rawdon Chesney, *The Expedition for the Survey of the Rivers Euphrates and Tigris*, 2 vol., Londres, Longman, 1850.

19. Jusqu'en 1913 et la réaction de Cour des comptes face aux crédits engagés dans l'expédition Jacques de Morgan, les bénéficiaires de subventions du ministère de l'Instruction publique sont tenus d'adresser un rapport sur les résultats de leur mission mais n'ont aucun compte à rendre sur l'utilisation des sommes qui leur sont allouées. Cf. Nicole Chevalier, *La Recherche archéologique française au Moyen-Orient (1842-1947)*, Paris, Éditions Recherche sur les civilisations, 2002, p. 396-410.

20. AN. F 21547 dos II Beaux-Arts à Victor Place, lettre du 5 octobre 1860 sur la subvention de 1853, cf. Nicole Chevalier, *La Recherche archéologique française au Moyen-Orient*, *op. cit.*, p. 404.

21. En fait il s'agit de l'ancienne Dûr-Šarrukîn, la capitale créée *ex nihilo* par le roi néo-assyrien Sargon II en 710 av. J.-C.

22. La Perse se tourne vers la France pour que celle-ci l'aide à résister aux pressions anglaises exercées à partir de l'Inde.

23. Ce qui aujourd'hui serait considéré comme aberrant sauf pour une fouille de sauvetage.

24. De fait, il a dégagé 14 salles du palais ; son successeur,

Victor Place, en mettra 186 autres au jour ; cf. André Parrot, « Centenaire de la fondation du Musée assyrien au musée du Louvre », *Syria 25*, 1946-1948, p. 176.

25. M. Hérard est le banquier de Botta.

26. Lettre datée du 27 novembre 1844, Ms. 2976, dossier Botta, Bibl. Inst., citée in N. Chevalier, *La Recherche archéologique française au Moyen-Orient*, *op. cit.*, p. 50.

27. Lettre du 22 juin 1843, Mossoul, *ibid.*

28. J. Ross, *Letters from the East by Henry James Ross 1837-1857*, Londres, 1902, p. 23, cité dans Élisabeth Fontan (dir.), *De Khorsabad à Paris. La découverte des Assyriens*, Paris, Réunion des musées nationaux, 1994, p. 121.

29. *Early Adventures in Persia, Susiana, and Babylonia. Including a Residence among the Bakhtiyari and other wild Tribes before the Discovery of Nineveh*, Londres, J. Murray, 1894, p. 272.

30. Empire, Restauration (1814-1830), [révolution de 1830], monarchie de Juillet (1830-1848), [révolution de 1848], IIe République (1848-1851), [coup d'État de 1851], IIe Empire (1852-1870), [1870-1871 : guerre contre la Prusse et Commune], IIIe République.

31. En mai 1834 pour la Grèce et par l'ordonnance du 15 août 1835 pour l'Égypte.

32. Nicole Chevalier, *La Recherche archéologique française au Moyen-Orient*, *op. cit.*, p. 26, note 44.

33. La deuxième version est écrite dans un système syllabique en langue élamite, langue encore actuellement peu comprise. La troisième est écrite dans un système qui mêle syllabes et idéogrammes en langue babylonienne.

34. Lettre à Charles Place datée du 13 février 1854, citée par Nicole Chevalier, *La Recherche archéologique française au Moyen-Orient*, *op. cit.*, p. 58.

35. L'akkadien est la langue utilisée par les Babyloniens et les Assyriens (avec des variantes temporelles et spatiales) ; l'inscription en question est celle d'un roi néo-assyrien, Tiglath-Phalazar Ier (1114-1076).

36. Cf. Nicole Chevalier, *La Recherche archéologique française au Moyen-Orient*, *op. cit.*, p. 32, note 64. Actuellement, on sait que ce trésor n'est pas celui de Priam, qu'il

est bien plus ancien (six niveaux d'occupation en dessous). Après cette affaire, Schliemann fouille en Grèce à Mycènes où il découvre le «trésor d'Agamemnon» dont on sait aujourd'hui qu'il est également plus ancien de quelques siècles.

37. À la fin de la guerre franco-prussienne de 1870, l'Empire allemand est proclamé à Versailles dans la galerie de Glaces, le 18 janvier 1871.

38. Tello est l'ancienne Girsu, une des principales villes de l'État de Lagaš (IIIe millénaire av. J.-C.).

39. La fouille de Tello donnera entre autres de 1877 à 1900 : la stèle des Vautours, les statues de Gudéa, le relief d'Ur-Nanše, etc., visibles au musée du Louvre.

40. L'Allemagne, favorisée par les circonstances car les Français et les Anglais sont occupés à rivaliser en Afrique (affaire de Fachoda) et la Russie tournée vers l'Extrême-Orient, signe l'acte de concession définitif en 1903. La compagnie allemande reçoit, outre le réseau ferré, le droit d'exploiter les mines dans une zone de 20 kilomètres autour de la voie ferrée (dont les Allemands décident du tracé), d'importer sans taxe le matériel nécessaire et de pouvoir créer dans la zone de 20 kilomètres des marchés francs. Cf. Robert Mantran (dir.), *Histoire de l'Empire ottoman*, *op. cit.*, p. 537-542 et 564-569.

41. Suite à l'assassinat à Sarajevo, le 28 juin 1914, de François-Ferdinand, prince héritier d'Autriche-Hongrie, par un étudiant bosniaque lié aux nationalistes serbes, le jeu des alliances fait basculer l'Europe et le monde dans la guerre : l'Autriche-Hongrie déclare la guerre à la Serbie le 28 juillet, l'Allemagne, alliée de l'Autriche, déclare la guerre à la Russie, alliée de la Serbie, le 1er août, puis à la France, alliée de la Russie, le 3 août et envahit la Belgique, État neutre, ce qui conduit le Royaume-Uni à déclarer la guerre à l'Allemagne le 4 août.

42. Signé par le sultan le 10 août 1920, ce traité démantèle l'Empire ottoman.

43. Sur les négociations entre les différentes puissances, le contenu de l'article 421 du traité de Sèvres (1920) et celui de l'article 14 du mandat français pour la Syrie et le

Liban (1922), cf. Nicole Chevalier, *La Recherche archéologique française au Moyen-Orient*, *op. cit.*, p. 232-234 et 530-531.

44. Fayçal est l'un de fils d'Hussein, le chérif de La Mecque, un des leaders de la révolte arabe. Gertrude Bell (1868-1926) est la première femme à avoir intégré l'université d'Oxford. Elle se rend d'abord célèbre par l'ascension de plusieurs sommets alpins avant de partir en Orient. Après la prise de Bagdad en 1917, elle est nommée secrétaire d'Orient. C'est elle qui convainc Winston Churchill, ministre des Colonies, de placer Fayçal sur le trône irakien. Elle exerce sur ce dernier une très grande influence. Elle est par ailleurs à l'origine du projet de création du musée de Bagdad. Cf. Gertrude Bell, *The Letters of Gertrude Bell*, Londres, E. Benn, 1927.

45. La situation est stable même si les mandats ne sont pas toujours bien acceptés partout et par tous, notamment suite aux promesses du haut-commissaire anglais Henry Mac-Mahon en 1915 de création d'un royaume arabe indépendant, relayées sur place avant et pendant la guerre par le colonel Lawrence (1920 : insurrection en Irak contre la Grande-Bretagne ; 1925-1926 : rébellion dans le Djebel druze en Syrie contre les Français ; 1936 : insurrection soutenue par Mussolini contre les Français en Syrie et les Anglais en Palestine et en Transjordanie).

46. Pour sa vie quotidienne en Syrie à Chagar-Bazar et Tell Brak, cf. *La Romancière et l'Archéologue. Mes aventures au Moyen-Orient*, Paris, Payot & Rivages, 2005 (traduction de *Come, tell me how you live*, 1946). Elle s'inspire notamment de l'histoire du premier mariage de l'épouse de Leonard Woolley, le fouilleur d'Ur, et de son caractère de *prima donna* dans l'un de ses romans, *Meurtre en Mésopotamie* : la première lune de miel de la future lady Woolley s'est terminée en Égypte tragiquement, son premier mari, déjà un archéologue, se tirant une balle dans la tête, au pied de la Grande Pyramide. Ses voyages de Calais à Istanbul par l'Orient-Express ou ses séjours à Bagdad fournissent à Agatha Christie le contexte d'autres histoires policières.

47. Il est créé en 1930.

48. L'actuel Tell Muqayyard.

49. Dès 1921, Fayçal, l'un des fils de Hussein, qui avait conduit la révolte arabe contre l'Empire ottoman avec l'appui de la Grande-Bretagne, est choisi pour occuper le trône d'Irak.

50. Entre 1920 et 1926, la France subit trois grandes crises monétaires. Le franc chute, la confiance s'en va. En juillet 1926, Raymond Poincaré devient président du Conseil ; la confiance commence à revenir. Il décide, en 1928, une dévaluation du franc (la nouvelle valeur du franc est fixée au cinquième de sa valeur précédente) qui allège la dette publique, il entérine la hausse des prix et stabilise la monnaie. La relance économique ne tarde pas, mais, fin 1931, la France est rattrapée par la crise économique mondiale qui a débuté en 1929 aux États-Unis.

51. Maurice Barrès, *Une enquête aux pays du Levant*, Paris, Plon, 1923, t. 1, p. 134.

52. Les fouilles relèvent aujourd'hui encore du ministère des Affaires étrangères, plus précisément depuis 1999 de la Direction générale de la coopération internationale et du développement devenue, le 16 mars 2009, la Direction générale de la mondialisation, du développement et des partenariats (Direction de la politique culturelle et du français).

53. Le ministère de l'Instruction publique est devenu Ministère de l'éducation nationale depuis 1932.

54. L'Institut de Damas devient en 1977 l'Institut français d'archéologie du Proche-Orient (IFAPO), puis aujourd'hui l'Institut français du Proche-Orient (IFPO) s'ouvrant à toutes les périodes historiques et regroupant les trois centres de Damas, Beyrouth et Amman.

55. Pour la Syrie, en 1950.

56. Parmi eux, l'ayatollah Ruhollah Khomeiny, qui, exilé par le chah d'Iran en 1964, s'installe à Nadjaf en Irak jusqu'en octobre 1978 où il est expulsé par le nouveau gouvernement baassiste inquiet de ses activités. Il se rend alors en France à Neauphle-le-Château jusqu'au 1er février 1979 avant de rentrer triomphalement en Iran après la chute du chah.

57. Saddam Hussein avait participé en 1959 à une tentative d'assassinat contre Kassem. Il s'était alors exilé en Syrie, puis en Égypte. Revenu après le coup d'État de 1963, il tente de s'emparer du pouvoir en 1964. C'est un échec. Il est emprisonné jusqu'au coup d'État de 1968.

58. Parallèlement les États-Unis soutiennent les moudjahdins afghans islamistes contre l'Union soviétique.

59. Pierre-Jean Luizard, *La Question irakienne*, Paris, Fayard, 2004, 2e éd., p. 94-99.

60. Opération « Tempête du désert ».

61. Yves Lacoste (dir.), *Proche-Orient, géopolitique de la crise, Hérodote*, 1er trimestre 2007, no 124.

62. L'araméen est plutôt écrit sur du papyrus et non sur des tablettes d'argile.

63. Un sceau-cylindre est un petit cylindre en pierre de 2 à 3 centimètres de long et 1 à 1,5 centimètre de diamètre, gravé soit d'une scène iconographique, soit d'une inscription, soit des deux. Il permet d'indentifier son propriétaire. Déroulé sur une tablette d'argile, il permet d'authentifier son contenu comme un cachet sur de la cire en France au Moyen Âge ou à l'Époque moderne.

64. Ministère des Affaires étrangères, *Archéologies. 20 ans de recherches françaises dans le monde*, Paris, Maisonneuve & Larose, ERC-ADPF, 2005, p. 410.

II

SOURCES ET HISTOIRE

1. Le procédé est encore utilisé aujourd'hui dans la région.

2. Quelques très grandes tablettes, comme celles sur lesquelles est relatée la fondation d'un temple, sont cuites dès l'origine, les autres le sont par les archéologues afin de mieux les préserver.

3. Cf. Johannes Renger, « Überlegungen zum akkadischen Syllabar », *Zeitschrift für Assyriologie* 61, 1971, p. 23-43 ; Mogens Trolle Larsen, *The Old-Assyrian City-State and*

its Colonies, Copenhague, Akademisk Vorlag, 1976, p. 305 ; Claus Wilcke, *Wer las und schrieb in Babylonien und Assyrien. Überlegungen zur Literalität im Alten Zweistromland*, Munich, Verlag der Bayerischen Akademie der Wissenschaften, 2000 ; Dominique Charpin, *Lire et écrire à Babylone*, Paris, PUF, 2008.

4. Luc Dekiere, « La généalogie d'Ur-Utu, gala.mah à Sippar-Amnânum », in *Cinquante-deux réflexions sur le Proche-Orient ancien offertes en hommage à Léon De Meyer*, textes réunis par Hermann Gasche *et alii*, Louvain, Peeters 1994, p. 125-141.

5. Jesper Eidem et Jørgen Læssøe, *The Shemshara Archives*, t. 1 : *The Letters*, Copenhague, Det Kongelige Danske Videnskabernes Selskab, Historisk-filosofiske Skrifter n° 23, 2001.

6. Contrairement aux papyri et aux parchemins.

7. Lettre du 21 avril 1846 envoyée à lord Statford Canning, ambassadeur de Grande-Bretagne citée dans Mogens Trolle Larsen, *La Conquête de l'Assyrie (1840-1860). Histoire d'une découverte archéologique*, [1994], éd. fr. Paris, Hachette Littératures, 2001, p. 128.

8. Lettre du 19 août 1846 envoyée à H. Layard, cf. *ibid.*, p. 137.

9. Victor Place, *Ninive et l'Assyrie*, Paris, Imprimerie impériale, 1867.

10. En 1920 *Syria* par les Français et *Orientalia* par le Vatican, en 1923 *AfO* (*Archiv für Orientforschung*) par les Allemands, en 1934 *Iraq* par les Britanniques…

11. Un tell est, en Orient, une colline qui recouvre un site archéologique.

12. Le terme « étendard » a été donné à cet objet par sir Leonard Woolley lors de sa découverte. Il en ignorait alors la fonction. Il doit son nom d'« étendard » au fait qu'il était situé perpendiculairement à un squelette et que de loin l'ensemble faisait penser à un étendard. Il s'agirait en fait de la caisse de résonance d'un instrument de musique à cordes.

13. Pendant longtemps le temple dans lequel ils ont été trouvés était identifié comme celui du dieu Dagan. Cette

identification fait aujourd'hui l'objet de débats. On le désigne maintenant sous le nom de « temple aux lions ».

14. Le lion a été restauré en vue de l'exposition *Syrie, mémoire et civilisation* qui s'est déroulée à l'Institut du monde arabe à Paris en 1993 (Flammarion).

15. Helmut Becker et Jörg W. E. Fassbinder, « Uruk, City of Gilgamesh (Iraq). First Tests in 2001 for Magnetic Prospecting », in *Magnetic Prospecting in Archaelogical Sites*, sous la dir. d'Helmut Becker et Jörg W. E. Fassbinder, t. 6, Paris, International Council on Monuments and Sites, 2001, p. 93-97 ; Helmut Becker, Jörg W. E. Fassbinder et Margarete Van Ess, « Magnetometry at Uruk (Iraq) : the City of King Gilgamesh », *Geophysical Research Abstract*, t. 5, 2003.

16. Cf. Corinne Castel, Nazir Awad, Olivier Barge, Thomas Boudier, Alexandra Cuny, L. Delattre, L. Herveux, Bertrand Moulin et Séverine Sanz, « Rapport préliminaire sur les activités de la première mission archéologique syro-française dans la microrégion d'al-Rawda (Syrie intérieure) : la campagne de 2002 », *Akkadica* n° 125, 2004.

17. Bernard Geyer (dir.), *Conquête de la steppe et appropriation des terres dans les marges arides du Croissant fertile*, Lyon, Maison de l'Orient méditerranéen, « TMO » 36, 2001 ; Ministère des Affaires étrangères, *Archéologies. 20 ans de recherches françaises dans le monde*, Paris, Maisonneuve & Larose, ERC-ADPF, 2005, p. 501-502.

18. Willard Frank Libby reçut le prix Nobel de chimie en 1960 pour cette découverte.

19. Les premières datations au carbone 14 sont réalisées dans le début des années 1950 à partir de bois d'acacia provenant de la tombe du pharaon Djeser à Saqqara.

20. Cf. Dominique Charpin, *Hammu-rabi de Babylone*, Paris, PUF, 2003, p. 23 ; Malcom John Albert Horsnell, *The Year-Names of the First Dynasty of Babylon*, t. 2, Hamilton, McMaster UP, 1999.

21. Jean-Jacques Glassner (présentation et traduction), *Chroniques mésopotamiennes*, Paris, Les Belles Lettres, 1993.

22. La même remarque peut être faite dans la Bible où Noé vit 950 ans.

23. Hermann Gasche *et alii, Dating the Fall of Babylon. A Reappraisal of Second-Millenium Chronology*, Gand, Université de Gand, et Chicago, Oriental Institute Press, 1998.

24. Inscription publiée lors de sa découverte par Edmond Sollberger, « The Cruciform Monument », *Jaarbericht van het vooraziatisch-egyptisch Genootschap Ex Oriente Lux*, t. 20, 1968, p. 50-70, dont la datation a été remise en cause suite aux découvertes réalisées entre 1985 et 1989 lors de la fouille de la bibliothèque du temple de Sippar par F. N. H. Al-Rawi et Andrew R. George, « Tablets from the Sippar Library III. Two royal counterfeits », *Iraq* 56, 1994, p. 135-148.

25. Les sources babyloniennes font mention du souci constant engendré par les craintes de la montée des eaux de la nappe phréatique ainsi que celui du déplacement du cours de l'Euphrate. Nabuchodonosor signale avoir surélevé les monuments parce que les eaux avaient attaqué les fondations du palais de son père. Hérodote décrit l'un des changements de cours de l'Euphrate ; ce qui a été confirmé par les études menées ces dernières années par le laboratoire de géologie appliquée de l'université de Padoue.

26. Le « Merkes » c'est-à-dire le « centre » en arabe, est le nom donné à ce sondage par les fouilleurs allemands.

27. La nappe phréatique ne permet pas de remonter plus haut que la moitié du IIIe millénaire av. J.-C. dans la vallée de l'Indus. Il n'est donc pas possible d'éclairer les débuts de cette brillante civilisation qui a développé aussi une écriture dont le sens nous demeure encore inconnu.

28. L'akkadien désigne parfois la langue parlée en Babylonie à la fin du IIIe millénaire et au IIe millénaire av. J.-C. C'est alors l'équivalent du paléo-babylonien. D'une façon plus générale, l'akkadien désigne le babylonien et l'assyrien ainsi que leurs évolutions.

29. Toujours selon *La Malédiction d'Agadé*, le dieu Enlil aurait envoyé les Gutis détruire Akkad parce que Narâm-Sîn aurait provoqué sa colère en dévastant la ville dont il est le dieu tutélaire, Nippur.

30. Une salle entière au Louvre est consacrée aux statues de Gudéa retrouvées à Tello.

31. Samsî-Addu est un Amorrite, roi d'Ekallatum, qui

peu à peu étend son pouvoir à toute la Haute-Mésopotamie et donc à l'Assyrie ; c'est pourquoi il est aussi désigné sous la forme assyrienne de son nom : Šamši-Adad.

32. Les Kassites sont présents parmi les mercenaires à partir de 1731 av. J.-C. Ils se désignent eux-mêmes sous le nom de *galzu* qui a été akkadisé sous la forme *kaššû*, puis transformé par les Grecs en *Kossaioi*, dont notre terme Kassites est issu. Le sens de ce mot est inconnu, l'origine de ce peuple reste obscure. Les Kassites ont sans doute émigré d'Iran en passant par le Zagros.

33. Sous les Kassites, la Babylonie porte le nom de Karduniaš dont on ignore la signification exacte. En effet, la langue kassite est très peu utilisée. Les inscriptions officielles sont rédigées en babylonien et en sumérien.

34. C'est-à-dire les Philistins.

35. Inscription de Ramsès III à Médinet-Habou.

36. Quelques noms propres retrouvés dans les inscriptions montrent que les Chaldéens parlent un dialecte particulier. Leur assimilation à la culture suméro-akkadienne est rapide. Ils se fondent ainsi à la population babylonienne. La signification du terme « chaldéen » change avec les sources grecques et romaines plus tardives. Il désigne alors les devins et les astrologues, les fameux « mages venus d'Orient » de l'*Évangile de Matthieu*.

37. La porte d'Ištar à Babylone par exemple.

38. Hérodote, *Histoires*, I, 181.

39. Depuis le début des années 2000, une mission germano-saoudienne entreprend des fouilles dans cette oasis et ses alentours. Les stèles en pierre, gravures rupestres représentant le roi Nabonide, et les inscriptions qu'elles ont déjà révélées laissent présager de nouvelles découvertes.

40. C'est vraisemblablement là l'origine de la tradition rapportée par le *Livre de Daniel* selon laquelle Nabuchodonosor changé en bête aurait erré pendant un certain temps dans la steppe, avec une confusion entre Nabuchodonosor et Nabonide (le fils de Nabonide, Balthazar, est d'ailleurs présenté dans le *Livre de Daniel* comme étant celui de Nabuchodonosor).

41. Jusque dans les années 1990, on situait la chute de la culture babylonienne à la fin du Iᵉʳ siècle apr. J.-C. (dernière inscription cunéiforme connue). Depuis certains assyriologues étudiant la culture babylonienne tardive estiment qu'elle a survécu encore plus longtemps, cf. Mark J. Geller, « The Last Wedge », *Zeitschrift für Assyriologie* 87, 1997, p. 43-95, mais cela ne fait pas l'unanimité Aage Westenholz, *Zeitschrift für Assyriologie* 97, 2007, p. 294-309.

III

DES ROYAUMES DIRIGÉS PAR DES ROIS

1. Ce titre peut se retrouver dans les noms propres des rois : Lugalbanda, le père de Gilgameš, ou Sargon (*Šarru-kîn*).

2. C'est le cas également, plus tard, chez un peuple voisin, les Hittites.

3. On retrouve la même chose dans la Genèse où les patriarches vivent très longtemps : Sem : 500 ans, Arpakšad : 403 ans... Terah : 205 ans et son fils Abram-Abraham : 175 ans, et la femme de ce dernier, Sara : 127 ans, sans compter les patriarches d'avant le déluge qui vivent tous plus de 900 ans (Adam, Steh, Enoš, Qenan, Yered, jusqu'à Mathusalem mort à 979 ans !).

4. Cf. Edmond Sollberger et Jean-Robert Kupper, *Inscriptions royales sumériennes et akkadiennes*, Paris, Éditions du Cerf, 1971, p. 39.

5. Cf. illustration nᵒ 10 (cahier hors-texte) : *Partie supérieure de la stèle du code de lois du roi Hammurabi de Babylone (1792-1750)*, trouvée à Suse, diorite, hauteur de la stèle 2,25 mètres, musée du Louvre.

6. *Sîn-ahhê-erîba*.

7. *Aššur-ah-iddin*.

8. Sennachérib a épousé une Araméenne du nom de Naqiya qui se traduit en assyrien par Zakûtu. Les textes la mentionnent tantôt en araméen, tantôt en assyrien.

9. Certains aspects de ces *topoï* se retrouvent dans les récits concernant les origines d'autres personnages à la

destinée exceptionnelle : Moïse (bébé abandonné dans un panier d'osier dérivant sur le fleuve), Cyrus (fils d'une princesse voué à mourir et recueilli par un bouvier) Rémus et Romulus (fils d'une vestale, abandonnés bébés et recueillis eux aussi).

10. L'hépatoscopie est une pratique de divination effectuée à partir de l'étude du foie d'un animal.

11. Cf. Dominique Charpin, « Le roi est mort, vive le roi ! Les funérailles des souverains amorrites et l'avènement de leur successeur », *Mélanges Marten Stol*, Bethesda, 2008, p. 69-95.

12. Cf. illustration n° 9 (cahier hors-texte) : *Fresque de l'investiture*, palais de Mari, XVIIIe siècle av. J.-C., musée du Louvre.

13. Cf. illustration n° 9.

14. Cf. Nèle Ziegler, *Le Harem de Zimrî-Lîm*, in *Florilegium Marianum* IV, Paris, SEPOA, 1999.

15. Cf. Guillaume Cardascia, article « Édit », in *Reallexikon der Assyriologie*, sous la dir. d'Erich Ebeling et Bruno Meissner, Berlin-New York, W. de Gruyter, 1971, p. 287.

16. *Histoires*, I. 185-187.

17. Cette charge est une très haute fonction au point que, en Iran, une dynastie élamite la prend comme nom. Cf. le tableau chronologique, p. 12.

18. Cf. illustration n° 12 (cahier hors-texte) : *Banquet sous la treille*, bas-relief provenant du palais d'Assurbanipal à Ninive, gypse, British Museum.

19. La décapitation du roi Teuman qui eut lieu au cours de la bataille de Til-Tuba, sur les bords de la rivière Ulaï, est représentée également sur le palais sud-ouest de Ninive.

20. Cf. illustration n° 6 (cahier hors-texte) : *Détail de la stèle des Vautours*, première moitié du IIIe millénaire av. J.-C., face mythologique, calcaire, hauteur totale de la stèle : 1,88 mètre, musée du Louvre.

21. Un démon est une divinité qui n'a rien à voir avec la signification négative que le terme a en français. Il ressemblerait plus au δαίμων grec.

22. Cf. Piotr Steinkeller, « On Rulers, Priest and Sacred Mariage. Tracing the Evolution of Early Sumerian Kingship », in *Priests and Officials in the Ancient Near East*, sous la dir. de Kazuko Watanabe, Heidelberg, C. Winter, 1999, p. 103-137 ; Sophie Cluzan, « Des rois mortels et des dieux immortels : rois et dieux de l'ancien Orient aux IVe et IIIe millénaires avant notre ère », *Religions et histoire* nº 13, avril 2007, p. 24-31.

23. Cf. Jean-Claude Margueron, *Mari. Métropole de l'Euphrate au IIIe et au début du IIe millénaire av. J.-C.*, Paris, Picard-Éditions Recherche sur les civilisations, 2004.

24. *Bêlum* en akkadien signifie « seigneur ». À Babylone, c'est la façon de désigner le dieu Marduk, car le nom de la divinité ne doit pas être prononcé.

25. La parèdre, du grec πάρεδρος qui signifie « assis près de », est la divinité de sexe opposé qui est associée à une divinité principale.

26. Traduction de Jean Bottéro, *in* Samuel Noah Kramer, *Le Mariage sacré à Sumer et à Babylone*, Paris, Berg, 1983, p. 69.

27. Cf. « Le substitut royal et son sort », *in* Jean Bottéro, *Mésopotamie. L'écriture, la raison et les dieux*, Paris, Gallimard, 1987, p. 170-190.

28. ARM XXVI/2 385 : 13'-15' ; cf. Dominique Charpin, *Hammu-rabi de Babylone*, *op. cit*.

29. Edmond Sollberger et Jean-Robert Kupper, *Inscriptions royales sumériennes et akkadiennes*, Paris, Éditions du Cerf, 1971.

30. Musée du Louvre : statue de Gudéa dite « de l'architecte au plan », IIe dynastie de Lagaš, trouvée à Tello, l'ancienne Girsu, AO 1.

31. Traduction de Marie-Joseph Seux, in *Supplément aux « Cahiers Évangile », Lois de l'Ancien Orient*, Paris, Éditions du Cerf, 1986, p. 16 ; complété par Marta T. Roth, *Law Collections from Mesopotamia and Asia Minor*, *op. cit*. Le sicle et la mine sont des mesures d'argent : 1 sicle = 1/60e de mine.

32. *Ibid.*, p. 20.

33. L'expression « les têtes noires » désigne l'ensemble des populations sous sa coupe.

34. D'après *The Electronic Text Corpus of Sumerian Literature* (http ://etcsl.orinst.ox.ac.uk/).

35. Maximilian Streck, *Assurbanipal und die letzten assyrischen Könige bis zum Untergange Niniveh's*, Leipzig, J. C. Hinrichs, 1916, p. 252.

36. Cf. Ursula Seidl, « Assurbanipals Griffel », *Zeitschrift für Assyriologie* 97, 2007, p. 119-124 ; Dominique Charpin, *Lire et écrire à Babylone*, *op. cit.*, p. 36.

37. Lignes 28-32. Cf. Jeanne-Marie Aynard, *Le Prisme du Louvre*, Paris, H. Champion, 1957, p. 30.

38. K 3050 + K 2694 : lignes 26-30.

39. Cf. Pierre Villard, « L'éducation d'Assurbanipal », *Ktèma* n° 22, 1997, p. 135-149.

40. D'après la *Liste royale sumérienne*, Narâm-Sîn serait le petit-fils de Sargon d'Akkad. C'est le quatrième roi de la dynastie à monter sur le trône après son grand-père Sargon, Maništušu et Rimuš.

41. Celui de Kiš regroupe les villes de Kiš, Kuta, Dilbat, Sippar, Kazallu, Giritab, Apiak et Ereš ; celui d'Uruk regroupe les villes d'Uruk, Ur, Lagaš, Umma, Adab, Šuruppak, Isin et Nippur.

42. Cf. illustration n° 7 (cahier hors-texte) : *Stèle du roi Narâm-Sîn*, seconde moitié du IIIe millénaire av. J.-C., trouvée à Suse, d'une hauteur de 2,20 mètres, musée du Louvre.

43. Surtout sous Ur-Nammu et son fils Šulgi.

44. BM 38299, tablette d'époque achéménide ; traduction d'après A. Leo Oppenheim, *Ancient Near Eastern Texts* [*ANET*]. *Relating to the Old Testament*, sous la dir. de James Bennett Pritchard, Princeton, Princeton University Press, 1950, p. 312-315, légèrement modifiée.

IV

UNE CIVILISATION URBAINE

1. Vere Gordon Childe, *Social Evolution*, Londres, Watts, 1951 ; Vere Gordon Childe, *New Light on the Most Ancient East*, Londres, Routledge and Kegan Paul, 1952, 4e éd. ; Jean-Louis Huot, Jean-Paul Thalmann et Dominique Valbelle, *Naissance des cités*, Paris, Nathan, 1990.

2. Jacques Cauvin, *Les Premiers Villages de Syrie-Palestine du IXe au VIIe millénaire av. J.-C.*, Lyon, Maison de l'Orient, 1978 ; Jean-Louis Huot, *Les Premiers Villageois de Mésopotamie. Du village à la ville*, Paris, Armand Colin, 1994.

3. Xénophon, *Anabase*, III, 4, 6-9.

4. *Khorsabad, capitale de Sargon II*, *Dossier d'archéologie* nº 4, 1994. Simo Parpola, « The Construction of Dûr-Sharrukîn in the Assyrian Royal Correspondance », in *Khorsabad, le palais de Sargon II, roi d'Assyrie*, sous la dir. d'Annie Caubet, Paris, La Documentation française, 1995, p. 49-70 ; Simo Parpola, *The Correspondance of Sargon II*, t. 1 : *Letters from Assyria and the West*, Helsinki, Helsinki University Press, 1987.

5. Véronique Grandpierre, « Fondations urbaines dans le Proche-Orient ancien », in *Fondations, refondations antiques*. *Histoire urbaine* nº 13, août 2005, p. 13-32.

6. Sylvie Lackenbacher, *Le Palais sans rival. Le récit de construction en Assyrie*, Paris, La Découverte, 1990, p. 66-67.

7. Contrairement à Gilgameš et à son ami Enkidu, il n'est pas puni d'avoir coupé les arbres du dieu Šamaš puisqu'il s'en sert pour élever un temple en son honneur.

8. Inscription du revers de l'une des dalles sculptées du palais.

9. Simo Parpola, *The Correspondance of Sargon II*, t. 1 : *Letters from Assyria and the West*, *op. cit.*, SAA I, 125.

10. Alasdair Livingstone, *Court Poetry and Literary Miscellanea*, Helsinki, Helsinki University Press, 1989 : SAA III 33.

11. Jean-Claude Margueron, « Mari et Emar : deux villes neuves dans la vallée de l'Euphrate à l'âge du bronze », in *La ville neuve, une idée de l'Antiquité ?*, sous la dir. de Jean-Louis Huot, Paris, Éditions Errance, 1988, p. 37-60.

12. Pascal Butterlin, *Les Temps proto-urbains de Mésopotamie. Contacts et acculturation de l'époque d'Uruk au Moyen-Orient*, Paris, CNRS Éditions, 2003, p. 62-65 et 160-167.

13. Jean-Claude Margueron, « Emar et Faq'ous sur l'Euphrate », in *De L'Euphrate à l'Indus, les plus anciennes civilisations, Dossiers d'(histoire et) archéologie* n° 122, décembre 1987, p. 20-21.

14. L'une de ces tablettes est visible au Louvre : AO 338, datable de 2330 à 2150 av. J.-C.

15. J. Reade, « Tell Haya, Summary Report », *Iraq* 35, 1977.

16. *Histoires*, I, 191.

17. La même thématique est reprise beaucoup plus tard par Luther, cf. le catalogue de l'exposition *Babylone* sous la dir. de Béatrice André-Salvini, Paris, coédition musée du Louvre-Hazan, 2008.

18. TuKN. I. 16-17. Sylvie Lackenbacher, *Le Roi bâtisseur. Les récits de construction assyriens, des origines à Teglatphalasar III*, Paris, Éditions Recherche sur les civilisations, 1982, p. 52-53.

19. Simo Parpola, *The Correspondance of Sargon II*, t. 1 : *Letters from Assyria and the West*, *op. cit.*, SAA I, 106, lettre de Tâb-Şill-ešarra au roi Sargon.

20. Khirbet ed Diniye, l'ancienne Haradum, a fait l'objet de cinq campagnes de fouilles entre 1981 et 1984 avant que le site ne soit submergé par les eaux du lac de retenue du barrage de Haditha. Seuls les remparts ainsi que les abords des deux rues principales ont été mis au jour.

21. Christine Kepinski-Lecomte (dir.), *Haradum*, t. 1 : *Une ville nouvelle sur le Moyen-Euphrate (XVIIIe-XVIIe siècle av. J.-C.)*, Paris, Éditions Recherche sur les civilisations, 1992 ; Francis Joannès (dir.), *Haradum*, t. 2 : *Les textes de la période paléo-babylonienne (Samsu-iluna-Ammi-şaduqa)*, Paris, Éditions Recherche sur les civilisations, 2006.

22. Jean-Claude Margueron, « Mari et Emar : deux villes neuves dans la vallée de l'Euphrate à l'âge du bronze », in *La ville neuve, une idée de l'Antiquité ?*, Jean-Louis Huot (dir.), *op. cit.*, p. 37-60 ; Jean-Claude Margueron, *Mari. Métropole de l'Euphrate au III*e *et au début du II*e *millénaire av. J.-C.*, *op. cit.*, p. 50-122.

23. Cf. Musée Guimet, *Arts asiatiques*, t. VIII, sous la dir. de Roman Ghirshman, Paris, Réunion des musées nationaux, 1961, p. 245, fig. 1 ; Roman Ghirshman (dir.), *Tchoga Zanbil (Dur-Untash)*, t. 1 : *La ziggurat*, Paris, Paul Geuthner, « Mémoires de la délégation en Iran » XXXIX, 1966 ; Pierre Amiet, *Élam*, Auvers-sur-Oise, Archée, 1966, p. 346 ; Jean-Louis Huot (dir.), *La ville neuve, une idée de l'Antiquité ?*, *op. cit.*, p. 31.

24. Dominique Beyer (dir.), *Meskéné-Emar. Dix ans de travaux (1972-1982)*, Paris, Éditions Recherche sur les civilisations, 1982. Jean-Claude Margueron a effectué les premières campagnes de fouilles dont les rapports sont publiés dans *Syria* 52, 1975, p. 53-85 ; *AAAS* 25, 1975, p. 73-86 ; *Ktèma* n° 1, 1976, p. 63-80. Il a beaucoup étudié l'urbanisme de cette ville nouvelle entre autres dans « Un exemple d'urbanisme volontaire à l'époque du Bronze récent en Syrie », *Ktèma* n° 2, 1977 p. 33-48. Depuis 1996, les fouilles sont reprises sous la direction de l'Allemand Uwe Finkbeiner. Les rapports des campagnes sont publiés dans *BaM* 32, 2001, p. 41-110 ; *BaM* 33, 2002, p. 109-146 et *BaM* 34, 2004, p. 9-100.

25. L'une de ces maquettes en terre cuite, découverte sur le chantier V, est exposée au Louvre : AO.27905 ; hauteur : 0,44 mètre ; longueur : 0,60 mètre ; largeur : 0,37 mètre. Cf. Jean-Claude Margueron « Maquette architecturale de Meskéné-Emar », *Syria* 53, 1976, p. 193-232, et « Une nouvelle maquette architecturale syrienne du Bronze récent » in *De l'Indus aux Balkans. Recueil à la mémoire de Jean Deshayes*, sous la dir. de Jean-Louis Huot, Marguerite Yon et Yves Calvet, Paris, Éditions Recherche sur les civilisations, 1985, p. 165-175 ; Béatrice Muller, « Remarques sur les maquettes architecturales de Syrie », in *Les Maisons dans la Syrie antique du III*e *millénaire aux*

débuts de l'islam. Pratiques et représentations de l'espace domestique, sous la dir. de Corinne Castel, Michel al-Maqdissi et François Villeneuve, Beyrouth, Institut français d'architecture du Proche-Orient, 1997, p. 253-276, ainsi que Béatrice Muller, *Les Maquettes architecturales du Proche-Orient ancien. Mésopotamie, Syrie, Palestine, du III*e *au milieu du I*er *millénaire av. J.-C.*, Beyrouth, Institut français d'architecture du Proche-Orient, 2002.

26. Victor Place, *Ninive et l'Assyrie*, t. I, *op. cit.*, p. 17 ; Simo Parpola, « The Construction of Dûr-Sharrukîn in the Assyrian Royal Correspondance », in *Khorsabad, le palais de Sargon II, roi d'Assyrie*, sous la dir. d'Annie Caubet, *op. cit.*, p. 49-50 et 69-70.

27. « Il s'agit d'une reconstitution cosmique dans laquelle le roi devient lui-même le centre moteur. Cela explique la préférence de formes trapézoïdales, la répétition de certains rapports de dimensions et également l'existence de modules géométriques qui déterminent les points importants des constructions. En particulier, la présence de modules géométriques reliant directement le podium du roi aux niches des statues divines a une grande importance symbolique. Elle est renforcée par l'écriture cryptique du nom de Sargon sur certains murs de la zone des temples. Elle permet ainsi non seulement d'attribuer au roi un rapport générique avec les dieux, mais aussi de le parer des vertus dont ces derniers étaient les représentants : la justice de Shamash, le pouvoir de décision de Sîn, la force d'Adad, la violence guerrière de Ninurta, la sagesse d'Ea, l'habilité de Nikkal », cf. Laura Battini, « Des rapports géométriques en architecture, le cas de Dûr-Sharrukîn », *RA* 94, 2000, p. 33-56.

28. Jean-Claude Margueron, *Mari. Métropole de l'Euphrate au III*e *et au début du II*e *millénaire av. J.-C.*, *op. cit.*

29. Une flèche va plus loin lors d'un tir horizontal que lors d'un tir vertical.

30. Barbara Gregori, « "Three-Entrance" City-Gates of the Middle Bronze Age in Syria and Palestine », *Levant* XVIII, 1986, p. 83-102.

31. Raymond Westbrook, *Old Babylonian Marriage Law*, *Archiv für Orientforschung* 23, 1988.

32. Bernard Geyer et Jean-Yves Monchambert, « Prospection de la moyenne vallée de l'Euphrate : Rapport préliminaire 1982-1985 », *MARI* nº 5, 1987, p. 293-344 ; Jean-Claude Margueron, *Mari. Métropole de l'Euphrate au III*e *et au début du II*e *millénaire av. J.-C.*, *op. cit.*

33. *Histoires*, I, 184.

34. Jean-Claude Margueron, *Mari. Métropole de l'Euphrate au III*e *et au début du II*e *millénaire av. J.-C.*, *op. cit.*, p. 154- 158.

35. Jean-Louis Huot, Jean-Paul Thalmann et Dominique Valbelle, *Naissance des cités*, *op. cit.*, p. 208-209.

36. *Ibid.*, p. 207-208.

37. Sylvie Lackenbacher, *Le Roi bâtisseur*, *op. cit.*, p. 53 et 123.

38. Simo Parpola, *The Correspondance of Sargon II*, t. 1 : *Letters from Assyria and the West*, *op. cit.*, SAA I, 222 et 226.

39. *Antiquités juives* X, 226-227 et *Contre Apion* I, XIX, 141.

40. *Bibliothèque historique* II, 10.

41. *Géographie* XVI, I, 5.

42. *Histoire d'Alexandre* V. 1, 32-35.

43. *Des sept merveilles du monde.*

44. Donald John Wiseman, *Nebuchadrezzar and Babylon*, Oxford, Oxford University Press, 1985, p. 54-59.

45. Stephanie Dalley, « Nineveh, Babylon and the Hanging Gardens. Cuneiform and Classical Sources reconciled », *Iraq* 56, 1994, p. 45-58.

46. Marie-Françoise Besnier, « Les jardins urbains du Proche-Orient antique », *Histoire urbaine* nº 1, 2000, p. 25-45 et « Les archéologues à la recherche d'un mythe : les découvertes des jardins suspendus de Babylone », *Rêver l'archéologie au* XIX*e* *siècle. De la science à l'imaginaire*, textes réunis et présentés par Éric Perrin-Saminadayar, Saint-Étienne, Publications de l'université de Saint-Étienne, Mémoires du centre Jean Palerne XXIII, 2001, p. 297-323.

47. Martin Sauvage, *La Brique et sa mise en œuvre en Mésopotamie. Des origines à l'époque achéménide*, Paris, Éditions Recherche sur les civilisations, 1998, p. 131.

48. Jacques Vicari et Françoise Brüschweiler, « Les ziggurats de Tchoga-Zambil *(Dur Untash)* et de Babylone », in *Le Dessin d'architecture dans les sociétés antiques*, Actes du colloque de Strasbourg, 26-28 janvier 1984, Strasbourg, Université des sciences humaines, 1985, p. 47-57.

49. Francis Joannès, *Archives de Borsippa. La famille Ea-ilûta-bâni. Étude d'un lot d'archives familiales en Babylonie du* VIII*e au* V*e siècle av. J.-C.*, Genève, Droz, 1989, p. 128.

50. Frederick Mario Fales et J. Nicholas Postage, *Imperial administrative Records*, t. 2 : *Provincial and Military Administration*, SAA 11, Helsinki, Helsinki University Press, 1995, p. 9-15.

51. La statue ainsi que les cylindres A et B sont au musée du Louvre.

52. Inscription de Samanazar III, 12.

53. Jean-Claude Margueron, *Mari. Métropole de l'Euphrate au III*e *et au début du II*e *millénaire av. J.-C.*, *op. cit.*, p. 179-189.

54. Disque de Yahdun-Lîm (55-78) *in* Edmond Sollberger et Jean-Robert Kupper, *Inscriptions royales sumériennes et akkadiennes*, *op. cit.*, p. 244. Anu(m) est la forme babylonienne du dieu sumérien An (le Ciel).

55. Cf. également J. Schmidt, « Strassen in altorientalischen Wohngebieten, eine Studie zur Geschichte des Städtebaues in Mesopotamien und Syrien », *Baghdader Mitteilungen* 3, 1964, p. 125-147 ; Marc Van De Mieroop, *The Ancient Mesopotamian City*, New York, Oxford University Press, 1997.

56. Jean-Claude Margueron, *Mari. Métropole de l'Euphrate au III*e *et au début du II*e *millénaire av. J.-C.*, *op. cit.*

57. Cf. Jean-Claude Margueron, *Les Mésopotamiens*, t. 2 : *Le cadre de vie et la pensée*, Paris, Armand Colin, 1991, p. 27-28 ; *Mari. Métropole de l'Euphrate au III*e *et au début du II*e *millénaire av. J.-C.*, *op. cit.*, p. 159-160.

58. *RA* 77, 1983, p. 119-142.

59. « En Orient, la porte de la ville a été de tout temps, elle est encore à peu près ce que l'agora était pour les cités de la Grèce et le forum pour celles de l'Italie », Charles

Chipiez et Georges Perrot, *Histoire de l'art dans l'Antiquité*, t. 2 : *Chaldée et Assyrie*, Paris, Hachette, 1882, p. 484. « Rappelons que [ce plan] s'explique non seulement par les nécessités d'un trafic qui devrait être soutenu, mais surtout parce que les portes étaient en Orient le centre par excellence des réunions, des marchés, l'emplacement des tribunaux... La "porte" de la ville était donc mieux et plus qu'un passage. Toute la vie politique et économique d'un pays pouvait s'y donner rendez-vous », André Parrot, *Assur*, Paris, Gallimard, 1961, p. 71. Cf. également Roland Martin, *Recherches sur l'agora grecque. Études d'histoire et d'architecture urbaines*, Paris, De Boccard, 1951.

60. Otto Eckart, « Zivile Funktionen des Stadttores in Palästina und Mesopotamien », in *Meilenstein. Festschrift für Herbert Donner zum 16. Februar 1995. Ägypten und Altes Testament* 30, sous la dir. de Stefan Timm et Manfred Weippert, Wiesbaden, Harrassowitz, 1995, p. 188-197.

61. Cf. Jean-Marie Durand, « L'organisation de l'espace dans le palais de Mari : le témoignage des textes », in *Le Système palatial en Orient, en Grèce et à Rome. Actes du colloque de Strasbourg, 19-22 juin 1985*, sous la dir. d'Edmond Lévy, Strasbourg, Centre de recherche sur le Proche-Orient et la Grèce antiques, 1987 ; Jean-Claude Margueron, *Recherches sur les palais mésopotamiens de l'âge du bronze*, Paris, P. Geuthner, 1982.

62. Pour les portes des temples, cf. Tina Haettner Blomquist, *Gates and Gods. Cults in the City Gates of Iron Age Palestine. An Investigation of the Archaeological and Biblical Sources*, Stockholm, Almqvist & Wiksell International, « Coniectanea Biblica Old Testament Series » 46, 1999 ; Muayad Said Damerji, « Die Tür nach Darstellungen in der altmesopotamischen Bildkunst von 'Ubaidbis zum Akkad-Zeit », *Baghdader Mitteilungen* 22, 1991, p. 231-311, où l'étude est menée à partir des sceaux-cylindres.

63. Le rôle des portes du temple en matière de justice a été également relevé pour d'autres villes à partir des textes, cf. Dominique Charpin, *Le Clergé d'Ur au siècle de Hammurabi. XIXe-XVIIIe siècles av. J.-C.*, Genève-Paris, Droz, 1986, p. 332 et suiv. ; cf. M. T. Larsen, *The Old Assyrian*

City-State and its Colonies, op. cit., p. 57-58, p. 151-152, p. 169-170. Souvent il s'agit de temple consacré à Šamaš, dieu de la justice, mais pas toujours comme le montrent les textes retrouvés à Tell Harmal, l'ancienne Šaduppum.

64. Cf. Laura Battini, « Les portes urbaines de la capitale de Sargon II : étude sur la propagande royale à travers les données archéologiques et textuelles », in *Intellectual Life of the Ancient Near East. Papers Presented at the 43rd Rencontre Assyriologique Internationale, Prague, July 1-5, 1996*, sous la dir. de Jiri Prosecky, Prague, Oriental Institute, 1998, p. 41-55. David Ussishkin, « The Erection of Royal Monuments in City-Gates », in *Anatolia and the Ancient Near East. Studies in Honor of Tahsin Özguš*, sous la dir. de Kutlu Emre *et alii*, Ankara, Türk Tarih Kurumu Basimevi, 1989, p. 485-496.

65. Cf. Heinrich Otten, *Die Bronzetafel aus Bogazköy. Ein Staatsvertrag Tuthalijas* IV, Wiesbaden, Harrassowitz, 1988. Le roi Tudhaliya IV agrandit l'empire, notamment en faisant la conquête de Chypre ; il doit toutefois faire face au sud au roi assyrien Tukulti-Ninurta Ier, d'où son alliance avec son cousin, mais, par la suite, ce dernier essaie de lui prendre son trône.

66. Cf. Fiorella Imparati, « Significato politico della successione dei testimoni nel trattato di Tuthaliya IV con Kurunta », *Seminari IME*, Rome, 1992, p. 60 ; Paola Negri Scafa, « *ana pani abulli šaṭir* Gates in the Texts of the City of Nuzi », in *Studies on the Civilization and Culture of Nuzi and the Hurrians* 9, sous la dir. de David I. Owen et Gernot Wilhelm, Bethesda, CDL Press, 1998, p. 139, n. 4.

67. Hildegard Lewy, « The Nuzi Feudal System », *Orientalia NS*, 1942, p. 24-25.

68. CH. § 227, cf. A. Finet, *Le Code de Hammurabi, op. cit.*

69. CH. § 21 : « Si quelqu'un a perforé une maison, on le tuera devant ce trou et on le suspendra », cf. André Finet, *Le Code de Hammurabi, op. cit.*

70. Il s'agit sans doute d'une taxe d'entrée car dans le même texte (TCL 10 107) est mentionnée à la ligne 7 une taxe de sortie portant un autre nom, *ṣîtum*.

71. Les lieux de marchés et d'échanges ont été étudiés par Walter Röllig, « Der altmesopotamische Markt », *Die Welt des Orients* 8, 1975-1976, p. 286-295, à partir des termes *mahîrum, bâbum, sûqum, kârum*.

72. Benno Landsberger, « Akkadisch-hebraïsche Wortgleichungen », *Hebraïsche Wortforschung* 224, 1967, p. 179.

73. Cf. Pinhas Delougaz, « Remarks concerning Dating and Function of the Northern Palace », in *Privates Houses and Graves in the Diyala Region*, Pinhas Delougaz, Harold D. Hill et Seton Lloyd, Chicago, University of Chicago Press, 1967, p. 196-198.

74. L'inscription du roi néo-babylonien Nabonide (556-539) signale également l'existence de maisons dans le quartier de la « porte du marché ». Une « porte du marché » est également présente à Uruk et à Ninive.

75. Cf. aussi Manfred Weippert, « Die Kämpfe des assyrischen Königs Assurbanipal gegen die Araber », *Die Welt des Orients* 7/1, 1973, p. 39-85.

76. Rivkah Harris, *Ancient Sippar. A Demographic Study of an Old Babylonian City* (1894-1595 B.C.), Istanbul, Nederlands historisch-archaeologisch Instituut te Istanbul, 1975, p. 16.

77. BRMPM.

78. L'art représente parfois ces monceaux de têtes, les inscriptions royales les mentionnent, telle celle du roi assyrien Tiglath-Phalazar III, cf. Hayim Tadmor, *The Inscriptions of Tiglath-Pileser III, King of Assyria*, Jérusalem, Israel Academy of Sciences and Humanities, 1994.

79. Cette pratique est mentionnée dans les inscriptions des rois néo-assyriens Salmanazar III et d'Assarhaddon pour la ville d'Assur.

V

DES ÉTATS PROSPÈRES

1. André Finet, *Le Code de Hammurabi, op. cit.*

2. Cet institut, fondé en 1986, a été remplacé depuis

2003 par l'antenne de l'Archéorient, spécialisé dans la recherche sur le néolithique dans le Proche-Orient, plus précisément en ce qui concerne l'archéobotanique et l'archéozoologie.

3. C'est-à-dire avant l'Égypte où ce système n'est attesté qu'à partir du IIe millénaire av. J.-C.

4. A.250 ; cf. Bertrand Lafont, « Nuit dramatique à Mari », in *Mémoires de NABU 1. Florilegium marianum. Recueil d'études en honneur de Michel Fleury*, sous la dir. de Jean-Marie Durand, Paris, SEPOA, 1992, p. 93-105.

5. ARM VI.5 ; cf. Jean-Robert Kupper, *Correspondance de Bahdi-Lim, préfet de Mari. Archives royales de Mari VI*, Paris, Imprimerie nationale, 1954.

6. Thorkild Jacobsen, *Salinity and Irrigation Agriculture in Antiquity Diyala Basin Archeological Projects. Report on Essential Results (1957-1958)*, Malibu, Udena Publications, 1982 ; M. P. Charles, « Irrigation in Lowland Mesopotamia », Cambridge, *Bulletin on Sumerian Agriculture*, vol 4/2, 1988, p. 1-37.

7. ARM VI. 7, cf. Jean Robert Kupper, *Correspondance de Bahdi-Lim, préfet de Mari, op. cit.*

8. ARM XIV. 13: 4-12; cf. Maurice Birot, *Archives royales de Mari XIV. Lettres de Yaqqim-Addu, gouverneur de Sagarâtum*, Paris, P. Geuthner, 1976.

9. Samuel Noah Kramer, *L'histoire commence à Sumer*, Paris, Arthaud, 1975, p. 85 ; Miguel Civil, *The Farmer's Instructions. A Sumerian Agricultural Manual*, Sabadell-Barcelone, Editorial Ausa, « Aula Orientalis Supplementa » n° 5, 1994.

10. *Histoires*, I, 193.

11. Denise Cocquerillat « Aperçus sur la phéniciculture en Babylonie à l'époque de la Ire dynastie de Babylone », Leyde, *Journal of the Economic and Social History of the Orient* X, part II-III, 1967, p. 162-223 et *Palmeraies et cultures de l'Eanna d'Uruk (559-520 av. J.-C.)*, Berlin, Gebr. Mann Verlag, 1968.

12. *Dumuzi et Enkimdum courtisent Inanna.*

13. Mais s'agit-il d'un gigantesque parc d'engraissement ou bien d'une centralisation administrative des textes rela-

tifs à la perception des taxes perçues sur les déplacements de bétail ? Dans ce cas, Puzriš-Dagan serait alors une ville vraisemblablement fondée pour être la capitale du royaume. Le contexte de découverte des quelque 15 000 tablettes connues ne permet pas de trancher. Cf Marcel Sigrist, *Drehem*, Bethesda, CDL Press, 1992.

14. Code de Hammurabi, § 263, 266 et 267.

15. Brigitte Lion et Cécile Michel, « Poissons et crustacés en Haute-Mésopotamie au début du IIe millénaire av. J.-C. », *Topoï*, supplément 2, 2000, p. 71-116 ; Brigitte Lion, Cécile Michel et Pierre Noël, « Les crevettes dans la documentation du Proche-Orient ancien », *Journal of Cuneiform Studies* 52, 2000, p. 121-126.

16. En akkadien, on distingue le bitume solide, *iltûm*, et le bitume liquide, *naptûm*, à l'origine du mot « naphte » qui désigne le pétrole brut.

17. Le bitume y est utilisé comme colle pour fixer les pièces de lin et autres matériaux placés dans la bouche, les oreilles, le nez et les yeux une fois les globes oculaires refoulés à l'intérieur de la cavité orbitaire.

18. *ARM* XXVI/2, p. 21-24.

19. Cf. chapitre I, p. 43-44.

20. Sylvie Lackenbacher, « La construction de Dûr-Šharrukin », in *De Khorsabad à Paris, la découverte des Assyriens*, sous la dir. d'Élisabeth Fontan, Paris, Réunion des musées nationaux, 1994, p. 154-163.

21. René Labat, *Les Religions du Proche-Orient asiatique. Textes babyloniens, ougaritiques, hittites*, Paris, Fayard-Denoël, 1970, p. 272.

22. Cf. Cécile Michel, *La Correspondance des marchands de Kanish au début du IIe millénaire av. J.-C.*, Paris, Éditions du Cerf, LAPO 19, 2001, p. 176.

23. Rivkah Harris, *Ancient Sippar, op. cit.* ; Dominique Charpin, « Marchands du palais, marchands du temple à la fin de la Ire dynastie de Babylone », *Journal asiatique* CCLXX, 1982, p. 25-65.

24. *Romans et contes égyptiens de l'époque pharaonique*, introduction, notices, commentaires et traduction de Gustave Lefebvre, Paris, Adrien Maisonneuve, 1976.

25. I Rois X, 11-12.
26. *Histoires*, IV, 42.
27. Cf. illustration n° 6 (cahier hors-texte) : *Détail de la stèle des Vautours*, première moitié du IIIe millénaire av. J.-C., face mythologique, calcaire, hauteur totale de la stèle : 1,88 mètre, musée du Louvre.
28. Girsu est l'une des trois villes composant l'État de Lagaš.
29. Cf. illustration n° 7 (cahier hors-texte) : *Stèle du roi Narâm-Sîn*, seconde moitié du IIIe millénaire av. J.-C., trouvée à Suse, hauteur : 2,20 mètres, musée du Louvre.
30. Thème iconographie présent dès le IIIe millénaire av. J.-C. Ainsi sur la stèle de Narâm-Sîn, le roi gravit la montagne en marchant sur les tas de cadavres, cf. illustration n° 7.
31. Thème iconographique de certains bas-reliefs trouvés dans le palais de Ninive, retraçant la campagne des Néo-Assyriens contre l'Élam sur les bords de la rivière Ulaï.
32. Thème iconographique de l'une des portes en bronze de Balawat retraçant l'une des campagnes de Salmanazar III en 860-850 av. J.-C.
33. Cf. illustration n° 12 (cahier hors-texte) : *Banquet sous la treille*, bas-relief provenant du palais d'Assurbanipal à Ninive, gypse, British Museum.
34. L'électrum est un alliage d'or et d'argent.
35. Busteny Oded, *Mass Deportation and Deportees in the Neo-Assyrian Empire*, Wiesbaden, Ludwig Reichert Verlag, 1979.
36. II Rois XXIV, 14.

VI

DES SOCIÉTÉS PATRIARCALES

1. Bertille Lyonnet, « Le nomadisme et l'archéologie : problème d'identification. Le cas de la partie occidentale de la Djéziré aux IIIe et au début du IIe millénaires avant notre ère », in *Amurru 3. Nomades et sédentaires dans le*

Proche-Orient ancien, compte rendu de la 46e Rencontre assyriologique internationale (Paris, 10-13 juillet 2000), sous la dir. de Christophe Nicolle, Paris, ERC, 2004, p. 25-49.

2. Un rescrit est un texte ayant force exécutive qui se présente sous la forme d'une réponse à une question de droit sur laquelle une autorité a été consultée : concrètement, il reprend la question et apporte la réponse.

3. Cf. Dominique Charpin, « Lettres et procès paléo-babyloniens », in *Rendre la justice en Mésopotamie. Archives judiciaires du Proche-Orient ancien (IIIe-Ier millénaires av. J.-C.)*, sous la dir. de Francis Joannès, Saint-Denis, Presses universitaires de Vincennes, 2000, p. 69-111.

4. Les extraits de ce code utilisés dans le présent chapitre sont issus de la traduction de Marie-Joseph Seux, in *Supplément aux « Cahiers Évangile », Lois de l'Ancien Orient, op. cit.*

5. Deux ont été trouvées à Šaduppum (Tell Harmal) et une à Me-Turan (Tell Haddad).

6. Sept colonnes de la partie basse de la stèle ont été effacées sans doute pour y graver une inscription à la gloire d'un roi élamite. Les tablettes dont on dispose ne permettent pas actuellement de restituer en entier cette lacune. Cf. André Finet, *Le Code de Hammurabi, op. cit.* ; complété par Martha T. Roth, *Law Collections from Mesopotamia and Asia Minor, op. cit.*

7. Cf. Guillaume Cardascia, *Les Lois assyriennes*, Paris, Éditions du Cerf, 1969 ; complété par Martha T. Roth, *Law Collections from Mesopotamia and Asia Minor, op. cit.*

8. Dominique Charpin, « Sumer III. Écoles et éducation », in *Supplément au « Dictionnaire de la Bible »*, tome XIII, fasc. 72, sous la dir. de Jacques Briend et Michel Quesnel, Paris, Letouzey & Ané, 1999, p. 215-226 ; « Lire et écrire en Mésopotamie, une affaire de spécialistes ? », *Comptes rendus des séances l'Académie des Inscriptions et Belles Lettres*, 2004, p. 481-508 ; *Lire et écrire à Babylone, op. cit.*, 2008.

9. Code de Hammurabi § 196 et suivants.

10. Lois assyriennes § 7.

11. YOS 14 61 = JCS 14, nº 82 = nº 119 : 11-15, cf.

Véronique Grandpierre, *Šaduppum (Tell Harmal), une petite ville du royaume d'Ešnunna au XVIIIe siècle avant notre ère,* doctorat sous la direction de Dominique Charpin, soutenu à l'université de Paris I-Panthéon Sorbonne, 1998, p. 437-438 et p. 1096.

12. Il y a quelques attestations de marques portées par application d'un métal chauffé, mais l'expression « marqué au fer rouge » ne peut être employée. En effet, à l'époque, le fer est un métal très précieux. Il s'agit sans doute de bronze.

13. Code de Hammurabi, § 226-227.

14. Code de Hammurabi § 15.

15. Code de Hammurabi § 16.

16. Bendt Alster, « Marriage and Love in the Sumerian Love Songs, with some notes on the Manchester Tammuz », in *The Tablet and the Scroll. Near Eastern Studies in Honor of William W. Hallo,* sous la dir. de Mark E. Cohen, Daniel C. Snell, David B. Weisberg, Bethesda, CDL Press, 1993, p. 15-27. Dans le *Mythe du mariage de la déesse Sud et d'Enlil,* le père de la jeune Sud est même totalement absent.

17. Le mariage est ainsi commencé mais pas encore terminé.

18. Le *Mythe du mariage de Sud et d'Enlil* (101 123), cf. Jean Bottéro et Samuel Noah Kramer, *Lorsque les dieux faisaient l'homme. Mythologie mésopotamienne,* Paris, Gallimard, 1989, p. 119-120.

19. LAPO 18, 1008 : 4-12, cf. Dominique Charpin, *Hammu-rabi de Babylone, op. cit.*, p. 129-139.

20. § 138-140.

21. § 148, cf. aussi le code de Lipit-Ištar, § 28.

22. Dominique Charpin, « Lettres et procès paléo-babyloniens », in *Rendre la justice en Mésopotamie. Archives judiciaires du Proche-Orient ancien (IIIe-Ier millénaires av. J.-C.), op. cit.*, p. 95, texte n° 50.

23. § 141.

24. § 142.

25. § 143.

26. IM 5 28051, Sophie Lafont, *Femmes, droit et justice*

dans l'Antiquité orientale. Contribution à l'étude du droit pénal au Proche-Orient ancien, Fribourg, Éditions universitaires, 1999, p. 494-495 ; Brigitte Lion et Cécile Michel, « As mulheres em sua família Mesopotâmia, 2e milênio A.C. », *Tempo* 19, 2006, p. 149-173.

27. § 30, 31 et 43.

28. Code de Hammurabi § 171 et 172 ; Lois assyriennes § 46.

29. De nombreux exemples sont donnés par Marten Stol, « The Care of the Elderly in Mesopotamian in the Old Babylonian Period », in *The Care of the Elderly in the Ancient Near East*, sous la dir. de Marten Stol et Sven P. Vleeming, Leyde, Brill Academic Publishers, 1998, p. 72 et 78-80.

30. Raymond Westbrook, « Social Justice and Creative Jurisprudence in Late Bronze Age Syria », *Journal of the Economic and Social History of the Orient* 43, 2001, p. 38-40.

31. Sur tous les aspects de la maternité, cf. Marten Stol, *Birth in Babylonia and the Bible. Its Mediterranean Setting*, Groningue, Styx, 2000.

32. Dominique Parayre, « Les âges de la vie dans le répertoire figuratif oriental », *Ktèma* n° 22, 1997, p. 59-89. Zainab Bahrani, *Women of Babylon. Gender and Representation in Mesopotamia*, Londres-New York, Routledge, 2001.

33. § d-f.

34. § 209-214.

35. § 50-51.

36. La loi du talion, du latin *talis... talis* (« tel... tel ») signifie que la punition est identique à l'offense.

37. § 53.

38. Si l'homosexualité n'est pas abordée dans le code de Hammurabi, en revanche les lois médio-assyriennes consacrent à la sodomie masculine dans l'entourage proche deux articles (§ 19 et 20). L'acte de sodomie active est alors considéré comme un délit. L'actif est condamné à être lui-même sodomisé et rendu eunuque. Le passif est réputé victime. L'outrage est d'autant plus grand si le passif

appartient à une catégorie sociale supérieure à celle de l'actif.

39. Code de Hammurabi § 129; lois assyriennes § 13 et 15.

40. Code de Hammurabi § 129; lois assyriennes § 14 et 15.

41. Danielle Cadelli, « Lorsque l'enfant paraît... malade », *Ktèma* n° 22, 1997, p. 11-34; Marten Stol, *Birth in Babylonia and the Bible. Its Mediterranean Setting, op. cit.*

42. TDP 216 : 3.

43. Traité *Šumma izbu.*

44. Le bébé est jaune en cas d'ictère, bleu en cas de grave malformation cardiaque.

45. Karen Radner, *Die Macht des Namens. Altorientalische Strategien zur Selbsterhaltung*, Wiesbaden, Harrassowitz, 2005.

46. Jean-Marie Durand, « Trois études sur Mari », *MARI* 3, 1984, p. 127-180.

47. Maria Giovanna Biga, « Enfants et nourrices à Ebla », *Ktèma* n° 22, 1997, p. 35-44.

48. Nèle Ziegler, « Les enfants du palais », *Ktèma* n° 22, 1997, p. 45-57.

49. Francis Joannès, « La mention des enfants dans les textes néo babyloniens », *Ktèma* n° 22, 1997, p. 119-137.

50. IM 63303, n° 121, cf. Véronique Grandpierre, *Šaduppum (Tell Harmal), une petite ville du royaume d'Ešnunna au XVIIIe siècle avant notre ère, op. cit.*, p. 440-442 et p. 1097.

51. Gary Beckman, « Family Values on the Middle Euphrates in the Thirteenth Century B.C. », in *Emar. The History, Religion and Culture of Syrian Town in the Late Bronze Age,* sous la dir. de Mark W. Chavalas, Bethesda, CLD Press, 1996, p. 57-77; Brigitte Lion, « La notion de genre en assyriologie », *Problèmes du genre en Grèce ancienne,* sous la dir. de Violaine Sebillotte-Cuchet et Nathalie Ernoult, Paris, Publications de la Sorbonne, 2007, p. 51-64.

52. L'hémérologie est la science des jours, de leurs indications et surtout de leurs contre-indications en fonction de ce qui peut arriver.

53. Josué 7 : 21-22.

54. Cf. illustration n° 6 (cahier hors-texte) : *Détail de la stèle des Vautours,* première moitié du IIIe millénaire av. J.-C., face mythologique, calcaire, hauteur totale de la stèle : 1,88 mètre, musée du Louvre.

55. Cf. illustration n° 7 (cahier hors-texte) : *Stèle du roi Narâm-Sîn,* seconde moitié du IIIe millénaire av. J.-C., trouvée à Suse, hauteur : 2,20 mètres, musée du Louvre

56. Cécile Michel, « Un témoignage paléo-assyrien en faveur du port du voile pour la femme mariée », *NABU* 1997/40 et *La Correspondance des marchands de Kanish au début du IIe millénaire av. J.-C., op. cit.*, p. 509-510, texte n° 399 (AKT 3, 80).

57. Nèle Ziegler, *Le Harem de Zimrî-Lîm,* in *Florilegium Marianum IV, op. cit.*, p. 6-7.

58. § 40.

59. *L'Épopée de Gilgameš. Le grand homme qui ne voulait pas mourir,* présentation et traduction de Jean Bottéro, Paris, Gallimard, 1992, p. 223-224.

60. Cécile Michel, *La Correspondance des marchands de Kanish au début du IIe millénaire av. J.-C., op. cit.*, p. 507-508, texte n° 397 (BIN 6 104).

61. Cf. illustration n° 12 (cahier hors-texte) : *Le Banquet sous la treille,* bas-relief provenant du palais d'Assurbanipal à Ninive, gypse, British Museum.

62. René Labat, *Hémérologies et ménologies d'Assur,* Paris, Adrien-Maisonneuve, 1939.

63. Brigitte Lion, Cécile Michel (dir.), *De la domestication au tabou. Le cas des suidés au Proche-Orient ancien,* De Boccard, Paris, 2006.

64. Jean Bottéro, *Textes culinaires mésopotamiens,* Winona Lake, Eisenbrauns, 1995 et *La Plus Vieille Cuisine du monde,* Paris, L. Audibert, 2002 (rééd. Seuil, « Points Histoire », 2006).

65. Benno Landsberger, *The Series HAR-ra. Hubullu, Tablets I-V,* Rome, Pontificio Istituti Biblico, 1957.

66. « A Hymn to the Beer Goddess and a Drinking Song », Miguel Civil, *Studies Presented to A. Leo Oppenheim,* Chicago, Oriental Institute Press, 1964, p. 67-89.

67. Edmond Sollberger et Jean-Robert Kupper, *Inscriptions royales sumériennes et akkadiennes, op. cit.*, p. 79. Il faut également remarquer que la consommation de bière est tellement enracinée que l'expression utilisée pour le local dans lequel les boissons sont gardées à la bonne température est la « cave à bière » plutôt que la « cave à vin ».

68. P. Charlier, « Les glacières à Mari », *Akkadica* n° 54, 1987, p. 1-10.

69. Bendt Alster, *Proverbs of Ancient Sumer*, Bethesda, CDL Press, 1997.

VII

LE SAVOIR ET L'ÉCRIT

1. Cf. Jean-Jacques Glassner, *Écrire à Sumer. L'invention du cunéiforme*, Paris, Éditions du Seuil, 2000.

2. C'est à la fin du IIIe et au début du IIe millénaires av. J.-C. que les Amorrites, peut-être poussés par les changements climatiques, migrent du nord-ouest (*amurrum* en akkadien signifie « ouest ») vers le sud de la Mésopotamie. Leur langue, l'amorrite, qui fait partie des dialectes ouest-sémitiques, n'est connue que par l'onomastique. Parmi les rois amorrites se trouvent Zimrî-Lim, Hammurabi, Samsî-Addu, etc.

3. On trouve aussi des adaptations locales. Le vieux perse est ainsi une écriture cunéiforme au système semi-alphabétique composé de 44 signes : 25 lettres (3 voyelles et 22 consonnes), 11 phonogrammes et 8 idéogrammes.

4. 2 Rois 18,26.

5. Cf. Claus Wilcke, *Wer las und schrieb in Babylonien und Assyrien. Überlegungen zur Literalität im Alten Zweistromland, op. cit.*; Dominique Charpin, « Lire et écrire en Mésopotamie : une affaire de spécialistes ? », *Comptes rendus des séances de l'Académie des Inscriptions et Belles-Lettres, op. cit.*, p. 481-500, repris dans *Lire et écrire à Babylone, op. cit.*

6. Brigitte Lion, « Dame Inanna-ama-mu, scribe à Sippar », *Revue d'assyriologie et d'archéologie* 95, 2001, p. 7-32 ; Brigitte Lion et Eleanor Robson, « Quelques textes scolaires paléo-babyloniens rédigés par des femmes », *Journal of Cuneiform Studies* 57, 2005, p. 37-54.

7. Dominique Charpin, « Le scribe accroupi », *NABU*, 2007, n. 61.

8. Après sa prise par Salmanazar III en 856 av. J.-C., cette ville est renommée Kar-Salmanazar et un palais y est construit par la suite.

9. Ninive, palais de Sennachérib, salle 13, panneau 4. La prise de la ville de Musasir (l'actuelle Museijir dans le nord de l'Irak), en 714 av. J.-C., permet aux armées assyriennes de pénétrer jusqu'au lac de Van.

10. Dominique Charpin, *Lire et écrire à Babylone*, *op. cit.*

11. Miguel Civil, « Sur les "livres d'écolier" à l'époque paléo-babylonienne », in *Miscellanea Babylonica. Mélanges offerts à Maurice Birot*, sous la dir. de Jean-Marie Durand et Jean-Robert Kupper, Paris, Éditions Recherche sur les civilisations, 1985, p. 67-78.

12. Hymne B.

13. Ce nom de Broad Street a été donné par les archéologues à cette rue d'Ur.

14. Cf. Jean-Claude Margueron, *Recherches sur les palais mésopotamiens à l'âge du bronze*, *op. cit.*, p. 345-349 ; Jean-Claude Margueron, « Quelques remarques concernant les archives retrouvées dans le palais de Mari », in *Cuneiform Archives and Libraries. Papers read at the 30e Rencontre assyriologique internationale (4-8 July, 1983)*, sous la dir. de Klaas R. Veenhof, Leyde, Nederlands Historisch-Archaeologisch Institute Istanbul, 1986, p. 141-152 ; Dominique Charpin, *Le Clergé d'Ur au siècle de Hammurabi*, *op. cit.*, p. 434-485 ; Dominique Charpin, « L'archivage des tablettes dans le palais de Mari : nouvelles données », in *Veenhof Anniversary Volume. Studies presented to Klaas R. Veenhof on the Occasion of his Sixty-Fifth Birthday*, sous la dir. de Wilfred. H. van Soldt, Leyde, Nederlands Instituut voor het Nabije Oosten, 2001, p. 13-30 ; Dominique Charpin, *Lire et écrire à Babylone*, *op. cit.*

15. Samuel Noah Kramer, *L'histoire commence à Sumer*, *op. cit.*, p. 45.

16. *Ibid.*, p. 44-46.

17. Eleanor Robson, « The Tablet House. A Scribal School in Old Babylonian Nippur », *Revue d'assyriologie et d'archéologie orientale* 95, 2001, p. 39-66 ; Brigitte Lion et Eleanor Robson, « Quelques textes scolaires paléo-babyloniens rédigés par des femmes », *Journal of Cuneiform Studies* 57, *op. cit.*, p. 37-54 ; Christine Proust, *Tablettes mathématiques de Nippur*, Paris, De Boccard, 2007.

18. C'est d'ailleurs à partir de ces listes bilingues que les épigraphistes ont déchiffré le sumérien au XXe siècle. C'est toujours grâce à elles que les spécialistes du sumérien travaillent. Il n'existe encore aucun autre « dictionnaire » sumérien que ce soit en français, en anglais, en allemand ou en toute autre langue actuellement parlée. En ce qui concerne l'akkadien, les assyriologues disposent d'un dictionnaire akkadien-allemand en trois volumes, établi par Wolfram von Soden, publié de 1965 à 1981, et d'un dictionnaire akkadien-anglais beaucoup plus détaillé dirigé par l'université de Chicago depuis 1956 mais encore incomplet à ce jour.

19. Cf. Hermann Hunger, *Spätbabylonische Texte aus Uruk*, t. 1, Berlin, Gebr. Mann Verlag, 1976, et Egbert von Weiher, *ibid.*, t. 2-5, Berlin, Gebr. Mann Verlag, 1983-1998.

20. tu_{21} signifie qu'il s'agit là du 21e signe qui peut être lu « TU ». Cf. Véronique Grandpierre, *Šaduppum (Tell Harmal), une petite ville du royaume d'Ešnunna au XVIIIe siècle avant notre ère, op. cit.* Il s'agit d'une lettre envoyée par un fonctionnaire et sa femme, Daduša et Šîmat-ahatî, à Nannatum à propos d'un échange d'esclaves, nº 175 (IM 51294), p. 597-599 et 1148, d'une lettre d'un fonctionnaire, Bêlânum, à un certain Erîbam-Sîn pour que ce dernier lui verse rapidement le grain qu'il doit, nº 180 (IM 51319), p. 610-611 et 1152, et des lettres envoyées par Nanna-Mansum, nº 139 (IM 51235) et nº 140 (IM 51234), p. 515-521 et 1116-1117. D'une façon plus générale, sur les particularités des scribes de Šaduppum, voir p. 794-800.

21. Cf. A. Finet, *L'Accadien des lettres de Mari*, Bruxelles,

Palais des Académies, 1956 ; cf. également Dominique Charpin, *RA* 82, 1988, p. 186 : « Il convient de remarquer à quel point ces textes de la Diyala ressemblent à ceux de Mari de l'époque de Yahdun-Lîm. J'ai pu examiner récemment à Philadelphie, grâce à M. de J. Ellis, les textes originaires d'Ishchali conservés à la Free Library et je dois dire qu'au premier coup d'œil je les aurais sans hésiter attribués à Mari/Yahdun-Lîm » ; ainsi que *Mélanges Birot,* 1985, p. 55, n. 35, et p. 62 ; *RA* 82, 1988, p. 186 ; *Mémoires de NABU 1. Florilegium marianum. Recueil d'études en honneur de Michel Fleury, op. cit.,* p. 37-38, *NABU* 1993/110.

22. C'est un procédé courant pour désigner les textes du Proche-Orient. Les livres de la Bible sont désignés de la même façon : *Berešit* signifie « au commencement » et renvoie au premier livre de la Bible, désigné plus couramment sous la dénomination grecque, c'est-à-dire la Genèse.

23. Bêl est le titre donné à Marduk, dieu poliade de Babylone. Son fils est le dieu Nabu, qui chez les Néo-Babyloniens tend à prendre la place du dieu Marduk.

24. D'après Donald John Wiseman, *Chronicles of Chaldean Kings (626-556 B. C.) in the British Museum,* Londres, British Museum, 1956 ; Jean-Jacques Glassner, *Chroniques mésopotamiennes, op. cit.,* p. 198-200.

25. Cf. Véronique Grandpierre, « Bruit et silence dans les villes de Mésopotamie », *Sources et travaux historiques* n° 49-50, 1997, p. 53-72.

26. Lignes 46-52 et 79-86, traduction de Jean Bottéro, *Mésopotamie. L'écriture, la raison et les dieux, op. cit.,* p. 308-309.

27. Ce personnage du « Juste souffrant » est présent dans de nombreux poèmes. On le retrouve au Levant avec Job dans la Bible.

28. *Ludlul bêl namêqi* plus connu sous le nom de *Monologue du Juste souffrant,* tablette II, lignes 36-48.

29. LAS 121. On notera les trois éléments composant le minimum vital : les céréales, l'huile et la laine.

30. Tobie, 1,21-22. Tobit est le père de Tobie et l'oncle d'Ahiqar.

31. Christine Proust, *Tablettes mathématiques de Nippur*, *op. cit*.

32. Pour la liste des coefficients et leur emploi, cf. Karen Nemet-Nejat, *Cuneiform Mathematical Texts as a Reflection of Everyday Life in Mesopotamia*, *AOS* 75, New-Haven, 1993, p. 181.

33. Jens Høyrup, *Lenghs, Widths, Surfaces. A Portrait of the Old Babylonian Algebra and its Kin. Studies and Sources in the History of Mathematics and Physical sciences*, New York, Springer Verlag, 2002.

34. Prisme octagonal de Sennachérib ; cf. *Sumer* 9, 1953 ; Stephanie Dalley, « Ancient Mesopotamian Gardens and the Identification of the Hanging Gardens of Babylon resolved », *Garden History*, vol. 21, nº 1, 1993, p. 1-13 et « Niniveh, Babylone and the Hanging Garden. Cuneiform and Classical Sources reconciled », *Iraq* 56, 1994, p. 45-58.

35. *Histoires*, I, 197.

36. *Enûma eliš*.

37. Cf. illustration nº 8 (cahier hors-texte) : *Maquette de foie trouvée à Mari*, IIe millénaire av. J.-C., Musée du Louvre.

38. LAS 61 : SAA X 75, d'après Simo Parpola, *Letters from Assyrian Scholars to the Kings Esarhaddon and Assurbanipal*, t. 2 : *Commentary and appendices*, Kevelaer, Verlag Butzon & Bercker, Neukirchen-Vluyn, Neukirchener Verlag, « Alter Orient und Altes Testament » 5, 1983. Simo Parpola, *Letters from Assyrian and Babylonian Scholars*, State Archives of Assyria X, Helsinki, Helsinki University Press, 1993.

39. ABL 1216 = SAA 109, d'après Simo Parpola, *Letters from Assyrian and Babylonian Scholars*, *op. cit*.

VIII

LES CROYANCES

1. Cf. Wilfred G. Lambert, « The Relationship of Sumerian and Babylonian Myth as seen in accounts of Creation »,

in *La Circulation des biens, des personnes et des idées dans le Proche-Orient ancien, 48e Rencontre assyriologique internationale,* sous la dir. de Dominique Charpin et Francis Joannès, Paris, Éditions Recherche sur les civilisations, 1992, p. 129-135, à partir du *Mythe d'Enki et de Ninmah* dans la version bilingue suméro-akkadienne ainsi que l'*Atra-hasîs* : « The conclusion to be drawn from this investigation is that in creation myths so far as we have considered them a distinction between Sumerian and Babylonian should not be considered a matter of basic ideology. The Sumerian text has ideed Enki and Mamma is very little known in Akkadian literature. But the motifs employed in the tale are not different from those of Babylonian texts such as *Atra-hasîs,* indeed the similarities are clear and obvious. A wider investigation might of course seem to show up differences between texts in the two languages, but caution is essential since we have only a selection of what once existed. For the present it is safest to consider the two corpora of myth manifestations a single culture. »

2. Aaron Shaffer, *Sumerian Sources of tablet XII of the Epic of Gilgamesh,* Ph. D. Dissertation, University of Pennsylvania, 1963, p. 48 ; Jean Bottéro et Samuel Noah Kramer, *Lorsque les dieux faisaient l'homme, op. cit.,* p. 479.

3. « Quand le Ciel eut été séparé de la Terre jusque-là solidement tenus ensemble », cf. Jean Bottéro et Samuel Noah Kramer, *Lorsque les dieux faisaient l'homme, op. cit.,* p. 503 ; Erich Ebeling, *Keilschrifttexte aus Assur religiösen Inhalt,* n° 4, 1915, récit bilingue suméro-akkadien trouvé dans la présumée bibliothèque du roi néo-assyrien Tiglath-Phalazar Ier (reprenant une tradition beaucoup plus ancienne).

4. « Ces jours-là, lorsqu'En haut et En bas eurent été [séparés]

Ces nuits-là, lorsqu'En haut et En bas eurent été [désassemblés]. »

Cf. Jean Bottéro et Samuel Noah Kramer, *Lorsque les dieux faisaient l'homme, op. cit.,* p. 189.

5. « Le seigneur qui arrête à jamais les destinées

Avant de tirer du sol les prémices du pays

Eut soin de séparer le Ciel de la Terre
Et de séparer la Terre du Ciel. »

Cf. Samuel Noah Kramer, *Sumerian Mythology. A Study of Spiritual and Literary Achievement in the Third Millenium B.C.*, Philadelphia, The American Philosophical Society, 1944, rééd. 1997, p. 52, et Jean Bottéro et Samuel Noah Kramer, *Lorsque les dieux faisaient l'homme, op. cit.*, p. 509.

6. La région commence à décliner à partir de 3500 av. J.-C., sans doute en raison d'un drainage trop important des terres agricoles.

7. Lahmu et Lahamu, qui engendrent Anšar et Kišar, eux-mêmes parents d'Anu, le père d'Ea-Nudimud.

8. Débat *Arbre contre Roseau*.

9. Mythe d'*Enki et Ninmah*, et *Enûma eliš*. Par ailleurs, dans une prière babylonienne pour la fondation d'un temple, Marduk crée la Terre en construisant un radeau sur la mer, cf. Jean Bottéro et Samuel Noah Kramer, *Lorsque les dieux faisaient l'homme, op. cit.*, p. 498.

10. Cf. Jean-Jacques Glassner, « La question des origines dans les mythologies mésopotamiennes », *Revue de psychologie*, 2006.

11. *Enûma eliš*, IV 135-V 65. Dans une autre tradition, Marduk crée la Terre en construisant un radeau sur la mer, cf. Jean Bottéro et Samuel Noah Kramer, *Lorsque les dieux faisaient l'homme, op. cit.*, p. 498.

12. Cf. Thorkild Jacobsen, *The Treasures of Darkness. A History of Mesopotamian Religion*, New-Haven, Londres, Yale University Press, 1976.

13. Cf. le débat d'*Arbre contre Roseau* par exemple.

14. Le *Mythe d'Enki et de Ninhursag*, cf. Jean Bottéro et Samuel Noah Kramer, *Lorsque les dieux faisaient l'homme, op. cit.*, p. 151-202.

15. Cf. Thorkild Jacobsen, *The Treasures of Darkness*, Londres, *op. cit.*, p. 104.

16. Mythe connu par deux copies du Ier millénaire av. J.-C., très abîmées toutes les deux, cf. Jean Bottéro et Samuel Noah Kramer, *Lorsque les dieux faisaient l'homme, op. cit.*, p. 495.

17. Leur mise par écrit est attestée à partir de ces siècles,

mais il s'agit de copies. L'élaboration de ces mythes est donc antérieure.

18. *Prière pour la fondation d'un temple en l'honneur de Marduk.*

19. *Atra-hasîs.*

20. Ce thème est également présent dans le *Mythe d'Enki et Ninmah*. Nammu, élément liquide, fabrique l'homme à partir d'argile pétrie et répartie en deux séries de sept mottes : sept hommes et sept femmes sont ainsi créés.

21. Le thème du sang d'un dieu pour produire l'humanité se retrouve aussi dans un texte bilingue akkadien-sumérien plus récent, dont l'exemplaire retrouvé appartenait à la bibliothèque du roi d'Assyrie Tiglath-Phalazar Ier (1114-1076 av. J.-C.) et qui reprend une tradition plus ancienne du *Mythe de la création de l'homme* comme le signale lui-même le scribe ligne 44.

22. *Enûma eliš*, III 37-50, IV 119-122 et VI 29-34.

23. *Tenson entre Arbre et Roseau*, traduction de Samuel Noah Kramer, *in* Jean Bottéro et Samuel Noah Kramer, *Lorsque les dieux faisaient l'homme*, *op. cit.*, p. 480.

24. Sauf quelques exceptions comme Gula, la déesse de la médecine.

25. Certains dans les années 1940, à la suite de Thorkild Jacobsen (« Primitive Democracy in Ancient Mesopotamia », *Journal of Near Eastern Studies* 2, 1943, p. 159-172), y ont vu la preuve de l'existence dans les sociétés mésopotamiennes d'une démocratie primitive fonctionnant grâce à une assemblée composée de tous les hommes libres. Les pouvoirs royal et religieux se seraient dans un second temps développés au détriment de cette assemblée qui aurait fini par disparaître. C'est une hypothèse qui reste envisageable. Cependant, à ce jour, aucun texte de la pratique ne vient l'appuyer et, si cette assemblée a existé, rien ne vient prouver son antériorité par rapport à la mise en place de la royauté.

26. Traduction de Marie-Joseph Seux, *Hymnes et prières aux dieux de Babylonie et d'Assyrie*, Paris, Éditions du Cerf, LAPO 8, 1976, p. 129.

27. Elle est reprise dans la tradition juive sous le nom de Lilith, première femme et compagne d'Adam avant Ève.

28. Cf. illustration n° 11 (cahier hors-texte) : *Génies ailés autour de l'arbre de vie*, sceau-cylindre en cristal du VIIe siècle av. J.-C. et son empreinte en argile, musée du Louvre.

29. *Bêt* en phénicien et *bayt* en hébreu.

30. Ces animaux devaient lécher les blessures. Effectivement une enzyme, présente dans leur salive, favorise la cicatrisation. L'association du chien au dieu guérisseur se retrouve plus tard dans d'autres aires géographiques : Asclépios chez les Grecs, saint Roch chez les chrétiens, etc.

31. La tablette datée de l'an 83 de l'ère séleucide dite « tablette de l'Esagil », copiée à Uruk d'après une tablette originale de Borsippa et conservée au musée du Louvre, mentionne 7 étages, la stèle d'époque néo-babylonienne, appartenant à la collection Schøyen à Oslo, en représente 6.

32. Hérodote, *Histoires*, I, 181.

33. É.UR.ME.INIM.AN.KI.

34. É.DUR.AN.KI.

35. Ce nom signifie le « Temple du fondement du ciel et de la terre ».

36. K. 4310, traduction de Jesus Asurmendi *et alii*, *Prophéties et oracles I. Dans le Proche-Orient ancien*, Paris, Éditions du Cerf, « Supplément au cahier de l'Évangile » n° 88, 1994.

37. Cf. le chapitre VII pour les différentes valeurs de chaque signe p. 320-325.

38. Alasdair Livingstone, *Mystical and Mythological Explanatory Works of Assyrian and Babylonian Scholars*, Oxford, Clarendon Press, 1987.

39. Cf. illustration n° 9 (cahier hors-texte) : la *Fresque de l'investiture*, qui ornait vers 1760 av. J.-C. le mur de l'une des cours du palais de Mari et où l'on voit la déesse Ištar remettre les insignes de la royauté au souverain (musée du Louvre), et l'illustration n° 10 : la *Stèle du code de lois du roi Hammurabi de Babylone (1792-1750)*, où le dieu Šamaš remet ces insignes à Hammurabi (musée du Louvre).

40. Jeremy Black et Anthony Green, *Gods, Demons and Symbols of Ancient Mesopotamian. An Illustrated Dictionary*, Austin, University of Texas Press, 1992 ; Tallay Ornan,

The Triumph of the Symbol. Pictorial Representation of Deities in Mesopotamia and the Biblical Image Ban, Fribourg, Academic Press, « Orbis Biblicus et Orientalis » 213, 2005.

41. Un *kudurru* est une stèle en pierre où est inscrite la donation d'une terre. Ici, il s'agit de la donation d'une terre par le roi Melišipak II à son fils, le prince Marduk-apla-iddina.

42. Le poisson est le symbole de la sagesse.

43. Trouvé par Walter Andrae en 1912, il est exposé au Vorderasiatische Museum à Berlin. Une inscription est présente sur le socle. Elle précise que ce piédestal appartient à Nusku, le dieu de la lumière, afin qu'il intercède quotidiennement auprès d'Assur, le dieu de la ville, et d'Enlil. Les attributs ont suscité beaucoup d'interrogations : habituellement ils sont utilisés pour Nabû, le dieu de l'écriture, or l'inscription fait référence au dieu Nusku, symbolisé normalement par une lampe.

44. De nombreux instruments de musique (harpes, lyres, flûtes, etc.) ont été retrouvés dans les tombes. Les bas-reliefs documentent également les percussions. Un cylindre en argile daté du XVIIIe siècle av. J.-C., trouvé à Šaduppum, expose des séquences de signes qui semblent déterminer un certain rythme. Cf. Véronique Grandpierre, *Šaduppum (Tell Harmal), une petite ville du royaume d'Ešnunna au XVIIIe siècle avant notre ère, op. cit.*, p. 782. D'autres notations plus récentes (XIIIe siècle av. J.-C.), en langue hurrite, trouvées à Ugarit, sur la côte syrienne, ont permis de proposer les reconstitutions de certains airs. Cf. Marcelle D. Duchesne-Guillemin, in *Studies in Honor of Benno Landsberger on his Seventy-Fifth Birthday, AS* 16, Chicago, University of Chicago Press, 1965, p. 268-272, et « Les problèmes de la notation hurrite », *RA* 69, 1975, p. 159-173 ; Raoul Vitale, « La musique suméro-akkadienne. Gamme et notation musicale », *Ugarit-Forschungen 1*4, 1982, p. 243-263.

45. *Mythe de Gilgameš, Enkidu et les Enfers*, ligne 13.

46. Cf. Jean Bottéro et Samuel Noah Kramer, *Lorsque les dieux faisaient l'homme, op. cit.*, p. 592. Une autre inter-

prétation de ce passage du mythe est proposée par Tzvi Abusch, « Ghost and God : Some Observations on a Babylonian Understanding of Human Nature », *Studies in the History of Religions* 78, 1998, p. 363-383 : il n'y aurait pas eu dans un premier temps de limite naturelle à la durée de la vie humaine, seule la mort violente existerait, d'où une surpopulation rapide. La solution trouvée par Enki est de demander à la déesse Nintu d'inscrire la mort comme destinée naturelle de l'homme.

47. Bérose est un Babylonien, prêtre du dieu Marduk, qui écrit en grec vers 281 av. J.-C. pour le roi hellénistique de la dynastie des Séleucides, Antiochos Ier, un ouvrage intitulé les *Babyloniaca*, connu aussi sous le nom de *Chaldaica*, divisé en trois livres, dans lequel il présente les grands traits de l'histoire et de la civilisation babyloniennes. Dans le premier livre, après avoir campé le cadre géographique, Bérose présente un être hybride mi-homme, mi-poisson, nommé Oannès, qui émerge des flots pour donner aux hommes l'ensemble des connaissances nécessaires à toute civilisation.

48. Selon Tzvi Abusch, la proposition inviterait Gilgameš à la suivre dans le monde des Enfers.

49. L'équivalent mésopotamien de Noé.

50. *L'Épopée de Gilgameš*, *op. cit.*, p. 181-182 ; Simo Parpola, *The Standard Babylonian Epic of Gilgamesh*, Helsinki, Helsinki University Press, 1997.

51. Thorkild Jacobsen, *The Treasures of Darkness*, *op. cit.*, p. 56-57 et 229-230.

52. Wilfred G. Lambert, « Studies in Nergal », *Bibliotheca Orientalis* 30, 1973, p. 355-363.

53. Tradition du IIe millénaire av. J.-C.

54. Tradition du Ier millénaire av. J.-C.

55. Jean Bottéro et Samuel Noah Kramer, *Lorsque les dieux faisaient l'homme*, *op. cit.*, p. 537.

56. Dix-sept noms en sumérien et seize en akkadien ont été répertoriés, cf. Wayne Horowitz, *Mesopotamian Cosmic Geography*, Winona Lake, Eisenbrauns, 1998.

57. Françoise Brüschweiler, *Inanna. La déesse triomphante et vaincue dans la cosmologie sumérienne. Recherche*

lexicographique, Louvain, Peeters, « Les cahiers du CEPOA » n° 4, 1987.

58. *Mythe de Gilgameš, Enkidu et les Enfers.*

59. *Mythe de Nergal et Ereškigal.*

60. Dans certains rituels d'exorcisme, il faut, pour renvoyer un esprit dans le monde des morts, enterrer une figurine le représentant, le visage orienté vers l'ouest, alors que, paradoxalement, à l'origine le monde des morts est situé dans les montagnes, c'est-à-dire à l'est.

61. *La Mort d'Ur-Nammu.*

62. Une couronne, un module de lazulite, un collier de lazulite, un collier de perles, des bracelets en or, un pectoral, le manteau royal.

63. Le fait que ces créatures façonnées pour l'occasion ne soient ni humaines ni divines explique qu'elles ne seront pas bloquées en Enfer.

64. Les grandes lignes de cette histoire sont reprises par les Akkadiens dans le mythe d'Ištar et de Tammuz, puis par les Phéniciens dans celui d'Astarté et de Tammuz, et chez les Grecs par celui de Coré.

65. Dans la version akkadienne du mythe, la composition de la parure d'Ištar est un peu différente de la précédente : la couronne, les boucles d'oreilles, le collier de perles, le pectoral, la ceinture de pierres fines, les bracelets de poignets et de chevilles, le manteau royal. Simo Parpola (dans *Assyrian Prophecies*, State Archives of Assyria IX, Helsinki, Helsinki University Press, 1997, p. 32) rapproche cette version du mythe d'Ištar de l'*Exégèse de l'âme*, texte dans lequel Sophie, âme androgyne et vierge, tombe du ciel sur terre où elle perd la mémoire et se prostitue. Son père envoie son fils aîné pour la rechercher. Il la retrouve. Elle se lave et se parfume. Ils s'unissent et la mémoire lui revient. Ils rentrent tous les deux au ciel (Cf. James M. Robinson (dir.), *The Nag Hammadi Library in English*, San Francisco, Harper, 1988, p. 192-198). Un autre texte, L'*Hymne à la perle*, issu des *Actes de Thomas*, apocryphe du IIe siècle apr. J.-C., relate comment un prince est envoyé dans le monde terrestre pour trouver une perle (la sagesse). Il se rend en Égypte, perd ses habits et sa mémoire. Son

père finit par envoyer un aigle à sa recherche. Ce dernier le trouve et lui rend ses vêtements. Le prince retrouve ainsi la mémoire, découvre la perle et remonte au ciel.

66. Dina Katz, *The Image of the Netherworld in the Sumerian Sources*, Bethesda, CLD Press, 2003, p. 121. Ce texte, *La Mort d'Ur-Nammu*, est écrit pour valoriser la IIIe dynastie d'Ur.

67. *Ur Excavations*, Oxford, 10 volumes, 1927-1976.

68. Cf. illustration n° 5 (cahier hors-texte) : *Parure de la reine Pu-abi*, tombes royales d'Ur, vers 2600-2400 av. J.-C., université de Pennsylvanie.

69. Pour le IIIe millénaire av. J.-C., trois tombes ont été découvertes à Kiš. Elles contiennent les ossements de cinq personnes et des chars attelés à des bœufs. Une tombe a été trouvée bien plus au nord en Anatolie, à Arslan Tepe, et renfermait les squelettes de personnes dont les poignets avaient été liés, cf. Marcella Frangipane *et alii*, « New Symbols of a New Power in a "Royal" Tomb from 3000 B.C. Arslantepe, Malatya (Turkey) », *Paléorient* 27, 2001, p. 105-140.

70. Actuelle Mishrifeh près de Homs, ce site a fait l'objet de campagnes de fouilles dans les années 1920 par Robert du Mesnil du Buisson. Ces recherches ont repris depuis 1994 dans le cadre de missions syro-italo-allemandes. Cf. Michel al-Maqdissi, Heike Dohmann-Pfälzner, Peter Pfälzner et Antoine Suleiman, « Das königliche Hypogaüm von Qaṭna. Bericht über die syrisch-deutsche Ausgrabung im November-December 2002 », *Mitteilungen der Deutschen Orient-Gesellschaft zu Berlin*, n° 135, 2003, p. 189-218 ; Peter Pfälzner, « Qatna, B. Archäologisch », *Reallexikon der Assyriologie und Vordeasiatischen Archäelogie* 11/1-2, 2006, p. 161-170.

71. Malheureusement la plupart ont été pillés avant leur découverte par les archéologues.

72. Jean Bottéro, « Les morts et l'au-delà dans les rituels en akkadien contre l'action des revenants », *Zeitschrift für Assyriologie* 73, 1983, p. 153-203.

73. Simo Parpola et Kazuko Watanabe, *Neo-Assyrian*

Treaties and Loyalty Oaths, State Archives of Assyria II, Helsinki, Helsinki University Press, 1988, p. 49.

74. Pour la sorcellerie et la magie, cf. chapitre VII, p. 359-361.

75. Traduction de Jean Bottéro, *L'Épopée de Gilgameš*, *op. cit.*, p. 257-258.

INDEX DES NOMS ET LIEUX*

Abadan : 63.
Aba-Enlil-dâri : voir Ahiqar.
Abbassides (dynastie fondée en 750 par Abû al Abbas, oncle de Mahomet ; ses membres règnent jusqu'en 1258) : 26.
Abi-šemu : 254.
Abou Simbel : 112.
Abram/Abraham (patriarche biblique) : 57, 452 n. 3.
Abû 'l-Fida (historien et géographe arabe né en 1273, mort en 1331) : 26.
Abusch, Tzvi : 483 n. 46, n. 48.
Abydos : 112.
Achéménides (dynastie perse fondée vers 550 av. J.-C. par Cyrus, elle porte le nom d'un ancêtre mythique, Achémènes ; ses membres règnent jusqu'à la mort de Darius III en 330 av. J.-C.) : 199, 365.
Ad-Dahhak (roi cananéen mythique, fondateur de Babylone selon certaines légendes arabes) : 25.
Adab : 455 n. 41.
Adad (dieu akkadien de l'orage) : voir Iškur.
Adad-apla-iddina (roi de Babylone de 1068 à 1046 av. J.-C.) : 114, 139.
Adad-guppi (mère de Nabonide, le dernier roi babylonien) : 296.

* Établi par l'auteur.

ADAD-NINARI III (fils de Šamši-Adad V et de Šammuramat, règne de 810 à 783 av. J.-C.) : 114, 139-140.
ADAD-ŠUM-UṢUR (chef des exorcistes à la cour des rois néo-assyriens Assarhaddon et Assurbanipal au VIIe s. av. J.-C., frère de Nabû-zêru-lêšir et père d'Urad-Gula) : 337, 351, 359.
ADAM (personnage biblique) : 452 n. 3, 480 n. 27.
ADAPA : voir OANNÈS.
ADDU (dieu amorrite de l'orage) : voir IŠKUR.
Adriatique : 26.
Afghanistan : 103, 239, 242-243, 250.
Afrique : 15, 27, 256-257.
Agadé : 100, 105-106, 129, 168-169, 240, 250 n. 29.
AGAMEMNON (roi légendaire de Mycènes et d'Argos) : 46, 444 n. 36.
AGGA (fils d'Enmebaragesi, roi de Kiš, adversaire de Gilgameš dans le récit *Gilgameš et Agga)* : 98, 343.
AHAM-NIRŠI (habitante de Sippar) : 290.
AHATIMA (habitante de Šaduppum) : 298.
AHÎ-MARAṢ (habitant de Šaduppum) : 298.
AHIQAR/ABA-ENLIL-DÂRI (haut fonctionnaire assyrien, personnage d'un roman qui porte son nom) : 143, 342, 351-352, 476 n. 30.
AHMED FETHI Pacha (ministre et Grand Maître de l'artillerie de l'Empire ottoman, à l'origine du premier musée de l'Empire ottoman ouvert en 1850, meurt en 1858) : 40.
AKÂN : 302.
AKHÉNATON : voir AMÉNOPHIS IV.
Akkad/Akkadiens : 12, 17, 74, 100, 102, 105-106, 115, 123-124, 128, 145, 157, 159, 162, 164-165, 168-169, 171, 179, 215, 222, 224, 240, 249, 255, 262, 273-274, 302, 323, 342, 344, 348, 353, 362, 367, 371, 380, 382, 390, 402, 450 n. 29, 455 n. 40, 484 n. 64.
AKURGAL (roi de la Ire dynastie de Lagaš au IIIe millénaire av. J.-C.) : 259.
AL-ASSAD, Bachar : 70.
AL BAKR, Ahmad Hassan (général, Président de la République d'Irak de 1968 à 1979 où son neveu Saddam Hussein lui succède) : 63.
AL BAKRÎ, Abû 'Ubayd 'Abd Allâh 'Abd al-Aziz ibn Muham-

mad (géographe arabo-andalou dont l'œuvre principale est *Kitâb el Masâslikwa-al-mamalik,* c'est-à-dire *Le livre des routes et des royaumes,* rédigé en 1068) : 25.

AL ISKANDAR : voir ALEXANDRE III LE GRAND.

AL MA'SÛDI, Abû al-Hasan 'Alî ibn al Hussein (historien et géographe arabe né en 893, mort en 936, auteur du *Kitâb Murûdj al-dhahab,* c'est-à-dire *Les prairies d'or) :* 25.

Al Rawda : 67, 90, 182, 449 n. 16.

AL RAWI, F. N. H. : 450 n. 24.

Alalah (actuel Tell Açana) : 127.

Alasia : 112.

Albanie : 26.

Alep : 55, 60, 65, 70, 87-88, 92, 131, 173, 176, 255, 282, 391.

ALEXANDRE III LE GRAND/AL ISKANDAR (fils du roi Philippe de Macédoine ; règne de 356 à 323 av. J.-C. ; vainqueur du roi des Perses, Darius III ; à sa mort, à Babylone, ses généraux se partagent son empire, donnant naissance aux monarchies hellénistiques) : 24-25, 46, 119, 441 n. 5, 460 n. 42.

ALEXANDRE POLYHISTOR (né à Milet au Ier s. av. J.-C., auteur d'un résumé des *Babyloniaca* de Bérose) : 23.

Alexandrie : 32, 340, 440 n. 3.

Algérie : 257.

ALHATI (habitante d'Emar) : 299.

ALI (cousin et gendre de Mahomet, père d'Hussein ; est assassiné à Koufa en 661) : 441 n. 9.

ALLATU (déesse, seconde épouse de Nergal, dieu des Enfers) : 403.

Allemagne/Allemands : 26, 45, 47-50, 52-53, 57-58, 60, 93, 397, 440 n. 1, 444 n. 40 et 41, 448 n. 10, 450 n. 26. Voir Berlin.

ALLENBY, Edmund (maréchal anglais, commandant en chef des troupes alliées en Palestine pendant la Première Guerre mondiale) : 53.

ALSTER, Bendt : 469 n. 16, 473 n. 69.

AMAR-SÎN (roi néo-sumérien de la IIIe dynastie d'Ur, règne de 2046 à 2038 av. J.-C.) : 271.

Amasya : 440 n. 2.

AMEL-MARDUK (roi néo-babylonien, fils de Nabuchodono-

sor II, règne de 652 à 560 av. J.-C., est assassiné par son beau-frère, Nériglissar) : 129.
AMÉNEMHAT III (roi d'Égypte de 1843 aux environs 1797 av. J.-C.) : 254.
AMÉNEMHAT IV (fils du précédent, roi d'Égypte de 1797 à 1790 av. J.-C.) : 254.
AMÉNOPHIS III/NIBMU'WAREYA (roi d'Égypte de 1408 aux environs de 1372 av. J.-C.) : 111, 135.
AMÉNOPHIS IV (roi d'Égypte de 1372 à 1354 av. J.-C., ayant pris le nom d'Akhénaton ; époux de Néfertiti, il abandonne Thèbes pour une nouvelle capitale, Akhétaton, aujourd'hui El Amarna) : 325.
AMIET, Pierre : 458 n. 23.
Amman : 61, 446 n. 54.
AMMI-ṢADUQA (roi de Babylone de 1646 à1626 av. J.-C.) : 99, 185, 457 n. 21, 488 ill. 1.
AMON (dieu égyptien de la ville de Thèbes, devient la principale divinité du panthéon égyptien) : 256.
Amorrites (peuple ouest-sémitique qui s'installe en Mésopotamie à la fin du IIIe millénaire av. J.-C.) : 12, 101, 108-109, 134, 215, 273, 325, 453 n. 11, 473 n. 2.
Amurru : 112.
AN (sumérien)/(akkadien) ANU (dieu du ciel) : 126-127, 130, 165, 217, 231, 294, 306, 341, 363, 372, 381-383, 385-386, 393-394, 400, 403, 461 n. 54, 481 n. 33, 34 et 35.
Anatolie/Anatolien/Cappadoce : 12, 46, 48, 65-66, 109, 111, 225, 231, 239, 243, 247, 249-251, 253, 255, 273, 288, 301, 319, 328, 440 n. 2, 485 n. 69.
ANDRAE, Walter (archéologue allemand, fouille Assur de 1903 à 1914) : 50, 56.
Andrinople : 27.
Angleterre, Anglais, Anglo-Saxons : voir Grande Bretagne.
Anšan (actuel Tell-i Malyan) : 105.
ANŠAR (dieu akkadien, père d'Anu et grand-père d'Ea selon l'*Enûma eliš*) : 479 n. 7.
Antarès (étoile de la constellation du Scorpion) : 362.
Antioche : 59.
ANTIOCHOS Ier (fils de Séleucos Ier, règne sur la Syrie de 280 à 261 av. J.-C.) : 22, 483 n. 47.

ANTIPATER DE SIDON (poète grec du IIe s. av. J.-C., on lui attribue la liste des sept merveilles du monde) : 440 n. 2.
ANU-ABI-UTTERI (scribe du IIe s. av. J.-C) : 340.
ANU-AHU-IDDINU (bibliothécaire du IIe s. av. J.-C) : 340.
ANU-MÛKÎN-APLI (scribe du IIe s. av. J.-C) : 340.
ANUNNAKU (grands dieux, juges des morts) : 375, 406, 409.
ANZÛ (aigle fabuleux à tête de lion) : 360, 381.
Apamée sur l'Oronte : 23, 59.
Aphrodisias : 49.
APHRODITE (déesse grecque de la beauté) : 384.
Apiak : 455 n. 41.
APSÛ (dieu akkadien des eaux souterraines primordiales, époux de Tiamat dans l'*Enûma eliš*) : 371-372, 376, 381, 383, 401.
Arabie : 31, 48, 64, 118, 242, 258, 442 n. 15.
Arad : 104.
Arallu : 405.
Araméens (peuple ouest-sémitique qui s'installe en Mésopotamie à partir des XI-Xe s. av. J.-C.). 113, 215, 273.
ARAMONT, Gabriel de Luetz d' (diplomate français né au début du XVIe s., mort en 1553, ambassadeur de France à Constantinople à partir de 1546) : 28.
Aratta : 145, 158-159, 239-240, 262, 317, 344.
Arbèles (actuelle Erbil) : 197, 391.
ARCHIMÈDE (savant grec né en 287, mort en 212 ; on lui attribue l'invention de la vis sans fin, la poulie mobile, la roue dentée et le principe de l'hydrostatique) : 198, 357.
ARDA-MULISSU/ARDA-MELECH (Bible) (fils du roi néo-assyrien Sennachérib au VIIe s. av. J.-C., aurait aimé succéder à son père qui lui préfère Assarhaddon) : 116, 143.
ARDAT-LILÎ (démone) : 386.
Arménie : 28, 315.
ARPAKŠAD (patriarche biblique) : 452 n. 3.
Arrapha : 212, 229.
ARRIEN, Flavius (philosophe et historien grec du début du IIe s. av. J.-C., né à Nicomédie en Bithynie, auteur du *Manuel d'Épictète* et d'une histoire d'Alexandre le Grand intitulée l'*Anabase*) : 441 n. 5.
Arslan Tepe : 485 n. 69.

ARTAXERXÈS II (roi de Perse de 404 à 359 av. J.-C.): 199.
ARURU (déesse-mère): 376.
Arzawa: 112.
ASAKKU (démon vaincu par le dieu Ninurta d'après le *Lugal-E,* au pluriel sept démons propagateurs de maladies): 369, 371, 386.
ASCLÉPIOS (dieu grec de la médecine): 481 n. 30.
Asie Mineure: 26-27, 40, 45, 49-50, 101, 250, 255.
AŚOKA (souverain indien de la dynastie des Maurya, règne de 274 à 232 av. J.-C., se convertit au bouddhisme vers 257 av. J.-C.): 327.
ASQUDUM (devin du roi Zimri-Lîm de Mari au XVIIIe s. av. J.-C.): 364.
ASSARHADDON (fils de Sennachérib, père d'Assurbanipal, roi néo-assyrien, règne de 680 à 669 av. J.-C.): 116, 127-128, 139-140, 154, 161, 166, 180, 270-271, 297, 328, 337, 339, 351-352, 363, 365, 391, 416, 464 n. 79.
Assur (actuelle Qalaat-Šergat): 39, 42, 45, 50, 86, 109, 116, 123, 148, 184, 204, 223, 247, 249-250, 288, 311, 339, 395-397, 414-416, 462 n. 59, 478 n. 3, 488 ill. 6 et 7.
ASSUR (dieu de la ville d'Assur et de l'Assyrie): 114, 127, 132,148, 170, 296-297, 379, 385, 392-393.
ASSURBANIPAL (fils d'Assarhaddon, roi néo-assyrien, règne de 669 à 630/627 av. J.-C.): 43, 82, 116-117, 122, 139-140, 142, 156, 160-161, 166-167, 195, 214, 237, 266-267, 296, 327-328, 331, 337, 339, 343, 351, 359, 363, 379, 398, 415-416, 453 n. 18, 455 n. 35 et 36, 464 n. 75, 477 n. 38.
ASSUR-BÊL-KALA (roi médio-assyrien, règne de 1073 à 1056 av. J.-C.): 414.
ASSUR-ŠARRAT (épouse du roi néo-assyrien Assurbanipal): 142.
ASSURNAŞIRPAL II (fils de Salmanazar III, roi d'Assyrie de 883 à 859 av. J.-C.): 39, 142-143, 193, 197, 268, 270, 310, 315, 337, 414.
Assyrie/Assyriens: 11, 15, 21-22, 39, 78, 81, 86, 96-97, 105, 109, 111-114, 117, 127-128-135, 138-140, 142, 148, 155, 157, 165-167, 169-170, 172, 176, 178, 181-182, 192, 200, 214, 227, 237, 245, 249, 251, 266, 269-271, 277, 280-281,

289, 291, 293, 296, 301, 303, 308, 326, 328, 339, 345, 351-352, 363-365, 385, 389, 391, 393, 396, 402-403, 414, 416-417, 442 n. 21, 443 n. 28, n. 35, 448 n. 3, n. 7 et 9, 451 n. 31, 456 n. 4, n. 6, 459 n. 26, 462 n. 59, 464 n. 79, 466 n. 20, 467 n. 31, 470 n. 38, 473 n. 5, 478 n. 3, 480 n. 21, n. 26.

ASTARTÉ (déesse) : 186, 484 n. 64.

Astata : 181.

ASURMENDI, Jesus : 481 n. 36.

AŠNAN (dieu) : 203.

AŠŠUR-NADIN-ŠUMI (fils du roi néo-assyrien Sennachérib, règne sur Babylone de 699 à 694 av. J.-C.) : 267.

AṢU-ŠU-NAMIR (créature fabuleuse envoyée pour ramener Ištar des Enfers) : 306.

ATATÜRK : voir KEMAL ATATÜRK.

ATHÉNA (déesse grecque de la sagesse et de l'intelligence) : 384.

Athènes : 40, 48-49, 56.

ATRA-HÂSIS (héros mésopotamien, survivant du Déluge d'après le mythe qui porte son nom) : 341, 375-379, 478 n. 1, 480 n. 19.

Autriche/Autriche-Hongrie : 53, 444 n. 41.

AWAD, Nazir : 449 n. 16.

AWÎL-SÎN (habitant de Sippar) : 275.

AYA (déesse akkadienne, épouse de Šamaš) : 151.

AYNARD, Jeanne-Marie : 455 n. 37.

BA'AL (« Maître », titre donné à plusieurs dieux ouest-sémitiques dont en particulier Adad qu'il finit parfois par désigner) : 186, 256.

BA'AL-BÊLU (habitant d'Emar au XIIIe s. av. J.-C) : 282.

BA'AL-MALIK (devin résidant dans la ville d'Emar, fils de Ba'al-Qarrad, au XIIIe s. av. J.-C.) : 282, 339.

BA'AL-QARRAD (devin résidant dans la ville d'Emar au XIIIe s. av. J. -C.) : 339.

Baalbek : 60.

Babel (tour) : 23-24, 107, 388.

Babylone/Šuanna (nom biblique) : 13-14, 22-25, 31, 34, 50, 68, 74-75, 82-85, 100, 109, 115-119, 123, 126, 130, 134-

136, 147-149, 151, 166-167, 170-172, 176-177, 179, 181-183, 187, 198-200, 203-205, 208, 212, 215-216, 218-119, 224, 231, 238, 249, 252, 267, 275-276, 284, 296, 311, 318, 329, 339, 345-347, 362, 373, 375, 385, 387-388, 390-391, 394, 398, 440 n. 2, n. 4, 448 n. 3, 449 n. 20, 451 n. 37, 452 n. 5, 454 n. 24, n. 26, n. 28, 455 n. 36, 457 n. 17, 460 n. 46, 461 n. 48, 468 n. 8, 469 n. 19, 473 n. 5, 474 n. 10, n. 14, 476 n. 22, 477 n. 34, 481 n. 39, 488 ill. 4.

Babylonie/Karduniaš (nom kassite)/ Šinéar (nom biblique)/ Babyloniens : 12, 21-22, 25, 41, 50, 68, 78, 82, 86, 97, 99-100, 110-111, 113-115, 117-119, 123, 129-131, 135, 138, 143, 147, 149, 165, 167, 169-172, 181, 199, 210, 215, 219, 225, 277, 236, 249-251, 269, 271, 273, 291, 302, 339, 346, 370, 373, 385-386, 389, 394, 404, 443 n. 35, 448 n. 3, 450 n. 28, 451 n. 33, n. 36, 461 n. 49, 464 n. 74, 465 n. 11, 473 n. 5, 476 n. 23, 480 n. 36, 483 n. 47. Voir aussi Babylone.

Bad Tibira : 167.

Badakshan : 242.

Bagdad : 18, 26, 31-33, 48-49, 52, 55, 58, 62, 68-69, 89, 283, 337, 440 n. 4, 442 n. 16, 445 n. 44, n. 46.

BAHRANI, Zainab : 470 n. 32.

Bahrein : voir Dilmun.

Balawat : 193, 467 n. 32.

BALFOUR, Arthur James, comte de (homme politique britannique, leader du parti conservateur ; Premier ministre de 1902 à 1906 et secrétaire d'État aux Affaires étrangères de 1916 à 1919 ; auteur d'une lettre publiée le 2 novembre 1917 dans laquelle il indique que son gouvernement est favorable à la création d'un « foyer national juif » ; signataire du traité de Versailles) : 53.

BALIKH (fils du premier roi de Kiš, Etana, d'après le mythe qui porte le nom de ce dernier) : 126.

BALTHAZAR : voir BÊL-ŠAR-UṢUR.

BARGE, Olivier : 449 n. 16.

BARRÈS, Maurice (écrivain et homme politique français né en 1862, mort en 1923) : 60, 446 n. 51.

Bassora : 32, 47-48, 52.

BATTINI, Laura : 459 n. 27, 463 n. 64.

BEAUCHAMP, Joseph de (abbé et astronome, né en 1752, mort en 1801, vicaire général à Bagdad en 1786) : 31.
BECKER, Helmut : 449 n. 15.
BECKMAN, Gary : 471 n. 51.
Behistun : 41-42.
BÊLÂNUM (habitant de la Diyala) : 475 n. 20.
BÊLET-ṢÊRI (scribe de la reine des morts Ereškigal) : 330, 403.
BÊLGAŠER (dieu de Šaduppum) : 211.
Belgique : 444 n. 41.
BELL, Gertrude (archéologue anglaise née en 1868, morte en 1926) : 52, 54, 445 n. 44.
BÊL-ŠAR-UṢUR (renverse le roi babylonien Lâbasi-Marduk et place son propre père Nabonide sur le trône de Babylone avant de se révolter contre lui ; aurait inspiré le personnage de Balthazar présenté dans le *Livre de Daniel* comme le fils de Nabuchodonosor) : 129.
BELTANI (épouse du roi Rim-Sîn de Larsa) : 288.
BÊL-UŠÊZIB (astrologue sous le roi néo-assyrien Assarhaddon au VIIe s. av. J.-C) : 365.
BENJAMIN DE TOLÈDE (rabbin né à Tolède, mort en 1173) : 24.
Berlin : 60, 354, 482 n. 43, 488 ill. 7. Voir Allemagne.
BÉROSE (babylonien, prêtre du dieu Marduk au début du IIIe s. av. J.-C., auteur des *Babyloniaca* connues aussi sous le nom de *Chaldaïca ;* il y trace les grands traits de l'histoire et de la civilisation babyloniennes) : 22, 199, 318, 400, 483 n. 47.
BESNIER, Marie-Françoise : 460 n. 46.
BEYAZID II (sultan ottoman qui règne de 1481 à 1512, fils de Mehmed II) : 27.
BEYER, Dominique : 458 n. 24.
Beyrouth : 51, 55, 61, 176, 446 n. 54.
BIGA, Maria Giovanna : 471 n. 47.
BIROT, Maurice : 465 n. 8.
Birs Nimrud : voir Borsippa.
Bît-Adini : 270.
BIYURASIB (géant fondateur de Babylone selon certaines légendes arabes) : 25.

Bizerte : voir Hippo.
Black, Jeremy : 481 n. 40.
Blomquist, Tina Haettner : 462 n. 62.
Boghazköy : voir Hattuša.
Bombay : 32.
Bonaparte, Napoléon (général, né à Ajaccio en 1769, se distingue durant le siège de Toulon en 1793 ; nommé général de brigade, il dirige la campagne d'Italie en 1796 ; sous le Directoire, il mène l'expédition d'Égypte — 1798-1799 —, rentre en France où, le 18 brumaire, c'est-à-dire le 9 novembre 1799, il fait un coup d'État à la suite duquel il est nommé consul avant de devenir empereur sous le nom de Napoléon Ier le 2 décembre 1804) : 14, 32.
Borromeo, Elisabetta : 442 n. 14.
Borsippa (actuelle Birs Nimrud) : 148, 151, 193, 339, 389, 440 n. 4, 461 n. 49, 481 n. 31.
Botta, Paul-Émile (médecin, botaniste, archéologue et diplomate français, né en 1802, mort en 1870, fouille notamment Khorsabad, l'ancienne Dûr-Šarrukîn) : 36-37, 443 n. 25 et 26.
Bottéro, Jean : 454 n. 26 et 27, 469 n. 18, 472 n. 59, n. 64, 476 n. 26, 478 n. 2 à 4, 479 n. 5, n. 9, n. 11, n. 13, n. 16, 480 n. 23, 482 n. 46, 483 n. 55, 485 n. 72, 486 n. 75.
Boudier, Thomas : 449 n. 16.
Bourgogne : 28.
Bourqueney, baron puis comte de (diplomate et homme politique français né en 1799, mort en 1869, ambassadeur de France dans l'Empire ottoman de 1843 à 1851) : 37.
Brüschweiler, Françoise : 461 n. 48, 483 n. 57.
Bukht Nassar (roi de Babylone selon certaines traditions arabes) : 25.
Burmarina (actuel Tell Šioukh Faouqâni) : 66.
Butterlin, Pascal : 136, 457 n. 12.
Byblos : 59, 240, 244, 253-254, 257, 325.
Byron, George Gordon, Lord (poète anglais né en 1788 et mort en 1824, influence le mouvement romantique français) : 32.
Byzantins : 24, 27.

Cabassa : 49.
Cadelli, Danielle : 471 n. 41.
Calais : 445 n. 46.
Cambon, Paul : 42, 56.
Camp David (accords de) : 63.
Campbell-Thomson, Reginald (archéologue britannique né en 1876, mort en 1941, fouille Ninive, Ur et Karkémiš) : 53.
Cappadoce : voir Anatolie.
Cardascia, Guillaume : 453 n. 15, 468 n. 7.
Carthage : 257.
Castel, Corinne : 449 n. 16.
Caucase : 21.
Cauvin, Jacques : 456 n. 2.
Cavigneaux, Antoine : 136.
Chagar Bazar : 59, 445 n. 46.
Chaldéens (peuple ouest-sémitique qui s'installe en Mésopotamie au Ier millénaire av. J.-C.) : 113, 270, 451 n. 36.
Champollion, Jean-François (égyptologue français né en 1790 et mort en 1832, déchiffre les hiéroglyphes égyptiens en 1822) : 15.
Charles Quint (né en 1500, roi d'Espagne en 1516, empereur d'Allemagne en 1519 ; s'oppose au roi de France François Ier et au sultan ottoman Soliman le Magnifique ; abdique en 1555) : 28.
Charles, M. P. : 465 n. 6.
Charlier, P. : 473 n. 68.
Charpin, Dominique : 448 n. 3, 449 n. 20, 453 n. 11, 454 n. 28, 455 n. 36, 462 n. 63, 466 n. 23, 468 n. 3, n. 8, 469 n. 19, n. 22, 473 n. 5, 474 n. 7, n. 10, n. 14, 476 n. 21.
Chateaubriand, François René, vicomte de (écrivain et homme politique français né en 1768, principal initiateur du voyage en Orient par son *Itinéraire de Paris à Jérusalem* et du mouvement romantique français, il meurt en 1848) : 33, 40.
Chatt el-Arab : 63.
Chesney, Francis Rawdon : 34, 442 n. 18.
Chevalier, Nicole : 442 n. 19 et 20, 443 n. 26, n. 32, n. 34, n. 36, 445 n. 43.

CHILDE, Vere Gordon : 175, 456 n. 1.
CHIPIEZ, Charles : 462 n. 59.
CHRISTIE (-MALLOWAN), Agatha (romancière britannique née en 1891, morte en 1976, épouse de l'archéologue Max Mallowan) : 55, 445 n. 46.
CHURCHILL, Sir Winston Leonard Spencer (homme politique britannique né en 1874, mort en 1965, membre du parti conservateur, Premier ministre de 1940 à 1945, puis de 1951 à 1955) : 445 n. 44.
Chypre : 119, 243, 255-258, 325, 463 n. 65.
CICÉRON (orateur et homme politique romain né en 106 et mort en 43 av. J.-C.) : 277.
CIVIL, Miguel : 465 n. 9, 472 n. 66, 474 n. 11.
CLUZAN, Sophie : 454 n. 22.
COCQUERILLAT, Denise : 465 n. 11.
COLBERT, Jean-Baptiste (homme politique français né en 1617, Surintendant des Bâtiments en 1664 puis Contrôleur Général des Finances après la chute de Fouquet à laquelle il contribue, garde une grande influence jusqu'en mort en 1683) : 29.
Constantinople/Stamboul/Istanbul : 27, 28, 37, 40, 48, 441 n. 7.
CORÉ (déesse grecque, fille de Déméter) : 484 n. 64.
Croisés : 26.
CTÉSIAS DE CNIDE (grec, médecin du roi de Perse Artaxerxès II, auteur des *Persica*) : 22, 198, 389.
CUNY, Alexandra : 449 n. 16.
CYRUS (roi perse achéménide de 559 à 530 av. J.-C., vainqueur des Babyloniens) : 22, 42, 118, 149, 171, 453 n. 9.
CYRUS LE JEUNE (frère du roi de Perse Artaxerxès II contre lequel il se révolte, meurt en 401 av. J.-C.) : 199.

DADUŠA (habitant de la Diyala) : 475 n. 19.
DAGAN (dieu du Moyen-Euphrate assimilé à Enlil) : 384-385, 448 n. 13.
DALLEY, Stephanie : 460 n. 45, 477 n. 34.
Damas : 49, 55, 58, 61, 70, 446 n. 54.
DAMERJI, Muayad Said : 462 n. 62.
DAMKINA (déesse, femme d'Enki/Ea) : 371, 383.

Danube : 26.
Dardanelles (détroit) : 26.
DARIUS Ier (fils d'Hypastès, achéménide, roi des Perses de 521 à 485 av. J.-C., vaincu par les Grecs à Marathon en 490) : 41-42.
Dauphiné : 28.
DEKIERE, Luc : 448 n. 16.
DELACROIX, Eugène (peintre français né en 1799, chef de file de l'école romantique et de l'orientalisme, on lui doit entre autres *La prise de Constantinople par les Croisés, La mort de Sardanapale*, meurt en 1863) : 33, 172.
DELATTRE, L. : 449 n. 16.
DELOUGAZ, Pinhas : 464 n. 73.
DÉMOCRITE (philosophe grec né vers 460 et mort vers 370 av. J.-C., traducteur en grec du *Livre d'Ahîqar*) : 352.
Denen (font partie des Peuples de la Mer qui s'installent vers 1200-1000) : 112.
DETHIER, Anton (archéologue allemand né en 1803, mort en 1881, directeur du musée impérial à partir de 1874) : 46.
DIDON : voir ÉLISSA.
Dilbat (planète Vénus) : 99, 152, 362-364, 382.
Dilbat (ville) : 455 n. 41.
Dilmun (actuel Bahrein ou île de Failaka) : 65, 106, 117, 240, 254, 287.
DIODORE DE SICILE (historien grec né en 90 av. J.-C, mort vers 20 ap. J.-C., auteur de la *Bibliothèque historique*, sorte d'histoire universelle) : 22, 139, 198, 389.
DIONYSOS (dieu grec de la vigne et de la végétation) : 384.
Diyala : 65, 109, 276, 283, 315, 338, 401, 464 n. 73, 465 n. 6, 476 n. 21.
Djebel Aruda : 181.
Djebel druze : 445 n. 45.
DJESER (roi d'Égypte, fondateur de la IIIe dynastie au XVIIIe s. av. J.-C., célèbre pour son tombeau, une pyramide à degrés construite par Imhotep à Saqqara) : 449 n. 19.
DOHMANN-PFÄLZNER, Heike : 485 n. 70.
DORÉ, Gustave (dessinateur et graveur français né en 1832, mort en 1893, connu entre autres pour avoir illustré la Bible) : 44.

DUCHESNE-GUILLEMIN, Marcelle D. : 482 n. 44.
DUMUZI (sumérien)/(assyrien) TAMMUZ (amant de la déesse Inanna/Ištar) : 132, 145, 150, 152, 407, 465 n. 12, 469 n. 16, 484 n. 64.
DURAND, Jean-Marie : 136, 462 n. 61, 471 n. 46.
Dûr-Kurigalzu (actuelle Aqar Quf) : 111, 389.
Dûr-Šarrukîn/Saro'ûn/Khurustabaz (actuelle Khorsabad) : 25-26, 35-39, 41, 43, 57, 81, 115, 136, 141, 156, 166, 170, 176-178, 180, 183, 187, 189, 192, 195, 200-201, 203, 242, 245, 268, 330,386, 389, 442 n. 21, 443 n. 28, 456 n. 4, 459 n. 26 et 27, 466 n. 20, 488 ill. 2.
Dûr-Untaš (actuelle Tchoga Zanbil) : 178, 184, 197, 389, 458 n. 23.
Dûr-Yahdun-Lîm : 179.
DUSSAUD, René (archéologue français né en 1868, mort en 1958, conservateur du Département des Antiquités orientales au musée du Louvre, fondateur de la revue *Syria*) : 59.

EA (dieu akkadien des eaux douces, de la sagesse et de la magie) : voir ENKI.
EANNATUM (roi de la première dynastie de Lagaš, règne aux alentours de 2450 av. J.-C.) : 144, 146, 259-260.
EBELING, Erich : 478 n. 3.
Ebla (actuel Tell Mardikh) : 65-67, 80, 101, 104, 123, 136, 138, 222, 242, 247, 253, 297, 324, 384, 471 n. 47.
ECKART, Otto : 462 n. 60.
Éden (jardin d') : 21.
Égypte/Égyptiens : 14-15, 23, 27, 31-32, 36, 40, 57, 63, 84, 103, 111-112, 115-117, 134-135, 165-166, 194, 215, 233, 241-242, 253, 256, 267, 271, 325, 352, 412, 443 n. 31, 445 n. 46, 447 n. 57, 465 n. 3, 466 n. 24, 484 n. 65.
EIDEM, Jesper : 448 n. 5.
Ekallâtum : 109, 338, 450 n. 31.
El Amarna : 111, 113, 134, 166, 325.
El Hibé : 256.
El Kowm : 181.
El Assad (lac) : 66.
Élam/Élamites : 74, 107-108, 110-111, 115, 249, 255, 262,

266-267, 276, 280, 340, 355, 363, 398, 458 n. 23, 467 n. 31.

ÉLISSA/DIDON (princesse de Tyr, fondatrice légendaire de Carthage) : 257.

Emar (actuelle Meskéné) : 66, 181-182, 184, 186, 207-209, 238, 255, 282, 292, 296, 299, 314, 339, 361, 457 n. 11, n. 13, 455 n. 22, n. 24 et 25, 471 n. 51.

ENAKALLE (roi d'Umma au IIIe millénaire av. J.-C.) : 259.

ENHEDUANNA (fille du roi Sargon d'Akkad, Grande prêtresse du dieu Nanna à Ur, auteur de nombreux hymnes à la déesse Inanna au IIIe millénaire av. J.-C.) : 106, 342, 390.

ENKI (sumérien)/(akkadien) EA (dieu de la sagesse et des eaux douces) : 126, 306, 370-372, 374-376, 380, 382-383, 385-387, 392-393, 400, 402, 407, 478 n. 1, 483 n. 46.

ENKIDU (compagnon de Gilgameš) : 307, 343, 369, 406, 417, 456 n. 7, 482 n. 45, 484 n. 58.

ENLIL (dieu du vent, époux de Ninlil) : 106, 124-127, 130, 165, 168-169, 188, 202-203, 231, 261, 286-287, 334, 363, 370, 372, 374-376, 380, 382, 385, 392, 394, 450 n. 29.

ENLIL BÂNI (jardinier pris comme substitut du roi d'Isin Erra-imîtti et qui reste sur le trône, règne de 1860 à 1837 av. J.-C.) : 154.

ENMATENA (roi de la Ire dynastie de Lagaš vers 2400 av. J.-C.) : 260.

ENMEBARAGESI (roi de Kiš, père d'Agga) : 98.

ENMERKAR (roi de la première dynastie d'Uruk, ayant régné vers 2750 av. J.-C., inventeur de l'écriture d'après le mythe *Enmerkar et le roi d'Aratta*) : 108, 145, 158-159, 239-240, 262, 317, 343-344.

ENOŠ (patriarche biblique) : 452 n. 3.

Ereš : 455 n. 41.

EREŠKIGAL (déesse sœur d'Inanna, reine des morts, épouse de Gugalanna puis de Nergal) : 132, 306, 329, 370, 383, 400, 402-403, 406-408, 484 n. 59.

ERÎBAM-SÎN (habitant de Šaduppum) : 475 n. 20.

Eridu (actuel Tell Abu Sharein) : 86, 103, 124, 136, 167, 195, 204, 244, 346, 370, 380, 382, 388.

ERIŠUM Ier (roi paléo-assyrien, règne des environs de 1974 à 1935 av. J.-C.) : 249.

ERRA (dieu sumérien de la guerre) : 345.
ERRA-IMITTÎ (roi d'Isin de 1868 à 1860 av. J.-C., mort pendant un rituel de roi substitut) : 154.
ERRA-MALIK (habitant de Nippur) : 291.
ESAGIL-KÎN-APIL (scribe du XIe s. av. J.-C.) : 295.
Ešnunna (actuel Tell Asmar) : 97, 100, 109, 195, 211, 255, 276, 278, 338, 469 n. 11, 471 n. 50, 475 n. 20, 482 n. 44.
ÉSOPE (fabuliste grec des VII-VIe s av. J.-C.) : 352.
Espagne : 28, 257-258.
ETANA (premier roi de Kiš) : 125-126, 144, 380.
État islamique (Daesh) : 70.
États-Unis/Américains : 47, 49, 52, 54-57, 62-64, 67, 70, 446 n. 50, 447 n. 58.
EUCLIDE (mathématicien grec, enseigne à Alexandrie au IIIe s. av. J.-C. sous le règne du roi Ptolémée Ier ; à l'origine de la géométrie plane ; l'axiome qui porte son nom est le suivant : « par un point extérieur à une droite, on ne peut mener qu'une seule parallèle à la droite ») : 356.
Euphrate : 13-14, 21, 25, 34, 59, 63, 65, 66, 103, 104, 112, 128, 176, 179, 180, 181, 183-184, 191, 194-195, 197, 199-200, 205, 210, 218, 227-229, 239-241, 243-244, 255, 261, 270, 315, 373, 413, 442 n. 18, 450 n. 25, 454 n. 23, 457 n. 11, n. 13, n. 21, 458 n. 22, 459 n. 28, 460 n. 32, n. 34, 461 n. 53, n. 56 et 57, 471 n. 51.
EUSÈBE DE CÉSARÉE (évêque né en 265, mort en 340, auteur de l'*Histoire ecclésiastique)* : 23.
ÈVE (personnage biblique) : 480 n. 27.
ÉZÉCHIAS (roi de Juda de 725 à 696 av. J.-C.) : 327.

Fachoda : 444 n. 40.
Failaka (île de) : voir Dilmum.
FALES, Frederick Mario : 461 n. 50.
Faq'ous : 181, 457 n. 13.
Fara : 145, 323, 332.
FASSBINDER, Jörg W. E : 449 n. 15.
FAUCHER, Léon (journaliste, économiste et homme politique français né en 1804, mort en 1854, ministre des Travaux publics puis ministre de l'Intérieur pendant la révolution de 1848) : 40.
FAYÇAL Ier (fils d'Hussein ibn Ali, chérif de la Mecque, dirige

pendant la Première Guerre mondiale la révolte arabe, roi d'Irak de 1921 à 1933): 54, 445 n. 44, 446 n. 49.
FINET, André: 463 n. 63 et 69, 464 n. 1, 468 n. 6, 475 n. 21.
FLANDIN, Eugène Napoléon (dessinateur et archéologue français né en 1809, mort en 1876): 36, 40.
FLAVIUS JOSÈPHE (historien né en 37, mort à Rome en 100, auteur des *Antiquités juives*): 198.
FONTAN, Élisabeth: 443 n. 28.
France/Français: 14-15, 26, 28, 30-35, 37, 39-43, 45-63, 65, 92, 442 n. 19 et 20, n. 22, 443 n. 26, n. 32, n. 34, n. 36, 444 n. 40 et 41, n. 43, 445 n. 45, 446 n. 50, n. 52, n. 54, n. 56, 447 n. 63 et 64, 448 n. 10, 449 n. 16 et 17. Voir Paris.
FRANÇOIS Ier (roi de France de 1515 à 1547, allié de Soliman le Magnifique contre Charles Quint): 28.
FRANÇOIS-FERDINAND, archiduc (neveu de l'empereur François-Joseph et prince héritier d'Autriche-Hongrie, meurt assassiné à Sarajevo en 1914): 444 n. 41.
FRANGIPANE, Marcella: 485 n. 69.
FRÉDÉRIC V (roi de Danemark et de Norvège de 1746 à 1766): 31.
FRESNEL, Fulgence (orientaliste et homme politique français, né dans le Calvados en 1795 et mort à Bagdad en 1885): 41.

GABBI-ILÂNI-ÊREŠ (chef des scribes, à l'origine d'une famille de scribes, médecins et exorcistes royaux): 336.
Gadeira (actuelle Cadix): 257.
GALLAND, Antoine (né dans la Somme en 1646, mort à Genève en 1715, auteur d'une traduction des *Mille et une nuits*): 30.
Ganzer: 405.
GASCHE, Hermann: 99, 450 n. 23.
GAULLE, Charles André Joseph de (général et homme politique français, né en 1890, mort en 1970; pendant la Seconde Guerre mondiale, regroupe sous son autorité les mouvements de résistance et impose la légitimité de la France Libre aux Alliés; à la Libération, met en place la IVe République): 61.
GELLER, Mark J.: 452 n. 41.

Gênes/Génois : 27-28.
George, Andrew R. : 450 n. 24.
Geyer, Bernard : 449 n. 17, 460 n. 32.
Ghirshman, Roman : 458 n. 23.
Gihôn : 21.
Gilgameš (roi de la première dynastie d'Uruk, 2650 av. J.-C., personnage légendaire d'un certain nombre de récits) : 13, 78, 90, 108, 124, 145, 179, 195, 241, 262, 307, 329, 337, 341-344, 369, 400-401, 404, 406, 409, 413-414, 417, 449 n. 15, 452 n. 1, 456 n. 7, 471 n. 59, 478 n. 2, 482 n. 45, 483 n. 48, n. 50, 484 n. 58, 486 n. 75.
Giritab : 455 n. 41.
Girmua : 197.
Girsu (actuelle Tello) : 47-48, 57, 85, 144, 230, 259, 261, 444 n. 38 et 39, 450 n. 30, 454 n. 30, 467 n. 28.
Gišadu (nourrice d'Iš'ar-Damu, roi d'Ebla) : 297.
Glassner, Jean-Jacques : 449 n. 21, 473 n. 1, 476 n. 24, 479 n. 10.
Golfe Arabo-persique : 21, 27, 105-106, 110, 114, 165, 221-223, 225, 237, 239-240, 244, 253-254, 274, 325.
Göttingen : 42.
Gouraud, général Henri Eugène (né à Paris en 1867, Résident général au Maroc en 1916-1917, Haut commissaire de France en Syrie et au Liban de 1919 à 1923, meurt en 1946) : 58.
Grande-Bretagne/Britanniques : 15-16, 29, 31-35, 37-38, 41-43, 45, 51-53, 60, 63, 65, 83, 442 n. 22, 444 n. 40, 445 n. 45. Voir Londres.
Grandpierre, Véronique : 456 n. 5, 469 n. 11, 471 n. 50, 475 n. 20, 476 n. 25, 482 n. 44.
Grèce/Grecs : 14, 18-19, 21-23, 30, 32, 40, 46, 71, 78, 83-84, 100-101, 114, 117, 119, 198-199, 210, 233, 256-263, 301-302, 352, 389, 398, 443 n. 31, 444 n. 36, 461 n. 59, 462 n. 61, 471 n. 51.
Green, Anthony : 481 n. 40.
Gregori, Barbara : 459 n. 30.
Grotefend, Georg Friedrich (philologue allemand, né en 1775, mort en 1853 ; est à l'origine du déchiffrement des titulatures royales écrites en vieux perse) : 42.

Guadalquivir : 257.
Gudéa (roi de la seconde dynastie de Lagaš ayant régné de 2120 à 2100 av. J.-C.) : 57, 85, 107, 125, 130, 142, 156, 164, 201, 242, 302, 345, 444 n. 39, 450 n. 30, 454 n. 30.
Gu-edenna : 259-260.
Gugalanna (dieu, premier mari d'Ereškigal, reine des morts) : 402-403.
Guillaume II (petit-fils de Guillaume Ier Hohenzollern, roi de Prusse et empereur d'Allemagne, auquel il succède en 1888 ; s'oppose ainsi à la France au Maroc en 1905 et, par son action dans les Balkans, inquiète également la Russie, la France et l'Angleterre ce qui mène à la Première Guerre mondiale : vaincu, il cherche refuge aux Pays-Bas où il abdique le 28 novembre 1918) : 49.
Gula (déesse sumérienne de la médecine) : 358, 388, 393-394, 480 n. 24.
Gutium/Gutis : 97, 106, 124-125, 169, 262, 450 n. 29.
Guzana : 133.

Habsbourg (famille originaire de la Souabe, conquiert au XIIe s. des terres en Suisse et en Alsace ; par la suite ses différents membres occupent le trône impérial d'Allemagne, les royautés de Bohême, de Hongrie, d'Espagne, d'Autriche — qui deviendra ensuite empire d'Autriche-Hongrie —, des Pays-Bas et d'une partie de l'Italie ; règnent aussi sur une partie du Nouveau Monde) : 28.
Habuba Kabira : 181, 188, 209, 317.
Hacilar : 65.
Hadad-yis'i (fils du roi/gouverneur de Guzana) : 133.
Haditha : 457 n. 20.
Hadrumède (actuelle Sousse) : 257.
Haldia (dieu des Ourartéens) : 330.
Hama : 59.
Hammurabi (roi de la Ire dynastie de Babylone, règne de 1792 à 1750 av. J.-C.) : 68, 74-76, 81, 97-101, 109-110, 122, 126-127, 130, 132, 136, 139, 141-142, 155, 157-158,165, 176, 181-188, 195, 212, 224, 226, 231, 234-235, 241, 251, 267, 275-276, 278-279, 284, 289-291, 293, 359, 404, 452 n. 5, 462 n. 63, 463 n. 68 et 69, 464 n. 1, 466

n. 14, 468 n. 6, 469 n. 13 à 15, 470 n. 28, n. 38, 471 n. 39 et 40, 473 n. 2, 474 n. 14, 481 n. 39.
HANADIRBA (dieu, fils de Namtar) : 403.
HANSEN, Thorkild : 442 n. 15.
Haradum (actuel Khirbet ed Diniye) : 183, 185, 209-210, 457 n. 20 et 21, 488 ill. 1.
Harappa : 105, 254.
HAROUN AL-RACHID (calife abbasside de Bagdad, règne de 786 à 809, personnage des *Mille et une nuits) :* 26.
Harran : 118, 172.
HARRIS, Rivkah : 214, 464n. 76, 466 n. 23.
Hassek Hüyük : 181.
Hatti : voir Hittites.
Hattuša (actuelle Boghazköy) : 212, 363.
Haute-Mésopotamie (royaume de) : 12, 70, 109, 451 n. 31.
Havila : 21.
HEBATE (habitante d'Emar) : 299.
Hébreux : 277.
HEDIMKU (déesse, fille de Namtar) : 403.
HENRI II (fils de François Ier, règne de 1547 à 1559) : 28.
HÉRARD (banquier de Paul-Émile Botta) : 37, 443 n. 25.
Herculanum : 84.
HÉRODOTE (historien grec, né vers 484, mort vers 420 av. J.-C., rapporte dans ses *Histoires* l'histoire et les légendes des territoires qu'il traverse pendant ses voyages) : 22, 117, 139, 182, 253, 257, 358, 450 n. 25, 451 n. 38, 481 n. 32.
Hiérakonpolis : 253.
HINK, Edward (pasteur irlandais, l'un des déchiffreurs en 1857, de l'une des langues sémitiques anciennes utilisée en Mésopotamie, l'akkadien, écrite en cunéiforme) : 16-17.
Hippo/Bizerte : 257.
Hippone : 257.
HIRAM (roi de Tyr présenté dans la Bible comme contemporain du roi Salomon) : 257.
Hissarlik : voir Troie.
Hittites (peuple indo-européen ; s'installe en Anatolie et fonde le royaume du Hatti) : 78, 98, 111-112, 134, 166,

181, 186, 216, 255, 269, 271, 273, 277-278, 311, 325, 346, 452 n. 2.
Homs : 485 n. 70.
Hongrie/Hongrois : 26, 28. Voir Autriche.
HOROWITZ, Wayne : 483 n. 56.
HORSNELL, Malcom John Albert : 449 n. 20.
HØYRUP, Jens : 477 n. 33.
Hubur : 405.
HUGO, Victor (né en 1802, mort en 1885 ; auteur des *Orientales*, il devient le chef de file de l'école romantique et se lance dans la politique lors de la révolution de 1848 ; proscrit sous le Second Empire, il se réfugie à Jersey jusqu'en 1870) : 33.
HULALUM (secrétaire particulier du roi Samsî-Addu) : 331.
HUMUT-TABAL (dirige la barque qui mène au royaume des morts) : 405-406.
HUNGER, Hermann : 475 n. 19.
HUOT, Jean-Louis : 69, 456 n. 1 et 2, 457 n. 11, 458 n. 22, 460 n. 35.
Hurrama : 251.
Hurrites/Mitanni (peuple venu des montagnes du nord-est, s'installe en Haute-Mésopotamie à partir du IIIe millénaire av. J. C. ; aux XV-XIVe s. apparaît un État, le Mitanni, à très forte composante hurrite qui au XIIIe s. av. J.-C. tombe sous les coups des Hittites et des Assyriens) : 12, 78, 111, 127, 216-127, 273, 311, 325.
HUŠBISAG (déesse, femme de Namtar) : 403.
HUSSEIN (fils d'Ali et de Fatima, petit-fils de Mahomet, né en 626, s'insurge contre les Omeyyades ; tué en 680 à Kerbala, est vénéré comme martyr par les chiites qui le considèrent comme le calife légitime) : 441 n. 9.
HUSSEIN ibn Ali (chérif de La Mecque et chef de la famille des Hachémites, né vers 1853, mort en 1931, déclenche la révolte arabe en 1916 contre l'Empire ottoman, père du roi Fayçal d'Irak) : 53, 446 n. 49.
HUSSEIN, Saddam (né vers 1937, sunnite, membre du parti baas, milite dès les années 1950 pour l'unité arabe, participe au coup d'État avorté contre le roi Fayçal II en 1956, à la tentative d'assassinat contre le général Kassem

en 1959, contre le président Abdel Salam Aref en 1964 ; après le coup d'État de 1968 est nommé vice-président du bureau révolutionnaire par son oncle le général Ahmad Hassan al'Bakr alors président de la République ; en 1971 devient vice-président de la République, puis en 1979 président de la République jusqu'en 2006 où il est exécuté pour crime contre l'humanité) : 63-64, 447 n. 57.

Huşur : 198.

HUWAWA (gardien mythique de la forêt des cèdres dans l'*Épopée de Gilgameš*) : 343.

Hyksos (nom donné par l'historien égyptien Manéthon aux peuples qui envahissent l'Égypte aux XVIIIe-XVIe s. av. J.-C.) : 12, 101.

HYSTAPES (satrape perse, père de Darius Ier au VIe s. av. J.-C.) : 42.

IGIGÛ (divinités secondaires) : 375.

ILI-AŠU (habitante de Nippur) : 291.

ILU-ŠUMA (roi paléo-assyrien du début du IIIe millénaire av. J.-C.) : 249.

IMPARATI, Fiorella : 463 n. 66.

INANNA (en sumérien)/(en akkadien) IŠTAR (déesse de l'amour et de la guerre) : 31, 68, 93, 106,117, 125, 128, 132, 144-146, 149-152, 158-159, 167, 169, 187-188, 199, 202-203, 205, 218, 235, 342, 294, 305-306, 363, 380, 382-384, 391, 397, 399-400, 406-408, 451 n. 37,465 n. 12, 481 n. 39, 483 n. 57, 484 n. 64 et 65.

Indes : 30, 32, 34.

Indes, Compagnie des : 17, 29, 32-33, 37, 41.

Indus/Meluhha : 105, 106, 110, 221-222, 240, 242, 253, 254, 450 n. 27.

IPHUR-KIŠ (roi de Kiš, adversaire du roi d'Akkad : Narâm-Sîn au IIIe millénaire av J.-C.) : 163.

Irak : 15, 18, 22, 27, 53-55, 57-64, 67-68, 70, 81-82, 85, 90, 183, 212, 245, 315, 410, 445 n. 44 et 45, 446 n. 49, n. 56, 447 n. 59, 474 n. 9.

Iran : 12, 62, 90, 119, 184, 231, 239, 243, 317, 320, 355, 446 n. 56, 453 n. 17, 458 n. 23.

Ishchali : 476 n. 21.

ISIMUD (dieu, serviteur d'Enki)/en akkadien USMÛ (dieu serviteur d'Ea) : 386.
Isim-Yahdun-Lîm (canal) : 230-231.
Isin (actuel Išân Bahrîyat) : 124, 261, 388, 455 n. 41.
IŠ'AR-DAMU (roi d'Ebla vers 2300 av. J.-C.) : 297.
IŠHI-ADDU (roi de Qatna au XVIIIe s. av. J.-C.) : 287.
IŠKUR (en sumérien)/(en akkadien) ADAD/(en amorrite) ADDU (dieu de l'orage) : 133, 139, 159, 173, 179, 188, 196, 204, 383, 385, 394, 459 n. 27.
Israël : 61, 63.
Istanbul : voir Constantinople.
IŠTAR (déesse akkadienne de l'amour et de la guerre) : voir INANNA.
IŠTAR-LÂ-TAŠIYAT (habitante d'Arbèles) : 392.
IŠTAR-ŠUMU-EREŠ (chef des scribes sous le roi néo-assyrien Assurbanipal au VIIe s. av. J.-C) : 161.
IŠTAR-UMMI (habitante de Nippur) : 291.
Italiens : 26, 54, 104.

JACOBSEN, Thorkild : 124, 465 n. 6, 479 n. 12, n. 15, 480 n. 25, 483 n. 51.
Jalès : 227.
Japon : 65.
Jarville : 88.
Jemdet Nasr : 136, 317, 354.
Jérusalem : 13, 14, 51, 56, 117, 347, 440 n. 1.
JOANNÈS, Francis : 185, 457 n. 21, 461 n. 49, 471 n. 49.
JOB (personnage biblique) : 476 n. 27.
JORDAN, Julius (archéologue allemand, fouille Uruk avant de devenir directeur du musée de Bagdad au début des années 1930) : 50, 58.
Jordanie : 61, 69, 70.
Juda/Judée/Judéens : 48, 118, 216, 269, 327, 347.
Jupiter (dieu, chef du panthéon romain) : 25.
Jupiter (planète) : 152, 364, 389.

KABTI-ILÎ-MARDUK (rédacteur du *Mythe d'Erra*) : 342.
KADAŠMAN-ENLIL Ier (kassite, roi de Babylone de 1374 à 1360 av. J.-C.) : 134, 135.

KAKA (dieu, messager d'An): 406.
Kalam: 123, 162.
KALBU (fils de Nabû-êṭir, devin sous le roi néo-assyrien Sennachérib au VIIe s. av. J.-C.): 365.
Kalhu/(dans la Bible) Kalah/(actuelle Nimrud et Tell 'Azar): 39, 69, 114, 116, 136, 141-143, 156, 166, 170, 180, 193, 197, 268, 270, 301, 303, 305, 310, 330, 414, 416.
KÄMPFER, Engelbert (médecin allemand de la compagnie néerlandaise des Indes orientales, né en 1651, mort en 1716; qualifie en 1712 les signes de « cunéiformes »): 30.
Kaneš (actuel Kültepe): 109, 216, 247, 250-251.
Karduniaš: voir Babylonie.
Karkémiš: 53, 60, 112, 128, 255, 315.
Karnak: 112.
Kâr-Salmanazar: voir Til Barsip.
Kâr-Tukulti-Ninurta: 178-179, 197.
KASSEM, Abd al-Karim (général et homme politique irakien, né en 1914, participe au putsch militaire nationaliste qui renverse en 1958 la monarchie hachémite et, une fois la République proclamée, instaure un pouvoir personnel avant d'être renversé à son tour en 1963 par un groupe d'officiers de tendance baassiste): 62-63, 447 n. 57.
Kassites (peuple à l'origine inconnue, apparaît dans la documentation au XVIIIe s. av. J.-C.; ils règnent sur Babylone des environs de 1595 av. J.- C. — l'invasion des Hittites ayant provoqué la chute de la Ire dynastie — jusqu'en 1155 av. J-C. où ils tombent sous les coups des Élamites): 12, 99, 110-111, 124, 134, 216, 264, 273, 357, 362, 394, 396, 451 n. 32 et 33.
KATZ, Dina: 485 n. 66.
Kayséri: 250.
Kazallu: 455 n. 41.
KEMAL ATATÜRK, Mustafa Kemal Pacha, dit (général né à Salonique vers 1881; repousse les Alliés des Dardanelles pendant la Première Guerre mondiale; après la défaite, la chute de l'Empire ottoman et le traité de Sèvres, prend la tête d'un mouvement de résistance et instaure la République de Turquie; meurt en 1938): 54.
Kenger: 123.

KEPINSKI-LECOMTE, Christine : 457 n. 21.
Kerbala : 441 n. 9.
Khabur : 103-104, 243-244.
Khirbet ed Diniye : voir Haradum.
KHOMEINY, ayatollah Ruhollah (chef religieux et homme politique né en 1902, exilé par le chah d'Iran en 1964, s'installe en Irak dont il est expulsé en octobre 1978 et se réfugie en France jusqu'à son retour triomphal en Iran le 1er février 1979 après la chute du chah ; meurt en 1989) : 63, 446 n. 56.
Khorsabad/Khurustabaz : voir Dûr-Šarrukîn.
KI (déesse sumérienne, la Terre) : 369, 383, 481 n. 33 à 35.
Kilizu : 197.
KINANATUM (habitante de Šaduppum) : 298.
KINGU (dieu babylonien, époux de Tiamat, sacrifié pour fabriquer l'homme) : 376, 381, 383.
Kirkouk : 54.
Kiš : 50, 57, 98, 103, 105-106, 123-125, 128, 133, 136, 162-163, 168-169, 194, 259-260, 343, 410, 455 n. 41, 485 n. 69.
KIŠAR (déesse akkadienne, femme d'Anšar, mère d'Anu et grand-mère d'Ea selon l'*Enûma eliš*) : 479 n. 7.
Kode : 112.
KOLDEWEY, Robert (architecte et archéologue allemand, né en 1855, mort en 1929, fouille Babylone et Borsippa) : 50, 85, 199, 441 n. 5.
Koufa : 441 n. 9.
Koweit : 62, 64, 68.
KRAMER, Samuel Noah : 454 n. 26, 465 n. 9, 469 n. 18, 475 n. 15 et 16, 478 n. 2 à 4, 479 n. 9, n. 11, n. 14, n. 16, 480 n. 23, 482 n. 46, 483 n. 55.
KU-BABA (cabaretière qui aurait été reine de Kiš) : 123.
KÛBU (démon) : 294.
KULLA (dieu évoqué lors de la fabrication des briques) : 201.
Kullab : 201.
Kültepe : voir Kaneš.
KUPPER, Jean-Robert : 452 n. 4, 454 n. 29, 461 n. 54, 465 n. 5, n. 7, 473 n. 67, 474 n. 11.

Kurdistan, Kurdes : 54, 57-58, 62, 63, 64.
KURIGALZU Ier (kassite, règne sur Babylone au début du XIVe s. av. J.-C.) : 362.
KURUNTA (roi de Tarhuntašša, cousin du roi hittite Tudhaliya IV au XIIIe s. av. J.-C.) : 212.
Kuta : 169, 455 n. 41.

Labarna : 270.
LÂBAŠI-MARDUK (roi néo-babylonien, fils de Nériglissar, règne en 556 av. J.-C.) : 129.
LABAT, René : 466 n. 21, 472 n. 62.
LACKENBACHER, Sylvie : 456 n. 6, 457 n. 18, 460 n. 37, 466 n. 20.
LACOSTE, Yves : 447 n. 61.
LÆSSØE, Jorgen : 448 n. 5.
LAFONT, Bertrand : 465 n. 4.
LAFONT, Sophie : 469 n. 26.
Lagaš (actuelle al-Hiba) : 103, 107, 123, 125, 130, 133, 144, 146, 156, 164, 201, 242, 259-261, 302, 315, 388, 396, 444 n. 38, 454 n. 30, 455 n. 41, 467 n. 28.
LAGRANGE, père Albert (en religion frère Marie-Joseph ; né en 1855, mort en 1938, fondateur de l'École biblique de Jérusalem en 1890 et de la *Revue biblique* en 1892) : 56.
LAHAMU (déesse akkadienne, épouse de Lahmu, mère d'Anšar et de Kišar, grand-mère d'Anu et arrière-grand-mère d'Ea selon l'*Enûma eliš*) : 479 n. 7.
LAHMU (dieu akkadien, époux de Lahamu, père d'Anšar et de Kišar, grand-père d'Anu et arrière-grand-père d'Ea selon l'*Enûma eliš*) : 479 n. 7.
LAMAŠTU (déesse responsable de la mort des enfants et des vieillards ; seul son époux, Pazuzu, chef des démons, peut la retenir) : 294, 360.
LAMBERT, Wilfred G. : 477 n. 1, 483 n. 52.
LANDSBERGER, Benno : 464 n. 72, 472 n. 65.
LANGDON, S. : 194.
Laqê : 270.
Larsa (actuel Tell Senkereh) : 57, 59, 69, 77, 103, 109, 234, 261-262, 288, 296, 328, 355.
LARSEN, Mogens Trolle : 447 n. 3, 448 n. 7, 462 n. 63.

LAWRENCE, Thomas Edward, dit LAWRENCE D'ARABIE (né en 1888 ; après une thèse sur *L'influence des croisades sur l'architecture du milieu à la fin du XIIe s. av. J.-C.*, participe aux fouilles de Karkémiš ; officier de liaison dans l'armée britannique de 1916 à 1918, soutient la révolte arabe contre la domination ottomane ; auteur des *Sept piliers de la sagesse* paru en 1926 ; meurt en 1935) : 52-53, 60, 445 n. 45.

LAYARD, Austen Henry (assyriologue anglais né à Paris en 1817, mort à Londres en 1894, fouille à Ninive, se lance dans la politique, devient ministre des Travaux publics en 1868) : 37-38, 41-42, 47, 83, 448 n. 8.

Le Havre : 39.

LENZEN, Heinrich Jacob (archéologue allemand né en 1900, mort en 1978 ; fouille Uruk) : 93.

Lepcis Magna : 257.

LEROI-GOURHAN, André (ethnologue et préhistorien français né en 1911, mort en 1986) : 94.

Levant : 12, 76, 82, 101, 105, 110, 112, 114-115, 211, 240, 244, 253, 255-256, 312, 325, 392, 396, 446 n. 51, 476 n. 27.

LEWY, Hildegard : 463 n. 67.

Liban : 40, 54, 58-59, 61-62, 239, 241, 243, 256, 262, 445 n. 43.

LIBBY, Willard Frank (chimiste américain, né en 1908, mort en 1980 ; met au point la méthode de datation au carbone 14 pour laquelle il reçoit le prix Nobel de chimie) : 449 n. 18.

Libye : 257.

LILITH (démone) : 480 n. 27.

LION, Brigitte : 19 n. *, 466 n. 15, 470 n. 26, 471 n. 51, 472 n. 63, 474 n. 6, 475 n. 17.

LIPIT-IŠTAR (roi d'Isin de 1936 à 1926) : 130, 157, 164, 276, 293, 469 n. 21.

LIVINGSTONE, Alasdair : 456 n. 10, 481 n. 38.

Lixus : 257.

Londres : 32, 45. Voir Grande-Bretagne.

LOQMAN (Sage évoqué dans le Coran) : 352.

LOUIS XIV (roi de France de 1643 à 1715) : 33.

LOUIS-PHILIPPE Ier (fils de Philippe-Égalité et de Louise de Bourbon, roi des Français de 1830 à 1848): 35, 39.
Louvites (peuple indo-européen qui s'installe en Anatolie): 273.
Louxor: 112.
LUCIFER (littéralement « porte lumière » en latin, est selon la tradition médiévale un ange déchu, prince des démons): 403.
LUGALBANDA (roi de la Ire dynastie d'Uruk vers 2750 av. J.-C., père de Gilgameš): 108, 145, 343, 452 n. 1.
LUGALZAGEZI (roi d'Umma puis d'Akkad, de Kiš et de Kalam des environs de 2340 à 2316 av. J.-C.): 103, 162, 261.
LUIZARD, Pierre-Jean: 447 n. 59.
Lullubi (peuple du Zagros au IIIe millénaire av. J.-C.): 74, 163, 262, 302.
Lydie: 117.
LYONNET, Bertille: 467 n. 1.

Macédoine: 26.
MAC-MAHON, Henry (né en 1862, mort en 1949, homme politique britannique, négocie avec le chérif Hussein lors de la rébellion arabe contre l'Empire ottoman pendant la Première Guerre mondiale): 445 n. 45.
Magan/Oman: 65, 106, 163, 240, 242-243, 254.
Maganuba: 183.
Maghreb: 28, 228.
Magnésie du Méandre: 50.
MAHOMET (né vers 570/580, mort en 632, prophète arabe à l'origine de l'Islam; ses enseignements sont contenus dans le Coran; son exil de Médine en 622 est le point de départ de l'ère musulmane): 441 n. 9.
MALLOWAN, Max Edgard (archéologue britannique né en 1904, mort en 1978, fouille Tell Brak et Tell Chagar Bazar; second époux de la romancière Agatha Christie): 55, 59.
Malte: 257.
MAMI (déesse-mère): 376.
MANIŠTUŠU (roi d'Akkad de 2269 à 2255 av. J.-C., fils de Sargon Ier et père de Narâm-Sîn): 99, 455 n. 40.

Mankisum : 97.
MANTRAN, Robert : 441 n. 12, 444 n. 40.
MAQDISSI, Michel AL- : 485 n. 70.
MAR-ŠAMAŠ (habitant de Sippar) : 275.
MARDUK (dieu de Babylone) : 22, 97, 118, 126, 129-131, 147-149, 151, 155, 160, 167, 170-172, 179, 187, 204, 218, 318, 329, 346, 371-373, 375-376, 378, 381, 383, 385, 390, 392-394, 454 n. 24, 476 n. 23, 479 n. 9, n. 11, 480 n. 18, 483 n. 47.
MARDUK-APLA-IDDINA Ier (fils du roi Melišipak II au XIIe s. av. J.-C.) : 482 n. 41.
MARDUK-APLA-IDDINA II (chaldéen, règne sur Babylone de 721 à 710 av. J.-C. puis en 703 av. J.-C.) : voir MÉRODACH-BALADAN (nom biblique).
MARDUK-ŠAKIN-ŠUMI (haut fonctionnaire à la Cour du roi néo-assyrien Assarhaddon au VIIe s. av. J.-C.) : 160.
MARGUERON, Jean-Claude : 67, 136, 190-191, 210, 454 n. 23, 457 n. 11, n. 13, 458 n. 22, n. 24 et 25, 459 n. 28, 460 n. 32, n. 34, 461 n. 53, n. 56 et 57, 462 n. 61, 474 n. 14.
Mari (actuel Tell Hariri) : 59, 66-67, 74, 81, 82, 87, 88, 93-94, 100-101, 104, 109, 131, 132, 133-134, 136, 138, 139, 140-141, 142, 147, 172-173, 176, 178, 179, 180, 184, 186, 188, 195, 196, 201-202, 207, 208-209, 210, 213, 218, 228-229, 230-231, 238, 241, 244, 247, 255, 267, 287-288, 295, 296, 297, 302, 303, 306, 311, 315, 328, 333, 338, 355, 361, 364, 384, 391, 453 n. 12, 475 n. 21, 481 n. 29, 488 ill. 3.
Maroc : 27, 257.
Mars (planète) : 152, 362, 389.
MARTIN, Roland : 462 n. 59.
Maškan-šapir (actuel Tell Abu Duwari) : 155.
MATHUSALEM (personnage biblique) : 452 n. 3.
MATTHIAE, Paolo : 65, 104.
MAZARIN, Jules (cardinal et homme politique français d'origine italienne né en 1602, mort en 1661, ministre sous les rois de France Louis XIII et Louis XIV) : 29.
ME-BARA-SI (roi de Kiš vers 2700 av. J.-C.) : 125.
Médie/Mèdes : 12, 117, 140.
Médinet-Habou : 451 n. 35.

Méditerranée : 27, 28, 59, 66, 102, 110, 114, 119, 179, 181, 222, 238, 240, 244, 254, 257-258, 343.
MEHMED II (sultan ottoman qui règne de 1451 à 1481 ; le 29 mai 1453, il s'empare de Constantinople ; il est le père de Bayesib II) : 27.
MELIŠIPAK II (kassite, règne sur Babylone de 1186 à 1172, père de Marduk-apla-iddina Ier) : 394-395, 482 n. 41, 488 ill. 6.
MELLAART, James (archéologue et préhistorien anglais, a fouillé Tchatal Hüyük et Hacilar) : 27.
Meluhha : voir Indus.
MENDEL, Gustave (archéologue français né en 1873, mort en 1938, Conservateur des musées impériaux, auteur des *Catalogues des sculptures grecques, romaines et byzantines des musées impériaux* en 1912-1914) : 52.
MÉNÈS (roi légendaire d'Égypte, unificateur du pays d'après Hérodote, identifié généralement au roi Narmer, fondateur de la Ire dynastie) : 253.
Mer Morte : 326.
Mer Noire : 237, 325.
Mer Rouge : 27, 257.
Mercure (planète) : 152, 362, 389.
MÉRIMÉE, Prosper (écrivain français né en 1803, mort en 1870) : 41.
MÉRODACH-BALADAN/MARDUK-APLA-IDDINA II (chaldéen, règne sur Babylone de 721 à 710 av. J.-C. puis en 703 av. J.-C.) : 115, 180.
MESALIM (roi de Kiš vers 2550 av. J.-C) : 103, 259-260.
Me-Turan (actuels Tell Haddad et Tell es-Sib) : 468 n. 5.
MICHAUX, André (né à Satory en 1746, mort à Tamatave en 1803, botaniste ayant rapporté des collections de plantes, de graines et d'objets de ses voyages) : 442 n. 16.
MICHEL, Cécile : 466 n. 15, n. 22, 470 n. 26, 472 n. 56, n. 60, n. 63.
MIDAS (roi de Phrygie, aurait régné de 725 à 676 av. J.-C.) : 115.
Milan : 28.
Milet : 50.
Minet el-Beida : 88.

Mitanni (État à très forte composante hurrite qui apparaît aux XVe s. av. J.-C. et tombe au XIIIe s. av. J. -C. sous les coups des Hittites et des Assyriens) : 111, 127, 325. Voir Hurrites.
Mohenjo Daro : 105.
MOÏSE (personnage biblique) : 453 n. 9.
MOLIÈRE, Jean-Baptiste Poquelin, dit (né en 1622, mort en 1673, auteur de comédies comme *Les précieuses ridicules, Le médecin malgré lui, L'Avare, Le Bourgeois gentilhomme, Le malade imaginaire) :* 30.
MONCHAMBERT, Jean-Yves : 460 n. 32.
Mongols : 26.
MONTESQUIEU, Charles de Secondat, baron de La Brède et de (né en 1689, mort en 1755, auteur des *Lettres Persanes*, de *De la grandeur et de la décadence des Romains* et de *De l'Esprit des lois*) : 30.
MORGAN, Jacques de (ingénieur et archéologue français né en 1857, mort en 1924, a fouillé en Égypte et en Perse) : 74, 442 n. 19.
Mossoul : 24, 35-36, 38, 41, 70, 206, 239, 443 n. 27.
MOULIN, Bertrand : 449 n. 16.
MULLER, Béatrice : 458 n. 25.
MURAD Ier (émir ottoman, règne de 1362 à 1389 ; met en place les bases de l'administration et de l'armée ; est le premier souverain à prendre le titre de sultan) : 27, 441 n. 8.
Mureybet : 66-67, 227.
MURSILI II (règne sur le Hatti à la fin du XIVe s. av. J.-C., fils de Suppiluliuma Ier, père de Muwartali) : 186.
Musasir (actuelle Museijir) : 474 n. 9.
MUŠDAMMU (dieu invoqué lors de la pose de la première brique d'un bâtiment) : 201.
Museijir : voir Musasir.
Musri : 183.
MUSSOLINI, Benito (né en 1882, fondateur en Italie du parti fasciste en 1919, président du Conseil en 1922, soutient en 1936 les insurrections arabes contre les Français et les Anglais, meurt en 1945) : 445 n. 45.
MUWARTALI (règne sur le Hatti de 1295 à 1272 av. J.-C. ; fils

de Mursili II ; s'oppose à l'Égyptien Ramsès II lors de la bataille de Qadeš) : 112.
MUZAZU (habitant d'Emar, fils de Samana, époux d'Hebate et père d'Alhati) : 299.
Mycènes/Mycéniens : 101, 444 n. 36.

NABONIDE (dernier roi babylonien ; règne de 556 à 539 av. J.-C., date à laquelle il est vaincu par le Perse Cyrus) : 100, 118-119, 129, 149, 171, 296, 385, 396, 451 n. 39 et 40, 464 n. 74.
NABOPOLASSAR (roi néo-babylonien, règne de 626 à 605 av. J.-C., père de Nabuchodonosor II) : 117, 390.
NABÛ (dieu babylonien de l'écriture, fils de Marduk) : 131, 148, 151, 160, 296, 346, 379, 383, 385, 393-394, 476 n. 23, 482 n. 43.
NABÛ-AHHÊ-ERÎBA (astrologue à la Cour des rois néo-assyriens Assarhaddon et Assurbanipal au VIIe s. av. J.-C.) : 160, 364.
NABUCHODONOSOR Ier (roi de la IIe dynastie d'Isin, règne sur Babylone de 1126 à 1105 av. J.-C.) : 111, 165.
NABUCHODONOSOR II (roi néo-babylonien ; fils de Nabopolassar ; règne de 604 à 562 av. J.-C., connu pour avoir détruit le temple de Jérusalem en 587) : 14, 23-25, 50, 68, 86, 100, 117-118, 129, 158, 171, 179, 182, 199, 203, 205, 216, 269, 296, 346-347, 379, 389, 450 n. 25, 451 n. 40.
NABÛ-ÊṬIR (père de Kalbu) : 395.
NABÛ-NÂDIN-ŠUMI (haut fonctionnaire à la Cour des rois néo-assyriens Assarhaddon et Assurbanipal au VIIe s. av. J.-C.) : 161.
NABÛ-ZÊRU-LÈŠIR (chef des scribes sous le roi néo-assyrien Assarhaddon au VIIe s. av. J.-C., frère du chef des exorcistes Adad-šum-uṣur) : 337.
NADIN (neveu et fils adoptif d'Ahîqar dans le roman qui relate la vie et porte le nom de ce dernier) : 351-352.
Nadjaf : 441 n. 9, 446 n. 56.
NAMMU (déesse-mère) : 375.
NAMTAR (dieu, messager de la déesse Ereškigal) : 402-403, 406.

NAMTARTU (déesse, femme du messager d'Ereškigal) : 403.
NANIGGAL (déesse sumérienne) : 159.
NANNA (sumérien)/(akkadien) SÎN (dieu de la Lune) : 118-119, 127, 132, 171-172, 187, 342, 363, 378, 382-383, 385-386, 390, 392, 394, 459 n. 27.
NANNA-MANSUM (habitant de la Diyala) : 338, 475 n. 20.
NANNATUM (habitant de Šaduppum) : 475 n. 20.
NANŠE (dieu) : 260.
NAQIYA (mère du roi néo-assyrien Assarhaddon) : voir ZAKÛTU.
NARÂM-SÎN (roi d'Akkad de 2254-2218, fils de Maništušu et petit-fils de Sargon d'Akkad) : 74-77, 105, 162-164, 168-169, 190, 264, 302, 344, 450 n. 29, 455 n. 40, n. 42, 467 n. 29 et 30, 472 n. 55.
NARMER (roi de Hiérakonpolis, unificateur de la Haute et Basse Égypte à la fin du IVe millénaire av. J.-C., aurait inspiré à Hérodote le personnage de Ménès) : 253.
NASSER, Gamal Ab-el (président de la République égyptienne de 1956 à 1970, inspire les nationalistes du monde arabe) : 63.
Neauphle-le-Château : 446 n. 56.
NÉCHAO II (roi d'Égypte de 611 à 595) : 257.
NEGRI SCAFA, Paola : 463 n. 66.
NEMET-NEJAT, Karen : 477 n. 32.
NEMROD (personnage biblique et fondateur légendaire de la tour de Babel) : 26.
Nemrud Dag : 46.
Nêrebtum : 283.
NERGAL (dieu des Enfers, second mari d'Ereškigal) : 70, 116, 137, 160, 169-170, 388, 394, 402-403, 483 n. 52, 484 n. 59.
NÉRIGLISSAR (roi néo-babylonien, règne de 560 à 556 av. J.-C., beau-frère d'Amel-Marduk qu'il assassine et remplace et père de Lâbâši-Marduk qui lui succède) : 129.
Nermed-Ištar : 198.
NIBMU'WAREYA : voir AMÉNOPHIS III.
NICOLAS DE NICOLAÏ (géographe né en 1517, mort en 1583, chargé par Henri II d'accompagner Gabriel d'Aramont, ambassadeur de France auprès de Soliman le Magnifique,

afin d'effectuer les relevés topographiques des principales villes traversées) : 28, 441 n. 11.
Nicopolis : 26.
NIDABA (déesse d'Umma) : 261.
NIEBUHR, Karsten (géographe allemand d'origine danoise, né en 1733, mort en 1815, chef d'expéditions en Égypte et en Perse au XVIIIe s.) : 31.
NIKKAL (déesse) : 459 n. 27.
Nil : 324.
Nina : 259.
NINAGAL (dieu, forgeron d'Ea) : 398.
NINAZU (dieu) : 401.
NINGIRSU (dieu de Lagaš au IIIe et au début du IIe millénaire av. J.-C.) : 107, 130, 144, 146, 156, 201, 242, 259-261, 396.
NINHURSAG (déesse mère) : 144, 236, 377, 479 n. 14.
NIN-ISINA (déesse) : 130.
Ninive (actuel Tell Quyundjik) : 16, 24, 33-34, 36, 38, 39, 42, 43, 57, 70, 82, 84, 115, 116, 117, 136, 142-143, 145, 156, 160, 166, 170, 176, 180, 182, 197-198, 199, 204, 205-206, 214, 266, 267-268, 271, 330, 339, 343, 357, 391, 414, 453 n. 18 et 19, 464 n. 74, 467 n. 31, n. 33, 472 n. 61, 474 n. 9.
NINLIL (déesse, femme d'Enlil) : 401.
NINMAH (déesse) : 370, 375, 478 n. 1, 479 n. 9, 480 n. 20.
NINSUN (déesse, mère de Gilgameš) : 145.
NINTU (déesse-mère) : 294, 483 n. 46.
NINURTA (dieu de la guerre) : 144, 160, 371, 380-381, 394.
Nippur (actuelle Nuffar) : 47, 62, 100, 103, 106, 108, 131, 164, 168, 198, 284, 290-291, 300, 333, 335, 346-347, 355, 357, 385, 450 n. 29, 455 n. 41.
NISABA (déesse sumérienne du grain et de l'écriture) : 159, 317, 329, 332, 383.
NITOCRIS (reine légendaire de Babylone d'après Hérodote) : 139.
NOÉ (personnage biblique) : 449 n. 22, 483 n. 49.
NOËL, Pierre : 466 n. 15.
NÛR-SÎN (marchand habitant Babylone au Ier millénaire av. J.-C.) : 238.
NUSKU (dieu de la lumière et du feu) : 394, 482 n. 43.

Nuzi (actuelle Yorghun) : 57, 204, 211, 299, 319, 409.

OANNÈS/UANNA/ADAPA (un des sept Sages antédiluviens, serviteur d'Enki ; aurait selon Bérose transmis aux hommes leurs connaissances) : 306, 318, 400, 483 n. 47.
ODED, Busteny : 467 n. 35.
Oman : voir Magan.
Ophir : 257.
OPPENHEIM, Leo : 455 n. 44.
OPPENHEIM, Max, baron von (archéologue allemand, né en 1860, mort en 1946) : 60.
OPPERT, Jules (assyriologue né en 1825, mort en 1903, a déchiffré une des langues sémitiques utilisée en Mésopotamie, l'akkadien écrit en cunéiforme, auteur des *Éléments de la grammaire assyrienne*) : 16-17, 45, 440 n. 1.
ORNAN, Tallay : 481 n. 40.
Oslo : 481 n. 31.
OSMAN HAMDI BEY (peintre et archéologue né en 1842, mort en 1910, à l'origine du musée impérial aujourd'hui Musée archéologique d'Istanbul) : 46.
OTTEN, Heinrich : 463 n. 65.
OUNAMON (envoyé du Pharaon à Byblos selon un récit du Ier millénaire av. J.-C.) : 256.
Ourartéens (habitants d'Anatolie orientale) : 330.
Oxford : 57, 445 n. 44.

Palestine : 31, 41, 52-53, 54, 56-57, 104, 115, 227, 231, 238.
Palmyre : 67, 181.
Panshir : 242.
PARAYRE, Dominique : 470 n. 32.
Paris : 36, 47, 60, 88, 206. Voir France.
PARPOLA, Simo : 456 n. 4, n. 9, 457 n. 19, 459 n. 26, 460 n. 38, 477 n. 38 et 39, 483 n. 50, 484 n. 65, 485 n. 73.
PARROT, André : 59, 136, 333, 443 n. 24, 462 n. 59.
PAŠITTU (démon) : 294.
Patti-Hegalli (canal) : 197.
PAUSANIAS (géographe et historien grec du IIe s.) : 440 n. 3.
Pavie : 28.
PAZUZU (chef des démons) : 249, 360, 386.

Pelesets : voir Philistins.
PÉPI Ier (roi d'Égypte des environs de 2289 à 2255 av. J.-C.) : 253.
Pergame : 50, 340.
PÉRICLÈS (stratège athénien de la famille des Alcméonides né vers 405 et mort en 429 av. J.-C. ; favorise le développement culturel et artistique en s'entourant d'Anaxagore, Hérodote, Sophocle, Phidias ; est à l'origine du Parthénon) : 84.
PERROT, Georges : 462 n. 59.
Perse/Perses : 22, 30, 31, 36, 41, 48, 54, 118, 119, 149, 171, 172, 182-183, 198-199, 340, 365-366, 417, 442 n. 22.
Persépolis : 30-31, 42.
PÊTU (portier d'Ereškigal) : 403.
Peuples de la Mer (peuples qui s'installent vers 1200-1000 av. J.-C, provoquant de nombreuses destructions le long de la côte méditerranéenne ainsi que la chute du monde mycénien et de l'empire hittite) : 12, 101, 112-113, 256-257, 326.
PFÄLZNER, Peter : 485 n. 70.
Phénicie/Phéniciens : 48, 244, 256-257, 271, 484 n. 64.
Philadelphie : 57, 475 n. 21.
Philistins/Peleset (font partie des Peuples de la Mer) : 112, 451 n. 34.
PHILON (philosophe grec d'origine juive né vers 13 et mort en 54, auteur des *Sept merveilles du monde*) : 198.
Phrygie : 115.
Picardie : 28.
PICOT, François-Georges (diplomate français né en 1870, mort en 1951, signe avec Mark Sykes le 16 mai 1916 les accords qui prévoient le partage de l'Empire ottoman entre la France, le Royaume-Uni et la Russie) : 52.
Pishôn : 21.
PLACE, Charles (frère de Victor Place) : 443 n. 34.
PLACE, Victor (diplomate français né en 1818, mort en 1876, consul de France à Mossoul de 1851 à 1861) : 35, 41-44, 84, 87, 389, 442 n. 20, 443 n. 24, 448 n. 9, 459 n. 26.
Pléiades (étoiles) : 340.
POINCARÉ, Raymond (avocat et homme politique français

né en 1860, ministre de l'Instruction publique en 1893, puis des Finances en 1895, président du Conseil en 1912, président de la République de 1913 à 1920, puis de nouveau président du Conseil) : 446 n. 50.

POIDEBARD, père Antoine (jésuite, pionnier de la photographie aérienne dans les années 1920) : 89.

Pompéi : 84.

POSIDONIOS D'APAMÉE (historien et philosophe stoïcien né vers 135 av. J.-C., mort en 50 av. J.-C) : 23.

POSTAGE, J. Nicholas : 461 n. 50.

PRIAM (roi légendaire de Troie, père entre autres d'Hector, Pâris et Cassandre) : 45-46, 443 n. 36.

Princeton : 52.

PROUST, Christine : 411-412, 485 n. 68.

Provence : 28.

PU'ABI (princesse ; sa sépulture datée des environs de 2600 av. J.-C. fait partie des « tombes royales d'Ur ») : 411-412, 485 n. 68.

PUHIŠENNI (habitant de Nuzi) : 319.

Puzriš-Dagan : 235, 465 n. 13.

PYTHAGORE (philosophe et mathématicien grec du VIe s. av. J.-C. ; le théorème qui porte son nom est le suivant : « le carré construit sur l'hypoténuse d'un triangle rectangle est équivalent à la somme de carrés construits sur les deux côtés de l'angle droit ») : 356.

Qadeš : 112.

Qalaat-Šergat : voir Assur.

Qartihadašt : 257.

Qatna (actuelle Mishrifeh) 256, 287, 331, 413 485 n. 70.

Qaṭṭarâ (actuel Tell el-Rimah) : 238-239.

QENAN (patriarche biblique) : 452 n. 3.

QUINTE-CURCE (historien latin du Ier s., auteur de l'*Histoire d'Alexandre* composée de 10 livres dont les deux premiers sont perdus) : 198.

RADNER, Karen : 471 n. 45.

RAMEAU, Jean-Philippe (compositeur français né en 1683, mort en 1764, auteur des *Indes galantes) :* 30.

Ramsès II (roi d'Égypte de 1304 à 1238 av. J.-C.) : 112.
Ramsès III (roi d'Égypte de 1198 à 1166 av. J.-C.) : 451 n. 35.
Ramsesseum : 112.
Ras el Bassit : 66.
Ras Ibn Bani : 66.
Rassam, Hormuzd (archéologue né à Mossoul en 1826, mort en Angleterre en 1910, fils de l'archidiacre de l'Église assyrienne d'Orient et frère du vice-consul britannique à Mossoul, fouille en Mésopotamie, notamment Ninive, Babylone et Borsippa pour le compte du British Museum) : 38, 42-43.
Ras-Shamra : voir Ugarit.
Rawlinson, Henri Creswicke (assyriologue né en 1810, mort en 1895, officier de renseignement de la Compagnie des Indes, fouille Ninive ; déchiffre une langue indo-européenne, le vieux perse, et une langue sémitique, l'akkadien, toutes deux écrites en cunéiforme) : 16-17, 41-43, 45, 83.
Reade, J. : 457 n. 15.
Reinach, Théodore (archéologue français né en 1860, mort en 1928) : 46.
Rémus (frère jumeau de Romulus, le fondateur légendaire de Rome) : 453 n. 9.
Renger, Johannes : 447 n. 3.
Rich, Claudius James (diplomate britannique né à Dijon en 1787, mort en 1821 à Chiraz en Iran, consul général de Grande-Bretagne et résident de la Compagnie des Indes à Bagdad à partir de 1808) : 33.
Richelieu, Armand Jean du Plessis, cardinal de (né en 1585, mort en 1642, ministre de Louis XIII) : 28.
Rim-Sîn Ier (roi de Larsa, règne de 1822 à 1763 av. J.-C.) : 288, 296.
Rim-Sîn-šala-balaštašu (épouse du roi Rim-Sîn de Larsa) : 288.
Rimuš (roi d'Akkad de 2278 à 2270 av. J.-C., fils de Sargon d'Akkad) : 123, 455 n. 40.
Robson, Eleanor : 474 n. 6, 475 n. 17.
Roch, saint (né en 1293, mort en 1327, se voue à soigner les pestiférés ; selon la légende, alors qu'il s'était retiré

dans le désert un chien venait lui apporter chaque jour du pain) : 481 n. 30.
ROCKEFELLER Jr., John Davidson (industriel américain) : 57.
RÖLLIG, Walter : 464 n. 71.
Rome/Romains : 14-15, 23, 65, 78-79, 83, 441 n. 7, 462 n. 61.
ROMULUS (fondateur légendaire de Rome, frère jumeau de Rémus) : 453 n. 9.
ROTH, Martha Tobi : 454 n. 31, 468 n. 6 et 7.
ROTHSCHILD, Lionel Walter, baron de (banquier et zoologue britannique, né en 1868, mort en 1937 ; destinataire de la lettre de Lord Balfour publiée le 2 novembre 1917) : 53.
Russie : 444 n. 40 et 41. Voir URSS.

Sagarâtum : 230-231, 315-316.
SAGGIL-KÊNAM-UBBIB (scribe du XIe s. av. J.-C.) : 342.
ŠALA (déesse agraire) : 394.
SALMANAZAR Ier (roi d'Assyrie de 1274 à 1245 av. J.-C.) : 266, 269 270.
SALMANAZAR III (roi d'Assyrie de 858 à 824 av. J.-C.) : 114, 201, 464 n. 79, 467 n. 32, 477 n. 8.
SALMANAZAR V (roi d'Assyrie de 726 à 772 av. J.-C.) : 98, 129, 169.
SALOMON (roi biblique) : 257.
SAMANA (père de Muzazu, habitant d'Emar) : 299.
Samarie/Samaritains : 270.
Samarra : 26, 441 n. 9.
SAMSU-ILUNA (règne sur Babylone de 1749 à 1712 av. J.-C.) : 175, 185, 275, 457 n. 21.
SANZ, Séverine : 449 n. 16.
Saqqara : 449 n. 19.
SARA (épouse d'Abraham dans la Bible) : 452 n. 3.
Sarajevo : 444 n. 41.
Sardaigne : 257-258.
SARDANAPALE (roi légendaire d'Assyrie, dernier descendant de Sémiramis ; assiégé dans Babylone par Arbacès, il se serait fait brûler dans son palais au milieu de ses trésors, en compagnie de ses femmes et de ses eunuques) : 33, 117, 172.

Sardes : 49.
SARGON Ier (roi d'Akkad de 2335 à 2279 av. J.-C.) : 100, 105-106, 123, 128, 162, 164, 166, 168-169, 179, 224, 240, 255, 260-261, 342, 344, 390, 455 n. 40.
SARGON II (roi néo-assyrien, règne de 721 à 705 av. J.-C.) : 26, 115, 129, 139, 141, 166, 169, 178, 180, 183, 187, 189, 200-201, 203, 206, 262, 269-270, 330, 339, 386, 389, 442 n. 21, 456 n. 4, n. 9, 457 n. 19, 459 n. 26 et 27, 460 n. 38, 463 n. 64, 488 ill. 2.
SARGONIDES (dynastie qui règne sur l'Assyrie de l'accès au pouvoir de Sargon II en 721 av. J.-C. au roi Assur-uballiṭ chassé en 610 av. J.-C.) : 129, 166, 362.
Saro'ûn : voir Dûr-Šarrukîn.
SARZEC, Ernest de (diplomate et archéologue français né en 1832, vice-consul français à Bassora en 1875, fouille Tello, l'ancienne Girsu, et découvre la civilisation sumérienne ; meurt en 1901) : 47-49, 85.
Saturne (planète) : 152, 362, 389.
SAUVAGE, Martin : 460 n. 47.
SCHAEFFER, Claude : 61, 66.
SCHLIEMANN, Heinrich : 45-46, 444 n. 36.
SCHMIDT, E. : 195.
SCHMIDT, Jürgen : 461 n. 55.
SEIDL, Ursula : 455 n. 36.
SÉLEUCIDES (dynastie hellénistique fondée par Séleucos, général d'Alexandre le Grand ; ses membres règnent de 312 à 64 av. J.-C.) : 78, 216, 340, 347, 388, 481 n. 31, 483 n. 47.
SÉLIM Ier (fils de Bayesib II, sultan ottoman ; son règne — de 1512 à 1520 — est marqué par la conquête du Kurdistan, de la Syrie et de l'Égypte, d'où la prétention des sultans ottomans au califat ; son fils unique est Soliman le Magnifique) : 27.
SEM (fils de Noé d'après la Bible) : 452 n. 3.
SÉMIRAMIS (reine légendaire de Babylonie d'après Hérodote, d'Assyrie selon Ctésias et Diodore de Sicile) : 23, 30, 38, 114, 139, 198.
SÉNÈQUE (philosophe et homme politique romain, né en 2, mort en 66) : 23.
SENNACHÉRIB (roi néo-assyrien, règne de 705 à 681 av. J.-C.) :

25, 115-116, 127-128, 139, 142-143, 148, 156, 166, 170, 180, 197, 204, 245, 267, 269, 271, 297, 327, 330, 351, 357, 365, 414-415, 452 n. 8, 474 n. 9, 477 n. 34.
Serbie : 444 n. 41.
SERCEY, Édouard de (chef d'une expédition en Perse de 1839 à 1840) : 36.
SEUX, Marie-Joseph : 454 n. 31, 468 n. 4, 480 n. 25.
Sèvres (traité de) : 54, 444 n. 43.
SHAFFER, Aaron : 478 n. 2.
Shortugaï : 242.
SIBYLLE (prêtresse d'Apollon, présentée par Pausanias comme fille de Bérose) : 440 n. 3.
Sicile : 22, 139, 198, 257, 389.
Sidon : 46, 59, 257.
SIGRIST, Marcel : 466 n. 13.
SIMAT-IŠTAR (épouse du roi Rim-Sîn de Larsa) : 288.
SÎN (dieu akkadien de la Lune) : voir NANNA.
Sinaï : 325-326.
Sinjar : 198.
SÎN-LEQE-UNNEMI (scribe, rédacteur de l'*Épopée de Gilgameš*) : 337, 342.
SÎN-MUBALLIṬ (roi de la Ire dynastie de Babylone ; règne de 1812 à 1793 av. J.-C.) : 127.
SÎN-ŠARRA-'IŠKUN (roi néo-assyrien, règne d'abord sur Babylone puis sur l'Assyrie de 626 à 612 av. J.-C.) : 117.
Sippar (deux villes distantes de quelques kilomètres portent ce nom : l'actuel Tell Abu Habba — ville vouée au dieu Šamaš désignée parfois sous le nom de Sippar-Yahrurum où un temple et des quartiers d'habitations ont été mis au jour —, et l'actuel Tell ed Dêr — ville vouée à la déesse Annunîtum désignée parfois sous le nom de Sippar Amnânum où ont été retrouvées les archives de Ur-Utu) : 48, 50, 74-75, 79, 99, 100, 124, 139, 151, 200, 213-214, 238-239, 252, 275, 289-290, 328, 333, 387, 390, 396, 444 n. 4, 450 n. 24, 455 n. 41, 464 n. 76, 466 n. 23, 474 n. 6.
Sirius : 362.
Sirqu : 270.
SMITH, Georges (assyriologue né à Londres en 1840, mort à Alep en 1876) : 39.

Smyrne : 49.
SOLIMAN LE MAGNIFIQUE (sultan ottoman de 1520 à 1566 ; succède à son père Sélim Ier ; allié du roi de France François Ier contre Charles Quint) : 27-29.
SOLLBERGER, Edmond : 450 n. 24, 452 n. 4, 454 n. 29, 461 n. 54, 473 n. 67.
Sousse : voir Hadrumède.
Stamboul : voir Constantinople.
STEH (patriarche biblique) : 452 n. 3.
STEINKELLER, Piotr : 454 n. 22.
STOL, Marten : 470 n. 29, n. 31, 471 n. 41.
STRABON (géographe grec né vers 58 av. J.-C. à Amasya en Cappadoce, mort entre 21 et 25 ap. J.-C., auteur d'une *Géographie* ainsi que d'une *Histoire* qui, elle, est perdue) : 22, 198, 357, 440 n. 1, 441 n. 5.
STRECK, Maximilian : 455 n. 35.
Suez : 32.
Suhû : 270.
Suisse : 92.
SULEIMAN, Antoine : 485 n. 70.
SUMALIA (dieu kassite) : 396.
Sumer/Sumériens : 17, 47, 50, 82, 90, 97, 98, 102, 103, 105, 106-107, 109, 110, 121, 123, 124, 125, 133, 145, 147, 150, 155, 157, 159, 164, 167, 172, 180-181, 195, 215, 221, 223, 226, 227-228, 234-235, 240, 241, 243, 254, 273, 274, 285, 302, 312-313, 316, 317, 318, 322, 329, 332, 334, 335, 342, 343, 344.
SÛMÛ-HADÛ (gouverneur de la province de Mari sous le roi Zimri-Lîm au XVIIIe s. av. J.-C.) : 229.
SUMU-LA-EL (roi de la Ire dynastie de Babylone, règne de 1880 à 1845 av. J.-C.) : 127.
SUMUQAN (dieu) : 203.
SUPPILULIUMA Ier (fondateur de l'empire hittite et père de Mursili II, règne de 1344 av. J.-C. à 1322 environ) : 111, 186.
Suse : 74-75, 105, 178, 223, 266, 267, 276, 317, 355, 363, 416, 452 n. 5, 455 n. 42, 467 n. 29, 472 n. 55.
SYKES, Mark (lieutenant-colonel britannique né en 1879, mort en 1919, signe avec François-Georges Picot le 16 mai 1916

les accords qui prévoient le partage de l'Empire ottoman entre la France, le Royaume-Uni et la Russie) : 52.
Syrie/Syriens : 21, 31, 32, 49, 52-53, 54, 55, 56, 57, 58, 59, 60, 61-62, 63, 64-65, 66, 67, 70, 80, 81, 89, 90, 91-92, 104, 105, 111, 112, 133, 147, 180-181, 186, 196, 222, 227, 231, 238, 242, 256, 315, 317, 320, 324, 384, 413, 444 n. 43, 445 n. 45 et 46, 446 n. 55, 447 n. 57, 449 n. 16, 482 n. 44, 485 n. 70.

ṢARPANITUM (déesse, femme de Marduk) : 151, 383.
ṢILLI-SÎN (roi d'Ešnunna de 1764 à 1762 av. J.-C., vaincu par Hammurabi de Babylone) : 139.

Šadlaš : 283.
Šaduppum (actuel Tell Harmal) : 68, 211, 283, 298, 337, 338, 355, 462 n. 63, 468 n. 5, 475 n. 20, 482 n. 44.
Šakaleš (font partie des Peuples de la Mer qui s'installent vers 1200-1000 av. J.-C.) : 112.
ŠAMAŠ (dieu akkadien du soleil et de la justice) : voir UTU.
ŠAMAŠ-ŠUM-UKIN (fils sans doute aîné du roi assyrien Assarhaddon et frère d'Assurbanipal, règne de 667 à 648 av. J.-C. sur Babylone où il meurt dans l'incendie de son palais) : 116-117.
ŠAMMURAMAT (femme du roi d'Assyrie Šamši-Adad V et mère d'Adad-Ninari III, fin IXe-début VIIIe s. av. J.-C. ; aurait inspiré à Hérodote le personnage de Sémiramis) : 114, 139-140.
ŠAMŠÎ-ADAD/SAMSÎ-ADDU (roi d'Ekallâtum et de Haute-Mésopotamie de 1796 à 1775 av. J.-C.) : 80, 109, 169, 251, 331, 450 n. 31, 473 n. 2.
ŠAMŠÎ-ADAD V (roi néo-assyrien, époux de Šammuramat et père d'Adad-ninari III, règne de 823 à 811 av. J.-C.) : 139, 414.
ŠAR-KALI-ŠARRI (roi d'Akkad de 2217 à 2193 av. J.-C.) : 106.
ŠARA (dieu d'Umma) : 144.
Šašarra (actuel Tell Shemshara) : 80.
ŠÎMAT-AHATÎ (habitante de la Diyala) : 475 n. 20.
ŠIMAT-ILAT (femme scribe) : 328.
ŠIMATIM (princesse) : 325.

Šinéar : voir Babylonie.
Šuanna : voir Babylone.
ŠU-SÎN (roi de la IIIe dynastie d'Ur, règne de 2037 à 2029 av. J.-C.) : 164.
Šubartum : 97.
Šubat-Enlil (actuel Tell Leilan) : 59, 103-104, 109, 457 n. 15.
ŠULGI (roi de la IIIe dynastie d'Ur, fils d'Ur-Nammu, règne de 2094 à 2047 av. J.-C.) : 82, 107-108, 150-151, 157, 159, 223, 235, 237, 243, 246, 276, 296, 327, 332, 339, 362.
ŠUQAMUNA (déesse kassite) : 396.
ŠURUPPAK (personnage mythique sumérien) : 347.
Šuruppak (actuel Tell Fara) : 103, 195, 323, 455 n. 41.
ŠUTRUK-NAHHUNTÉ (roi d'Élam de 1190 à 1160 av. J.-C.) : 74-75.

Tabqa : 63, 65.
TÂB-ṢILL-EŠARRA (un des responsables de la construction de Dûr-Šarrukîn, la ville du roi assyrien Sargon II au VIIIe s. av. J.-C.) : 457 n. 19.
TADMOR, Hayim : 464 n. 78.
Takkirum (canal) : 230.
TALBOT, William Henri Fox (archéologue et physicien britannique né en 1800, mort en 1877, participe au déchiffrement du babylonien cunéiforme) : 16-17, 44.
TAMERLAN/TIMUR-LENK (roi de Transoxiane de 1370 à 1405) : 26.
TAMMUZ (dieu akkadien) : voir DUMUZI.
TARÂM-KÛBI (habitante de Šaduppum, mère adoptive d'Ahatima) : 298.
TAŠMETUM (déesse, épouse de Nabû) : 151.
Tastiate : 245.
Taurus : 103, 114, 181, 239, 242-243, 255.
Tchatal Hüyük : 65.
Tell Abu Habba : voir Sippar.
Tell Abu Ṣalabikh : 332, 347, 410.
Tell Arfad : 59.
Tell Atchana : 60.
Tell Beydar : 67.
Tell Brak : 60, 104, 445 n. 46.
Tell ed Dêr : voir Sippar.

Tell El Obeid : 236.
Tell Faqus : 66.
Tell Fara : voir Šuruppak.
Tell Fekhriyé : 133.
Tell Halaf : 60, 104.
Tell Hariri : voir Mari.
Tell Harmal : voir Šaduppum.
Tell Haya : 182.
Tell Leilan : voir Šubat-Enlil.
Tell Mardikh : voir Ebla.
Tell Mishrifeh : voir Qatna.
Tell Mozan : 104.
Tell Muqayyard : voir Ur.
Tell Nebi Mend : 59.
Tell Quyundjik : voir Ninive.
Tell Šioukh Faouqâni : voir Burmarina.
Tello : voir Girsu.
Têma : 118, 149, 171, 258.
TERAH : 452 n. 3.
Terqa (actuel Tell Ashara) : 179, 231, 315.
TEUMAN (roi d'Élam de 664 à 653 av. J.-C, vaincu par Assurbanipal) : 142, 266, 453 n. 19.
THALMANN, Jean-Paul : 456 n. 1, 460 n. 35.
Tharthar : 63.
Thèbes : 116.
THOMAS, Félix (architecte et dessinateur français né en 1815, mort en 1875) : 43.
THUREAU-DANGIN, François (archéologue et épigraphiste français né en 1872, mort en 1944, déchiffre le sumérien) : 16, 47.
TIAMAT (déesse babylonienne, la mer primordiale vaincue par Marduk selon *l'Enûma eliš*) : 361, 370, 372-373, 376, 381, 383, 385, 392, 401.
TIGLATH-PHALAZAR Ier (roi d'Assyrie de 1114 à 1076 av. J.-C.) : 78, 157, 277, 443 n. 35, 478 n. 3, 480 n. 21.
TIGLATH-PHALAZAR III (roi d'Assyrie de 744 à 727 av. J.-C.) : 114-115, 129, 265, 268, 464 n. 78.
Tigre : 14, 21, 26, 44, 50, 65, 97, 109, 115, 178, 183, 194, 200, 206, 228, 240, 245, 249, 255, 373.

Til Barsip/Kâr-Salmanazar : 330, 474 n. 8.
Til-Tuba : 453 n. 19.
Timur-lenk : voir Tamerlan.
Tite-Live (historien latin né en 59 av. J.-C., mort en 19 ap. J.-C., auteur d'une histoire romaine intitulée *Ab Urbe condita libri*, organisée en décades, c'est-à-dire en groupe de 10 livres, et dont il ne reste que 35 livres sur 140) : 84.
Tobie (auteur de l'un des livres de la Bible, fils de Tobit) : 476 n. 30.
Tobit (père de Tobie et oncle d'Ahîqar) : 352, 476 n. 30.
Toutankhamon (roi d'Égypte de 1354 à 1346 av. J.-C. ; son tombeau a été découvert en 1922) : 57, 412.
Transjordanie : 54, 445 n. 45.
Trekker (font partie des Peuples de la Mer qui s'installent vers 1200-1000 av. J.-C.) : 112.
Troie/Hissarlik : 45-46, 50.
Tudhaliya IV (roi du Hatti de 1238 à 1215 av. J.-C.) : 212, 463 n. 65.
Tukulti-Ninurta Ier (roi d'Assyrie de 1243 à 1207 av. J.-C.) : 178, 183, 269, 339, 396, 397, 463 n. 65, 488 ill. 7.
Tunisie : 28, 257.
Tupliaš : 315.
Turquie/Turcs : 21, 27-28, 54, 60, 70, 181, 212, 216, 222, 277.
Tyr : 257, 325.

Uanna : voir Oannès.
Uauaš (font partie des Peuples de la Mer qui s'installent vers 1200-1000 av. J.-C.) : 112.
Ugarit (actuel Ras Šamra) : 59, 61, 66-67, 89, 101, 112-113, 127, 247, 255-256, 325-326, 339, 482 n. 44.
Ulaï (rivière) : 142, 453 n. 19, 467 n. 31.
Ulysse (roi légendaire d'Ithaque, fils de Laerte, époux de Pénélope et père de Télémaque, l'un des personnages principaux de l'*Iliade* et de l'*Odyssée) :* 265.
Umma : 103, 122, 133, 144, 162, 200, 230, 259-261, 357, 455 n. 41.
Untaš-Napiriša (roi d'Élam de 1345 à 1305 av. J.-C.) : 178.
Ur (actuel Tell Muqayyard) : 13, 57, 69, 77, 82, 87, 89, 103,

106, 107, 118, 122, 123, 124, 125, 140, 141, 142, 145, 147, 150, 159, 162, 164, 172, 194, 195, 204, 223-224, 230, 234, 235, 241, 243, 244-245, 246-247, 248-249, 263, 276, 296, 302, 304-305, 310, 332, 333, 339, 342, 346-347, 355, 362, 382, 388, 389, 390, 402, 406, 410, 411, 412-413, 414-415, 445 n. 46, 446 n. 48, 455 n. 41, 474 n. 13, 481 n. 31, 485 n. 66, n. 68.

URAD-GULA (médecin et exorciste à la cour du roi néo-assyrien Assurbanipal, fils d'Adad-šum-uşur) : 351.

Urartu : 115.

URAŠ (dieu) : 187.

UR-LUMMA (roi d'Umma au IIIe millénaire av. J.-C., fils d'Enakalle) : 260.

UR-NAMMU (roi de la IIIe dynastie d'Ur, règne de 2112 à 2095 av. J.-C., père de Šulgi) : 107-108, 132, 156, 276, 388, 406, 409, 414, 455 n. 43, 484 n. 61, 485 n. 66.

UR-NANŠE (roi de la Ire dynastie de Lagaš, règne vers 2520 av. J.-C.) : 125, 141-142, 156, 242, 259, 302, 444 n. 39.

UR-NINGIRSU (roi de Lagaš au IIIe millénaire av. J.-C) : 57.

URSS : 65, 447 n. 58. Voir Russie.

Uruk (actuelle Warka) : 50, 188, 195, 216, 239-240, 317-318, 337, 340, 343-344, 346, 354-355, 380, 382, 388-389, 391, 400, 413, 449 n. 15, 455 n. 41, 457 n. 12, 464 n. 74, 465 n. 11, 475 n. 19, 481 n. 31.

URUKAGINA (roi de la Ire dynastie de Lagaš, règne de 2351 à 2342 av. J.-C.) : 259, 261-262, 315.

UR-UTU (habitant de Sippar) : 79, 333, 448 n. 4.

USSISHKIN, David : 463 n. 64.

UTANAPIŠTIM (survivant du déluge d'après l'*Épopée de Gilgameš*) : 401.

UTHMAN/OSMAN (fondateur de la dynastie des Ottomans) : 26, 441 n. 5.

Utique : 257.

UTU (dieu sumérien du soleil, en akkadien Šamaš) : 126-127, 145, 151, 153, 155, 157-158, 179, 187-188, 202-203, 211, 248, 275-277, 328, 341, 363, 390, 394, 396, 409, 456 n. 7, 459 n. 27, 463 n. 63, 481 n. 39.

UTUKKÛ (sept démons) : 294, 386.

VALBELLE, Dominique : 456 n. 1, 460 n. 35.
VALOIS (famille issue des Capétiens ; ses membres règnent sur la France de 1328 avec Philippe VI à 1589 avec Henri III) : 28.
Van (lac de) : 243, 474 n. 9.
VAN DE MIEROOP, Marc : 461 n. 55.
VAN ESS, Margarete : 449 n. 15.
Venise/Vénitiens : 28.
Vénus (planète) : voir Dilbat.
VICARI, Jacques : 461 n. 48.
VILLARD, Pierre : 455 n. 39.
VITALE, Raoul : 482 n. 44.
VITRUVE (architecte romain du Ier s. av. J.-C., auteur d'un traité intitulé *De architectura* dédié à Auguste) : 23.
VOLTAIRE, François Marie Arouet, dit (écrivain et philosophe français né en 1694, mort en 1778, auteur de tragédies comme *Sémiramis*, de satires, d'épigrammes, de livres d'histoire comme *Le siècle de Louis XIV*, de contes philosophiques comme *Zadig* ou *Candide*) : 30.

Warka : voir Uruk.
WATANABE, Kazuko : 485 n. 73.
WÊ (dieu sacrifié pour fabriquer l'homme dans le mythe d'*Atra-hâsis*) : 376, 379, 383, 401, 404.
WEIHER, Egbert von : 475 n. 19.
WEIPPERT, Manfred : 464 n. 75.
WESTBROOK, Raymond : 459 n. 31, 470 n. 30.
WILCKE, Claus : 448 n. 3, 473 n. 5.
WISEMAN, Donald John : 460 n. 44, 476 n. 24.
WOOLLEY, Katherine : 445 n. 46.
WOOLLEY, Leonard : 53, 57, 60, 87, 410-411, 445 n. 46, 448 n. 12.

XÉNOPHON (historien et philosophe grec né en 430 et mort en 355 av. J.-C., un des élèves préférés de Socrate, auteur de l'*Anabase*, la *Cyropédie*, les *Helléniques*) : 176.
XERXÈS (achéménide, roi de Perse de 485 à 465 av. J.-C., fils de Darius Ier et petit-fils de Cyrus le Grand ; est vaincu

par les Grecs à Salamine ; meurt assassiné à Suse par le chef de ses gardes, Artaban) : 42.

YABI-ŠEMU-ABI : 254.
YAGÎD-LÎM (fils du roi de Mari) : 297.
YAHDUN-LÎM (roi de Mari de 1810 à 1794 av. J.-C.) : 179, 202, 461 n. 54, 476 n. 21.
YAHVÉ : 302.
YAQUT AR-RUMI : 25.
Yarmouth : 104.
YASIM-EL (général du roi Zimri-Lîm de Mari au XVIIIe s. av. J.-C.) : 328.
YASMAH-ADDU (roi de Mari de 1782 à 1775 av. J.-C.) : 287, 331.
Yémen : 28.
YERASIMOS, Stéphane : 441 n. 10.
YERED (patriarche biblique) : 452 n. 3.

Zâb : 26.
ZABADA (dieu) : 187, 391.
Zabalam : 259.
Zagros : 74, 106, 110, 239, 262, 280, 451 n. 32.
ZAKURAN-ABUM roi de Zalluhân : 131.
ZAKÛTU (en assyrien)/(en araméen) NAQIYA (épouse du roi néo-assyrien Sennachérib, mère d'Assarhaddon) : 116, 128, 139, 297, 452 n. 8.
Zalluhân : 131.
Zamua : 270.
Zerghul : 48.
ZIEGLER, Nèle : 453 n. 14, 471 n. 48, 472 n. 57.
ZÎMRÎ-LÎM (1775-1762 av. J.-C., roi de Mari) : 100, 109, 138, 209, 218, 229, 241, 267, 295-296, 328, 364, 453 n. 14, 472 n. 57, 473 n. 2.
ZIQARRU (berger à Nuzi) : 319.
ZUISUDRA (fils de Šuruppak, survivant du déluge selon la tradition sumérienne) : 347.

TABLE DES ILLUSTRATIONS

1. *Haradum au IIe millénaire av. J.-C.* Identification des bâtiments à partir des tablettes trouvées dans les pièces en grisé, d'après Martin Sauvage, *Revue d'assyriologie* 89, 1995, p. 42 ; plan issu de Francis Joannès (dir.), *Haradum*, t. 2 : *Les textes de la période paléo-babylonienne (Samsu-iluna-Ammi-ṣaduqa)*, Paris, Éditions Recherche sur les civilisations, 2006, p. 8.

2. *Khorsabad (Dûr-Šarrukîn), capitale du roi néo-assyrien Sargon* ; plan d'après Gordon Loud et Charles B. Altman, *Khorsabad II : The Citadel and the Town*, Oriental Institut Publications nº 40, Chicago, 1938.

3. *Mari du XXIIIe au XXe siècle av. J.-C. (plan de la ville III)*, d'après Jean-Claude Margueron, *Mari. Métropole de l'Euphrate au IIIe et au début du IIe millénaire av. J.-C.*, Paris, Picard-Éditions Recherche sur les civilisations, 2004.

4. *Babylone à l'époque néo-babylonienne* d'après Joachim Marzahn, *La Porte d'Ishtar à Babylone*, Mayence, Staatliche Museen zu Berlin, 1993.

5. *Frise de la laiterie, IIIe millénaire av. J.-C.*, musée de Bagdad.

6. Kudurru *du roi Melišipak II (1186-1172 av. J.-C.)*, trouvé dans l'une des salles du temple d'Ištar à Assur, actuellement au musée du Louvre.

7. *Socle en albâtre du roi Tukulti-Ninurta Ier (1243-1207 av. J.-C.)*, trouvé à Assur dans le temple de la déesse Ištar, actuellement au Pergamon Museum à Berlin.

Avertissement 11
Tableau chronologique 12
Introduction 13

CHAPITRE PREMIER

Archéologie et politique

EN EUROPE, LA REDÉCOUVERTE DE L'ORIENT 24

Quand seuls d'intrépides voyageurs s'y risquent... 24
Un empire ottoman en plein essor, accueillant Français et Britanniques 28
En Europe, un nouveau regard sur l'Orient 30

CHASSE AUX ANTIQUES ET BALBUTIEMENTS DE L'ARCHÉOLOGIE 33

L'ouverture des premiers chantiers de fouilles dans l'Empire ottoman 33
Le déchiffrement du cunéiforme en dépit des rivalités franco-britanniques 41
Les Allemands entrent en jeu sur fond de nouvelle réglementation ottomane 45

L'ARCHÉOLOGIE, ÉLÉMENT CULTUREL DES RELATIONS INTERNATIONALES 51

Les bouleversements liés à la Première Guerre mondiale 51
L'entre-deux-guerres, essor de l'archéologie au Proche-Orient 55
L'archéologie dans le nouvel échiquier politique du Proche-Orient 61

CHAPITRE II

Sources et histoire

LES SOURCES ET LEUR TRAITEMENT 73

Les différentes sources 73
Évolution dans la conception des fouilles 81

LA DATATION 93

LES GRANDES PÉRIODES 102

CHAPITRE III

Des royaumes dirigés par des rois

UN MODE DE GOUVERNEMENT UNIQUE : LA ROYAUTÉ 122

Une royauté mise en place par les dieux 122
Un roi plus ou moins fort 126
Le palais et l'entourage royal 136

LES RAPPORTS ENTRE LE ROI ET LES DIEUX 144

UN BON ROI 154

Les qualités du roi 154
Une idéologie royale de plus en plus développée 162

CHAPITRE IV

Une civilisation urbaine

CONSTRUIRE UNE VILLE 178

Les raisons qui président à la création 178
Plan et organisation spatiale 182
La ville, une protection contre l'ennemi 188

LES TRAVAUX URBAINS 194

Une ville à protéger des eaux 194
L'alimentation en eau 196
Les étapes de la construction d'une ville 199

DES LIEUX DE SOCIABILITÉ 204

Rues et quartiers d'habitation 204
Places et portes 210
Fêtes et processions 215

CHAPITRE V

Des États prospères

LES REVENUS DE LA TERRE 222

Les grands organismes : palais et temples 222
Une agriculture nourricière 226
L'importance de l'élevage, de la chasse et de la pêche 234

UN COMMERCE FLORISSANT 238

Commerce local et commerce à longue distance 238
Des moyens de transport adaptés 244
L'organisation du commerce international 248

DÉFENDRE ET ACCROÎTRE LA PROSPÉRITÉ DE SON PAYS 258

Un accès à l'eau crucial 258
L'évolution de l'armement 263
Pillages, butins et déplacements de populations 265

CHAPITRE VI

Des sociétés patriarcales

DES SOCIÉTÉS HIÉRARCHISÉES 275

Des sociétés régies par des lois 275
Une hiérarchie sociale 279

LA FAMILLE, CELLULE DE BASE DE LA SOCIÉTÉ 285

Le mariage… 285
… pour assurer une descendance légitime 292

VIVRE AU QUOTIDIEN 300

Le découpage du temps 300
Se vêtir et se parer 301
Se nourrir 306

CHAPITRE VII

Le savoir et l'écrit

L'ÉCRITURE 317

Origine de l'écriture et évolution des signes 317
Expansion temporelle, géographique et sociale 323
Comment lit-on et écrit-on ? 329

LA FORMATION DES SCRIBES 332

Les lieux de formation 332
Le cursus scolaire 335
Écriture et transmission des connaissances 338

DES TEXTES LITTÉRAIRES D'UNE GRANDE RICHESSE 341

Les mythes et épopées 342
Les inscriptions royales 345
Les lamentations sur les villes détruites 346
Les livres de sagesse 347

DES SCIENCES D'UNE GRANDE NOTORIÉTÉ 353

Des mathématiques aux applications concrètes 354
Une médecine renommée 358
Une magie et une sorcellerie réputées 359
La divination au sommet des connaissances 361

CHAPITRE VIII

Les croyances

LA PLACE DE L'HOMME DANS L'UNIVERS 367

Les cosmogonies ou la création du cadre dans lequel l'homme évolue 369
Anthropogonies : et l'homme paraît ! 374
Nom et fonction de chacun, hommes et dieux 378

DES DIEUX SUR LE MODÈLE DES HUMAINS 382

De multiples panthéons 382
Temples et ziggurat 387
Nommer et représenter le divin 392

LA MORT ET L'AU-DELÀ 399

La mort, nul n'y échappe 399
Le défunt, en chemin vers un monde sans retour 404
Un lien maintenu entre monde des morts et monde des vivants 410

APPENDICES

Bibliographie 421
Notes 440
Index des noms et lieux 487
Table des illustrations 536

Composition Interligne
Impression Maury Imprimeur
45330 Malesherbes
le 17 novembre 2017.
Dépôt légal : novembre 2017.
1er dépôt légal dans la collection : février 2010.
Numéro d'imprimeur : 222689.

ISBN 978-2-07-039605-4. / Imprimé en France.

329034